Rey
E-Learning

Aus dem Programm Verlag Hans Huber
Psychologie Lehrbuch

HUBER

Vom Autor ist im Verlag Hans Huber weiterhin erschienen:

Günter Daniel Rey / Karl F. Wender
Neuronale Netze
Eine Einführung in die Grundlagen, Anwendungen und Datenauswertung
207 Seiten (ISBN 978-3-456-84513-5)

Weitere Lehrbücher beim Verlag Hans Huber – eine Auswahl:

Winfried Hacker
Allgemeine Arbeitspsychologie
Psychische Regulation von Arbeitstätigkeiten
875 Seiten (ISBN 978-3-456-84249-3)

Werner Herkner
Lehrbuch Sozialpsychologie
560 Seiten (ISBN 978-3-456-83571-6)

Rainer Leonhart
Lehrbuch Statistik
496 Seiten (ISBN 978-3-456-84611-8)

Meinrad Perrez/Urs Baumann
Lehrbuch Klinische Psychologie – Psychotherapie
1220 Seiten (ISBN 978-3-456-84241-7)

Jürgen Rost
Lehrbuch Testtheorie – Testkonstruktion
426 Seiten (ISBN 978-3-456-83964-6)

Heinz Schuler (Hrsg.)
Lehrbuch Organisationspsychologie
692 Seiten (ISBN 978-3-456-84458-9)

Hans Spada (Hrsg.)
Lehrbuch Allgemeine Psychologie
645 Seiten (ISBN 978-3-456-84084-0)

Günter Daniel Rey

E-Learning

Theorien, Gestaltungsempfehlungen und Forschung

Verlag Hans Huber

Kontaktadresse:
GuenterDanielRey@web.de

Lektorat: Monika Eginger
Herstellung: Karolina Andonovska
Umschlag: Claude Borer, Basel
Titelillustration: © Florian Beck, Trier
Druckvorstufe: Günter Daniel Rey
Druck und buchbinderische Verarbeitung: AZ Druck und Datentechnik, Kempten
Printed in Germany

Bibliografische Information der Deutschen Bibliothek
Die Deutsche Bibliothek verzeichnet diese Publikation in der Deutschen Nationalbibliografie; detaillierte bibliografische Daten sind im Internet über http://dnb.d-nb.de abrufbar.

Anregungen und Zuschriften bitte an:
Verlag Hans Huber
Hogrefe AG
Länggass-Strasse 76
CH-3000 Bern 9
Tel: 0041 (0)31 300 4500
Fax: 0041 (0)31 300 4593
www.verlag-hanshuber.com

1. Auflage 2009

ISBN 978-3-456-84743-6

Inhaltsverzeichnis

Vorwort

Selbst etwas zu erlernen und anderen beizubringen kann spannend und interessant sein. Es kann zudem viel Freude bereiten. Wie schön ist das Gefühl, etwas Schwieriges endlich begriffen oder anderen einen komplexen Gedankengang – beispielsweise mit Hilfe einer anschaulichen Abbildung – erklärt zu haben? Wie groß ist die Freude, wenn die eigene Begeisterung für ein Themengebiet durch Vorträge und selbst erstellte Lernmaterialien bei Studierenden entfacht wird?

Die Wissensaufnahme und deren Vermittlung durch elektronische oder traditionelle Medien sind aber nicht nur spannende und interessante, sondern auch höchst anspruchsvolle und kreative Prozesse! Wie oft versteht man selbst etwas inhaltlich nicht oder kann anderen Menschen eine Idee nicht zugänglich machen? Obgleich das vorliegende Buch zahlreiche Empfehlungen und Anregungen zur Gestaltung von (elektronischen) Lernmaterialien bereitstellt, wird deren Erstellung für Sie auch nach der Lektüre anspruchsvoll sowie zeit- und arbeitsintensiv bleiben. In der Regel sind dabei mehrfache Überarbeitungen der Materialien notwendig. Davon raten die Kolleginnen McCormick und Barnes (2008) jungen Wissenschaftlern allerdings ausdrücklich ab. Sie argumentieren, dass jungen Kollegen die für die Lehre verbrachte Zeit zur Forschung und Erstellung von Publikationen fehle. Und gerade die Forschungsleistungen – gemessen an der Anzahl und Güte der Veröffentlichungen – entscheiden im universitären Kontext maßgeblich über die weitere Karriereentwicklung. Ob nicht auch andere Kriterien, wie das zur Verfügung stellen guter Lernmaterialien, bei Personalentscheidungen verstärkt berücksichtigt werden sollte, sei hier dahingestellt.

Wie kann man als Wissenschaftler den Spagat zwischen exzellenter Forschung auf der einen und hervorragender Lehre mit entsprechenden E-Learning Materialien auf der anderen Seite meistern? Eine Möglichkeit bietet die Verknüpfung von Forschung und Lehre (vgl. Kiewra & Creswell, 2000; McCormick & Barnes, 2008), die sich beim Thema E-Learning geradezu anbietet. So können empirisch untersuchte und dadurch verbesserte Lernmaterialien in der Lehre eingesetzt werden. Umgekehrt können Erfahrungen in der Lehre dazu dienen, Forschungsfragen zu konzipieren oder zu präzisieren. Im Rahmen von Lehrveranstaltungen kann zudem gemeinsam mit Studierenden zum Thema E-Learning geforscht werden. Von solchen "Forschungsprojekten" können Studenten und Dozenten gleichermaßen profitieren. Und obendrein macht Forschung mit neugierigen Studierenden unheimlichen Spaß!

Das Lehrbuch soll einen Beitrag dazu leisten, Forschung und Lehre im Sinne des humboldtsches Bildungsideals stärker miteinander zu verknüpfen. Demzufolge spricht das Buch Dozierende und Lernende, Forscher sowie Praktiker an, die sich für die psychologischen Grundlagen des Lehrens und Lernens mittels elektronischer Medien interessieren. Lernende, die sich über E-Learning und die theoretischen Grundlagen des Lernprozesses mit diesen Medien informieren wollen, sollten in den ersten beiden Kapiteln (Einleitung und Theorien) fündig werden. Dozierende und Praktiker, die auf psychologisch fundierte und empirisch überprüfte Empfehlungen bei der Gestaltung ihrer elektronischen Lernmaterialien zurückgreifen möchten, können in erster Linie das dritte Kapitel (Gestaltung) zu Rate ziehen. Forscher, die eigene Untersuchungen zum Thema E-Learning anstreben, sollten bereits in ihrer Planungs- und Vorbereitungsphase neben den bereits genannten Kapiteln das vierte Kapitel (Forschung) hinzuziehen. Das letzte Kapitel liefert einen Ausblick zu aktuellen E-Learning Themen. Dazu zählen adaptive Lernumgebungen, kollaborative Lernumgebungen sowie digitale Lernspiele.

Aus Gründen der leichteren Lesbarkeit wird in diesem Lehrbuch durchgängig die männliche Form verwendet. Es sind jedoch stets Frauen und Männer gemeint!

Für die umfangreichen Fehlerkorrekturen an diesem Buch möchte ich mich in alphabetischer Reihenfolge besonders bei Susanna Achhammer, Lea Ahrens, Désirée Aichert, Katrin Arens, Blanka Baczmanski, Fabian Beck, Simon Beretta, Lea Boecker, Florian Buchwald, Katharina Diergarten, Gerhard Fellinger, Andreas Fischer, Milena Foerster, Thomas Ganz, Annette Hartmann-Frobenius, Elisabeth Kaminski, Jonas Kneer, Elisabeth Königstein, Nadine Ledig, Johannes Loudwin, Walther Ludwig, Tobias Mikschl, Carmen Munk, Jochen Reidenbach, Denise Reimnitz, Johannes Rodrigues, Gabriel Schmidt, Achim Schmied, Wolfgang Schömig, Aylin Thiel, Michael Tomaszewski und Julian Wölk ganz herzlich bedanken.

Auch allen anderen Studierenden, die in meinen Seminaren zum Thema E-Learning und Lernen mit Multimedia mit ihren Fragen und Diskussionsbeiträgen geholfen haben, die Vermittlung des komplexen Themengebietes zu optimieren, sei vielmals gedankt. Des Weiteren gilt mein Dank meinen beiden Vorgesetzten Gerhild Nieding und Wolfgang Schneider sowie Peter Ohler und natürlich Karl Wender, unter dessen Leitung ich in Trier meine wissenschaftliche Arbeit begonnen habe. Ebenfalls bedanken darf ich mich bei Fabian Beck für die Erstellung des besonders gelungenen Umschlagbildes. Nicht zuletzt sei meiner Verlobten Denise Reimnitz, meinem Bruder und meinen Eltern sowie allen Freunden und Bekannten gedankt, die mich unterstützt und dazu beigetragen haben, dieses Projekt zu realisieren.

Trotz intensiver Korrekturarbeiten ist es wahrscheinlich, dass das Buch nicht frei von Fehlern ist. Hinweise zu diesen sowie sonstige Verbesserungsvorschläge nehme ich gerne und dankbar per E-Mail (GuenterDanielRey@web.de) entgegen. Gleiches gilt für Fragen rund um das Thema E-Learning. Darüber hinaus darf ich auf die Webseite

www.elearning-psychologie.de

verweisen, die sowohl ausgewählte Inhalte des Lehrbuches als auch Zusatzmaterialien zum Lehren und Lernen mittels elektronischen Medien enthält.

Ich wünsche Ihnen viel Spaß und Erfolg beim Lesen dieses Buches.

Würzburg, im Frühjahr 2009 Günter Daniel Rey

1 Einleitung

1.1 Übersicht und Lernziele

Das erste Kapitel liefert einen kurzen Überblick über die Begriffe E-Learning und Multimedia sowie deren vier Teilaspekte. Untersuchungen zum (pauschalen) Vergleich verschiedener Medien, Codierungsformen, Sinnesmodalitäten oder Interaktivitätsgrade im Hinblick auf ihre Lernwirksamkeit werden vorgestellt und kritisiert. Eine kurze Darstellung alternativer Fragestellungen im Rahmen der E-Learning Forschung schließt das Kapitel ab.

Folgende Lernziele werden verfolgt:

- Was bedeuten E-Learning und Multimedia?
- In welche Teilaspekte kann der Begriff Multimedia differenziert werden?
- Welche Kritikpunkte können gegenüber pauschalen (Medien-)Vergleichen vorgebracht werden?
- Welche Forschungsfragen zu E-Learning Umgebungen erscheinen anstelle pauschaler Vergleiche sinnvoller?

1.2 E-Learning und Multimedia

Bedeutung von E-Learning

In unserer heutigen Informationsgesellschaft kommt der Vermittlung von Wissen eine herausragende Bedeutung zu. Dabei erlangt E-Learning neben traditionellen Lehr- und Lernangeboten einen wachsenden Einfluss. Dies gilt nicht nur für den universitären Kontext. Auch in wirtschaftlicher Hinsicht kann der E-Learning Markt in Deutschland auf kräftige Umsatzsteigerungen verweisen. So stieg beispielsweise der Gesamtumsatz der E-Learning Branche laut Erhebung des Essener MMB-Instituts für Medien- und Kompetenzforschung im Jahr 2007 auf rund 139 Millionen Euro, was einer Erhöhung von etwa 15 Prozent im Vergleich zum Vorjahr entspricht. Insgesamt scheint E-Learning in aller Munde zu sein. Doch was bedeutet E-Learning überhaupt?

Definition: E-Learning

In der Literatur liegen unterschiedliche Definitionen zu diesem Begriff vor. Nachfolgend soll unter E-Learning das *Lehren und Lernen mittels verschiedener elektronischer Medien* verstanden werden. Neben dem Ausdruck E-Learning und deckungsgleichen Bezeichnungen wie E-Lernen, electronic learning oder eLearning finden sich noch weitere Begriffe, die zum Teil ebenfalls synonym verwendet werden (vgl. im Gegensatz dazu Paechter, 2007). Beispiele hierfür sind die Bezeichnungen computerbasiertes Training, computergestütztes Lernen, Online-Lernen oder auch multimediales Lernen.

Teilaspekte von Multimedia

Wenn E-Learning das Lehren und Lernen mittels verschiedener elektronischer Medien beschreibt, dann stellt sich die Frage, was man genau unter verschiedenen Medien – sprich Multimedia – versteht. Auch zum Begriff Multimedia existiert keine allgemein anerkannte Definition. In der Forschung wurde der Terminus in vielerlei Hinsicht kritisiert (z.B. Weidenmann, 2002). Besonders hervorgehoben wurde, dass die drei Kategorien technisches Medium, Codierung/Modus und (Sinnes-)Modalität im Konstrukt Multimedia konfundiert, d.h. miteinander vermischt seien. Statt eine einheitliche Definition zu entwickeln, wurde deshalb vorgeschlagen, den Begriff in diese drei Teilaspekte zu gliedern. Neben der Multimedialität, Multicodalität und Multimodalität findet auch der Aspekt der Interaktivität Berücksichtigung beim multimedialen Lernen (z.B. Schaumburg & Issing, 2004).

1.2.1 Multimedialität

Definition: Medien

Unter Medien sollen nachfolgend verschiedene Objekte oder technische Geräte verstanden werden, mit denen sich Informationen speichern und/oder kommunizieren lassen (vgl. Weidenmann, 1997). Eine Differenzierung in Lesegerät und Speichermedium wird dabei häufig nicht vorgenommen. Beispiele für Medien stellen Bücher, Audioplayer, Videoplayer und/oder Computer dar. Mit diesen Lesegeräten können Speichermedien wie DVDs oder Blue-ray Discs genutzt werden.

Bücher

Viele Menschen verwenden nach wie vor Bücher als Hauptinformationsquelle beim Wissenserwerb. Häufig wird von Befürwortern des Buches angemerkt, dass besonders längere Passagen aufgrund der Ermüdung der Augen lieber im Buch als an einem Computerbildschirm gelesen werden (Noyes & Garland, 2006). Zudem kann so manches Taschenbuch leichter transportiert und beispielsweise in (überfüllten) Bussen und Bahnen einfacher gelesen werden als Texte auf einem Laptop. Dieser Mobilitätsvorteil könnte sich jedoch in den kommenden Jahren durch Handys und Smartphones ausgleichen. Darüber hinaus finden einige Personen auch größeres Gefallen an Büchern, wie zum Beispiel an der Griffigkeit von Papier und Umschlag, sowie an der Möglichkeit ohne großen technischen Aufwand einzelne Textstellen zu markieren und zu kommentieren (Noyes & Garland, 2006). Informationen aus Büchern werden zudem als verlässlicher eingeschätzt (Noyes & Garland, 2006).

Hörbücher und E-Books

Als moderne Formen des Buches sind unter anderem Hörbücher oder E-Books zu nennen. Auf dem deutschsprachigen Markt konnten sich E-Reader für E-Books noch nicht in der Masse etablieren, wenngleich sie in den kommenden Jahren ihren Durchbruch erleben könnten. Ein E-(Book-)Reader stellt ein Lesegerät für E-Books dar, welches versucht Tinte bzw. Farbe auf Papier in elektronischer Form nachzuempfinden. Das elektronische "Papier" kann dabei flexibel, teilweise sogar aufrollbar sein. Im Gegensatz zu echtem Papier können Inhalte – per Kabel oder auch drahtlos – auf den E-Reader geladen und um Podcasts (siehe unten) ergänzt werden. Im Vergleich zu einem Notebook ist die Akkulaufzeit deutlich höher, bisweilen wird sogar überhaupt keine Stromzuführung für die dauerhafte Darstellung von Text- und Bildelementen benötigt.

Abbildung 1: Beispielhafte Anwendung eines E-Readers (auf der rechten Seite). Quelle: Plastic Logic.

Audioplayer

Ein altbekanntes, mittlerweile in vielen Handys integriertes Gerät zum Empfang und Abspielen von Audioinhalten stellt das Radio dar. Traditionell spielt das Radio im Vergleich zu Büchern eine deutlich untergeordnete Rolle bei der Wissensvermittlung. Allerdings haben in den letzten Jahren sogenannte Podcasts[1] beim Lernen mit neuen Medien eine gewisse Bedeutung erlangt. Hierbei handelt es sich faktisch um Radio- oder auch Fernsehsendungen, die sich als Audio- oder Video-Dateien unabhängig von einer festgelegten Senderzeit mittels eines Audioplayers (z.B. eines iPods) anhören bzw. ansehen lassen. Die Dateien werden dazu aus dem Internet geladen und können beispielsweise zum Erlernen einer Fremdsprache genutzt werden.

Videoplayer

Zum Empfang und Abspielen von Videoinhalten kann neben dem Computer auch konventionell auf Fernsehgeräte zurückgegriffen werden. Wie beim Radio steht auch das Fernsehen im Vergleich zum traditionellen Buch oder Computer beim Lernen im Hintergrund. Zwar wird eine Reihe von Dokumentationen und Wissenssendungen im Fernsehen ausgestrahlt, im Kontext der universitären Lehre spielen diese jedoch keine bedeutende Rolle.

[1] Podcasts setzen sich aus den Wörtern iPod und Broadcasting zusammen. Unter iPods versteht man tragbare "Medienabspielgeräte" der Firma Apple. Als Broadcasting bezeichnet man das Versenden von Nachrichten in einem Netzwerk, wobei die Nachrichten ungezielt an alle Teilnehmer versandt werden.

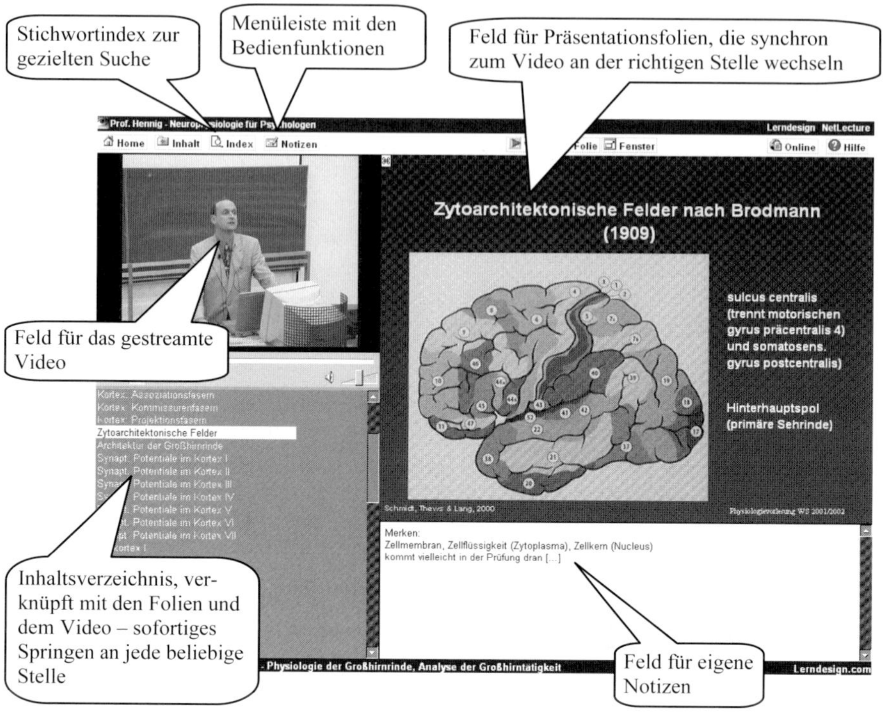

Abbildung 2: Bedienoberfläche einer E-Lecture mit Funktionserläuterungen (entnommen aus Glowalla, 2008, S. 116).

E-Lectures

Eine Ausnahme bilden sogenannte E-Lectures (auch lecture-on-demand, web lecture oder mobile lecture genannt). Hierbei handelt es sich um eine Videoaufzeichnung des Referenten und seiner Präsentationsfolien sowie optional flankierende Angebote wie beispielsweise eine Such- oder eine Notizfunktion (Glowalla, 2008). Typischerweise werden die E-Lecture Inhalte über das Internet zur Verfügung gestellt. Erfolgt die Übertragung und Präsentation der Vorlesung synchron, d.h. zeitgleich, bezeichnet man dies auch als Teleteaching (Paechter, 2007). Sofern die Lehrveranstaltung mit weiteren E-Learning Materialien didaktisch sinnvoll verknüpft ist, spricht man vom blended learning oder auch vom hybriden Lernen.

Computer

Eine immer größer werdende Bedeutung beim Wissenserwerb erlangen Computer. Diese lassen sich in vielfältigster Form einsetzen, beispielsweise beim Lesen und Verfassen von (illustrierten) Texten, Herunterladen und Archivieren verschiedener Lernmaterialien aus dem Internet oder dem Erstellen und Abspielen von Audio- und Videodateien. Auch die Mobilität ist mittlerweile in gewissem

Umfang durch (Sub-)Notebooks oder Netbooks[2] gewährleistet. Bei letztgenanntem Gerät handelt es sich um ein besonders portables, bisweilen einfach ausgestattetes und preisgünstiges Notebook. Notebook- und Handy-Hersteller gehen davon aus, dass der Markt mobiler Endgeräte im Bereich zwischen Handys und Notebooks in den kommenden Jahren rasch anwachsen wird.

Integration von Medien

Die verschiedenen aufgeführten Medien sind bereits heute zum Teil in einem einzigen Gerät integriert (z.B. in Form von Multimedia-Handys oder Notebooks). Diese Entwicklung wird in den nächsten Jahren vermutlich noch weiter voranschreiten.

1.2.2 Multicodalität

Definition: Codierungen

Bei der Codierung geht es um die Darbietungsart der zu vermittelnden Informationen (vgl. z.B. Weidenmann, 2002). So können Informationen zum Beispiel in Form von (Hyper-)Texten, Bildern, Animationen und Simulationen bereitgestellt werden. Die interne, mentale Codierung der Informationen im menschlichen Gehirn ist hiervon zu unterscheiden.

(Hyper-)Texte

Nach wie vor werden Informationen besonders oft in Textform dargeboten. Nicht nur in Büchern, sondern auch im Internet trifft man vornehmlich auf textbasierte Dokumente, wobei dort häufig sogenannte Hypertexte zum Einsatz kommen. Dabei handelt es sich um elektronische Texte mit Hyperlinks. Hyperlinks (oder kurz: Links) sind elektronische Querverweise zu anderen Textdokumenten bzw. Textpassagen, aber auch zu Bildern, Graphiken, Audio- und Video-Dateien. Durch mannigfaltige Verknüpfungen mittels Hyperlinks erhoffte man sich noch vor Jahren eine besonders günstige Abbildung des netzwerkähnlichen Lernmaterials. Inzwischen hat man jedoch feststellen müssen, dass besonders Lerner mit geringem Vorwissen von der nicht-linearen Struktur dieser Texte überfordert werden können (DeStefano & LeFevre, 2007). In diesen Kontext ist auch der Ausspruch "lost in hyperspace" einzuordnen.

Bilder

Bilder können vielfältige Funktionen erfüllen (vgl. Kapitel 2.6.2). Beispielsweise dienen sie zur Informationsdarbietung. Ebenso sind motivationale und emotionale Funktionen zu nennen. So können sie Interesse am Lernmaterial wecken, zum Lesen und/oder Lernen anregen sowie die Aufmerksamkeit auf das Lernmaterial lenken, aber auch ablenken. In der Forschung ging es in der Vergangenheit häufig ausschließlich um die kognitiven Auswirkungen von illustrierendem Bildmaterial im Vergleich zum reinen Textmaterial. In diesem Zusammenhang wird häufig der sogenannte Bildüberlegenheitseffekt (pictorial superiority effect) genannt, wobei zumeist mehrere Metaanalysen zu seiner Bestätigung aufgeführt werden (Carney & Levin, 2002; Levie & Lentz, 1982; Levin, Anglin, & Carney,

---

[2] Strenggenommen handelt es sich bei einem Netbook um ein einzelnes Produkt der Firma Psion PLC, die die Markenrechte an diesem Begriff in den USA, Europa, Kanada, Singapur und Hongkong inne hat.

1987). Der Effekt besagt, dass Bilder im Vergleich zu Texten einen Behaltensvorteil bieten.

Animationen

Animationen stellen eine neuere Variante der Informationsdarbietung dar, obgleich sie bereits seit etlichen Jahrzehnten Verwendung finden. Auch zu diesem Ausdruck liegt keine allgemein anerkannte Begriffsbestimmung vor. Nachfolgend sollen Animationen als Bilderfolge definiert werden, bei der jedes Einzelbild als Veränderung des jeweils vorangegangenen erscheint (z.B. Bétrancourt, 2005). In der Literatur werden die Bezeichnungen Animationen und dynamische Repräsentationen bzw. dynamische Visualisierungen häufig synonym verwendet (Ainsworth & van Labeke, 2004). Allerdings werden unter dynamischen Repräsentationen nicht zwangsläufig nur Bild-, sondern zum Beispiel auch Tonmaterialien subsumiert.

Eine interessante Prognose zum Thema "bewegte Bilder" hat Thomas Alva Edison gewagt, der als amerikanischer Elektrotechniker und Erfinder in seinem Leben über 1000 Patente angemeldet hat. Er behauptete, dass bewegte Bilder in wenigen Jahren unser Bildungssystem revolutionieren und Textbücher größtenteils, wenn nicht gänzlich ersetzen würden. Seine Vorhersage aus dem Jahr 1922 hat sich bis heute allerdings nicht bewahrheitet und es kann vermutet werden, dass dies auch in den nächsten Jahren nicht der Fall sein wird.

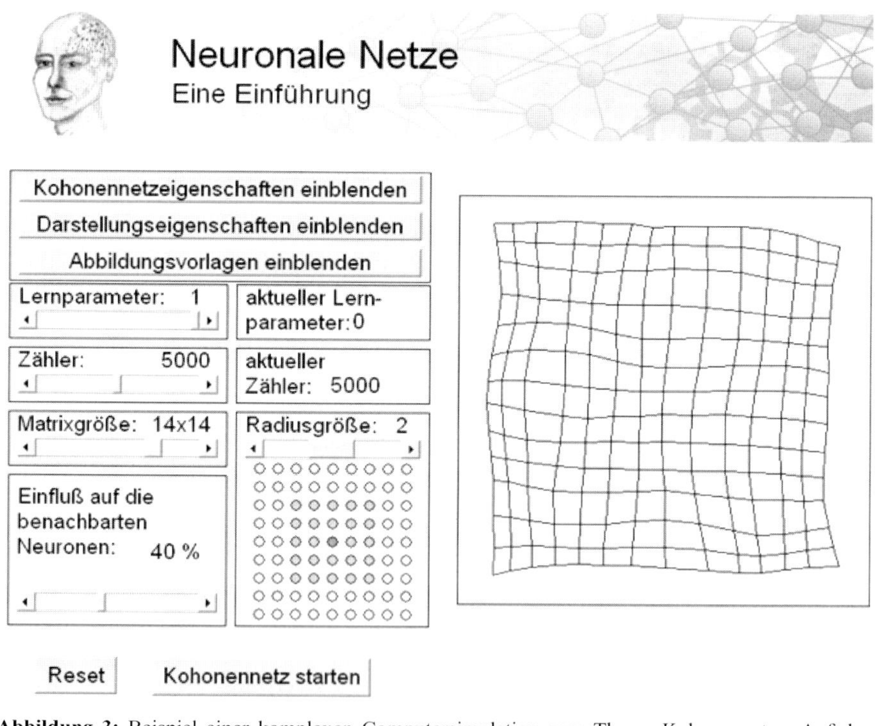

Abbildung 3: Beispiel einer komplexen Computersimulation zum Thema Kohonennetze. Auf der linken Seite findet der Lernende zahlreiche Eingabemöglichkeiten in Form von Schiebereglern, auf der rechten Seite erzeugt der Computer die Ausgabe (das Kohonennetz) in graphischer Form.

Zu den neuesten Formen der Informationspräsentation gehören sogenannte Computersimulationen (oder kurz: Simulationen, siehe Abbildung 3). Hierbei handelt es sich um Computerprogramme, in denen der Lernende in kontrollierten Umgebungen virtuell Experimente durchführen kann, um das zugrundeliegende mathematische Modell der Simulation besser verstehen zu können (vgl. de Jong & van Joolingen, 1998; van der Meij, 2007). Jede Computersimulation besitzt ein solches Modell, welches dafür verantwortlich ist, wie die Simulation auf die Eingaben des Benutzer reagiert (Rieber, 2005). Als Eingabemöglichkeiten zur Erkundung des zugrundeliegenden Modells sind beispielsweise Schieberegler oder Eingabefelder üblich, auf die das Programm Ausgabewerte generiert. Häufig werden diese graphisch visualisiert.

Simulationen

1.2.3 Multimodalität

Der Begriff Multimodalität weist darauf hin, dass Lerner die dargebotenen Informationen mit mehreren Sinnesmodalitäten wahrnehmen und verarbeiten (Issing, 1998). Typischerweise werden in multimodalen Lernumgebungen lediglich das visuelle und auditive System zur Aufnahme der präsentierten Informationen eingesetzt. Auch hier ist mit der Bezeichnung Multimodalität *nicht* die interne Codierung der aufgenommen Mitteilung gemeint.

Definition: (Sinnes-)Modalitäten

Die meisten Sinneseindrücke, die durch die Außenwelt hervorgerufen werden und in unser Gedächtnis gelangen, werden durch unseren Sehsinn vermittelt (Kandel, Schwartz & Jessell, 1995). Im Gegensatz zu einer Kamera stellt das Sehen einen aktiven (Konstruktions-)Prozess dar, bei dem zweidimensionale Abbilder auf der Retina zu einer dreidimensionalen Wahrnehmung der Welt führen (Kandel et al., 1995). Auch bei einzelnen Theorien zum multimedialen Lernen (siehe Kapitel 2) spielt der aktive Konstruktionsprozess – nicht nur beim Sehen – eine wichtige Rolle.

Augen

Neben dem visuellen System ist vor allem das auditive System für die Informationsaufnahme im Kontext des Wissenserwerbs zuständig. Im Vergleich zu den visuell vermittelten sind die auditiven Informationen in Form von Schallwellen flüchtiger Natur. Mehrere multimediale Lerntheorien (siehe Kapitel 2) nehmen auf der Grundlage von Baddeleys (1992, 2002) Arbeitsgedächtnismodell an, dass visuelle und auditive Informationen in zwei unterschiedlichen Subsystemen des Arbeitsgedächtnisses verarbeitet werden. Durch die Nutzung des auditiven Teilsystems, der sogenannten phonologischen Schleife, könne das visuelle Subsystem in vielen Fällen entlastet und so die Lernleistung verbessert werden.

Ohren

Andere Sinnessysteme wie zum Beispiel der Geschmackssinn oder der Tastsinn spielen beim E-Learning derzeit keine oder nur eine untergeordnete Rolle. Text- und Bildinformationen werden eben in aller Regel visuell bzw. auditiv aufgenommen (die Blindenschrift von Braille stellt hier eine Ausnahme dar). Gleichwohl gibt es vereinzelt erste Bemühungen, auch diese Sinnesmodalitäten in Theorien zum multimedialen Lernen zu berücksichtigen. Die kognitiv-affektive Theorie des Lernens mit Medien von Moreno und Mayer (Moreno, 2005; Moreno & Mayer, 2007) ist ein Beispiel hierfür. Sie wird im Kapitel 2.4.6 erläutert.

Weitere Sinnesmodalitäten

1.2.4 Interaktivität

Definition: Interaktivität

Wie viele andere Begriffe wird auch Interaktivität in der Literatur zum multimedialen Lernen unterschiedlich definiert. Als interaktiv werden Lernmaterialien nachfolgend dann bezeichnet, wenn sie dem Lernenden verschiedene Eingriffs- und Steuerungsmöglichkeiten erlauben (Schaumburg & Issing, 2004). Die oben aufgeführte Computersimulation (siehe Abbildung 3) stellt ein Beispiel einer interaktiven Lernumgebung dar. Auch einfache Formen der Interaktivität wie beispielsweise das Vor- und Zurückspulen eines DVD-Players oder die Veränderung der Lautstärke werden in diesem Zusammenhang genannt (Bétrancourt, 2005). Allerdings blenden einige Forscher derartige Steuermöglichkeiten bewusst aus dem Begriff Interaktivität aus und subsumieren sie unter dem Begriff Benutzerkontrolle (Bétrancourt, 2005).

Taxonomie der Interaktivität

In der Literatur zur Visualisierung von Algorithmen, einem Teilbereich der Softwarevisualisierung in der Informatik, wurde eine Taxonomie der Interaktivität postuliert, die im Englischen auch als engagement taxonomy bezeichnet wird. Diese enthält nach Grissom, McNally und Naps (2003) sechs Hierarchiestufen:

1. **Keine Interaktivität:** Von der ersten Stufe der Interaktivität spricht man, wenn für den Benutzer der zu lernende Algorithmus in keiner Weise visualisiert wird. Ein Algorithmus stellt ein Rechenverfahren dar, bei dem vorab festgelegte (Berechnungs-)Schritte durchlaufen werden.

2. **Einfache Kontrolltasten:** Die zweite Stufe beschreibt das passive Betrachten und Steuern der Geschwindigkeit der Animation mittels Kontrolltasten. Film- und Videosequenzen weisen zum Beispiel diesen geringen Grad an Interaktivität auf, da sie zumeist nicht viel mehr als das Starten, Anhalten, Vor- und Zurückspulen beinhalten. Mayer und Chandler (2001) sprechen auch von einfachen Benutzerinteraktionen, wenn der Lernende das Tempo der multimedialen Präsentation selbst bestimmen kann (z.B. mit Hilfe einer "Weiter-Taste").

3. **Fragen werden gestellt:** Auf der dritten Hierarchiestufe werden dem Benutzer Fragen zu den gezeigten Inhalten gestellt, die dieser beantworten soll. Solche Fragen beziehen sich beispielsweise auf Vorhersagen über den weiteren Verlauf der Animation. Bei der Darstellung der Taxonomie wird nicht weiter erörtert, ob dem Benutzer im Anschluss an die Beantwortung ein Feedback präsentiert wird (z.B. Grissom et al., 2003).

4. **Veränderung der Inhalte oder Eingangsdaten:** Die vierte Stufe ist durch das Modifizieren der Inhalte oder Eingangsdaten zum Experimentieren oder Erzielen eines bestimmten Ergebnisses gekennzeichnet (Rößling, 2004). Zahlreiche Computerspiele stellen ein Beispiel dieser Hierarchiestufe dar. Andere Autoren wie Bétrancourt (2005) sprechen bei Animationen, die in der oben dargestellten Art und Weise interaktiv sind, von Simulationen, während interaktive Animationen Bétrancourt zufolge nur die zweite Stufe der Interaktivität aufweisen dürfen.

5. **Erstellung eigener Visualisierungen:** Auf der fünften Hierarchiestufe erstellt der Lernende eigene Visualisierungen. In der Regel wird diese Stufe der Interaktivität im universitären Kontext nur selten erreicht, da interaktive

Animationen vornehmlich von Designern von Lernprogrammen oder Dozenten konstruiert werden.

6. **Präsentation einschließlich Feedback und Diskussion:** Die letzte Hierarchiestufe bezieht sich auf die Präsentation der zuvor entwickelten Animationen, wobei die Darbietung für die jeweiligen Adressaten auch ein Feedback und eine anschließende Diskussion umfasst (Grissom et al., 2003). Ob die präsentierte Animation zuvor eigenständig konstruiert wurde, ist für die letzte Hierarchiestufe nicht von Bedeutung (Rößling, 2004).

Kritik an der Taxonomie

Die skizzierte Taxonomie kann wegen ihrer zahlreich enthaltenen Konfundierungen kritisiert werden. So unterscheidet sich die erste Stufe von den nachfolgenden hinsichtlich ihrer Codierungsform. Die dritte Stufe enthält im Vergleich zu den anderen Stufen Anregungen an den Benutzer, Vorhersagen über die weitere Entwicklung der Animation zu treffen. Lediglich die letzte Stufe sieht explizit ein bewertendes Feedback für den Lernenden vor. Zudem ist fraglich, inwieweit die Taxonomie auf andere Lerninhalte als die Informatik sinnvoll anzuwenden ist. Die postulierte engagement taxonomy hat sich außerdem noch nicht in der psychologischen E-Learning Literatur etablieren können.

1.3 Pauschale Vergleiche

Häufig wurde und wird in der E-Learning und Multimedia Forschung die Frage erörtert, ob sich verschiedene Medien, Codierungsformen und Sinnesmodalitäten hinsichtlich ihrer Lernwirksamkeit grundsätzlich voneinander unterschieden. Auch das Ausmaß an Interaktivität (z.B. geringe versus hohe Interaktionsmöglichkeiten) könnte im Hinblick auf den Lernerfolg miteinander verglichen werden. Ebenso können verschiedene Kombinationsmöglichkeiten (z.B. verschiedene Medien und unterschiedliche Codierungsformen) gegenübergestellt werden. Folgende Fragestellungen könnte man in diesem Zusammenhang beispielhaft anführen:

Beispiele möglicher Forschungsfragen

- **Vergleiche verschiedener Medien:** Kann man mit Computern oder aus Büchern generell besser lernen?
- **Vergleiche verschiedener Codierungsformen:** Lernt man prinzipiell schneller mit Bildern oder mit Animationen?
- **Vergleiche verschiedener Sinnesmodalitäten:** Werden Informationen grundsätzlich leichter visuell oder auditiv aufgenommen und verarbeitet?
- **Vergleiche unterschiedlicher Interaktivitätsgrade:** Fördern interaktive Elemente in einem Lernprogramm den Lernerfolg im Vergleich zu einer nicht interaktiven Variante?
- **Kombination verschiedener Teilaspekte:** Lernt man besser aus illustrierten Texten aus Büchern oder am Computer dargebotenen Simulationen?

Zunächst könnte man intuitiv die Auffassung vertreten, dass einige Fragestellungen nicht nur hochinteressant sind, sondern auch empirisch-experimentell überprüft werden können. Das folgende Unterkapitel soll darlegen, warum diese

Forschungsfragen nicht allgemeingültig beantwortbar sind und daher in dieser globalen Form auch nicht weiter verfolgt werden sollten.

1.3.1 Probleme

Beim (pauschalen) Vergleich verschiedener Medien, Codierungsformen, Sinnesmodalitäten sowie Interaktivitätsgraden treten eine Reihe von methodischen Problemen auf. Dabei handelt es sich beispielsweise um Konfundierungen, d.h. Vermischungen mit anderen Variablen, die ungewünscht ebenfalls die Untersuchungsergebnisse – zumeist die resultierenden Lernleistungen – beeinflussen.

Probleme pauschaler Vergleiche

Folgende Aspekte sind in diesem Zusammenhang zu nennen:

- **Gestaltung:** Wie gut sind die zu vergleichenden Lernmaterialien gestaltet?
- **Lerninhalt:** Welche konkreten Lerninhalte sollen vermittelt werden?
- **Vertrautheit/Neuheit:** Wie vertraut oder unvertraut sind die verglichenen Lernmaterialien?
- **Anstrengungsbereitschaft:** Wie stark strengen sich die Lernenden beim Wissenserwerb mit den einzelnen Lernmaterialien an?
- **Aufforderungscharakter einer Vorhersage:** Wie sehr begünstigen einzelne Lernmaterialien kognitive Prozesse, die eine Prognose über den weiteren Verlauf beinhalten?
- **Passung zwischen Informationsdarbietung und -abfrage:** Stimmen die Lernmaterialien während der Wissenserwerbsphase in ihrer Art und Weise mit der späteren Phase der Überprüfung überein?
- **Anderen Teilaspekten von Multimedia:** Unterscheiden sich die zu vergleichenden Lernmaterialien lediglich auf einem der aufgeführten Teilaspekte des Begriffes Multimedia?
- **Lernzeit:** Wie viel Zeit steht dem Lernenden zur Beschäftigung mit dem Lernmaterial zur Verfügung?

Gestaltung

Von zentraler Bedeutung ist die fehlende Vergleichbarkeit verschiedener Medien, Codierungsformen oder Sinnesmodalitäten aufgrund der Konfundierung mit der Gestaltung der Lernmaterialien. Soll beispielsweise eine Textdarbietung mit der Präsentation einer Animation verglichen werden, so stellt sich die Frage: Ist die Textgruppe nur deshalb schlechter, weil der Text unverständlich verfasst wurde oder führen Texte generell zu schlechteren Lernleistungen als Animationen? Umgekehrt könnte man sich ebenso fragen, ob auftretende Lernunterschiede durch die schlechte Gestaltung der dynamischen Visualisierung bedingt sind. Einen prototypischen Text, auf den man den Vergleich beziehen könnte, gibt es ebenso wenig wie die prototypische Animation! Damit sind Codierungsform und Gestaltung konfundiert. Die aufgeführte Problematik gilt aber nicht nur für den Vergleich zwischen Texten und Animationen:

Beispiele zum Aspekt Gestaltung

- **Vergleiche verschiedener Medien:** Wie wurden die Informationen konkret durch das Buch und wie durch den Computer dargeboten?

- **Vergleiche verschiedener Codierungsformen:** Wie wurde bei einem Vergleich zwischen Bildern und Animationen beispielsweise die Bewegungsdarstellung in den Bildern vorgenommen (gar nicht, mit Pfeilen usw.)?
- **Vergleiche verschiedener Sinnesmodalitäten:** Wie wurden die visuell aufgenommenen Informationen genau gestaltet (z.B. als Text, als Bild usw.) und wie die auditiv aufgenommen (z.B. von wem gesprochen, in welcher Geschwindigkeit, erneutes Anhören möglich usw.)?
- **Vergleiche unterschiedlicher Interaktivitätsgrade:** Wie und in welchem Umfang wurde die Interaktivität genau realisiert?
- **Kombination verschiedener Teilaspekte:** Handelt es sich um einen gut geschriebenen Buchtext oder um eine gute Computersimulation?

Lerninhalt

Ein weiterer Kritikpunkt an den durchgeführten Pauschalvergleichen zwischen verschiedenen Medien, Codierungsformen oder Sinnesmodalitäten bezieht sich auf die Inhaltsabhängigkeit der Ergebnisse. Vergleicht man zum Beispiel eine Animation mit einer (illustrierten) Textdarstellung, so kann dieser Vergleich stark davon abhängen, ob man etwa als Lerninhalt historische Fakten vermitteln will oder aber Lernenden beibringen möchte Krawatten zu binden. Vermutlich eignet sich letztgenannte Variante eher dafür, mittels einer dynamischen Visualisierung vermittelt zu werden (vgl. hierzu auch Fischer, Lowe & Schwan, 2008; Wong et al., 2009). Aus einer Untersuchung an einem solchen Lerninhalt aber eine prinzipielle Überlegenheit von Animationen gegenüber Bildern oder Texten abzuleiten erscheint unzulässig. Folgende weitere Beispiele sollen die Wichtigkeit des Lerninhaltes verdeutlichen:

Beispiele zum Aspekt Lerninhalt

- **Vergleiche verschiedener Medien:** Sollen historische Fakten oder eine neue Programmiersprache mit Hilfe eines Buches oder dem Computer erlernt werden?
- **Vergleiche verschiedener Codierungsformen:** Soll eine bestimmte Lerntheorie oder aber die Funktionsweise einer mechanischen Uhr (oder eines Flaschenzugs) mittels statischer oder dynamischer Visualisierungen vermittelt werden?
- **Vergleiche verschiedener Sinnesmodalitäten:** Handelt es sich bei dem Lernmaterial um unbekannte Vokabeln, die einschließlich ihrer Aussprache erlernt werden sollen oder aber um das Aussehen verschiedener Kirchengebäude? Beides könnte sowohl visuell als auch auditiv vermittelt werden.
- **Vergleiche unterschiedlicher Interaktivitätsgrade:** Soll ein komplexes mathematisches Modell oder aber ein philosophischer Ansatz erlernt werden?
- **Kombination verschiedener Teilaspekte:** Erläutert ein Buchtext oder eine Computersimulation ein komplexes mathematisches Modell oder aber einen philosophischen Ansatz?

Vertrautheit/ Neuheit

Ebenfalls problematisch ist der sogenannte Neuheitseffekt. Dieser verweist beispielsweise darauf, dass der Einsatz neuer Medien kurzfristig durch deren Neuheit begünstigt werden kann. So sind zum Beispiel virtuelle Lernumgebungen im Vergleich zum Lernen aus einem Buch für viele Lerner anfänglich ungewohnt und aufregend (Noyes & Garland, 2006). Durch kurzfristige motivationale Vorteile können Lernunterschiede zu traditionellen Medien suggeriert werden, die jedoch nicht von Dauer sein müssen (Paechter, 2007). Auch dieses Problem kann beim Vergleich verschiedener Medien, Codierungsformen oder Sinnesmodalitäten auftreten.

Anstrengungsbereitschaft

Vergleicht man ein Computerlernspiel mit einer traditionellen Textdarbietung, so kann der Lernende aufgrund des spielerischen Charakters am Computer eine verminderte Anstrengungsbereitschaft an den Tag legen (vgl. Salomon, 1984). Dies wiederum kann die Lernleistungen reduzieren. Eine reduzierte Anstrengung könnte jedoch durch entsprechende Hinweise verbessert werden, welche auf die Schwierigkeit der scheinbar einfachen Lernmaterialien verweisen.

Aufforderungscharakter einer Vorhersage

Der Aufforderungscharakter, eine Vorhersage zu bilden, stellt ein weiteres methodisches Problem beim Vergleich verschiedener Medien, Codierungsformen oder Sinnesmodalitäten dar. So ist beispielsweise fraglich, ob eine Computersimulation im Vergleich zu einem Textbuch gleichermaßen kognitive Prozesse begünstigt, die eine Prognose über den weiteren Verlauf beinhalten (z.B. eine Wetterprognose). Grundsätzlich geht man davon aus, dass das Treffen einer Vorhersage eine Verbesserung der Lernleistung nach sich zieht (z.B. Byrne, Catrambone & Stasko, 1999; Hegarty, Kriz & Cate, 2003).

Passung zwischen Informationsdarbietung und -abfrage

Ein weiteres Problem beim pauschalen Vergleich von Medien, Codierungsformen oder Sinnesmodalitäten stellt die (fehlende) Übereinstimmung bei der Informationsdarbietung und ihrer Abfrage dar (vgl. Kapitel 2.7.4). Beispielsweise dürften beim Vergleich der Lernleistungen unter einer Text- und einer Bildgruppe die Ergebnisse davon abhängig sein, ob der anschließende Lerntest Texte und/oder Bilder enthält bzw. abfragt. Durch die Präsentation von Textfragen im Anschluss an ein Lernprogramm könnten vornehmlich Texte, die während der Informationsdarbietung zum Einsatz kommen, bevorzugt werden. Die Lernleistung bei zuvor präsentierten Bildern fällt möglicherweise dann besser aus, wenn auch der anschließend durchgeführte Lerntest Bilder enthält.

Andere Teilaspekte des Begriffes Multimedia

Nicht zuletzt gilt es zu beachten, dass die aufgeführten Teilaspekte Medien, Codierungsformen, Sinnesmodalitäten und Interaktivität häufig keineswegs unabhängig voneinander untersucht werden können (vgl. Moreno, 2006). Zum Beispiel führt ein Vergleich zwischen einer Text- und einer Animationsbedingung dazu, dass die Animation notgedrungen nicht in einem herkömmlichen Buch dargestellt werden kann, während der Text sowohl in Buchform als auch am Computer präsentierbar ist. Soll die Textgruppe den Lerntext der besseren Vergleichbarkeit halber deshalb am Computer lesen? Oder argumentiert man, dass die bestmögliche Bedingung zum Lesen eines Textes realisiert werden soll und aufgrund der Augenermüdung daher ein Buch zur Verfügung gestellt wird? Ebenso problematisch ist der Vergleich einer Textgruppe mit einer Lerngruppe, die eine Computersimulation nutzen soll. Darüber hinaus ist die Computersimulation per Definition interaktiv, während dies beim Lernen mit einem Text in aller Regel nicht der Fall sein dürfte.

Lernzeit

Ein weiterer Kritikpunkt gegenüber Pauschalvergleichen betrifft die Zeit, welche dem Lernenden zur Beschäftigung mit dem Lernmaterial zur Verfügung steht. Einzelne Forscher beschränken in ihren Untersuchungen die Lernzeit auf sehr kurze Zeiträume von zum Teil nur wenigen Minuten (z.B. Mayer & Johnson,

2008), während andere überhaupt keine zeitliche Begrenzung vornehmen (z.B. De Westelinck, Valcke, De Craene & Kirschner, 2005). Stattdessen kann die nicht fixierte Lernzeit als

- Moderatorvariable (z.B. Mautone & Mayer, 2007, Experiment 1), als
- Kovariate (z.B. Kalyuga, Chandler & Sweller, 1999), als
- abhängige Variable (z.B. Kalyuga, 2006), oder als
- einfache Kontrollvariable (z.B. Mautone & Mayer, 2007, Experiment 3) fungieren sowie
- vollkommen unberücksichtigt bleiben (z.B. Ayres, 2006) oder gar zur
- Eliminierung von Ausreißern Verwendung finden.

Die Entscheidung für oder gegen eine dieser Möglichkeiten kann den Vergleich von Medien, Codierungsformen oder Sinnesmodalitäten massiv beeinflussen. Eine ausführliche Erläuterung der aufgeführten Verfahren (z.B. Berücksichtigung der Zeit als Kovariate) liefert das Kapitel 4.6.5.

Fehlende Informationsäquivalenz

Neben diesen diversen methodischen Problemen finden sich auch triviale Probleme, die einen Vergleich zwischen verschiedenen Medien, Codierungsformen oder Sinnesmodalitäten unzulässig erscheinen lassen. Zum Beispiel wird in etlichen Untersuchungen nicht beachtet, den Vergleichsgruppen trotz unterschiedlicher Darbietung die gleichen Informationen zur Verfügung zu stellen (vgl. z.B. Tversky, Morrison & Bétrancourt, 2002). Man spricht in diesem Zusammenhang auch von Informationsäquivalenz. Konkret bedeutet der Begriff, dass beispielsweise eine Textbedingung nicht mit weniger (oder mehr) Informationen ausgestattet werden darf als eine Animationsbedingung. Wenn eine Gruppe bestimmte Informationen gar nicht erhält, können diese in der späteren Wissensüberprüfung nicht erinnert werden. Eine faire Vergleichbarkeit erübrigt sich.

Lernereigenschaften

Des Weiteren können Vergleiche zwischen verschiedenen Medien, Codierungsformen oder Sinnesmodalitäten auch von den Eigenschaften des Lernenden abhängen. So gibt es möglicherweise Lernende, die besser durch eine dreidimensionale, dynamische Visualisierung lernen, während andere mit Hilfe eines Textes bessere Lernleistungen erzielen. Lernereigenschaften finden in der E-Learning Forschung bereits seit geraumer Zeit Berücksichtigung und werden im Kapitel 3.8 ausführlich besprochen.

1.3.2 Forschungsstand

Inkonsistente empirische Befundlage

Trotz der genannten mannigfaltigen Probleme, die sich bei einem Pauschalvergleich zwischen verschiedenen Medien, Codierungsformen, Sinnesmodalitäten oder Interaktivitätsgraden ergeben, wurden zahlreiche Experimente dieser Art durchgeführt. Häufig war dabei die Erwartungshaltung der Forscher bezüglich der positiven Effekte der bevorzugten Vergleichsgruppe sehr hoch (vgl. Cuban, 1986; Mayer, 2005b). Die Befundlage fiel jedoch häufig uneinheitlich aus. Nachfolgend soll näher auf die einzelnen (pauschalen) Vergleiche eingegangen werden.

Vergleiche verschiedener Medien

Der Vergleich verschiedener Medien (z.B. Bücher und Computer) wird heutzutage nur noch selten vorgenommen. Richard E. Clark (1983, 1985, 1994) hat sich dabei besonders deutlich und frühzeitig gegen den Vergleich unterschiedlicher Medien aufgrund diverser Konfundierungen ausgesprochen. Seine Ansichten haben damals eine große Debatte zu Medienvergleichen ausgelöst (Kozma, 1994). In Clarks Artikeln wie "Media will never influence learning" (1994) wird häufig der 1983 von ihm vorgenommene Vergleich zitiert, dass Medien nichts anderes seien als (Informations-)Träger, die Instruktionen übermitteln, aber ihrerseits nicht die studentischen (Lern-)Leistungen beeinflussen, genauso wenig wie ein Lastwagen, der Lebensmittelgeschäfte beliefert, unsere Ernährung verändert:

"Media are mere vehicles that deliver instruction but do not influence student achievement any more than the truck that delivers our groceries causes changes in our nutrition" (Clark, R. E., 1983, S. 445)

Vergleiche verschiedener Kodierungsformen

Im Gegensatz zu den Medienvergleichen werden heute nach wie vor häufig verschiedene Kodierungsformen miteinander kontrastiert. Ein typischer pauschaler Vergleich ist der zwischen statischen und dynamischen Visualisierungen. In einer Metaanalyse (Höffler & Leutner, 2007) wird etwa eine prinzipielle Überlegenheit dynamischer Bilder postuliert. Auch neuere Publikationen widmen sich nach wie vor dem Vergleich zwischen Bildern und Animationen (z.B. Arguel & Jamet, 2009; Ayres, Marcus, Chan, & Qian, 2009; Boucheix & Schneider, 2009; Wong et al., 2009). Auf die oben aufgeführten methodischen Problemen wird bei derartigen Vergleichen in der Literatur nur höchst selten Bezug genommen (vgl. z.B. Tversky et al., 2002).

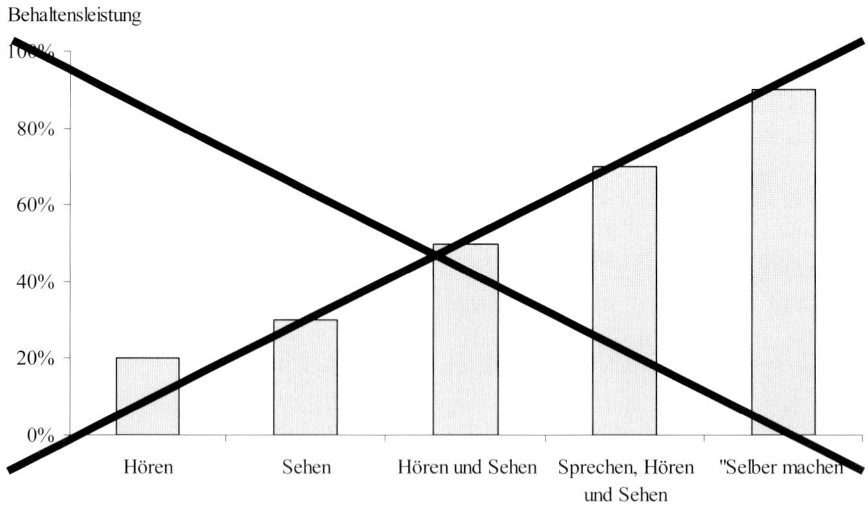

Abbildung 4: Unzutreffende Annahme zwischen der Behaltensleistung und Verwendung verschiedener "Sinnesmodalitäten". Die ungeprüfte Behauptung dieser Zahlen findet sich unter anderem in Treichler (1967).

Im Hinblick auf den Vergleich verschiedener Sinnesmodalitäten verhält es sich ähnlich wie bei dem Vergleich verschiedener Medien; diese sind heutzutage kaum noch anzutreffen. In der Vergangenheit wurde häufig auf eine Arbeit von Treichler aus dem Jahr 1967 verwiesen, in der behauptet wird, das man beim Hören 20% der Informationen aufnehme, beim Sehen 30%, durch deren Kombination 50% und mittels Sprechen, Hören und Sehen bereits 70% (siehe Abbildung 4). 90% der Informationen würde man behalten, wenn man eine Tätigkeit selbst vollziehe (vgl. hierzu Engelkamp, 1998; Steffens, Buchner & Wender, 2003). Während in der Fachliteratur darauf verwiesen wird, dass Treichler die Prozentwerte ohne Angabe einer Quelle aufführt und diese oder ähnliche Prozentangaben als "naive Summierungstheorie" zurückgewiesen werden (z.B. Weidenmann, 2002), sind sie in der populärwissenschaftlichen Literatur zum multimedialen Lernen nach wie vor häufig anzutreffen (z.B. Huwendiek, Muntau, Maier, Tönshoff & Sostmann, 2008).

Vergleiche verschiedener Sinnesmodalitäten

Bezüglich der Interaktivitätsgrade finden sich bisher vornehmlich Studien, die eine interaktive mit einer nicht interaktiven Variante vergleichen (z.B. Boucheix & Schneider, 2009). Interaktivität wird zumeist als lernförderlich betrachtet, wobei die oben aufgeführten Drittvariablen derzeit bei solchen pauschalen Vergleichen kaum Beachtung finden. Positiv hervorzuheben ist jedoch, dass mittlerweile zwischen oberflächlichen Verhaltensaktivitäten und kognitiven Aktivitäten (Kennedy, 2004; Mayer, 2004) unterschieden und zugleich beachtet wird, dass erstere letztere keineswegs bedingen müssen. Zum Beispiel ist das Drücken auf einen "Weiter"-Knopf, um zur nächsten Bildschirmseite zu gelangen, kaum als eine lernerrelevante Interaktionsmöglichkeit zu bezeichnen (z.B. Wouters, Tabbers & Paas, 2007).

Vergleiche verschiedener Interaktivitätsgrade

Anstelle der Durchführung pauschaler Vergleiche erscheinen viele andere Fragestellungen und deren empirische Untersuchung im E-Learning Kontext ergiebiger. Meines Erachtens sollten statt pauschaler Vergleiche vielmehr Theorien zum multimedialen Lehren und Lernen aufgestellt und getestet werden (Kapitel 2). Aber auch die Überprüfung spezifischer Gestaltungsempfehlungen (Kapitel 3), die beispielsweise aus den postulierten Theorien abgeleitet werden können, erscheint sinnvoll. Ebenso zweckmäßig ist die Berücksichtigung der genannten Aspekte bei der Durchführung eigener Untersuchungen zum Thema E-Learning (Kapitel 4) – am besten bereits in der Planungs- und Vorbereitungsphase.

Anstelle pauschaler Vergleiche

Trotz aller Schwierigkeiten, die in diesem Kapitel aufgeführt wurden, kann E-Learning Forschung spannend, interessant und sinnvoll sein. Zahlreiche ungelöste Fragestellungen lassen sich empirisch beantworten und warten nur darauf, erforscht zu werden. Lassen Sie sich nicht entmutigen und untersuchen Sie eine Fragestellung, für die Sie sich selbst interessieren! Informationen zur konkreten Umsetzung und Beantwortung von E-Learning Forschungsfragen finden Sie im vierten Kapitel.

E-Learning Forschung macht Spaß!

1.4 Übungsaufgaben

1. Was bedeuten E-Learning und Multimedia?
2. In welche Teilaspekte kann der Begriff Multimedia differenziert werden?
3. Was ist ein E-Reader?
4. Was stellen Podcasts dar?
5. Was versteht man unter E-Lectures?
6. Was bedeutet blended learning?
7. Was sind dynamische Repräsentationen?
8. Was ist eine Computersimulation?
9. Was bezeichnet man im Kontext multimedialen Lernens als interaktiv?
10. Skizzieren Sie die sechs verschiedenen Hierarchiestufen der Interaktivität von Grissom, McNally und Naps (2003)!
11. Welche Kritikpunkte können gegenüber pauschalen Vergleichen zwischen verschiedenen Medien, Codierungsformen, Sinnesmodalitäten oder Interaktivitätsgraden vorgebracht werden?
12. Diskutieren Sie den Vergleich von Clark (1983), dass Medien wie Lastwagen seien, die Lebensmittelgeschäfte beliefern, aber unsere Ernährung nicht verändern!
13. Welche pauschalen Vergleiche werden derzeit in der E-Learning Forschung noch vorgenommen und welche nicht mehr bzw. kaum noch?
14. Welche Forschungsfragen zu E-Learning Umgebungen erscheinen zweckmäßiger als die Durchführung pauschaler Vergleiche?

2 Theorien

2.1 Übersicht und Lernziele

Das zweite Kapitel stellt verschiedene Theorien zum multimedialen Lehren und Lernen dar. Einleitend wird zunächst eine Skizzierung der drei Hauptströmungen Behaviorismus, Kognitivismus und Konstruktivismus vorgenommen. Die nachfolgenden Kapitel gehen dann näher auf ausgewählte Theorien zum Thema E-Learning ein. Besonders ausführlich werden dabei die Cognitive Load Theorie und die kognitive Theorie multimedialen Lernens erörtert. Bei beiden handelt es sich um (kognitive) Theorien, welche die Multimediaforschung gegenwärtig dominieren. Im Anschluss folgt die Vorstellung weiterer Modelle, die sich zum Teil erheblich von den beiden derzeit vorherrschenden Theorien unterscheiden.

Folgende Lernziele werden in diesem Kapitel verfolgt:

- Auf welchen Grundannahmen basieren behavioristische, kognitive und konstruktivistische Theorien zum Thema E-Learning?
- Welche Unterschiede und Gemeinsamkeiten besitzen die Cognitive Load Theorie von Sweller und die kognitive Theorie multimedialen Lernen von Mayer?
- Worin unterscheiden sich diese beiden kognitiven Lerntheorien von anderen Theorien zum multimedialen Lehren und Lernen?
- Welche Aspekte werden beim Thema E-Learning zumeist berücksichtigt, welche eher vernachlässigt?

2.2 Einleitung

In der populärwissenschaftlichen Literatur zum Thema E-Learning werden die theoretischen Grundlagen zum multimedialen Lehren und Lernen häufig nur am Rande erörtert. Das vorliegende Kapitel stellt ausgewählte Theorien zum Thema hingegen ausführlich dar. Sie bilden das Fundament für die nachfolgenden Kapitel. So sind die verschiedenen Theorien für das Kapitel 3 relevant, welches sich mit der Gestaltung von E-Learning Umgebungen beschäftigt. Durch die verschiedenen theoretischen Ansätze resultieren bisweilen gänzlich unterschiedliche Gestaltungsempfehlungen zu multimedialen Lernumgebungen. Zudem können ausgewählte Modelle als theoretische Grundlage eigener empirischer E-Learning Untersuchungen (Kapitel 4) dienen.

Überblick: Drei Hauptströmungen

Wenn Lehrbücher und Webseiten zum Thema E-Learning auf theoretischen Grundlagen multimedialen Lehrens und Lernens Bezug nehmen, dann werden diese häufig in drei verschiedene Hauptströmungen unterteilt (z.B. Meier, 2006; Schaumburg & Issing, 2004):

- Behaviorismus
- Kognitivismus
- Konstruktivismus

Darüber hinaus kann man zum Thema Lernen auch noch eine vierte wichtige Strömung aufführen, die man unter anderem als Konnektionismus bezeichnet.

2.2.1 Behaviorismus

Definition: Behaviorismus

Grundannahme behavioristischer Lerntheorien ist, dass Lernen eine beobachtbare Verhaltensänderung darstellt, die als Reaktion auf Umweltreize erfolgt (Arnold, 2004). Während somit der Zusammenhang zwischen Reizen (bzw. Stimuli) und Verhaltensreaktionen (bzw. Response) im Zentrum von Untersuchungen steht, werden innerpsychische Vorgänge nicht weiter berücksichtigt ("black box"-Modell). Unterschieden wird zwischen klassischer und operanter Konditionierung. Letztgenannter Ansatz kam beispielsweise in den 50er und 60er Jahren in Form von sogenannten Lehr- bzw. Lernmaschinen ("teaching machines") zum Einsatz (z.B. Skinner, 1958), welche von Skinner und Holland entwickelt worden sind. Dabei handelte es sich um kleine Geräte, die den Lerninhalt in kleinen Schritten und zumeist in Textform durch ein Sichtfenster darboten und anschließend dem Lernenden Fragen (z.B. Lückentexte) präsentierten. Der Nutzer, der das Lehrprogramm in seinem persönlichen Tempo durchlaufen sollte, konnte eine Antwort in das Gerät eingeben und sodann überprüfen, ob diese mit der korrekten Lösung übereinstimmte (Niegemann et al., 2004; Paechter, 2007). Behavioristische Lerntheorien werden in der heutigen E-Learning Forschung praktisch *nicht* mehr vertreten, obgleich in der Praxis auf diese durchaus noch zurückgegriffen wird (z.B. bei Vokabelprogrammen).

Kritik und Würdigung

Behavioristische Lerntheorien wurden in verschiedener Hinsicht kritisiert – oftmals ohne den Ansatz (zumindest historisch) zu würdigen (Niegemann et al., 2004). Kritisiert werden kann zum Beispiel, dass die aus Tierexperimenten und Laborsituationen gewonnenen Erkenntnisse nicht zwingend auf aktuelle E-Learning Umgebungen übertragbar sind. Zudem blendet die Reduktion von Lernen auf beobachtbare Verhaltensänderungen wichtige (meta-)kognitive Prozesse aus, die im Lernprozess eine wichtige Rolle spielen (Arnold, 2004). Hingegen kann bei den behavioristischen Ansätzen unter anderem positiv angemerkt werden, dass die Rückmeldung ein zentrales Element in Skinners Lernmaschinen darstellt und dem Lernenden die Möglichkeit geboten wird, das Lernprogramm in eigenem Tempo zu durchlaufen (Niegemann et al., 2004).

2.2.2 Kognitivismus

Definition: Kognitivismus

Während behavioristische Ansätze ein Stimulus-Response (S-R) Modell propagieren, betonen Kognitionspsychologen die vermittelnden kognitiven Prozesse im Organismus zwischen diesen beiden Variablen (S-O-R). Lernen wird dabei also als Informationsverarbeitungsprozess verstanden, bei dem Wahrnehmungs-, Denk- und Gedächtnisprozesse Berücksichtigung finden (Arnold, 2004). Besondere Bedeutung spielen mentale Modelle und Schemata, auf die in den nachfolgenden Kapiteln näher eingegangen wird. Aktuelle Theorien zum multimedialen Lernen stellen in aller Regel kognitive Ansätze dar. Prominenteste Beispiele sind die Cognitive Load Theorie (Kapitel 2.3) oder die kognitive Theorie multimedialen Lernens (Kapitel 2.4).

Kritik und Würdigung

Kognitive Lerntheorien werden vornehmlich aufgrund ihrer Vernachlässigung sozialer, motivationaler und emotionaler Aspekte kritisiert, die im Lernprozess eine bedeutsame Rolle spielen. Deutlich erkennbar ist dies in zahlreichen aktuellen Veröffentlichungen, in denen neben Behaltens- und Verständnisleistungen häufig lediglich kognitive Aspekte wie zum Beispiel die kognitive Belastung (siehe Kapitel 2.3.4) erfasst werden. Allerdings nehmen kognitive und metakognitive Prozesse (bewusste und absichtliche Gedanken über das Verhalten, Emotionen und anderen Kognitionen einer Person, siehe z.B. Graesser, McNamara & VanLehn, 2005) vermutlich im gesamten Lernprozess eine Schlüsselrolle ein, so dass die Erforschung dieser Variablen auch beim multimedialen Lernen eine herausragende Bedeutung besitzt.

2.2.3 Konstruktivismus

Definition: Konstruktivismus

Der Begriff Konstruktivismus wird im E-Learning Kontext von verschiedenen Forschern unterschiedlich definiert. Im Folgenden soll darunter ein Lernansatz verstanden werden, der Lernende als selbstverantwortliche, aktive Personen im Hinblick auf ihren Wissenserwerbsprozess begreift (Loyens & Gijbels, 2008). Konstruktivistische Lernumgebungen beinhalten mehrere Merkmale, die den Lernprozess unterstützen sollen (Loyens & Gijbels, 2008):

Merkmale konstruktivistischer Lernumgebungen

- **Wissenskonstruktion:** Konstruktivistische Lerntheorien betonen die aktive Konstruktion von Wissen. Konkret bedeutet dies: Lernende interpretieren und transformieren neue Informationen auf Basis bereits erworbenen Wissens, welches von den Lernenden aktiv abgerufen wird.
- **Kooperatives Lernen:** Eine weitere wichtige Grundannahme bezieht sich auf das gemeinschaftliche (kollaborative) Lernen mit anderen Lernern, Lehrern und weiteren Personen, durch welches die Wissenskonstruktion unterstützt werden soll (vgl. Schaumburg & Issing, 2004). Besonders beim Lernen mit anderen Lernenden nimmt man die Lernförderlichkeit aufgrund ähnlicher Verständnisniveaus an.
- **Selbstregulation:** Unter Selbstregulation werden eine Reihe von Teilaspekten subsumiert. Beispielsweise fallen hierunter die metakognitiven Fähigkeiten wie das Setzen von (Lern-)Zielen, aber auch Selbstbeobachtung, Selbstbewertung und Selbstverstärkung während des Wissenserwerbs (vgl. auch Narciss, Proske & Koerndle, 2007).
- **Authentische Lernsituation:** Im Kontext konstruktivistischer Lerntheorien sollten Lernsituationen vorzugsweise praxisbezogen bzw. authentisch sein. Hierzu können Lernende mit komplexen, schlecht strukturierten Problemen konfrontiert werden – ähnlich den Problemsituationen, die sie auf ihrer zu-

künftigen Arbeitsstelle antreffen. Vielschichtige Probleme zeichnen sich durch zahlreiche interagierende Elemente und der Möglichkeit multipler Lösungsansätze aus. Im Zusammenhang solcher Problemsituationen wird auch häufig vom entdeckenden Lernen (discovery learning) gesprochen.

Konstruktivistische Lerntheorien werden vor allem in der populärwissenschaftlichen Literatur vehement vertreten (vgl. z.B. Kirschner, P. A., Sweller & Clark, 2006), wenngleich dort in aller Regel nur sehr vage Definitionen existieren. Auch in wissenschaftlichen Fachartikeln ist eine klare Begriffsbestimmung nur selten aufzufinden (Loyens & Gijbels, 2008).

Kritik und Gegenkritik

Im Gegensatz zur populärwissenschaftlichen Literatur stehen konstruktivistische Lerntheorien in wissenschaftlichen Fachzeitschriften zum Teil stark in der Kritik, da die stützenden empirischen Belege relativ dürftig erscheinen. Vor allem überfordere (ausschließlich) entdeckendes Lernen in komplexen Lernumgebungen viele Personen, während angeleitetes Lernen (guided learning) sich in zahlreichen Untersuchungen als lernwirksamer erwiesen habe (Kirschner, P. A. et al., 2006; Mayer, 2004). Als Gegenargument führen Befürworter dieser Lerntheorien auf, dass bisherige Studien einzig kognitive Auswirkungen betrachten würden und häufig nur einfache Lernleistungsmessungen vornähmen (Loyens & Gijbels, 2008). Andere Faktoren wie soziale, motivationale und emotionale Auswirkungen blieben hingegen unberücksichtigt. Allerdings müssen diese Faktoren in Lernumgebungen mit freien Explorationsmöglichkeiten nicht zwangsläufig besser ausfallen als in "Guided"-Lernumgebungen (z.B. Winberg & Hedman, 2008).

2.2.4 Konnektionismus

Definition: Konnektionismus

Konnektionistische Modelle bestehen aus vielen einfachen Einheiten, die miteinander vernetzt sind. Eine häufig verwendete Realisierung konnektionistischer Modelle sind künstliche neuronale Netze. Häufig werden die Begriffe Konnektionismus und (künstliche) neuronale Netze auch gleichgesetzt. Neuronale Netze stellen einen Oberbegriff dar, der zahlreiche, zum Teil sehr unterschiedliche Modelle umfasst (Rey & Wender, 2008; siehe auch auf www.neuronalesnetz.de). Diese Modelle können unter anderem dazu eingesetzt werden, menschliches Verhalten und Erleben bzw. die diesen zugrunde liegenden Gehirnprozesse (am Computer) zu simulieren und dadurch besser zu verstehen. Sie lassen sich aber ebenso als statistische Verfahren bei der Datenauswertung einsetzen (Kapitel 4.6.5). Aufgrund der Fülle der Anwendungsbereiche ist verständlich, warum *keine* allgemein anerkannte Definition zu neuronalen Netzen existiert. Gemeinsam ist den verschiedenen Modellen aber, dass bei diesen – wie bei anderen statistischen Verfahren auch – Matrizenberechnungen

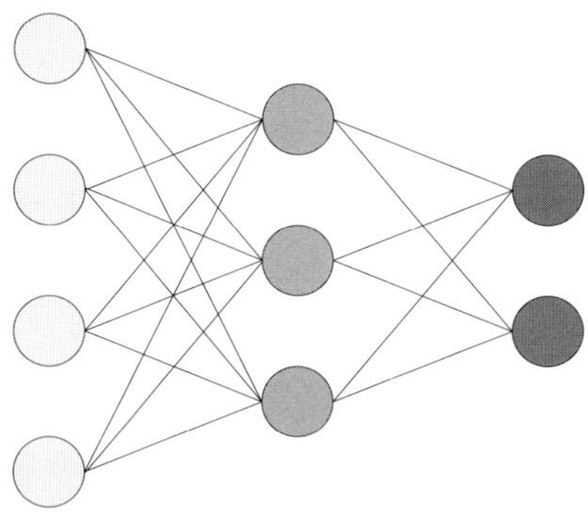

Abbildung 5: Schematische Darstellung eines neuronalen Netzes.

durchgeführt werden und dabei Informationen aufgenommen, verarbeitet und ausgegeben werden (Rey & Wender, 2008):

- **Informationsaufnahme:** Zunächst werden dem Netz (wiederholt) Informationen in Form von Zahlen als Eingabe zur Verfügung gestellt.
- **Informationsverarbeitung und Netzmodifikation:** Mit Hilfe dieser "Zahlenbündel" und bestimmter Umformungsregeln wird das Netz verändert. Die Veränderung des Netzes, d.h. der Lernprozess, findet typischerweise in einer Vielzahl von Schritten statt. Die dazu notwendigen – oftmals sehr umfangreichen – (Matrizen-)Berechnungen werden an Computern vorgenommen. Während und nach den Berechnungen zur Umformung des Netzes durchlaufen Informationen das neuronale Netz. Diese Zahlen werden durch das Netz modifiziert und verlassen dieses anschließend wieder – ebenfalls in Form eines Zahlenbündels.
- **Informationsausgabe:** Die Informationsausgabe stellt die "Antwort" des Netzes auf die vorangegangene Eingabe dar.

Gemeinsamkeiten und Unterschiede zum Kognitivismus

Neuronale Netze besitzen somit Gemeinsamkeiten zu kognitiven Modellen, da auch dort Informationen aufgenommen, verarbeitet und wieder ausgegeben werden. Während kognitive Modelle traditionell eher die Gemeinsamkeiten mit dem Computer hervorheben, betonen neuronale Netze vornehmlich die Unterschiede zwischen Menschen und (heutigen) Computern bei der Informationsverarbeitung und wurden zudem durch das menschliche Gehirn als "Vorbild" inspiriert (Rey & Wender, 2008). Konnektionistische Modelle kamen im Gegensatz zu kognitiven Modellen in der E-Learning Forschung meines Wissens nach bisher *nicht* zum Einsatz, obwohl sich der Rückgriff auf diese Ansätze unmittelbar anbieten würde.

Kritik und Würdigung

Die Simulation menschlichen Lernens mittels neuronaler Netze wird unter anderem hinsichtlich ihrer fragwürdigen biologischen Plausibilität kritisiert. Viele neuronale Netze widersprechen biologischen Grundannahmen und sind daher als Modelle zur Erklärung menschlichen Lernens nur bedingt geeignet (Rey & Wender, 2008). Allerdings trifft dieser Kritikpunkt meist in noch stärkerem Maße auf behavioristische, kognitive und konstruktivistische Modelle zu. Neben der fragwürdigen biologischen Plausibilität besitzen einige neuronale Netze aufgrund ihrer zahlreich enthaltenen Parameter und Variablen die Gefahr, jede denkbare menschliche Verhaltensweise beim Lernen abbilden zu können. Dadurch wäre das Modell *nicht* mehr falsifizierbar, d.h. nicht mehr durch empirisch gewonnene Daten widerlegbar, sondern könnte durch die Wahl geeigneter Parameter immer vor der Falsifikation geschützt werden (vgl. Popper, 1996; Rey & Wender, 2008). Trotz dieser und weiterer Kritikpunkte (vgl. Kapitel 4.6.5) wurden neuronale Netze bereits in vielen Bereichen inner- und außerhalb der Psychologie erfolgreich eingesetzt (Rey & Wender, 2008). Der Einsatz neuronaler Netze als Erklärungsansatz zum menschlichen Lehren und Lehren mittels elektronischer Medien erscheint schon deshalb äußerst ergiebig, weil Begriffe wie Lernen und Wissenserwerb bei beiden eine zentrale Bedeutung einnehmen. Insofern plädiere ich für eine Verknüpfung dieser beiden Forschungsgebiete.

2.3 Cognitive Load Theorie von Sweller

2.3.1 Einleitung

Die Cognitive Load Theorie (CLT) von John Sweller und seinen Mitarbeitern (Sweller, 1988, 2005a) stellt einen weit verbreiteten, kognitionspsychologischen Erklärungsansatz zum multimedialen Lernen dar, der bei Multimedia-Designern in den letzten Jahren verstärkt Akzeptanz gefunden hat (z.B. Gerjets, Scheiter & Cierniak, 2009; Thompson & McGill, 2008).

Während in einigen Vorläuferarbeiten zur CLT (z.B. Mawer & Sweller, 1982; Sweller, 1983; Sweller & Levine, 1982) die einzelnen empirischen Befunde noch nicht in ein umfassendes, theoretisches Modell eingebettet werden konnten, wird die Cognitive Load Theorie seit ca. 1988 immer weiter spezifiziert und erweitert. So gilt sie inzwischen als empirisch gut abgesichert. Mittlerweile informieren zahlreiche Überblicksarbeiten über die CLT (Sweller, 1993, 1994, 2002, 2004, 2005; Sweller & Chandler, 1994; Sweller, Van Merriënboer, & Paas, 1998; Van Merriënboer & Sweller, 2005).

Überblick

Die folgenden Abschnitte geben Auskunft über die zentralen kognitiven Strukturen, welche in der CLT postuliert werden (Kapitel 2.3.2), und das übergeordnete Ziel beim (multimedialen) Lernen, nämlich der Konstruktion und Automatisierung von Schemata (Kapitel 2.3.3). Außerdem wird der Begriff Cognitive Load ausdifferenziert (Kapitel 2.3.4) und dessen Messmöglichkeiten thematisiert (Kapitel 2.3.5). Den Abschluss des Kapitels bildet ein bewertendes Fazit der Cognitive Load Theorie (Kapitel 2.3.6).

2.3.2 Arbeits- und Langzeitgedächtnis

Als zentrale kognitive Strukturen nimmt die CLT ein Arbeits- und ein Langzeitgedächtnis an und beschreibt das Wechselspiel zwischen diesen beiden (Sweller, 2005a).

Langzeitgedächtnis

Das Speichervermögen des Langzeitgedächtnisses wird dabei – wie in zahlreichen Gedächtnismodellen (z.B. Solso, 2004) – als sehr groß erachtet. Für das Langzeitgedächtnis postuliert die CLT, dass sämtliche dort gespeicherten Informationen erlernt worden sind. Lernen wird als Veränderung im Langzeitgedächtnis definiert. Hinsichtlich des Langzeitgedächtnisses ist das übergeordnete Ziel bei der Gestaltung von Lernmaterialien entsprechende Veränderungsprozesse im Langzeitgedächtnis zu fördern. Die genauen Ziele werden im Kapitel 2.3.3 thematisiert.

Arbeitsgedächtnis

Im Gegensatz zum Langzeitgedächtnis sind die im Arbeitsgedächtnis befindlichen Informationen Menschen bewusst (Sweller, 2002). Informationen können aus zwei Speichersystemen ins Arbeitsgedächtnis gelangen. Entweder aus dem Langzeitgedächtnis, sofern es sich um zuvor gelerntes Material handelt, oder bei neuen Informationen aus dem sensorischen Speicher. Neue Informationen müssen jedoch nur dann bewusst im Arbeitsgedächtnis verarbeitet werden, bevor sie ins Langzeitgedächtnis gelangen können, wenn es sich um sekundäres biologisches Wissen handelt (Wong et al., 2009). Dieses Wissen kann vom primären biologischen Wissen abgegrenzt werden (vgl. Geary, 2007):

Primäres versus sekundäres biologisches Wissen

- **Primäres biologisches Wissen:** Dieses Wissen wird nicht bewusst gelernt, sondern kann relativ einfach und automatisiert aufgenommen werden. Beispiele hierfür sind der Erwerb der Muttersprache, das Erkennen menschlicher Gesichter oder das Erlernen grundlegender sozialer Interaktionen. Die CLT bezieht sich vornehmlich *nicht* auf diese Form des Wissens, sondern auf das sekundäre biologische Wissen (Wong et al., 2009).
- **Sekundäres biologisches Wissen:** Unter sekundärem biologischen Wissen versteht man das Wissen, welches bewusst und mühevoll erlernt werden muss. Der Erwerb der Schriftsprache oder das Erlernen, mathematische Gleichungen zu lösen, sind in diesem Zusammenhang anzuführen. Derartiges Wissen wird zumeist in Schulen und anderen Ausbildungsstätten vermittelt (Sweller, 2009).

Beschränkungen des Arbeitsgedächtnisses

Das Arbeitsgedächtnis unterliegt zwei zentralen Beschränkungen, sofern neue Informationen aus dem sensorischen Speicher verarbeitet werden sollen (z.B. Sweller, 2009):

- **Begrenzung der Verarbeitungsmenge:** Erstens kann das Arbeitsgedächtnis nur eine begrenzte Menge an Informationen gleichzeitig verarbeiten. Während Miller (1956) noch von sieben plus/minus zwei Informationselementen ausging, die im Kurzzeitgedächtnis bereitgehalten werden können, wurde diese Zahl innerhalb der CLT auf maximal zwei bis vier Elemente reduziert, die zeitgleich kombiniert, kontrastiert oder manipuliert werden können (Sweller, 2004, 2005a). Andere Publikationen zur CLT nennen hingegen drei bis fünf Informationselemente (z.B. Ayres & Paas, 2009).
- **Zeitliche Begrenzung:** Zweitens ist das Arbeitsgedächtnis zeitlich begrenzt. Man vermutet aufgrund empirischer Untersuchungen (z.B. Peterson & Peterson, 1959) den Verlust sämtlicher Inhalte des Arbeitsspeichers innerhalb von 20 bis 30 Sekunden, wenn die Informationen nicht wiederholt werden (vgl. z.B. Kirschner, P. A. et al., 2006).

Definition: Verständnis

Bezüglich des Arbeitsgedächtnisses sei für die Gestaltung von Lernmaterialien von zentraler Bedeutung, beide Einschränkungen des Arbeitsspeichers zu überwinden. In der Cognitive Load Theorie wird dementsprechend Verständnis definiert als Fähigkeit, die zu verstehenden Informationselemente simultan im Arbeitsgedächtnis verarbeiten zu können (Sweller, 2005a).

Arbeitsgedächtnismodell von Baddeley

Arbeitsgedächtnismodell von Baddeley (1992)

Die CLT greift bei der Unterteilung des Arbeitsgedächtnisses auf eine ältere Version des Arbeitsgedächtnismodells von Baddeley (1992) zurück, welche drei verschiedene Komponenten annimmt:

- **Zentrale Exekutive:** Diese Komponente stellt ein Aufmerksamkeitssystem dar. Sie überwacht die anderen Subsysteme des Arbeitsgedächtnisses und besitzt keine eigene Speicherkapazität. Die zentrale Exekutive wird aufgrund theoretischer Erwägungen und der unzureichenden empirischen Befundlage von Sweller (2004) zurückgewiesen und ist somit *kein* Bestandteil der CLT.

Als Ersatz für die von Baddeley postulierte zentrale Exekutive fungieren neben Lernmaterialien vornehmlich Schemata, die im nächsten Kapitel erörtert werden.

- **Visuell-räumliche Notiztafel:** Dieses Subsystem des Arbeitsgedächtnisses mit begrenzter Kapazität speichert visuell und räumlich aufgenommene Informationen vorübergehend ab. Außerdem ist das System für mentale Transformationsprozesse zur Lösung visuell-räumlicher Probleme sowie zur räumlichen Orientierung zuständig.
- **Phonologische Schleife:** Das phonologische Subsystem bezieht sich auf sprachlich vermittelte Informationen und ist in seiner Kapazität auf etwa zwei Sekunden begrenzt (vgl. Kapitel 2.4.5). Die sprachlichen Informationen werden in Lautform (sogenannte Phoneme) gespeichert.

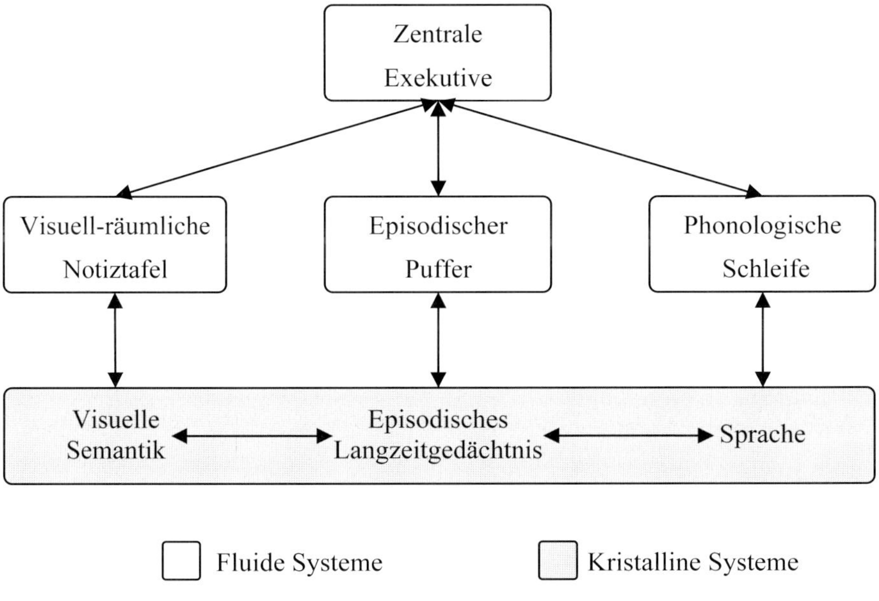

Abbildung 6: Arbeitsgedächtnismodell von Baddeley (2000). Fluide Systeme stellen Arbeitsgedächtniskomponenten dar.

Erweitertes Arbeitsgedächtnismodell von Baddeley (2000)

In einem erweiterten Modell des Arbeitsgedächtnisses (Abbildung 6) wurde von Baddeley neben den drei Komponenten noch ein episodischer Puffer (Baddeley, 2000) angenommen. Dieser kapazitätsbegrenzte Speicher im Arbeitsgedächtnis wird von der zentralen Exekutive kontrolliert und speichert Episoden temporär ab. Er steht mit dem episodischen Langzeitgedächtnis im unmittelbarem Kontakt, welches Episoden und Ereignisse mit persönlichem raumzeitlichem Bezug (z.B. die Erinnerung an den ersten Kuss) enthält (vgl. Tulving, 1977). Das episodische Langzeitgedächtnis ist nach dem Modell von Baddeley ein Bestandteil des kristallinen Systems (Abbildung 6). Dieses System wird durch Lernvorgänge selbst modifiziert. Die vier aufgeführten Komponenten des Arbeitsgedächtnisses bezeichnet Baddeley hingegen als fluide Systeme, die durch Lernprozesse selbst nicht verändert werden. Das neue Arbeitsgedächtnismodell wurde von der CLT bisher noch *nicht* aufgegriffen, obwohl der episodische Puffer für das Lernen mit Multimedia unmittelbar relevant ist, da er nach Baddeley (2000) zum einen das Lernen und Problemlösen erleichtern soll und zum anderen eine multimodale Speicherung aus visuellen und phonologischen Informationen vornimmt.

Arbeitsgedächtniskomponente für Bewegungen

Stattdessen wird in neueren Publikationen (Wong et al., 2009) zur CLT eine zusätzliche Arbeitsgedächtniskomponente für menschliche Bewegungen vermutet. Diese Komponente wird dabei mit Spiegelneuronen (Di Pellegrino, Fadiga, Fogassi, Gallese & Rizzolatti, 1992; Iacoboni et al., 1999) im (menschlichen) Nervensystem in Verbindung gebracht (Ayres, Marcus, Chan, & Qian, 2009; Van Gog, Paas, Marcus, Ayres, & Sweller, 2009; Wong et al., 2009). Unter Spiegelneuronen versteht man Neurone, die bei der Handlungsbeobachtung (z.B. einer gezielten Handbewegung) einer anderen Person genauso reagieren wie bei der selbstständigen Ausführung der Handlung. Erste Experimente, die dynamische und statische Bilder miteinander vergleichen (Ayres, Marcus, Chan, & Qian, 2009; Wong et al., 2009), stehen im Einklang mit der Annahme einer zusätzlichen Gedächtniskomponente. Jedoch kann auch hier grundsätzliche Kritik an derartigen pauschalen Vergleichen geübt werden (Kapitel 1.3).

Exkurs: Cognitive Load Theorie und Evolutionstheorie

In neueren Publikationen hat Sweller versucht, seine CLT mit der Evolutionstheorie in Beziehung zu setzen (z.B. Sweller, 2004, 2009). So erfüllt seiner Meinung nach zum Beispiel das Langzeitgedächtnis eine ähnliche Funktion wie der genetische Code. In beiden Fällen wird eine sehr große Anzahl an Informationen sowie die relativ permanente Speicherung dieser Informationen angenommen. Während der genetische Code die biologischen Charakteristika eines Lebewesens festlegt, definiert das Langzeitgedächtnis die kognitiven Charakteristika eines Individuums (Sweller, 2004). Im Gegensatz dazu stellt das Arbeitsgedächtnis aufgrund der Kapazitätsbeschränkungen sicher, dass jede Veränderung nur zu geringfügigen Änderungen des Langzeitgedächtnisses führt. Ebenso würden individuelle Veränderungen nur marginale Änderungen des Genoms bedingen. Ein weiteres Konzept, welches sowohl für die CLT als auch für die Evolutionstheorie zentrale Bedeutung besäße, sei das der Zufälligkeit. Zufällige Mutationen seien letztlich für sämtliche biologische Variationen ursächlich verantwortlich, wobei die natürliche Selektion sicherstelle, dass nur adaptive Veränderungen im langsam fortschreitenden, evolutionären Prozess "überleben". Ebenso stelle das Arbeitsgedächtnis sicher, dass Veränderungen im Langzeitgedächtnis nur dann vorgenommen werden, wenn sich diese als adaptiv erwiesen haben (Sweller, 2004). Während Sweller den evolutionären Prozess im Hinblick auf die natürliche Auslese als kreatives System bezeichnet, sei das menschliche Informationsverarbeitungssystem ebenfall kreativ, bedingt durch zufällig auftretende Änderungen, die nach Überprüfung auf Adaptivität (dauerhaft) beibehalten würden (Sweller, 2009). Individuelle Unterschiede hinsichtlich der Kreativität resultierten einzig auf Größenunterschiede der individuellen Wissensbasis (Sweller, 2004). Trotz Swellers Bemühungen wurde der Bezug zur Evolutionstheorie von anderen Autoren bisher nicht aufgenommen und erscheint zudem in vielerlei Hinsicht fragwürdig. Außerdem ist der Vergleich zur Evolutionstheorie vermutlich wenig ergiebig, da die CLT hierdurch nicht weiter elaboriert wird. Kritik gegenüber der CLT oder der Evolutionstheorie (z.B. Junker & Scherer, 2006) wird von Sweller zudem nicht geäußert.

2.3.3 Schemata

Definition: Schema

In der Cognitive Load Theorie ist die Ausbildung und Speicherung von automatisierten Schemata beim Lernen von essentieller Bedeutung. Ein Schema stellt in der CLT ein kognitives Konstrukt dar, welches Informationen zur Speicherung in das Langzeitgedächtnis organisiert. Schemata dienen dazu, Mechanismen für die Organisation von Wissen und deren Speicherung bereitzustellen. Sie fungieren als zentrale Exekutive im Arbeitsgedächtnis (Sweller, 2005a). Zudem reduzieren sie auch den Cognitive Load (Kapitel 2.3.4), da ein Schema als einzelne Entität im Arbeitsgedächtnis betrachtet wird, selbst aber eine sehr umfangreiche – prinzipiell sogar unbegrenzte – Menge an Informationen enthalten kann.

Verwandte Konzepte

Das in der Psychologie auf Piaget (1928) und Bartlett (1932) zurückgehende Konzept, als Idee schon von Kant (1787/1986) konzipiert (z.B. McVee, Dunsmore & Gavelek, 2005), wurde von zahlreichen Forschern unter veränderter Terminologie wieder aufgegriffen (Sweller, 1994). So werden beispielsweise die Begriffe chunk (Miller, G., 1956), frames (Minsky, 1975) und script (Schank & Abelson, 1977) in ähnlicher Form wie der Begriff des Schemas verwendet. Selbst Platons Ideenlehre sowie das Konzept der invarianten Repräsentationen (Hawkins, 2006) aus der Forschung zur künstlichen Intelligenz können mit dem Schemabegriff in Verbindung gebracht werden.

Konstruktion von Schemata

Bei der Konstruktion von Schemata sind zwei kognitive Prozesse zu erwähnen (Wouters et al., 2007; vgl. im Gegensatz dazu Jonassen, 1992):

- **Elaboration:** Die Lerner müssen neu eintreffende Informationen mit Bedeutung versehen, indem sie diese mit bereits vorhandenen Informationen, d.h. Vorwissen, verknüpfen (vgl. Konstruktivismus in Kapitel 2.2.3). Mit Hilfe ihres Vorwissens können sie die neuen Informationen strukturieren und verstehen. Dies führe zu besseren Lernleistungen.
- **Induktion:** Hier gilt es, die konkreten Lernerfahrungen in abstraktere Schemata zu überführen. Durch diese Generalisierung kann der Lernende mit Hilfe seiner ausgebildeten Schemata auch vermehrt Aufgaben lösen, die sich (stark) von den Aufgaben in der Lernphase unterscheiden. Umgekehrt erkennt der Lernende, in welchen Fällen er die ausgebildeten Schemata nicht sinnvoll anwenden kann (Diskrimination).

Automatisierung von Schemata

Neben der Ausbildung von Schemata ist deren Automatisierung ein zentraler Prozess beim Lernen. Angenommen wird, dass sämtliche Informationsverarbeitungsprozesse bewusst oder automatisiert erfolgen können, wobei diese beiden Formen Endpunkte auf einem Kontinuum darstellen. Während bewusste Verarbeitungsprozesse das Arbeitsgedächtnis belasten, umgehen automatisierte dieses weitgehend und tragen dazu bei, dass kognitive Kapazitäten für andere Funktionen bereitgestellt werden können. Ermöglicht wird die Automatisierung durch intensive Übung. So gelingt es zum Beispiel geübten Lesern, einen Text ohne bewusste Informationsverarbeitungsprozesse der einzelnen Buchstaben zu lesen, während Novizen, die gerade Lesen lernen, diese noch bewusst verarbeiten müssen (Sweller, Van Merriënboer & Paas, 1998). Auch bei der Automatisierung von Schemata werden zwei kognitive Prozesse voneinander unterschieden (Wouters et al., 2007; vgl. im Gegensatz dazu Jonassen, 1992):

- **Kompilierung:** Es wird ein hochspezifisches Schema ausgebildet, in welchem die Handlungen direkt mit den Bedingungen des Schemas verknüpft werden. Sobald eine (Lern-)Aufgabe die Bedingungen des Schemas erfüllt, werden die entsprechenden Handlungen automatisch ausgelöst.
- **Verstärkung:** Dieser kognitive Prozess bezieht sich auf die Wahrscheinlichkeit, dass ein automatisiertes Schema in Erscheinung tritt. Ein erst kürzlich (d.h. erst rudimentär) automatisiertes Schema besitzt eine geringe Auftretenswahrscheinlichkeit, also eine geringe Chance unter bestimmten Bedingungen aktiviert zu werden. Durch die Verstärkung wird diese Wahrscheinlichkeit sukzessiv erhöht.

Experten versus Novizen

Der Grad der Ausbildung von Schemata und deren Automatisierung erklärt laut CLT auch Leistungsunterschiede, die man in zahlreichen Untersuchungen zwischen Experten und Novizen gefunden hat (z.B. Chase & Simon, 1973; Chi, Feltovich & Glaser, 1981; De Groot, 1965). Bei Experten können die durch massive Übungsprozesse (vgl. auch Ericsson, Krampe & Tesch-Römer, 1993) ausgebildeten Schemata schon weitestgehend automatisiert verwendet werden. Somit stehen kognitive Ressourcen für andere Informationsverarbeitungsprozesse im Arbeitsgedächtnis zur Verfügung (siehe oben). Im Gegensatz dazu sind die Schemata von Novizen aufgrund fehlender Veränderungsprozesse im Langzeitgedächtnis noch nicht ausgebildet oder laufen noch größtenteils bewusst ab. Dies führt zu einer höheren kognitiven Belastung und damit zu einer geringeren Performanz (Van Merriënboer & Sweller, 2005).

2.3.4 Cognitive Load

Drei Arten kognitiver Belastung

Man unterscheidet in der Cognitive Load Theorie drei verschiedene Arten der kognitiven Belastung (Cognitive Load, CL):

- Intrinsischer Cognitive Load
- Extrinsischer Cognitive Load
- Germane Cognitive Load

Diese drei Bereiche kognitiver Belastung addieren sich zum gesamten CL (Sweller et al., 1998).

Intrinsischer CL

Intrinsischer CL – im Deutschen häufig als intrinsische Belastung bezeichnet – bezieht sich auf das Lernmaterial selbst und ist durch die Interaktivität der einzelnen Lernelemente zueinander gekennzeichnet (Brünken, Plass & Leutner, 2004). Elemente sind alle Komponenten, die bereits gelernt wurden oder noch zu erlernen sind. Bei hoher Elementinteraktivität müssen die einzelnen Elemente simultan im Arbeitsgedächtnis bearbeitet werden, während bei einer niedrigen Elementinteraktivität die Verarbeitung der Elemente konsekutiv (aufeinanderfolgend) erfolgen kann. Diese aufeinanderfolgenden Prozesse führen im Vergleich zur parallelen Verarbeitung bei hoher Elementinteraktivität zu einem einfacheren Verständnis des Lernmaterials. Dies ist jedoch nicht mit vereinfachtem Lernen gleichzusetzen, da auch konsekutiv zu verarbeitende Lernmaterialien aufgrund ihrer großen Informationsmenge Schwierigkeiten beim Lernen bereiten können (Sweller, 1994) .

Beispiele

Beispielsweise stellt das Vokabellernen nach Sweller (1994) einen geringen intrinsischen CL dar, zumal die einzelnen Wortpaare getrennt voneinander gelernt werden können. Die Schwierigkeit liegt hier allein in der Anzahl der zu erlernenden Vokabeln. Im Gegensatz dazu kann die Interaktivität der einzelnen Lernelemente beim Erlernen syntaktischer und semantischer Elemente einer Fremdsprache genau wie das Umformen mathematischer Gleichungen als groß bezeichnet werden. Der auf einem Kontinuum angesiedelte intrinsische CL ist demnach hoch.

Vorwissen und weitere Unterteilung

Des Weiteren ist der intrinsische CL abhängig vom Vorwissen und den ausgebildeten Schemata des Lernenden. Je höher das bereichsspezifische Vorwissen ist, desto geringer fällt der intrinsische CL aus. In diesem Zusammenhang schlagen Seufert, Jänen und Brünken (2007) eine Unterteilung des intrinsischen CL vor:

- **External festgelegte intrinsische kognitive Belastung:** Diese Belastung ergibt sich aufgrund der Komplexität des Lernmaterials (bzw. der Elementinteraktivität, siehe oben).
- **Internal festgelegt intrinsische kognitive Belastung:** Die Verfügbarkeit kognitiver Schemata bei den Lernenden bezieht sich auf den zweiten Aspekt des intrinsischen CL.

Anwendung der Gestaltungsprinzipien der CLT

Laut Sweller (1994) ist eine Beachtung der Präsentationsform nur dann sinnvoll, wenn der intrinsische CL hoch ausfällt. Bei niedrigem intrinsischen CL wird die Darbietungsart als eher unbedeutend betrachtet (vgl. Kapitel 3.4.4). Das Flussdiagramm (Abbildung 7) liefert einen Überblick, unter welchen Bedingungen Gestaltungsprinzipien der CLT Beachtung geschenkt werden sollte (der Unterpunkt "Variable Aufgaben" wird im Kapitel 3.7.4 näher erörtert).

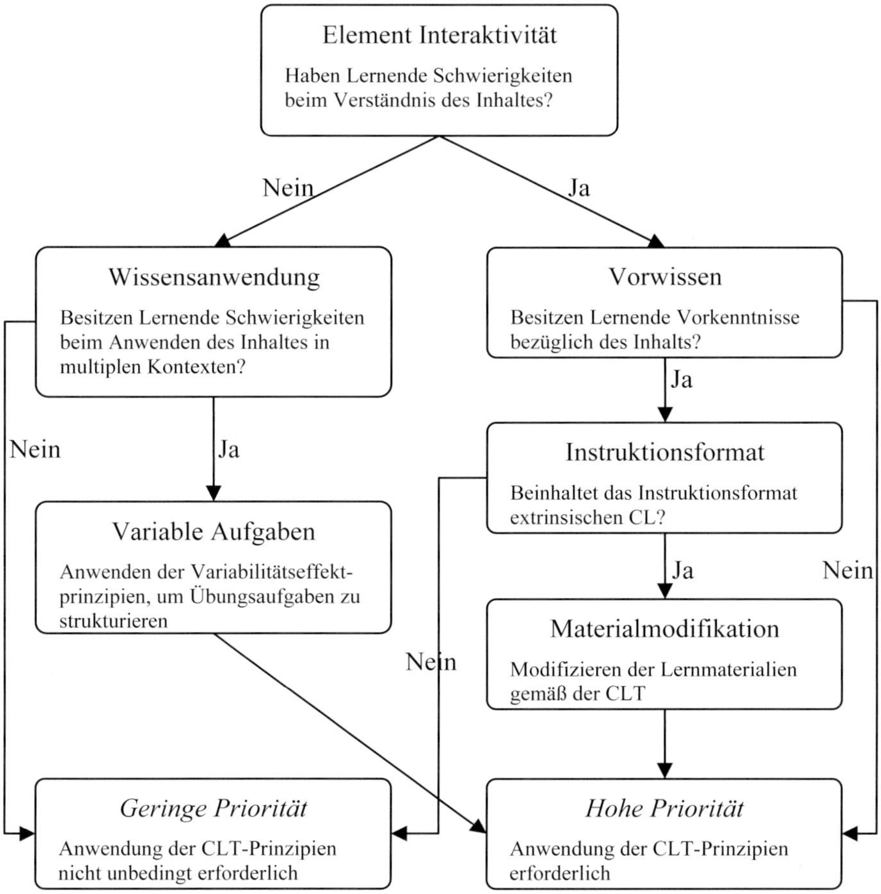

Abbildung 7: Flussdiagramm zur Frage, wann die Anwendung von CLT-Prinzipien erforderlich ist (angelehnt an Tuovinen, 2000).

Extrinsischer CL

Während sich der intrinsische CL auf das Lernmaterial selbst und das Vorwissen der Lernenden bezieht, ist der extrinsische CL – auch lernirrelevante kognitive Belastung genannt – von der Art der Darbietung abhängig (Sweller & Chandler, 1994). Je nach Darbietungsart kann ein Lernstoff leicht oder schwer verständlich sein. Nach der Cognitive Load Theorie ist bei der Gestaltung der Lernmaterialen das zentrale Ziel, den extrinsischen CL zu reduzieren.

Germane CL

Als dritte Quelle der kognitiven Belastung bezeichnet man den sogenannten germane CL, auch bekannt als lernbezogene oder lernrelevante kognitive Belastung (Renkl, 2004). Wie der extrinsische CL ist auch die lernbezogene kognitive Belastung von der Darbietungsart abhängig. Die germane CL wird für die Konstruktion und Automatisierung von Schemata ins Langzeitgedächtnis benötigt. Je größer die lernrelevante kognitive Belastung ist, desto besser fällt die Lern- bzw. Verständnisleistung aus. Neben dem Ziel, den extrinsischen CL so weit wie möglich zu reduzieren (siehe oben), wird durch Gestaltungsmaßnahmen versucht, die lernbezogene kognitive Belastung zu erhöhen. Neuerdings stellen einige E-Learning Forscher (z.B. Schnotz, 2009) das Konstrukt germane CL in Frage. Sie argumentieren unter anderem, dass leicht ein Zirkelschluss entstehen könne: Weil der germane CL hoch sei, werde besser gelernt. Und weil besser gelernt werde, sei der germane CL höher.

Kritik an Unterteilung des CL

Ein Problem im Kontext der Unterteilung des CL ist die fehlende Separierbarkeit der Konzepte. Bisher existieren keine Messverfahren, die eine Differenzierung der verschiedenen Arten kognitiver Belastung erlauben (vgl. Gerjets, Scheiter, & Cierniak, 2009; P. A. Kirschner, 2002; Schnotz & Kürschner, 2007; Van Gog & Paas, 2008). Allerdings sollte in der Arbeit von DeLeeuw und Mayer (2008) die separate Messung der intrinsischen, extrinsischen und germanen kognitiven Belastung nachgewiesen werden. Zwei Experimente sollten dabei folgende Zusammenhänge belegen:

- **Reaktionszeiten** sind besonders sensitiv für Manipulationen des extrinsischen CL.
- **Subjektive Lernereinschätzungen** sind besonders geeignet zur Erfassung der intrinsischen Belastung.
- **Transfertestleistungen** können als Maß für die germane CL Verwendung finden.

Die beiden aufgeführten Untersuchungen sind jedoch meines Erachtens wenig überzeugend und weisen mehrere methodische Schwächen auf. Beispielsweise werden nicht signifikante Befunde als signifikant dargestellt. Zudem widersprechen die Ergebnisse, insbesondere aus der zweiten Untersuchung, teilweise der Dreiteilung. Des Weiteren können die niedrigen Cronbachs α-Werte (Kapitel 4.4.2) als erster Hinweis auf die unzureichende Reliabilität (Zuverlässigkeit der Messung) der unidimensionalen Konstrukte betrachtet werden (vgl. jedoch Kapitel 4.4.2).

Meta-CL

Valcke (2002) hat vorgeschlagen, den sogenannten Meta-Cognitive Load als vierte Quelle der kognitiven Belastung in die CLT aufzunehmen. Diese Belastung entsteht durch Monitorstrategien, die zur Überwachung von kognitiven Prozessen eingesetzt werden. Zum Beispiel stellen Kontrolle der Auswahl und Organisation von sensorischen Informationen in das Arbeitsgedächtnis oder Speicherung und Abruf von Schemata aus dem Langzeitgedächtnis in das Arbeitsgedächtnis Monitorstrategien dar. Nach Valcke (2002) ließe sich der germane CL in die Teilaspekte der Konstruktion und Speicherung von Schemata (siehe oben) und den aufgeführten Monitoraktivitäten ausdifferenzieren. Die metakognitive Kontrolle von Lernprozessen wird dabei maßgeblich durch das Ausmaß an Ambiguitätstoleranz (Toleranz gegenüber Mehrdeutigkeiten) des Lernenden beeinflusst (Stark, Mandl, Gruber & Renkl, 2002).

Der Erweiterungsvorschlag von Valcke (2002) ist bisher nicht in größerem Umfang in der CLT-Literatur aufgegriffen worden, obwohl empirische Befunde existieren, welche die Annahme eines Meta-Cognitive Load nahe legen (Stark et al., 2002) oder zumindest sehr gut mit diesem Konstrukt erklärt werden können (van Bruggen, Kirschner & Jochems, 2002; Van Gerven, Paas, Van Merriënboer & Schmidt, 2002). Zudem ließen sich durch diese Ergänzung Konzepte zur Metakognition (z.B. Bannert, 2006; Flavell & Wellman, 1977; Kuhn, 2000; Nelson & Narens, 1990) in die CLT integrieren. Wie beim extrinsischen und germane

CL auch dürfte sich die Abgrenzung des Meta-CL zu anderen kognitiven Belastungsarten auf der Messebene jedoch als schwierig erweisen.

2.3.5 Messmethoden

Neben der oben aufgeführten Aufteilung des CL in den intrinsischen, extrinsischen und germane CL kann auch eine Zweiteilung der kognitiven Belastung in eine aufgabenbasierte und eine lernerbasierte Dimension vorgenommen werden (Sweller et al., 1998):

Aufgaben- und lernerbasierte Dimension

- **Aufgabenbasierte Belastung:** Diese Belastung (mental load) kommt durch die Anforderungen der Aufgabe zustande. Sie umfasst somit sowohl den intrinsischen als auch den extrinsischen CL.
- **Lernerbasierte Anstrengung:** Diese Anstrengung (mental effort) ist als Anteil an kognitiven Ressourcen definiert, der vom Lernenden für die Aufgabenanforderungen bereitgestellt wird und sich in der Lernleistung niederschlägt.

Überblick

Zur Messung der kognitiven Belastung können drei Hauptkategorien voneinander unterschieden werden (Wierwille & Eggemeier, 1993):

- Aufgaben- bzw. leistungsbasierte Indikatoren
- Subjektive Indikatoren
- Physiologische Indikatoren

Daneben wurden in der Literatur andere Unterteilungen vorgeschlagen wie zum Beispiel die Differenzierung in einen visuellen, motorischen und mentalen Workload (Roskam et al., 2002). Andere Unterscheidungen beziehen sich auf direkte und indirekte Messungen des Cognitive Load (z.B. Brünken et al., 2004) bzw. online (während der Aufgabenbearbeitung) und offline (nach der Aufgabenbearbeitung) Messungen (z.B. Van Gog & Paas, 2008).

Aufgaben- bzw. leistungsbasierte Indikatoren

Aufgaben- bzw. leistungsbasierte Indikatoren sind sehr häufig eingesetzte Messmethoden in der Cognitive Load Literatur (Brünken et al., 2004). Sie lassen sich nochmals in Primär- und Sekundäraufgaben unterteilen. Messungen der Primäraufgabe (primary task measurement) basieren auf (Lern-)Leistungen des Lernenden in der Hauptaufgabe, während bei Sekundäraufgaben (secondary task) die Leistung einer zweiten – künstlich hinzugefügten – Aufgabe erhoben wird, welche zeitgleich zur Primäraufgabe bearbeitet werden muss (dual-task-Methode; Brünken et al., 2004). Beispielsweise kann eine solche Aufgabe darin bestehen, bestimmte Tasten zu drücken, sobald bestimmte Zeichen auf dem Monitor erscheinen. Beide Techniken verwenden objektive Aufgabencharakteristika (z.B. Komplexität der Aufgabe) und Leistungsindikatoren (z.B. Fehler und Lernzeiten), um die kognitive Belastung zu ermitteln.

Subjektive Indikatoren

Bei den subjektiven Indikatoren geben die Lernenden selbst eine Einschätzung darüber ab, wie groß die mentale Belastung einer Aufgabe ist (Paas, Van Merriënboer & Adam, 1994). Damit basiert diese Messmethode auf der Annahme, dass Personen fähig sind, eine adäquate Introspektion ihrer eigenen kognitiven Prozesse sowie ihrer kognitiven Belastung vorzunehmen. Eine solche Annahme wird von Forschern häufig angezweifelt (vgl. z.B. Schnotz & Kürschner, 2007). Gleichwohl finden sich in der Literatur empirische Belege, die diese Annahme stützen (z.B. Gopher & Braune, 1984). Bei den Messverfahren sollte immer hinzugefügt werden, ob der Proband die Workload-Spitzen (Maximalwerte der mentalen Arbeitsbelastung) oder die durchschnittliche mentale Belastung zu bewerten hat (Verwey & Veltman, 1996). Typischerweise verwenden diese subjektiven Messverfahren Ratingskalen zur Einschätzung der kognitiven Belastung (Van Gog & Paas, 2008). Die Art der Skalierung (z.B. uni- versus multidimensionale Kategorien; Existenz verbaler Bezeichnungen) scheint dabei nicht entscheidend zu sein (z.B. Birg, 1978; Hendy, Hamilton & Landry, 1993).

Beispiele subjektiver Ratingskalen

Als subjektive Ratingskalen sind unter anderem folgende Verfahren zu nennen:

- Modified Cooper Harper Scale (MCH) von Cooper und Harper (1969)
- Modifizierte Ratingskala (basierend auf der Ratingskala von Bratfisch, Borg & Dornic, 1972) von Paas, van Merriënboer und Adam (1994)
- National Aeronautics and Space Administration Task Load Index (NASA-TLX) von Hart und Staveland (1988)
- Rating of the difficulty of the materials von Kalyuga, Chandler und Sweller (1999)
- Rating Scale Mental Effort (RSME) von Zijlstra und van Doorn (1985)
- Subjective Workload Assessment Technique (SWAT) von Reid und Nygren (1988)
- Subjektive Ratingskala von Bratfisch, Borg und Dornic (1972)
- Unidimensional 9-point symmetrical category rating scale von Paas (1992)

Physiologische Indikatoren

Physiologische Messverfahren nehmen an, dass Veränderungen in der kognitiven Belastung sich in physiologischen Kennwerten widerspiegeln (Sweller et al., 1998). Dabei werden Veränderungen folgender Parameter gemessen (Roskam et al., 2002; Sweller et al., 1998; vgl. auch Van Gog, Kester, Nievelstein, Giesbers & Paas, 2009):

- Atmung
- Augenaktivität (z.B. Augendilatation, d.h. Ausdehnung der Augen, Fixationen und Sakkaden, d.h. Blickfokussierungen und Blickwechsel, Wimpernschläge usw.)
- Blutdruck
- Gehirnaktivität (z.B. EEG, ERP)
- Hautleitfähigkeit
- Herzrate und deren Variabilität
- Hormonhaushalt (z.B. Adrenalin, Noradrenalin, Cortisol)

Die verschiedenen Verfahren zur Messung des Cognitive Load werden in der Literatur zumeist hinsichtlich ihrer Sensitivität und Diagnostizität miteinander verglichen (O'Donnell & Eggemeier, 1986; Verwey & Veltman, 1996):

Sensitivität und Diagnostizität

- **Sensitivität:** Sensitivität bezeichnet in diesem Zusammenhang, ob und wie gut das Messverfahren unterschiedliche Ausprägungen kognitiver Belastung voneinander unterscheiden kann.
- **Diagnostizität:** Diagnostizität bezieht sich hingegen in diesem Kontext auf das Ausmaß, ob und wie gut das Messverfahren verschiedene Arten des Workload differenzieren kann (Verwey & Veltman, 1996).

Grundsätzlich sind aufgaben- und leistungsbasierte Indikatoren sowie subjektive Ratingskalen hinsichtlich der Sensitivität und Diagnostizität physiologischen Indikatoren bei der Messung des CL überlegen (Casali & Wierwille, 1984; Hicks & Wierwille, 1979; Paas, Tuovinen, Tabbers & Van Gerven, 2003; Roskam et al., 2002; Sweller et al., 1998; Verwey & Veltman, 1996).

Bewertung verschiedener Messverfahren

Physiologische Messverfahren sind – wenn überhaupt – nur für Messungen der kognitiven Belastung über längere Zeitintervalle geeignet, während sie Workload-Spitzen in besonders belastenden Situationen nicht präzise abbilden können (Roskam et al., 2002). Zudem ist der Aufwand bei physiologischen Messungen zum Teil deutlich größer als bei aufgaben- bzw. leistungsbasierten Indikatoren und Ratingskalen. Daher sollte meiner Meinung nach auf physiologische Indikatoren bei der Erfassung des CL in der E-Learning Forschung eher verzichtet werden.

Aber auch bei den anderen Verfahren ergeben sich Probleme bei der Messung der kognitiven Belastung. So ist die erfasste Leistung der Lernenden schon allein deshalb nicht mit dem CL gleichzusetzen, da eine höhere aufgabenbasierte Belastung (mental load) durch eine Erhöhung der lernerbasierten Anstrengung (mental effort) kompensiert werden kann (siehe hierzu: kompensatorische Anstrengung; z.B. Gaillard, 1992; Hockey, 1979, 1993). Bei den subjektiven Verfahren zeigen sich mitunter Schwächen bezüglich des Kriteriums der Diagnostizität. NASA-TLX und RSME (siehe oben) schneiden bei den Ratingskalen besonders gut im Vergleich zu den anderen subjektiven Indikatoren bei den oben aufgeführten Kriterien ab (Hill et al., 1992; Verwey & Veltman, 1996).

Zusammenfassend bietet sich bei der Messung des Cognitive Load eine Kombination aus aufgaben- und leistungsbasierten Indikatoren sowie subjektiven Ratingskalen an, wobei aus oben genannten Gründen besonders der NASA-TLX[3] oder der RSME Anwendung finden sollte. Auch die Messung nach Paas (1992) erscheint aufgrund der guten Reliabilitätswerte (Maß für die Zuverlässigkeit bzw. Genauigkeit der Messung) und vorhandenen Kriteriumsvalidität (Maß für

Zusammenfassende Bewertung

[3] Ich habe mit dem NASA-TLX zur Messung der kognitiven Belastung keine guten Erfahrungen gesammelt und bin seitdem eher skeptisch, ob sich der Cognitive Load mit diesem Fragebogen adäquat erfassen lässt.

die Übereinstimmung des Testergebnisses mit anderen Kriterien, die das Merkmal ebenfalls erfassen) geeignet (Van Gog & Paas, 2008).

2.3.6 Fazit

Die Cognitive Load Theorie vertritt mit ihren Gestaltungsempfehlungen (vgl. Kapitel 3) in vielerlei Hinsicht einen "Less is more"-Ansatz (vgl. Dwyer, 1972). Dieser "Weniger ist mehr"-Gedanke bezieht sich auf die Gestaltung von Lernmaterialien, bei der eine extrinsische kognitive Belastung vermieden werden sollte. Stattdessen wird die Konstruktion und Automatisierung von Schemata und damit die Erhöhung des germane CL in den Vordergrund gestellt. Zudem präferiert die CLT ein relativ direktives Vorgehen bei der Vermittlung von Wissen. Dies steht Konzepten wie dem entdeckenden Lernen (Kapitel 2.2.3) oder der erfahrungsorientierten Erziehung (experiential education, z.B. Dewey, 1938; Kraft & Sakofs, 1989) unmittelbar entgegen.

Kritik

Sowohl der "Less is more"-Ansatz als auch das relativ direktive Vorgehen bei der Wissensvermittlung liefern Anlass zur Kritik, da derartig ausgearbeitete Lernmaterialien hinsichtlich motivationaler und emotionaler Prozesse möglicherweise unzureichend gestaltet sind und hierdurch die Lernleistung beeinträchtigt werden könnte (vgl. Brünken et al., 2004). Forschungsarbeiten zu diesen Prozessen (z.B. Hidi & Harackiewicz, 2000; Hidi & Renninger, 2006) werden in der CLT nicht aufgegriffen. Zudem basiert die CLT auf älteren empirischen Befunden (z.B. Peterson & Peterson, 1959) und kognitiven Theorien, wie Baddeleys älteres Arbeitsgedächtnismodell (Baddeley & Hitch, 1974), obgleich neuere Befunde und Modelle aus der kognitiven Psychologie (z.B. Baddeley, 2000) oder Forschung zur künstlichen Intelligenz (z.B. Hawkins, 2006) zur Verfügung stehen. Auch die fehlende Möglichkeit, die verschiedenen Arten der kognitiven Belastung getrennt voneinander zu messen, kann bemängelt werden. Zudem werden von Vertretern der CLT zum Teil fragwürdige Aussagen zum menschlichen Informationsverarbeitungssystem getroffen. Beispielsweise behauptet Sweller, dass das Arbeitsgedächtnis der Sitz des Bewusstseins sei und mit diesem gleichgesetzt werden könne (Sweller, 2004). Forscher, die sich intensiv mit dem Gegenstand Bewusstsein befassen, vertreten Auffassungen, die sich deutlich von dieser Behauptung unterscheiden (z.B. Blackmore, 2006).

Würdigung

Trotz dieser Kritikpunkte kann die Cognitive Load Theorie als theoretisch elaboriert bewertet werden. Sie trifft zahlreiche contraintuitive Prognosen zum Lernen in multimedialen Lernumgebungen und kann verschiedene differentielle Effekte zwischen Experten und Novizen (Kapitel 3.8.1) vorhersagen und theoretisch erklären. Die postulierten Gestaltungsempfehlungen sind durch zahlreiche empirische Befunde abgesichert, wobei sich einzelne abgeleitete Hypothesen aber nicht immer bestätigt haben. Die Konstruktion und Automatisierung von Schemata in der CLT lässt sich zudem gut mit neurowissenschaftlichen Befunden in Verbindung bringen (vgl. z.B. Hawkins, 2006; Spitzer, 2007). Ähnlich verhält es sich mit neueren Ansätzen innerhalb der CLT, in denen ein Arbeitsgedächtnis für Bewegungen postuliert und in Bezug zu Spiegelneuronen gesetzt wird (Kapitel 2.3.22.4.2). Des Weiteren wurde von Sawicka (2008) ein mathematisches, dynamisches Modell konzipiert, welches die CLT repräsentiert soll und verschiedene empirische Befunde zu dieser Theorie abbilden kann. Zudem können mit Hilfe dieser komplexen Computersimulation neue Hypothesen zur CLT generiert und empirisch überprüft werden. Auch der Einsatz als Analysewerkzeug bei der Erstellung und Verbesserung von Lernmaterialien ist denkbar (Sawicka, 2008).

2.4 Kognitive Theorie multimedialen Lernens von Mayer

Die kognitive Theorie multimedialen Lernens (Cognitive Theory of Multimedia Learning, CTML) von Richard E. Mayer und seinen Mitarbeitern an der Santa Barbara Universität von Kalifornien stellt neben der CLT eine weitere zentrale Theorie zum multimedialen Lernen dar. Sie wurde seit 1989 unter diversen Namen publiziert (vgl. Mayer, 2005a) und immer weiter elaboriert, wobei die aktuelle Bezeichnung der Theorie (CTML) meines Wissens nach erstmals im Jahr 1996 verwendet wurde. Wie auch bei der CLT existieren mittlerweile zahlreiche Überblicksartikel über die CTML (Mayer, 1999, 2003, 2005; Mayer & Moreno, 1998a, 2002, 2003; Moreno & Mayer, 2000b; Muthukumar, 2005; Robinson, 2004).

Überblick

Nachfolgend werden zunächst die drei zentralen Grundannahmen der CTML aufgeführt (Kapitel 2.4.1). Im Anschluss werden die relevanten kognitiven Strukturen (Kapitel 2.4.2) und Prozesse (Kapitel 2.4.3) beim Lernen mit Multimedia betrachtet sowie deren Repräsentationsformen (Kapitel 2.4.4). Aufgrund der großen Ähnlichkeiten der CTML mit dem integrativen Modell des Text- und Bildverständnisses von Schnotz (2005) sowie der kognitiv-affektiven Theorie des Lernens mit Medien von Moreno und Mayer (Moreno, 2005; Moreno & Mayer, 2007), die eine Erweiterung der CTML darstellt, werden diese nicht separat erörtert. Stattdessen finden sich diese in den Kapiteln 2.4.5 und 2.4.6. Abschließend folgt ein bewertendes Fazit zu den drei genannten Theorien (Kapitel 2.4.7).

2.4.1 Grundannahmen

Die CTML beinhaltet drei zugrunde liegende Annahmen über die menschliche Informationsverarbeitung.

Zwei Kanäle im Informationsverarbeitungssystem

Die erste Annahme der CTML betrifft die Verarbeitung von Informationen mittels zweier verschiedener Kanäle. Ein Kanal steht für visuell/bildhaft präsentiertes Informationsmaterial zur Verfügung, der andere für auditiv/verbale Materialien (Robinson, 2004). Mit dieser Zweiteilung der Informationsverarbeitung greift die CTML unmittelbar auf die Duale Kodierungstheorie von Paivio (z.B. Clark, J. M. & Paivio, 1991; Paivio, 1986) und eine frühere Version des Arbeitsgedächtnismodell von Baddeley (z.B. Baddeley, 1992; Baddeley & Hitch, 1974) zurück. Auch die Unterteilung von Schnotz (2005) in deskriptive und depiktionale Repräsentationen entspricht in etwa dieser Differenzierung, wobei die Zweiteilung bei Schnotz wesentlich detaillierter erörtert wird (Kapitel 2.4.5).

Präsentationsmodus versus sensorische Modalität

Zur näheren Konzeptualisierung der zwei Kanäle kann man eine Unterscheidung zwischen dem Präsentationsmodus und der sensorischen Modalität vornehmen (Mayer, 2005a):

- **Präsentationsmodus:** Der Präsentationsmodus bezieht sich auf die Lernmaterialien, die verbal (z.B. gesprochene oder gedruckte Sätze) oder nonverbal (z.B. Bilder, Animationen oder Hintergrundmusik) dargeboten werden können. Diese Konzeptualisierung entspricht im Wesentlichen der Zweiteilung von Paivio (1986).
- **Sensorische Modalität:** Im Unterschied dazu betrifft die sensorische Modalität die Frage, wie die präsentierten Lernmaterialien durch den Lernenden aufgenommen und im Arbeitsgedächtnis repräsentiert werden. Dabei sind vornehmlich das visuelle (z.B. für Bilder, Animationen oder gedruckte Wörter) und auditive System (z.B. für gesprochene Wörter oder Hintergrundmusik) zu nennen. Diese Zweiteilung liegt dem Arbeitsgedächtnismodell von Baddeley (1992) zugrunde.

In der CTML wird auf eine Entscheidung zugunsten einer der beiden skizzierten Konzeptualisierungsmöglichkeiten der zwei Kanäle verzichtet. Zu beachten ist außerdem, dass Lernende die Möglichkeit besitzen, die in einem Kanal generierte Repräsentation zur Weiterverarbeitung in den jeweils anderen Kanal zu konvertieren. So kann eine gesprochen dargebotene Beschreibung eines Sachverhaltes vom Lernenden in ein mentales Bild transformiert werden (Mayer, 2005a). Ziel bei der Gestaltung von Lernmaterialien ist es, nach Möglichkeit beide Kanäle bei der Verarbeitung von Informationen zu aktivieren.

Begrenzte Kapazität des Arbeitsgedächtnisses

Die zweite Annahme der CTML bezieht sich auf die begrenzte Kapazität an Informationen, die in jedem Kanal des Arbeitsgedächtnisses verarbeitet werden können (Muthukumar, 2005). Diese These deckt sich mit dem Arbeitsgedächtnismodell von Baddeley (1992) und der Cognitive Load Theorie (Kapitel 2.3). Im Gegensatz zur CLT wird in der CTML keine konkrete Annahme darüber getroffen, wie viele Informationseinheiten simultan bearbeitet werden können. Durch den Bezug zu Miller (1956) kann jedoch von einer Größenordnung von sieben Einheiten ausgegangen werden.

Die Zuweisung, Überwachung, Koordinierung und Adjustierung der begrenzten kognitiven Ressourcen werden in der CTML zu Monitorstrategien subsumiert (Mayer, 2005a). Diese Strategien lassen sich sehr gut mit der zentralen Exekutive von Baddeley (1992) oder modernen Intelligenztheorien (z.B. Sternberg, 1990) in Verbindung bringen. Als Implikation dieser zweiten Annahme der CTML für die Gestaltung von multimedialen Lernumgebungen lässt sich festhalten, dass Lernende nicht durch zu viele Informationseinheiten kognitiv überlastet werden dürfen (siehe hierzu auch Kapitel 2.3.4 zum Cognitive Load).

Aktive Informationsverarbeitung

Die dritte Annahme der CTML erörtert die aktive menschliche Informationsverarbeitung. Es wird davon ausgegangen, dass Lernende sich aktiv mit dem Lernmaterial beschäftigen, um eine kohärente (hier: zusammenhängende und in sich schlüssige) mentale Repräsentation ihrer vorhandenen Erfahrungen konstruieren zu können (Mayer, 2005a). Die Annahme der aktiven Wissenskonstruktion findet sich innerhalb der Psychologie auch bei diversen anderen Forschern wieder (z.B. Ausubel, 1968; Bruner, 1961; James, 1890/1950; Neisser, 1967; Wittrock, 1989).

Wissensstrukturen

Um zu einem mentalen Modell zu gelangen, bedarf es des Aufbaus diverser Strategien, Wissen zu strukturieren. Diese haben verschiedene Strukturen zum Inhalt:

- **Verarbeitungsstrukturen:** Diese Strukturen können beispielsweise Kausalketten mit entsprechenden Erläuterungen der einzelnen Ursache-Wirkungs-Elemente umfassen.
- **Vergleichsstrukturen:** Sie lassen sich als Matrizen darstellen, die den Vergleich zweier oder mehrerer Elemente anhand mehrerer Dimensionen ermöglichen.
- **Generalisierungsstrukturen:** Diese repräsentieren als eine Art Baumstruktur den Kerngedanken mit seinen untergeordneten ergänzenden Details.
- **Aufzählungsstrukturen:** Sie betreffen eine Liste, die aus einer Zusammenstellung von Einzelelementen besteht.
- **Klassifikationsstrukturen:** Diese Strukturen sind hierarchisch angeordnet und umfassen Gruppen und Untergruppen.

Definition: Verständnis

Verständnis wird in diesem Zusammenhang als Konstruktion einer dieser Wissensstrukturen definiert (2005a). Die nach der CTML benötigten Prozesse zur Etablierung dieser Wissensstrukturen werden im Abschnitt 2.4.3 eingehend aufgeführt. Zur Verständnissteigerung sollte bei der Gestaltung von Lernmaterialien darauf geachtet werden, dass das präsentierte Material eine kohärente Struktur aufweist und die multimediale Botschaft eine Anleitung zum Aufbau der oben skizzierten Wissensstrukturen bereithält.

2.4.2 Gedächtnisspeicher

In der CTML werden drei Gedächtnisspeicher unterschieden, der sensorische Speicher, das Arbeitsgedächtnis und das Langzeitgedächtnis (Mayer & Moreno, 2003). Abbildung 8 zeigt den Zusammenhang zwischen diesen Gedächtnisspeichern bei der Verarbeitung einer präsentierten multimedialen Botschaft. Nachfolgend werden die drei Strukturen erörtert.

Sensorischer Speicher

Die aus der Außenwelt in Form von Wörtern und Bildern (pictures) eintreffenden Informationen werden mit Hilfe der Augen und Ohren des Lernenden im sensorischen Speicher aufgenommen. Dabei sind mit Worten sowohl gesprochene als auch geschriebene Worte gemeint. Zu Bildern (pictures) zählen nach Mayer (2005a) auch dynamische Visualisierungen. Der Pfeil von "Wörter" zu "Augen" in Abbildung 8 betrifft hingegen gedruckte Textelemente. Der sensorische Speicher erlaubt es, die erfassten Informationen in exakter Form für einen sehr kurzen Zeitraum im visuellen oder auditiven Speicher präsent zu halten (vgl. dazu den ikonischen und echoischen Speicher in anderen Gedächtnismodellen).

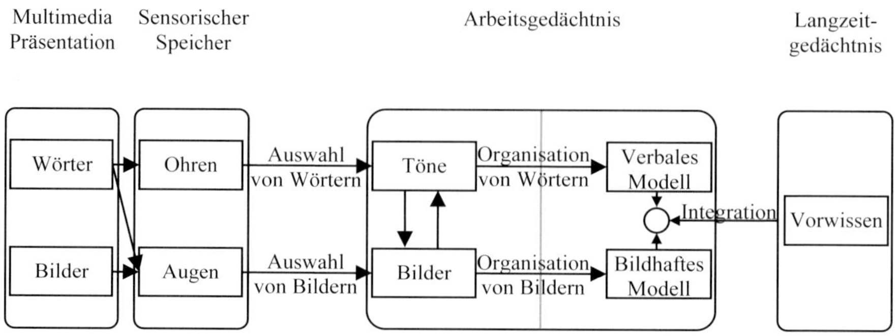

Abbildung 8: Darstellung des Zusammenhanges zwischen den drei Gedächtnisspeichern und der eingehenden multimedialen Botschaft in der kognitiven Theorie multimedialen Lernens (angelehnt an Mayer, 2005a).

Arbeitsgedächtnis

Von zentraler Bedeutung innerhalb der CTML ist das Arbeitsgedächtnis. Hier werden Informationen temporär zwischengespeichert und modifiziert. Die Verarbeitung erfolgt dabei bewusst (2005a).

In Abbildung 8 stellt die linke Seite des Arbeitsgedächtnisses die Repräsentation des Rohmaterials dar, die aus der Umwelt über den sensorischen Speicher in Form von Tönen oder Bildern (images) ins Arbeitsgedächtnis gelangt. Die zuvor stattfindende Wort- und Bildauswahl wird im Kapitel 2.4.3 erörtert. Nachdem das Rohmaterial als visuelle (einschließlich räumliche) oder auditive Repräsentationen in das Arbeitsgedächtnis gelangt ist, können mentale Transformationsprozesse stattfinden (Abbildung 8). Beispielsweise kann aus der auditiven Repräsentation "Hund" ein mentales Bild eines Hundes generiert werden.

Die Weiterverarbeitung der im Arbeitsgedächtnis befindlichen Töne und Bilder (images) erfolgt durch kognitive Organisationsprozesse, die zu verbalen oder piktorialen (bildhaften) mentalen Modellen führen. An dieser Stelle sind keine Transformationsprozesse zwischen diesen beiden Modellen mehr vorgesehen (Abbildung 8). Die Integration des in den beiden mentalen Modellen gespeicherten Wissens mit dem Vorwissen des Lernenden, welches sich im Langzeitgedächtnis befindet, läuft ebenfalls im Arbeitsgedächtnis ab (Mayer & Moreno, 2003).

Langzeitgedächtnis

Das Langzeitgedächtnis beinhaltet sämtliches Vorwissen des Lernenden. Im Gegensatz zum Arbeitsgedächtnis kann es zwar sehr große Informationsmengen über längere Zeiträume speichern, jedoch muss das dort gespeicherte Wissen ins Arbeitsgedächtnis gebracht werden, um aktiv und bewusst darüber nachdenken zu können (Mayer, 2005a).

2.4.3 Kognitive Prozesse

In der CTML werden fünf verschiedene kognitive Prozesse voneinander unterschieden, die beim Lernen in einer multimedialen Lernumgebung auftreten können (Mayer & Moreno, 2003). Diese beinhalten die Selektion von relevanten Wörtern und Bildern (images), die Organisation der ausgewählten Wörter und

Bilder sowie die Integration des verbalen und bildhaften mentalen Modells mit dem Vorwissen des Lernenden (Abbildung 8). Dabei müssen die im Folgenden beschriebenen Prozesse nicht in linearer Folge auftreten, sondern können in zahlreichen Iterationen (Wiederholungen) durchlaufen werden. Typischerweise spielen sich diese kognitiven Prozesse laut Mayer (2005a) für jeden Teilabschnitt innerhalb der multimedialen Botschaft erneut ab.

Fünf verschiedene kognitive Prozesse

- **Auswahl von Wörtern:** Mit der Auswahl von Wörtern ist gemeint, dass der Lernende seine Aufmerksamkeit auf die relevanten Wörter innerhalb des multimedialen Lernmaterials richtet, um eine erste auditive Repräsentation innerhalb des Arbeitsgedächtnisses zu erzeugen (Abbildung 8). Dieser Prozess kann sowohl durch die Präsentation eines gesprochenen als auch eines gedruckten Textes initiiert werden (Mayer, 2005a), sofern der Lernende den gedruckten Text in eine auditive Repräsentation überführt. Die Fokussierung auf bestimmte Teile des Lernmaterials wird durch die begrenzte Kapazität des Arbeitsgedächtnisses notwendig. Dabei ist die Auswahl nicht willkürlich, sondern der Lernende steuert den Prozess aktiv, um eine kohärente mentale Repräsentation des Sachverhaltes konstruieren zu können.
- **Auswahl von Bildern:** Auch bei der Bildauswahl (selecting images) wird von einer Fokussierung der Aufmerksamkeit ausgegangen, wobei sich diese auf die relevanten Bilder innerhalb des Lernmaterials bezieht, um eine visuelle Repräsentation im Arbeitsgedächtnis zu generieren (Abbildung 8). Wie bei der Wortauswahl erfordert die begrenzte Arbeitsgedächtniskapazität die Selektion einzelner Bildelemente, die durch den Lernenden aktiv ausgewählt werden, zum Aufbau einer kohärenten mentalen Repräsentation.
- **Organisation von Wörtern:** Die Organisation von Wörtern bezieht sich auf den Aufbau von Verbindungen zwischen den ausgewählten Wörtern, um ein kohärentes verbales Modell wie zum Beispiel einen Ursache-Wirkungs-Zusammenhang im Arbeitsgedächtnis ausbilden zu können (Mayer, 2003). Dieser – im auditiven Kanal stattfindende – Prozess unterliegt ebenso wie die zuvor aufgeführten Selektionsprozesse dem Einfluss von Kapazitätsbeschränkungen des Arbeitsgedächtnisses. Dadurch muss der Lernende sich auf die Erstellung eines relativ einfachen verbalen Modells beschränken.
- **Organisation von Bildern:** Bei der Organisation von Bildern (organizing images) findet ein Verknüpfungsprozess zwischen ausgewählten Bildern statt, um ein kohärentes bildhaftes Modell zu generieren (Mayer & Moreno, 2003). Der im visuellen Kanal ablaufende Prozess unterliegt den Beschränkungen des Arbeitsgedächtnisses, sodass auch hier eine aktive Beschränkung auf die Entwicklung eines einfachen visuellen Modells durch den Lernenden stattfinden muss.
- **Integration:** Der fünfte kognitive Prozess beschreibt den Aufbau von Verbindungen zwischen den verbalen und piktorialen Modellen sowie dem Vorwissen des Lernenden aus dem Langzeitgedächtnis (Mayer, 2003). Dieser integrative Prozess stellt nach Mayer (2005a) wahrscheinlich den entscheidenden Schritt beim multimedialen Lernen dar. Er kann sowohl im visuellen als auch im verbalen Arbeitsgedächtnis stattfinden und macht eine Koordination zwischen beiden erforderlich. Um durch diesen extrem anspruchsvollen Prozess nicht kognitiv überlastet zu werden, kann der Lernende sich sein

Vorwissen zunutze machen, um den Integrationsprozess zwischen den beiden mentalen Modellen koordinieren zu können (Mayer, 2005a).

2.4.4 Repräsentationsformen

In der CTML existieren fünf verschiedene Repräsentationsformen für Wörter und Bilder (Abbildung 8), die im Folgenden erörtert werden.

Fünf verschiedene Repräsentationsformen

- **Wörter und Bilder:** Die erste Repräsentationsform stellt das Lernmaterial dar, welches dem Lernenden in der multimedialen Botschaft präsentiert wird. Damit sind beispielsweise gesprochene und geschriebene Textelemente oder Bilder (pictures) und Animationen gemeint, die dem Lernenden am Computerbildschirm präsentiert werden (Mayer & Moreno, 2003).
- **Akustische und ikonische Repräsentationen:** Das Stimulusmaterial wird vom Lerner aufgenommen und im ersten Schritt im sensorischen Speicher (Abbildung 8) in akustische oder ikonische (bildhafte) Repräsentationen transformiert. Sofern der Lernende seine Aufmerksamkeit nicht auf diese Informationen richtet, verblassen die beiden Repräsentationen sehr schnell.
- **Töne und Bilder:** Als dritte Repräsentationsform sind visuelle (einschließlich räumliche) und auditive Repräsentationen zu nennen. Diese im Arbeitsgedächtnis befindlichen Informationen stellen die basalen Einheiten der Wissenskonstruktion dar (Mayer, 2005a). Sie beinhalten zentrale Textpassagen und Bildelemente (images), die vom Lernenden aktiv ausgewählt wurden.
- **Verbale und piktoriale Modelle:** Neben den visuellen und auditiven Repräsentationen existieren noch zwei weitere Repräsentationsformen im Arbeitsgedächtnis. Repräsentationen dieser Art werden als verbale und piktoriale Modelle – gelegentlich auch als tiefere Arbeitsgedächtnisrepräsentationen – bezeichnet (Mayer & Moreno, 2003). Um diese mentalen Modelle konstruieren zu können, muss der Lernende die zentralen Textpassagen und Bildelemente organisieren und zu einer kohärenten Repräsentation bündeln.
- **Vorwissen:** Die letzte Repräsentationsform stellt das Vorwissen des Lernenden dar, welches sich im Langzeitgedächtnis befindet. Dieses Wissen kann genutzt werden, um den Integrationsprozess zwischen verbalen und piktorialen Modell im Arbeitsgedächtnis erfolgreich durchzuführen. Das dort neu entstandene Wissen wird anschließend dem bereits vorhandenen Vorwissen im Langzeitgedächtnis hinzugefügt und kann somit weitere Lernprozesse unterstützen (Mayer, 2005a). Abbildung 8 enthält diesen Prozess – in Anlehnung an Mayers Schaubild (2005a) – *nicht*. In der CLT wird das im Langzeitgedächtnis befindliche Vorwissen als Schema bezeichnet (Kapitel 2.3.3).

2.4.5 Integratives Modell des Text- und Bildverständnisses von Schnotz

Das integrative Modell des Text- und Bildverständnisses von Wolfgang Schnotz (2005) besitzt zahlreiche Ähnlichkeiten mit der CTML von Mayer (2005a). So greift auch diese Theorie auf das Arbeitsgedächtnismodell von Baddeley (z.B. 1992) und die Duale Kodierungstheorie von Paivio (z.B. 1986) zurück. Darüber hinaus integriert das Modell von Schnotz Konzepte zu propositionalen Repräsentationen (van Dijk & Kintsch, 1983) und mentalen Modellen (Kosslyn, 1994). Des Weiteren werden wie in der CTML drei verschiedene Gedächtnisspeicher (vgl. auch Atkinson, C. & Shiffrin, 1971), eine aktive Informationsverarbeitung des Lernenden sowie eine Zweiteilung der multimedialen Präsentation angenommen (vgl. auch Schnotz & Bannert, 2003).

Multimedia Präsentation

Während Mayer (2005a) bei der multimedialen Darbietung in der CTML lediglich zwischen Wörtern und Bildern unterscheidet, spricht Schnotz von (2005) von deskriptiven und depiktionalen Repräsentationen.

Deskriptive und depiktionale Repräsentation

- **Deskriptive Repräsentationen:** Hier sind vornehmlich gesprochene oder geschriebene Textpassagen aufzuführen, aber auch mathematische Formeln wie zum Beispiel $E = m \cdot c^2$. Derartige Darstellungen bestehen aus Symbolen, d.h. Zeichen, die keine Ähnlichkeiten mit dem Inhalt, auf den sie sich beziehen, aufweisen. Beispielsweise besitzt das Wort Vogel weder in gesprochener noch in geschriebener Form Ähnlichkeit mit einem echten Vogel, sondern basiert auf einer sprachlichen Konvention (Schnotz, 2005). Nach Schnotz sind deskriptive Repräsentationen vor allem zur Vermittlung abstrakten Wissens geeignet.
- **Depiktionale Repräsentationen:** Im Gegensatz zu Texten besitzen Fotographien, Zeichnungen und Gemälde als Beispiele depiktionaler Repräsentationen Ähnlichkeiten mit dem jeweiligen Inhalt. Genauer gesagt bestehen derartige Abbildungen aus Ikonen, d.h. Zeichen, die mit dem jeweiligen Inhalt, auf den sie sich beziehen, aufgrund ihrer Ähnlichkeit oder einer anderen strukturellen Gemeinsamkeit assoziiert sind. Diese Ähnlichkeit kann dabei auch auf einer Analogie beruhen (Schnotz, 2005). Zum Beispiel könnte man die Anzahl an Studenten in Form eines Balkendiagramms abbilden. Dabei sollte die Höhe der einzelnen Balken mit den Studierendenzahlen zum jeweiligen Zeitpunkt (z.B. im Jahr 2009) korrespondieren. Im Gegensatz zu deskriptiven Repräsentationen besitzen depiktionale Abbildungen laut Schnotz den Vorteil, dass sie Schlussfolgerungen eher nahelegen, da die neuen Informationen unmittelbar aus der Abbildung entnommen werden können.

Die Unterscheidung in deskriptive und depiktionale Repräsentationen kann nach Schnotz (2005) auch im Hinblick auf die mentalen Repräsentationen genutzt werden.

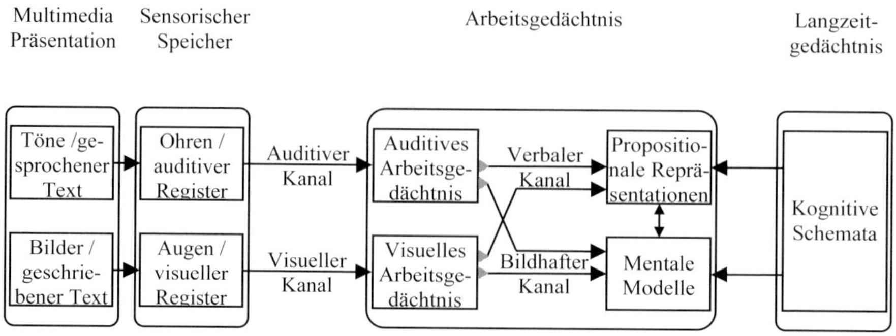

Abbildung 9: Darstellung des Zusammenhanges zwischen den drei Gedächtnisspeichern und der eingehenden multimedialen Botschaft in dem integrativen Modell des Text- und Bildverständnisses (angelehnt an Schnotz, 2005). Das graue Dreieck stellt verbale oder bildhafte Filter dar.

Sensorischer Speicher

Bezüglich des sensorischen Speichers sieht Schnotz – ähnlich wie Mayer – einen auditiven und einen visuellen Kanal vor, obgleich er im Gegensatz zu Mayer auch auf andere Möglichkeiten der Informationsaufnahme verweist (z.B. taktile Formen). Während auditive Informationen laut Schnotz (2005) bis zu drei Sekunden im auditiven Register verbleiben, können visuelle Daten nur weniger als eine Sekunde im visuellen Register gespeichert werden. Nur wenn der Lernende seine Aufmerksamkeit auf das auditive oder visuelle Register richtet, werden die Informationen zur weiteren kognitiven Verarbeitung ins Arbeitsgedächtnis überführt.

Arbeitsgedächtnis

Das Arbeitsgedächtnis erlangt auch im integrativen Modell von Schnotz (2006) eine zentrale Bedeutung. Wie in der CLT von Sweller (2005a) wird auch hier auf eine modifizierte, ältere Variante des Arbeitsgedächtnismodells von Baddeley (1992) zurückgegriffen (Kapitel 2.3.2), die die zwei Subsysteme phonologische Schleife und visuell-räumliche Notiztafel vorsieht. Letztgenannte Komponente (in Abbildung 9 als visuelles Arbeitsgedächtnis bezeichnet) ist für die visuell-räumlich vermittelten Informationen zuständig und besitzt nach Schnotz eine Speichergröße von etwa fünf Einheiten. Die phonologische Schleife kann hingegen Daten im Umfang von ungefähr zwei Sekunden speichern (Kapitel 2.3.2). Sie wird in Abbildung 9 auditives Arbeitsgedächtnis genannt.

Propositionale Repräsentationen und mentale Modelle

Die Weiterverarbeitung der Informationen im Arbeitsgedächtnis erfolgt ebenfalls in zwei Subsystemen, nämlich in sogenannten propositionalen Repräsentationen und mentalen Modellen (Abbildung 9). Beide können sowohl durch die visuell-räumliche Notiztafel als auch durch die phonologische Schleife mit Informationen gespeist werden. Propositionale Repräsentationen erlangen Daten aus dem verbalen Kanal und bestehen aus einer begrenzten Anzahl an Propositionen (vgl. Kintsch & van Dijk, 1978). Vereinfacht gesagt handelt es sich hierbei um grundlegende Informationseinheiten, die aus einem Prädikat und einem oder mehreren Argumenten bestehen, wobei diese durch das Prädikat in Beziehung gesetzt werden (z.B. ESSEN[handelnde Person: STUDENT, Zeit: MITTAG, Ort: MENSA]). Mentale Modelle werden durch Informationen aus dem bildhaften Kanal (Abbildung 9) gespeist. Die Konstruktion dieser Modelle steht in starker Beziehung zur räumlichen kognitiven Verarbeitung (Sims & Hegarty, 1997), wobei Forschungsbefunde darauf hindeuten, dass visuelle und räumliche Verarbeitungsprozesse in verschiedenen kognitiven Subsystemen erfolgen (Knauff & Johnson-Laird, 2002). Schnotz (2005) weist auf diesen Umstand hin, wenngleich Abbildung 9 der Übersicht halber keine derartige Differenzierung vornimmt.

Langzeitgedächtnis

Im Langzeitgedächtnis wird das Vorwissen des Lernenden verortet. Wie Mayer (2005a) misst Schnotz (2005) dem Vorwissen eine zentrale Bedeutung bei. So würde dieses für den Aufbau von mentalen Text- und Bildrepräsentationen benötigt und beeinflusse, wie leicht es dem Lernenden falle, Bild- und Textinformationen aus den Lernmaterialien zu extrahieren. Hinreichendes Vorwissen könne ferner einen Mangel an externen Informationen, geringere Arbeitsgedächtniskapazitäten als auch Defizite der propositionalen Repräsentation kompensieren (Schnotz, 2005).

Gemeinsamkeiten und Unterschiede zur CTML

Wie in der CTML wird angenommen, dass der Lernprozess kognitiver Prozesse wie der Selektion und Organisation von Informationen bedürfe, aber auch Integrationsprozesse, die verschiedene Informationsquellen sowie das Vorwissen des Lernenden betreffen (vgl. Kapitel 2.4.3). Im Gegensatz zur CTML nimmt das integrative Modell des Text- und Bildverständnisses von Schnotz (2005) jedoch an, dass mentale Transformationsprozesse im Arbeitsgedächtnis nicht auf der ersten Repräsentationsebene, sondern zwischen propositionaler Repräsentation und mentalem Modell stattfinden (Abbildung 9). Sofern auf Basis propositionaler Repräsentationen ein mentales Modell aufgebaut wird, spricht man von Modellkonstruktion. Der umgekehrte Prozess (vom mentalen Modell zu einer propositionalen Repräsentation) wird als Modellinspektion bezeichnet (z.B. Krombass, Urhahne & Harms, 2007). Des Weiteren geht Schnotz davon aus, dass kein neues, eigenständiges mentales Modell durch Integration des Vorwissens mit einem verbalen und bildhaften, mentalen Modell (vgl. Abbildung 8 in Kapitel 2.4.2) generiert wird. Zudem differenziert das integrative Modell des Text- und Bildverständnisses im Vergleich zur CTML stärker zwischen auditiven und verbalen sowie zwischen visuellen und bildhaften Aspekten beim multimedialen Lernen. Der verbale Kanal im Arbeitsgedächtnis kann sowohl durch geschriebene Texte über das visuelle Register und den visuellen Kanal als auch durch gesprochene Texte über das auditive Register und den auditiven Kanal aktiviert werden (Abbildung 9). Der bildhafte Kanal wird nach Schnotz (2005) mit Informationen gespeist, die aus dem visuellen Register und dem visuellen Kanal sowie dem auditiven Register (z.B. in Form von Klangmustern) und dem auditiven Kanal stammen (Abbildung 9).

2.4.6 Kognitiv-affektive Theorie des Lernens mit Medien von Moreno

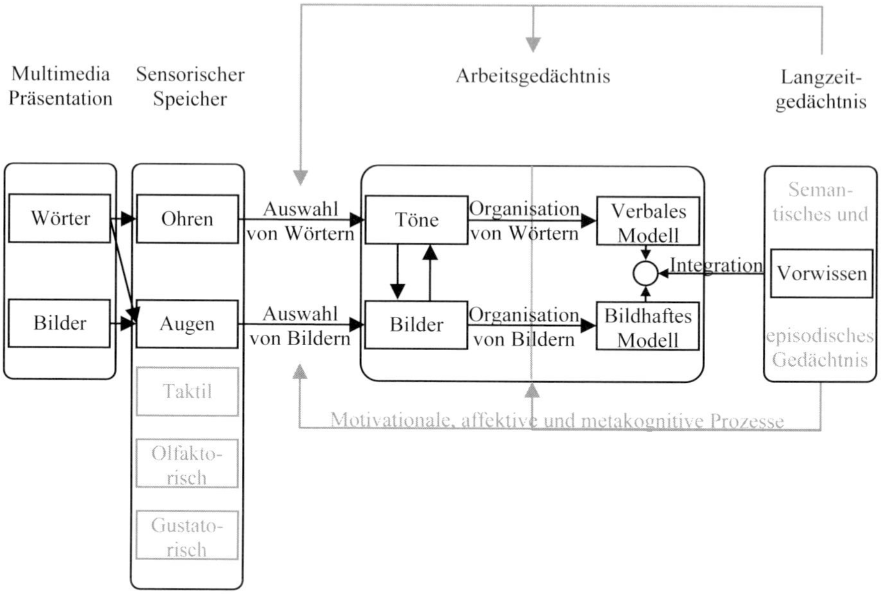

Abbildung 10: Darstellung des Zusammenhanges zwischen den drei Gedächtnisspeichern und der eingehenden multimedialen Botschaft in der kognitiv-affektiven Theorie des Lernens mit Medien (angelehnt an Moreno & Mayer, 2007).

Grundannahmen der CATLM

Auch die kognitiv-affektive Theorie des Lernens mit Medien (Cognitive-Affective Theory of Learning with Media, CATLM) von Moreno und Mayer (Moreno, 2005; Moreno & Mayer, 2007) weist große Ähnlichkeiten mit der CTML auf. Zum Beispiel greift auch die CATLM auf drei Grundannahmen zurück. Hierzu zählen die angenommenen zwei Kanäle der Informationsverarbeitung, die begrenzte Kapazität des Arbeitsgedächtnisses sowie die aktive Informationsverarbeitung der Lernenden (Kapitel 2.4.1). Darüber hinaus basiert CATLM auf vier weiteren Annahmen:

- **Unterteilung des Langzeitgedächtnisses:** Das Langzeitgedächtnis wird in das semantische Gedächtnis und das episodische Gedächtnis unterteilt (Tulving, 1977). Während das semantische Gedächtnis das allgemeine, von der Person unabhängige Faktenwissen über die Welt ("Weltwissen") enthält, bezieht sich das episodische Gedächtnis auf Ereignisse und Episoden mit persönlichem raumzeitlichem Bezug. Beispielsweise wird die Erinnerung an den ersten Kuss im episodischen Gedächtnis aufbewahrt.
- **Motivationale Faktoren:** Es wird angenommen, dass motivationale Faktoren das Lernen indirekt beeinflussen, indem das kognitive Engagement der Lernenden erhöht oder reduziert wird (vgl. Pintrich, 2003)
- **Metakognitive Faktoren:** Metakognitive Faktoren besitzen ebenfalls einen mittelbaren Einfluss auf den Lernerfolg, indem sie die Regulation der kogni-

tiven Verarbeitung, Motivation sowie Emotionen modifizieren (vgl. McGuinness, 1990). Ein Beispiel eines metakognitiven Faktors wäre das Wissen um geeignete Lernstrategien. Im Gegensatz zur umfangreichen Literatur zum Thema Metakognition (z.B. Bannert, 2006; Quintana, Zhang, & Krajcik, 2005; von der Linden, 2008) spezifizieren Moreno und Mayer diesen Faktor in ihrem Modell nicht weiter.

- **Lernercharakteristika:** Die vierte zusätzliche Annahme bezieht sich auf Unterschiede von Lernenden im Hinblick auf deren Vorwissen und Fähigkeiten, die den Lernerfolg durch verschiedene Instruktionsmaterialien moderieren (vgl. Kalyuga, 2007b). Im Kapitel 3.8 finden Sie ausgewählte Variablen nach denen Lernende voneinander unterschieden werden können.

Taktile, olfaktorische und gustatorische Aufnahme von Informationen

Neben den Grundannahmen erweitert die CATLM auch die Möglichkeiten der Informationsaufnahme. Während sich die CTML auf die visuelle und auditive Informationsaufnahme beschränkt (Kapitel 2.4.2), sieht die CATLM auch die taktile, olfaktorische und gustatorische Aufnahme und Verarbeitung von Informationen im sensorischen Speicher vor (Abbildung 10). Genauere Ausführungen hierzu werden durch die Autoren aber bisher nicht bereitgestellt.

2.4.7 Fazit

Wie bei der CLT wird auch in der CTML ein "Weniger ist mehr"-Gedanke (vgl. auch Dwyer, 1972) bei der Gestaltung von Lernmaterialien vertreten. Ziel ist es, das Arbeitsgedächtnis nicht unnötig zu belasten (z.B. Butcher, 2006; Moreno & Mayer, 2004). Eine weitere Gemeinsamkeit der beiden Theorien (vgl. Kapitel 2.3.6) stellt die Zurückweisung von Konzepten wie das des entdeckenden Lernens (discovery learning) oder das der erfahrungsorientierten Erziehung (experiential education) dar (z.B. Mayer, Mautone & Prothero, 2002). Stattdessen wird ein direktiveres Vorgehen bei der Wissensvermittlung propagiert. Dadurch soll der Lernende beim Aufbau verbaler und piktorialer, mentaler Modelle unterstützt werden.

Kritik

Neben der unzureichenden Berücksichtigung motivationaler und emotionaler Prozesse in der CTML (vgl. Kapitel 2.3.6) werden auch grundlegende Zweifel geäußert, ob sich die Gestaltungsempfehlungen der CTML zu primär naturwissenschaftlichen Untersuchungsmaterialien auf Lernmaterialien zu sozialwissenschaftlichen Themen übertragen lassen. Experimentalserien deuten darauf hin, dass eine Generalisierung der CTML auf derartige Wissensgebiete nicht statthaft ist (De Westelinck et al., 2005; vgl. auch Ginns, 2005). Auch die Übertragung einzelner Empfehlungen der CTML auf Hypermedia-Umgebungen mit enthaltener Lernerkontrolle und ohne Zeitbeschränkung für die Bearbeitung verbessert die dortigen Lernleistungen nicht (Gerjets, Scheiter, Opfermann, Hesse & Eysink, 2009). Wie die CLT (Kapitel 2.3) basiert die CTML zudem auf älteren Annahmen und empirischen Befunden ohne in hinreichendem Maße neuere kognitionspsychologische Konzepte und Befunde sowie Ansätze aus anderen Disziplinen (z.B. aus den Neurowissenschaften und aus der Forschung zur künstlichen Intelligenz, beispielsweise bei der Bildung mentaler Repräsentationen) aufzugreifen. Prozesse im Langzeitgedächtnis werden aufgrund der Fokussierung auf das Arbeitsgedächtnis im Modell stark vernachlässigt. Darüber hinaus vereinfacht das Modell Prozesse beim multimedialen Lernen teilweise über Gebühr und wirkt deshalb stellenweise unpräzise. Zum Beispiel wird nicht erörtert, wie die Integration zwischen den verbalen und piktorialen Modellen sowie dem Vorwissen des Lernenden genau erfolgt (Reed, 2006) und wie dieses neu entstandene Wissen anschließend dem Langzeitgedächtnis hinzugefügt wird. Ebenso werden Begriffe innerhalb der CTML inkonsistent verwendet. So definieren Moreno und Mayer (2005) Interaktivität in einer Studie als Möglichkeit, in einer Multimediaumgebung Antworten auf zuvor präsentierte Problemstellungen auswählen zu können, während der Lernende bei fehlender Interaktivität die korrekten Antworten durch den Computer automatisch erhält. In anderen Publikationen zur CTML werden hingegen gänzlich andere Begriffsbestimmungen herangezogen (vgl. Kapitel 1.2.4 sowie das Interaktivitätsprinzip der CTML in Kapitel 3.5.2). Auch bezüglich der postulierten Gestaltungsempfehlungen aus der CTML und CATLM fällt trotz der eindrücklichen Anzahl an experimentellen Überprüfungen die empirische Befundlage für einzelne Empfehlungen zum Teil uneinheitlich aus. Außerdem bleiben in mehreren Experimenten zur CTML die im Kapitel 1.3 aufgeführten methodischen Probleme unbeachtet (z.B. Mayer, Hegarty, Mayer & Campbell, 2005). Zudem finden in Überblicksartikeln zur CTML vornehmlich nur theoriestützende Befunde Erwähnung (z.B. Mayer, 2005d).

Würdigung

Insgesamt kann die kognitive Theorie multimedialen Lernens jedoch als theoretisch differenzierte Theorie bewertet werden, aus der sich eine Vielzahl von Empfehlungen für die Gestaltung multimedialer Lernumgebungen ableiten lässt. Mayers Darstellungen in seinen zahlreichen Artikeln sind prägnant und die angesprochenen Kritikpunkte werden durch verwandte Modelle wie dem integrativen Modell des Text- und Bildverständnisses von Schnotz (2005) oder der CATLM zum Teil entkräftet. Letztgenannte Erweiterung berücksichtigt auch die taktile, olfaktorische und gustatorische Informationsaufnahme und bezieht motivationale, affektive und metakognitive Gesichtspunkte beim Lernen mit Multimedia in das Modell ein. Allerdings fehlen bisher detaillierte Angaben und Gestaltungsempfehlungen im Hinblick auf diese Aspekte.

2.5 Kognitive Flexibilitätstheorie von Spiro

Die schon etwas ältere – ursprünglich für Probleme im Zusammenhang mit komplexen Wissensgebieten entwickelte – kognitive Flexibilitätstheorie (CFT) von Rand J. Spiro (Jacobson & Spiro, 1995; Spiro, Coulson, Feltovich & Anderson, 1988) kann im Kontext von sowohl hypertextbasierten (Spiro et al., 1988; Spiro, Feltovich, Jacobson & Coulson, 1992a, 1992b; Spiro & Jehng, 1990) als auch multimedialen Lernumgebungen angewandt werden. Bisher ist diese Theorie in der Multimediaforschung jedoch eher selten aufgegriffen worden, obwohl sie im Vergleich zur CLT (Kapitel 2.3) und CTML (Kapitel 2.4) häufig konträre Vorhersagen trifft und somit als Kontrastmodell oder zur Elaboration dieser beiden etablierten Theorien geeignet wäre.

Kerngedanke

Die CFT nimmt an, dass eine zu starke Vereinfachung komplexer Informationen die Lernleistung entscheidend beeinträchtigen kann (z.B. Spiro et al., 1988; Spiro, Vispoel, Schmitz, Samarapungavan & Boerger, 1987). Um dies zu verhindern, werden mehrere Ansätze postuliert, die nachfolgend erörtert werden sollen.

2.5.1 Multiple Wissensrepräsentationen

Multiple Wissensrepräsentationen

Die CFT weist darauf hin, dass unidimensionale Repräsentationen zur Abbildung von komplexen und schlecht strukturierten Wissensgebieten häufig zu Fehlinterpretationen zentraler Konzepte führen können (Spiro et al., 1988; Spiro et al., 1987). Um dies zu vermeiden und die mannigfaltige Natur dieser komplexen Informationen adäquat darstellen zu können, empfiehlt die CFT die Entwicklung multipler Repräsentationen zur Wissensdarstellung. Beispielsweise könnten verschiedene Analogien zur Annäherung an das Wissensgebiet oder unterschiedliche Perspektiven auf das Thema vorgestellt werden (Jacobson & Spiro, 1995).

2.5.2 Wissensübertragung

Wissensübertragung auf verschiedene Fallbeispiele

Eine zweite Empfehlung der CFT sieht vor, die Übertragung und Anpassung von gelernten abstrakten Konzepten auf konkrete Einzelfälle zu demonstrieren und einüben zu lassen. Vor allem in schlecht strukturierten Themenbereichen existieren bezüglich der Anwendung der theoretischen Modelle auf ein konkretes Problem große Variationsbreiten. Um diesen Transfer bewerkstelligen zu können, sollten dem Lernenden multiple Fallbeispiele präsentiert und die Nuancen bei der Anwendung der theoretischen Konzepte verdeutlicht werden (Spiro et al., 1988; Spiro & Jehng, 1990).

2.5.3 Darstellung der Komplexität

Komplexität aufzeigen

Die CFT kritisiert das gängige Vorgehen, komplexe Sachverhalte zunächst in lernergerechte Abschnitte zu unterteilen (vgl. hierzu das 4C/ID-Modell von Van Merriënboer & Kester, 2005), die dann isoliert voneinander gelernt und anschließend miteinander verknüpft werden (Brown, A. L., 1989; Spiro et al., 1988). Dieser Ansatz vereinfache das Lernmaterial zu sehr und führe zu seiner Dekontextualisierung (vgl. im Gegensatz dazu Kirschner, P. A. et al., 2006). Stattdessen solle laut CFT zu einem frühen Lernzeitpunkt auf die Komplexität des Materials verwiesen werden, ohne den Lernenden gänzlich zu überfordern. Dieses frühzeitige Aufzeigen der Komplexität eines Bereiches führe dazu, dass der spätere Wissenserwerb sich nicht qualitativ vom früheren unterscheide (Jacobson & Spiro, 1995). Interferenzen (Überschneidungen) würden so vermieden.

2.5.4 Betonung der Wechselbeziehungen von Lerninhalten

Betonung der Wechselbeziehungen von Lerninhalten

Wechselbeziehungen zwischen Lerninhalten und deren netzwerkähnliche Struktur sollten nicht durch Vereinfachungen ausgeblendet, sondern besonders betont werden (Jacobson & Spiro, 1995), beispielsweise durch multiple Verknüpfung der Lerninhalte in Form von Hyperlinks (oder kurz: Links). Damit sind elektronische Querverweise zu anderen Textdokumenten bzw. Textpassagen gemeint (Kapitel 1.2.2 und 3.3.6). Dies verhelfe zum Aufbau eines tief greifenden und flexibel einsetzbaren Verständnisses. Im Gegensatz dazu führe die Vermittlung von isolierten und abstrakten Wissenseinheiten zur Etablierung von rigiden oder trägen Wissensrepräsentationen. Diese grenzten die Fähigkeit des Lernenden in der Anwendung des erworbenen Wissens auf neue Anwendungsgebiete ein (Bereiter & Scardamalia, 1985; Bransford, Franks, Vye & Sherwood, 1989; Spiro et al., 1987).

2.5.5 Förderung der Wissensintegration

Wissensintegration fördern

Bezüglich der Anwendung des gelernten Wissens geht die CFT davon aus, dass die Verwendung einzelner Wissensschemata zur Lösung neuer Problemsituationen nicht geeignet sei (Jacobson & Spiro, 1995). Stattdessen solle der Lernende zur Integration gelernter, abstrakter Konzepte und fallspezifischen Wissens bei der Lösung einer komplexen Problemsituation unterstützt und ermutigt werden.

2.5.6 Fazit

Die kognitive Flexibilitätstheorie von Rand J. Spiro verweist im Vergleich zu den "Weniger-ist-mehr"-Ansätzen der CLT und CTML (Kapitel 2.3 und 2.4) auf die Wichtigkeit, die Komplexität des zu lernenden Inhaltes aufzuzeigen ohne den Lernenden kognitiv zu überfordern. In der Folge sollen flexible und multiple Wissensrepräsentationen beim Lernenden aufgebaut werden, die dieser in neuen Problemsituationen abrufen und anwenden kann.

Empirische Stützung

Der kognitiv-konstruktivistische Ansatz von Spiro erfährt vereinzelt empirische Stützung. So zeigt sich beispielsweise in einer Untersuchung von Jacobson und Spiro (1995), dass gemäß der CFT gestaltete Lernumgebungen zwar – wie erwartet – zu einem schlechteren Wiederabruf von Faktenwissen führen als herkömmlich aufgebaute "Drill & Practice"-Umgebungen, Transferleistungen jedoch in der CFT-Bedingung besser ausfallen.

Kritik und Würdigung

Kritisiert werden kann, dass die einzelnen, oben aufgeführten Gestaltungsempfehlungen keiner getrennten Analyse unterzogen wurden, was zukünftig noch dringend erfolgen muss. Auch insgesamt fällt die empirische Stützung zur CFT im Vergleich zur CLT und CTML relativ dürftig aus. Das Aufzeigen der Komplexität des Lernmaterials zu einem frühen Lernzeitpunkt widerspricht zudem teilweise neurowissenschaftlichen Befunden. Nach diesen kann das menschliche Gehirn komplexe, neuartige Informationen nicht vollständig nutzen, sondern bildet vereinfachte Regeln aus diesen Daten (z.B. Spitzer, 2007). Des Weiteren bleiben auch in diesem Modell motivationale und emotionale Prozesse unberücksichtigt.

2.6 Design-Funktionen-Aufgaben Rahmenmodell von Ainsworth

Ein weiteres Modell zu multiplen Repräsentationen wurde von Shaaron Ainsworth entwickelt. Das Rahmenmodell – im Englischen als Design, Functions, Tasks (DeFT) Framework bezeichnet – nimmt an, dass die Lernwirksamkeit multipler Repräsentationen von drei zentralen Parametern abhängig ist (Ainsworth, 2006): Überblick

- **Design:** Die Art der Gestaltung der Repräsentationen
- **Funktionen:** Die pädagogischen Funktionen zur Unterstützung des Lernprozesses
- **Kognitiven Aufgaben:** Die zu bewältigenden Aufgaben beim Umgang mit den Repräsentationen durch den Lernenden

Das DeFT-Modell dient zum einen der Integration bisheriger, oftmals inkonsistenter Befundlagen in der Forschung, zum anderen der Orientierungshilfe für weitere Untersuchungen in diesem Bereich.

Durch die Fokussierung auf multiple Repräsentationen kann das Modell unmittelbar an die kognitive Flexibilitätstheorie anknüpfen. Während Jacobson und Spiro (1995) die Wichtigkeit der Darbietung multipler Wissensrepräsentationen betonen, spezifiziert Ainsworth (1999), welche Funktionen Abbildungen besitzen können und schlüsselt entsprechende Empfehlungen zur Gestaltung auf die unterschiedlichen Funktionen auf. Nachfolgend werden die drei zentralen Parameter des Rahmenmodells vorgestellt. Gemeinsamkeiten und Unterschiede zur CFT

2.6.1 Design

Das Design multipler Repräsentationen bezieht sich auf die Art der Gestaltung von externalen Repräsentationen, die den Lernprozess und dessen Wirksamkeit beeinflussen (Ainsworth, 2006). Als Designdimensionen werden im DeFT-Rahmenmodell die Anzahl an Abbildungen, die Art der Informationsvermittlung, die Präsentationsform und deren Sequenz, sowie die Unterstützung bei der Übersetzung der Repräsentationen aufgeführt.

Bezüglich der Anzahl an Abbildungen argumentiert Ainsworth (2006), dass die Darbietung multipler Repräsentationsformen Vor- und Nachteile für den Lernprozess mit sich bringen kann: Anzahl an Abbildungen

- **Vorteile mehrerer Abbildungen:** Einzelne Abbildungen müssen nicht zu stark überfrachtet werden und geben den Lernenden somit Gelegenheiten zu korrekten Generalisierungen bezüglich des zu vermittelnden Konzeptes. Ebenso können Lernende leichter die Fähigkeit ausbilden, multiple Perspektiven zu einem Lerninhalt aufzubauen und zwischen diesen Perspektiven zu wechseln. In theoretischer Hinsicht kann dies mit der kognitiven Flexibilitätstheorie von Spiro und dem Konzept der perzeptuellen Variabilität (gleiche Konzepte werden verschiedenartig repräsentiert) von Dienes (1973) begründet werden. Auch empirisch werden positive Effekte multipler Repräsentationen belegt (z.B. Cox & Brna, 1995; Mayer & Sims, 1994; Tabachneck, Koedinger & Nathan, 1994).

- **Nachteile mehrerer Abbildungen:** Neben den Chancen multipler, externaler Abbildungen können sich auch Risiken ergeben. Lernende tendieren nachweislich dazu, die dargebotenen Repräsentationen isoliert voneinander zu betrachten und haben zudem Schwierigkeiten, Informationen von mehr als einer Quelle zu integrieren (z.B. Chandler & Sweller, 1992; de Jong et al., 1998; Scanlon, 1998; Tabachneck-Schijf & Simon, 1998). Deshalb sollten nicht zu viele Repräsentationen dargeboten und zugleich Maßnahmen ergriffen werden, die später noch näher skizziert werden.

Art der Informationsvermittlung

Bei der Vermittlung von Informationen kann die Informationsüberschneidung auf einem Kontinuum angesiedelt werden. An den Enden befinden sich multiple Abbildungen, die entweder vollkommen redundant zueinander sind oder aber gänzlich andersartige Lerninhalte enthalten. Entsprechend fällt dem Lernenden die Integration dieser Vielzahl von Quellen unterschiedlich schwer (Ainsworth, 2006). In diesem Zusammenhang sollte nach Ainsworth (2006) vor allem die Expertise der Zielgruppe berücksichtigt werden.

Präsentationsform

Eine weitere Designdimension stellt die Präsentationsform dar. Hier zählt Ainsworth (2006) unter anderem Bilder, Texte, Animationen, Geräusche, Gleichungen und Graphen auf. Weitere Unterscheidungsmöglichkeiten betreffen die Vorgabe von statischen oder dynamischen Abbildungen sowie die Dimensionalität (2D versus 3D) der Präsentation. Ansätze zur Kategorisierung unterschiedlicher Präsentationstypen (z.B. Cox, 1996; Lohse, Biolsi, Walker & Rueler, 1994) haben sich bisher noch nicht durchsetzen können. Nach dem DeFT-Modell ist die Entscheidung des Präsentationsformats in Abhängigkeit von den Funktionen der multiplen Repräsentationen zu treffen (siehe unten).

Sequenz

Neben der Frage der Präsentationsform ist von großer Bedeutung, ob die multiplen Repräsentationen sequentiell oder simultan dargeboten werden. Bei sequentieller Darstellung ist festzulegen, ob die Lernenden selbst die Reihenfolge der Abbildungen bestimmen können oder ob die Lernumgebung eine bestimmte Abfolge vorgibt (Ainsworth, 2006). Bei vorgegebener Reihenfolge sollte darauf geachtet werden, neue Repräsentationen nicht zu spät einzuführen (Resnick & Omanson, 1987).

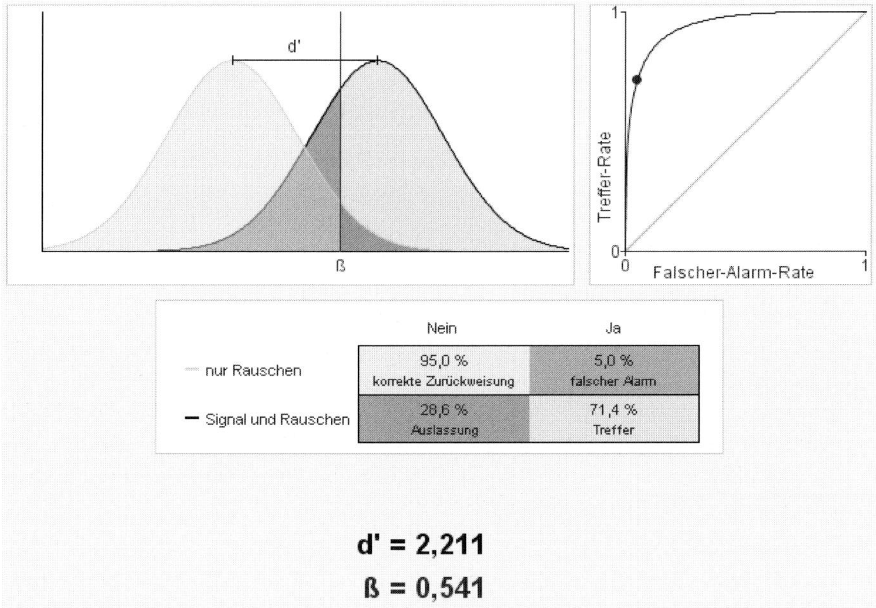

Abbildung 11: Beispiel einer Computersimulation zum Thema Signaldetektionstheorie. Der Lernende kann per "Drag and Drop" ("Ziehen und Fallenlassen") die Variablen d' und ß in den beiden oberen Abbildungen manipulieren. Durch die Veränderung dieser Werte werden zeitgleich auch die andere Graphik, die im mittleren Bildbereich befindliche Tabelle sowie die beiden unten aufgeführten Werte modifiziert. Programmierung: Fabian Beck.

Unterstützung bei der Übersetzung

Übersetzung bezieht sich nach Ainsworth (1999) auf sämtliche Fälle, in denen der Lernende die Beziehung zwischen zwei Repräsentationen erkennen muss. Hinsichtlich der Unterstützung bei der Übersetzung haben zwei Aspekte besondere Beachtung gefunden:

- **Ausmaß der Unterstützung:** Erstens muss festgelegt werden, in welchem Ausmaß der Lernende durch den Computer unterstützt werden soll. Als einfachste Form der Unterstützung bietet sich die Verwendung impliziter Hinweiszeichen und Farben an, um Beziehungen zwischen verschiedenen Abbildungen aufzuzeigen (z.B. Berthold & Renkl, 2009; Dufour-Janvier, Bednarz & Belanger, 1987). Eine aktivere Form der Unterstützung ist gegeben, wenn der Lernende ein Teilelement der ersten Repräsentation auswählen und anhand dessen überprüfen kann, wie dieses mit einer zweiten Repräsentation korrespondiert (Brünken, Plass & Leutner, 2003). Als dynamische Verknüpfung (dynamic linking oder auch dyna-linking genannt) bezeichnet man den Umstand, dass die Interaktion mit einer Abbildung auch zu zeitgleichen Veränderungen in weiteren Abbildungen führt (Abbildung 11). In theoretischer Hinsicht sind derartige dynamische Verknüpfungen umstritten. Während einzelne Forscher argumentieren, dass dyna-linking Lernenden dabei helfe, Beziehungen zwischen den einzelnen Repräsentationen herzustellen und somit den Lernprozess begünstige (Kaput, 1989; Kozma, 2003; Rogers, Y., 1999; Scaife & Rogers, 1996), betonen andere die potentiellen Nachteile dynamischer Verknüpfungen. Derartige Verknüpfungen könnten Lernende in eine zu passive Rolle versetzen und sie entmutigen, über die Beziehungen der verschiedenen Abbildungen zu reflektieren (Ainsworth, 1999). Zudem könne das Arbeitsgedächtnis überlastet werden, da Lernende die zeitgleich auftretenden Veränderungen in den einzelnen Visualisierungen beobachten und miteinander in Beziehung setzen müsse (Lowe, 1999). Auch die empirische Befundlage zu dynamischen Verknüpfungen kann man als uneinheitlich bezeichnen. Für Novizen konnten in einer Untersuchung (Kozma, Russell, Jones, Marx & Davis, 1996) die Lernleistungen in einer Lernumgebung mittels dynamische Verknüpfung gesteigert werden. Van der Meij and de Jong (2006) hingegen fanden keinen Lernvorteil durch derartige Verknüpfungen bei Verwendung einer Computersimulation. Befunde von Seufert (1999) stützen die Annahme, dass das Ausmaß an instruktionalen Hilfestellungen abhängig von der Expertise variiert werden sollte. Um eine aktive Verarbeitung des Lernmaterials zu gewährleisten, kann die aktive Integration von Repräsentationen in der Lernumgebung vom Lernenden eingefordert und sein Erfolg bewertet werden. Erste Untersuchungen stützen diese Annahme (Bodemer, Ploetzner, Feuerlein & Spada, 2004).

- **Art der Unterstützung:** Der zweite Aspekt betrifft die Unterstützung auf einer syntaktischen oder einer semantischen Ebene (auch als Oberflächen- und Tiefenebene bezeichnet, siehe Seufert & Brünken, 2004). Systematische Untersuchungen zu dieser Frage stehen noch aus, wobei wahrscheinlich auch hier das Vorwissen einen moderierenden Einfluss ausüben dürfte (Ainsworth, 2006).

2.6.2 Funktionen

Externale Repräsentationen können unterschiedliche pädagogische Funktionen hinsichtlich des Lernens aufweisen. Ainsworth (2006) unterscheidet hier zwischen den Funktionen, die sich bei Vorgabe einer einzelnen Abbildung ergeben und jenen, die bei Darbietung multipler Repräsentationen auftreten.

Funktionen einzelner Abbildungen

Bei der Darstellung einer einzelnen, externalen Repräsentation sind nach Scaife und Rogers (1996) drei Funktionen voneinander zu unterscheiden:

- **Reduktion der kognitiven Belastung:** Dieser Aspekt beschreibt, wie stark die benötigte kognitive Anstrengung des Lernenden zur Lösung eines Problems durch die Abbildung im Vergleich zur Lösung ohne Abbildung reduziert wird. Zu beachten ist, dass sich Repräsentationen in dieser Hinsicht voneinander unterscheiden können. So ist das Ablesen von Verläufen in Liniendiagrammen einfacher als in Tabellen (Culbertson & Powers, 1959; Hartley, 1985; Wainer & Thissen, 1981; Washburne, 1927).
- **Re-Repräsentation:** Der Aspekt der Re-Repräsentation bezieht sich auf den Einfluss von Repräsentationen auf den Problemlösungsprozess. Zhang und Norman (1994) nennen als Beispiel die Erschwerung einer Multiplikation mit römischen Ziffern für Personen, die gewöhnlich mit dem Dezimalsystem operieren (Beispiel: LXVIII · X versus 68 · 10).
- **Graphische Beschränkung:** Die graphische Beschränkung betrifft das Ausmaß an Schlussfolgerungen, welche durch die Abbildungen getroffen

werden können. Während Textbeschreibungen einen großen Freiraum für Interpretationen zulassen (z.B. "Der Keks liegt neben dem Kuchen."), beschränken Bilder diesen Spielraum in der Regel weitaus stärker (z.B. ist auf dem Bild erkennbar, wo und in welcher Entfernung sich Keks und Kuchen zueinander befinden). Das letztgenannte Beispiel deckt sich mit der Unterscheidung zwischen deskriptiven und depiktionalen Repräsentationen von Schnotz (Kapitel 2.4.5).

Funktionen multipler Abbildungen

Bei der Präsentation multipler, externaler Repräsentationen können drei zentrale Funktionen voneinander unterschieden werden: komplementäre Funktionen, beschränkende Funktionen sowie der Aufbau eines tieferen Verständnisses (Abbildung 12). In der Praxis können jedoch mehrere der genannten Funktionen gleichzeitig auftreten (Ainsworth, 2006).

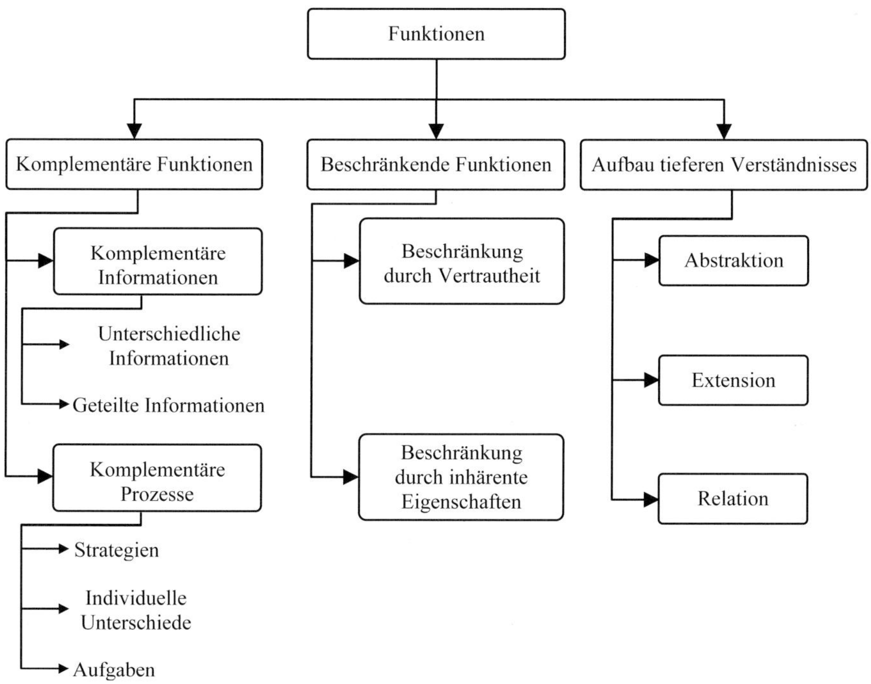

Abbildung 12: Darstellung der funktionalen Taxonomie multipler Repräsentationen (angelehnt an Ainsworth, 1999).

Komplementäre Funktionen

Komplementäre Funktionen beziehen sich auf multiple Abbildungen, die sich entweder hinsichtlich der in ihnen enthaltenen Informationen oder aber bezüglich ihrer Prozesse bei der Reduktion der kognitiven Belastung, der Re-Repräsentation und der graphischen Beschränkung voneinander unterscheiden:

- **Komplementäre Informationen:** Diese Informationen können in multiplen Repräsentationen vor allem dann von Nutzen sein, wenn eine einzelne Abbildung, die alle Informationen enthielte, zu kompliziert zu verstehen wäre, oder aber wenn die Informationen sich auf vollkommen unterschiedlichen

Skalen befänden (Ainsworth, 2006). Außerdem wird unterschieden, ob jede Repräsentation gänzlich unterschiedliche Informationsaspekte des Lerninhaltes bereithält oder Informationsüberschneidungen existieren (Abbildung 12).

- **Komplementäre Prozesse:** Diese Prozesse beziehen sich auf multiple Repräsentationen, die zwar dieselben Informationen bereitstellen, jedoch in unterschiedlichem Ausmaß kognitive Prozesse anregen und unterstützen. Dies kann hinsichtlich folgender Aspekte von Vorteil sein:
  - **Strategien:** Mit dem Aspekt Strategie ist gemeint, dass multiple, externale Abbildungen den Lernenden dazu veranlassen, mehr als nur eine Vorgehensweise bei der Problemlösung anzuwenden. Somit können die Schwächen einzelner Strategien durch andere kompensiert und die Lernleistungen verbessert werden (Cox, 1996; Tabachneck et al., 1994).
  - **Individuelle Unterschiede:** Auch individuelle Unterschiede lassen sich durch die Darbietung multipler Repräsentationen besser berücksichtigen. Es wird angenommen, dass Lernende diejenige Abbildung auswählen, die ihren individuellen Lernbedürfnissen oder ihren unterschiedlichen Lernstilen am besten entspricht (Ainsworth, 2006). Auf Basis der empirischen Befundlage muss allerdings angezweifelt werden, ob Lerner die geeignete Auswahl bei der Präsentation diverser Repräsentationen treffen (z.B. Dekeyser, 2001; Klein, 2003; Roberts, Gilmore & Wood, 1997) und ob die Berücksichtigung von Lernstilen zu einer praktisch bedeutsamen Varianzaufklärung bezüglich der Lernleistung führt (Coffield, Moseley, Hall & Ecclestone, 2004).
  - **Aufgaben:** Im Hinblick auf die im Anschluss präsentierten Lernaufgaben wird weiter angenommen, dass die Lernleistung umso besser ausfällt, je größer die Passung zwischen diesen Aufgaben und den zuvor dargebotenen Repräsentationen ist (vgl. auch Weidenmann, Paechter & Schweizer, 2004). Werden mehrere Abbildungen angeboten, so kann hierdurch die Wahrscheinlichkeit erhöht werden, dass eine der Repräsentationen eine hohe Passung zu späteren Lernaufgaben aufweist. Dieser Vorteil multipler Repräsentationen, der auch im Rahmenmodell von Najjar (Kapitel 2.7: Lerntests) aufgegriffen wird, findet empirische Bestätigung (Beagles-Roos & Gat, 1983; Bibby & Payne, 1993; Dwyer, 1967, 1978; Garrison, 1978; Poon, Szabo & Ally, 1977; Tapiero, 2001).

Beschränkende Funktionen

Als zweite zentrale Funktion multipler Abbildungen führt Ainsworth (2004) die beschränkende Funktion an. Diese kann durch die Vertrautheit mit einer Repräsentation auftreten, die die Interpretation einer anderen, weniger vertrauten Darstellung einschränkt. Eine andere Möglichkeit stellen die inhärenten Eigenschaften von Repräsentationen dar. Beispielsweise sind graphische Visualisierungen spezifischer als Textbeschreibungen (siehe oben). Um sicherzustellen, dass die beschränkende Funktion einer Repräsentation vom Lernenden erkannt wird, bieten sich laut DeFT-Modell einheitliche Bezeichnungen in den multiplen Repräsentationen sowie die Verwendung von dyna-linking (siehe oben) an.

Aufbau tieferen Verständnisses

Als dritte zentrale Funktion multipler Repräsentationen wird der Aufbau eines tieferen Verständnisses des Lerninhaltes durch die Integration der verschiedenen Darstellungen genannt. Dieses tiefergehende Verständnis soll auch das Lösen von Transferaufgaben begünstigen und lässt sich nochmals in drei Prozesse unterteilen:

- **Abstraktion:** Abstraktion wird als Prozess definiert, in welchem der Lernende mentale Entitäten generiert, die als Basis für neue Vorgehensweisen und zur Entwicklung von Konzepten auf einem höheren Organisationsniveau befähigen.
- **Extension:** Extension kann als Prozess verstanden werden, bei dem das Wissen um eine bekannte Repräsentation auf eine unbekannte ausgeweitet wird, ohne die vorhandene Wissensstruktur entscheidend ändern zu müssen.
- **Relation:** Relationale Prozesse beziehen sich auf die Verknüpfung von Abbildungen, wobei auch hier die existierende Wissensstruktur nicht gravierend modifiziert wird. Relationale Prozesse können entweder ein eigenes Ziel bei der Wissensvermittlung darstellen oder auch als Grundlage für Abstraktionsprozesse dienen.

Der Aufbau eines tieferen Verständnisses des Lerninhaltes ist besonders schwierig zu erreichen. Die Integration multipler Abbildungen sollte nicht nur in oberflächlicher Art und Weise stattfinden, aber auch nicht zu schwierig sein, um ein Ausbleiben der Integration von Repräsentationen zu verhindern. Hier bietet sich nach Ainsworth (1999) eine adaptive, instruktionale Unterstützungsmaßnahme an, die sich in Abhängigkeit der Lernleistung verändert. Sofern die Lernleistung des Lernenden während des Umganges mit der Lernumgebung steigt, sollte die Unterstützung durch das Lernprogramm sukzessive ausgeblendet werden (vgl. Kapitel 3.7.2). Wenn der Lernende jedoch Fehler produziert, ist unmittelbar eine Hilfestellung anzubieten.

2.6.3 Aufgaben

Aufgaben beim Lernen mit externalen Repräsentationen

Beim Lernen mit externalen Repräsentationen muss der Lernende mehrere kognitive Aufgaben meistern:

- **Gestalt der Abbildung verstehen:** Zunächst sollte der Lernende die Gestalt der Abbildung verstehen. Bei einem Liniendiagramm ist die Gestalt zum Beispiel durch Linien, Achsen sowie Bezeichnungen der einzelnen graphischen Objekte gekennzeichnet. Im Zusammenhang mit dem Verständnis der Repräsentationsgestalt sind die zulässigen Operationen für eine dargebotene Repräsentation zu erlernen. Bezogen auf das Liniendiagramm ist dies zum Beispiel die Identifikation von Minima oder Maxima des Graphen. Lernende – besonders Novizen – haben nachweislich Schwierigkeiten, die Gestalt der Abbildung zu verstehen und geeignete Operationen durchzuführen (Friel, Curcio & Bright, 2001; Kaput, 1989; Leinhardt, Zaslavsky & Stein, 1990; Petre & Green, 1993; Preece, 1993).
- **Beziehung zum Themengebiet herstellen:** Eine weitere kognitive Aufgabe für den Lernenden stellt die Herstellung einer Beziehung zwischen der Rep-

räsentation selbst und dem repräsentierten Themengebiet dar. So müssen Lerner entscheiden, welche Operation bei einer Repräsentation angewandt werden kann, um die gesuchte Information eines Themengebietes abzurufen. Auch hier zeigt sich, dass Lerner große Schwierigkeiten haben, solche kognitiven Aufgaben erfolgreich zu absolvieren (Brna, 1996; Leinhardt et al., 1990).

- **Geeignete Repräsentation auswählen:** Zusätzlich müssen Lernende in einigen Lernumgebungen eine geeignete Repräsentation auswählen und dabei situations- und aufgabenspezifische Aspekte berücksichtigen. So sind Balkendiagramme dann zu bevorzugen, wenn Vergleiche zwischen diskreten Datenpunkten vorgenommen werden sollen, während Liniendiagramme eine bessere Darstellung von stetigen Verläufen ermöglichen. Untersuchungen bestätigen, dass Lerner in bestimmten Situationen geeignete Repräsentationen auswählen (Novick, Hurley & Francis, 1999; Zacks & Tversky, 1999), wobei auch hier von Unterschieden zwischen Experten und Novizen auszugehen ist (Kozma & Russell, 1997).
- **Eigenständig Repräsentationen erstellen:** Neben den bereits aufgeführten kognitiven Aufgaben müssen Lernende in zahlreichen Situationen auch eigenständig Repräsentationen erstellen. Dabei generieren sie oftmals ungenaue Abbildungen (Cox, 1996). Trotz dieser ungenauen Repräsentationen können dennoch richtige Schlussfolgerungen gezogen und ein besseres Verständnis durch die Erstellung der entsprechenden Abbildungen erzielt werden.

Aufgaben beim Lernen mit multiplen Abbildungen

Die bisher skizzierten kognitiven Aufgaben beziehen sich auf das Lernen mit mindestens einer externalen Repräsentation. Bei Darbietung multipler Abbildungen müssen noch weitere kognitive Aufgaben bewältigt werden. Von zentraler Bedeutung ist dabei das Verständnis, wie die einzelnen Abbildungen aufeinander zu beziehen sind. Gerade diese kognitive Leistung wird jedoch von vielen Lernenden als schwer empfunden (Anzai, 1991; Schoenfeld, Smith & Arcavi, 1993). Zudem kann Lernenden diese kognitive Leistung misslingen (Borba, 1994; Dufour-Janvier et al., 1987), was den Lerneffekt gänzlich verhindern kann (Ainsworth, Bibby & Wood, 2002).

Repräsentations- und Lernercharakteristika

Um zu verstehen, welche Faktoren die Schwierigkeit beeinflussen, multiple Repräsentationen zu integrieren, werden im Folgenden die Charakteristika der Repräsentationen und des Lernenden näher erörtert:

- **Repräsentationscharakteristika:** Bezüglich der Repräsentationscharakteristika wird davon ausgegangen, dass die Schwierigkeit multiple Repräsentationen aufeinander zu beziehen mit der Unterschiedlichkeit der Abbildungen und ihren möglichen Operationen ansteigt. Repräsentationen können sich in zahlreichen Dimensionen voneinander unterscheiden. Beispielhaft genannt seien der durch die Abbildung angesprochene sensorische Kanal, die Modalität der Repräsentation, deren Abstraktionsniveau, die Spezifität der Abbildung, der Typ der Repräsentation sowie die Frage, ob es sich um eine statische oder dynamische, sowie eine zwei- oder dreidimensionale Abbildung handelt (Ainsworth, 2006).

- **Lernercharakteristika:** Hinsichtlich der Lernercharakteristika werden von Ainsworth (2006) die Vertrautheit mit der Repräsentation und dem Themenbereich, das Alter sowie weitere individuelle Unterschiede aufgeführt, die den Einfluss der Repräsentationscharakteristika moderieren können. Novizen, Kindern und jüngeren Jugendlichen fällt es beispielsweise schwerer, multiple Repräsentationen adäquat zueinander in Beziehung zu setzen (Moore & Scevak, 1997; Stern, Aprea & Ebner, 2003).

2.6.4 Fazit

Das DeFT-Rahmenmodell von Shaaron Ainsworth beschreibt die Lernwirksamkeit multipler Repräsentationen in Abhängigkeit von drei zentralen Parametern. Diese umfassen das Design der Visualisierungen, ihre Funktionen zur Unterstützung des Lernprozesses sowie die kognitiven Aufgaben, die die Lernenden beim Umgang mit den Repräsentationen bewältigen müssen. Das Modell spezifiziert damit im Gegensatz zur kognitiven Flexibilitätstheorie (Kapitel 2.5) genauer, welche Funktionen Repräsentationen besitzen können und schlüsselt entsprechende Empfehlungen zur Gestaltung auf diese Funktionen auf. Allgemein ist danach vor allem darauf zu achten, den Lernenden durch die Darbietung multipler Abbildungen nicht zu überfordern und gleichzeitig zu verhindern, dass die Repräsentationen nur in oberflächlicher Art und Weise verarbeitet werden.

Kritik und Würdigung

Die Berücksichtigung von moderierenden Einflüssen durch individuelle Lernerunterschiede auf den Zusammenhang zwischen dem Instruktionsmaterial und dessen Lernwirksamkeit weist auf ein elaboriertes Rahmenmodell innerhalb der Multimediaforschung hin. Empirisch ist das Modell von Ainsworth bisher allerdings deutlich weniger gestützt als die beiden dominierenden Theorien zum multimedialen Lernen (CLT und CTML; Kapitel 2.3 und 2.4). Wie bei diesen Theorien ist auch beim DeFT-Modell zu kritisieren, dass motivationale und emotionale Prozesse weitgehend unberücksichtigt bleiben.

2.7 Rahmenmodell für das Lernen mit Multimedia von Najjar

Lawrence J. Najjar entwickelte für das Lernen in Multimediaumgebungen ein Rahmenmodell, um die uneinheitlichen Lerneffekte multimedialer Botschaften besser vorhersagen und erklären zu können (Najjar, 1997). Neben der Entwicklung dieses Modells hat Najjar auch weitere Arbeiten im Kontext der Multimediaforschung durchgeführt. So stellte er beispielsweise detailliert dar, wie man die Duale Kodierungstheorie von Paivio (1986) als Erklärungsansatz für das Multimedialernen einsetzen kann. In letzter Zeit hat Najjar (2005) Designempfehlungen für die Benutzeroberfläche von Java Applikationen aufgestellt.

Überblick

Sein Rahmenmodell für das Lernen in Multimediaumgebungen basiert auf vier zentralen Faktoren, die bei der Evaluation von multimedialen Lernumgebungen berücksichtigt werden sollten. Diese beinhalten die Eigenschaften des Lernenden, der Lernmaterialien, der präsentierten Aufgaben während des Lernprozesses sowie der im Anschluss präsentierten Lernfragen (Najjar, 1997). Damit besitzt das Modell unmittelbare Ähnlichkeiten zu Konzeptionen von Jenkins (1978) und Bransford (1978). Letztere sieht statt der Eigenschaften der präsentierten Aufgaben während des Lernprozesses lediglich die Lernaktivitäten des Lernenden als vierten zu berücksichtigenden Faktor vor.

2.7.1 Lerner

Lerner

Hinsichtlich der Lernereigenschaften führt Najjar (1995) das bereichsspezifische Vorwissen und die kognitiven Fähigkeiten des Lernenden an. Multimedial präsentierte Botschaften seien dabei für Personen mit geringem Vorwissen und niedrigen kognitiven Fähigkeiten effektiver:

Vorwissen

- **Vorwissen:** Najjar argumentiert, dass Novizen das Vorwissen zum Verständnis und zur Integration der neuen Informationen fehle und daher nicht wüssten, worauf sie ihre Aufmerksamkeit fokussieren sollten. Zudem verfügten diese über kein kognitives Modell, mit dem sie die neuen Informationen verknüpfen könnten. Experten hingegen besäßen ein solches mentales Modell, sodass diese weniger abhängig von der Güte der Informationsdarbietung seien (Najjar, 1995). Für den moderierenden Einfluss des Vorwissens führt Najjar (1995, 1997) eine Reihe von stützenden Untersuchungen auf (Dean & Enemoh, 1983; Kanner, J. H., Runyon & Desiderato, 1954; Kanner, J. M. & Rosenstein, 1960; Kraft, M. E., 1961; Kunz, Drewniak & Schott, 1989; Mayer & Gallini, 1990).

Kognitive Fähigkeiten

- **Kognitive Fähigkeiten:** Bezüglich der kognitiven Fähigkeiten stellt Najjar die Hypothese auf, dass Personen mit hohen kognitiven Fähigkeiten weniger stark von multimedialen Instruktionsmaterialien profitieren, da diese Lerner unabhängig von den Lernmaterialien gute Lernergebnisse erzielen würden (Najjar, 1997). Auch diese Annahme kann durch empirische Befunde gestützt werden (Blake, 1977; Wardle, 1977).

Kritik

Bei den Ausführungen zum Vorwissen und den kognitiven Fähigkeiten könnte der Moderatoreffekt auch aufgrund eines auftretenden Deckeneffekts (vgl. Kapitel 3.8.2) für Lerner mit guten Leistungen zustande gekommen sein. Diese Problematik wird in den oben aufgeführten Studien jedoch nicht näher diskutiert.

2.7.2 Lernmaterialien

Lernmaterialien

Der zweite zu beachtende Faktor bei der Evaluation von multimedialen Lernumgebungen sind die Charakteristika der Lernmaterialien. So seien nach Najjar (1997) Illustrationen beim Lernen bildhafter und räumlicher Informationen Texten überlegen, während der Erwerb verbaler Informationen mit Hilfe von Texten und sprachlichen Erklärungen teilweise besser vonstatten gehe als mit Bildern. Auch für diese Behauptung kann Najjar zahlreiche empirische Studien aufführen, wobei vor allem Befunde zum Bildüberlegenheitseffekt zu nennen sind (Carney & Levin, 2002; Levie & Lentz, 1982; Levin, Anglin & Carney, 1987). Neben diesen stützenden Belegen ist in theoretischer Hinsicht hervorzuheben, dass der postulierte Interaktionseffekt zwischen Informations- und Präsentationsart die

Duale Kodierungstheorie von Paivio (1986) weiter ausdifferenziert (vgl. Kapitel 2.4.1).

Kritik

Kritisch angemerkt werden kann, dass Najjar die vorhandene Konfundierung zwischen Codierungsform (z.B. Text versus Bilder) und Präsentationsgüte (z.B. ein gut verfasster Text versus ein schlecht konzipiertes Bild und umgekehrt) nicht aufzuheben vermag, sodass methodische Bedenken bei derartigen Vergleichen angeführt werden können, die bereits im Kapitel 1.3 erörtert wurden.

2.7.3 Lernaufgaben

Lernaufgaben

Als dritter Faktor sind die Eigenschaften der präsentierten Aufgaben während des Lernprozesses zu beachten. Hier sei vor allem eine aktive Informationsverarbeitung durch den Lernenden sicherzustellen (Najjar, 1997). Dies könne unter anderem durch den Einsatz interaktiver Elemente (Rieber, 1989, 1990b), des Lesens anstelle des Hörens eines dargebotenen Textes (Aldrich & Parkin, 1988; Baggett & Ehrenfeucht, 1983; Palmiter & Elkerton, 1992; Pezdek, Lehrer & Simon, 1984) sowie der Aufforderung zur Informationsvervollständigung (Thomson & Barnett, 1981) gewährleistet werden. Dabei sollte beachtet werden, dass die Art der aktiven Verarbeitung auf den Bedeutungsgehalt und weniger auf Oberflächenmerkmale der Lernmaterialien abzielt (vgl. auch Craik & Tulving, 1975).

2.7.4 Lerntests

Lerntests

Die Leistungen der Lernenden fallen nach Najjar (1997) dann höher aus, wenn die Art und Weise der Informationsdarbietung mit der Art und Weise der anschließenden Informationsabfrage korrespondiert (vgl. hierzu das Konzept der Enkodierspezifität; Tulving & Thompson, 1973). So zeigen Kinder in einem verbalen Lerntest dann höhere Lernleistungen, wenn die Informationen verbal und nicht verbal-bildhaft präsentiert werden. Bei einem Bildtest hingegen verhält es sich umgekehrt (Beagles-Roos & Gat, 1983). Andere Forscher können ähnliche Effekte belegen (Bibby & Payne, 1993; Dwyer, 1967, 1978; Garrison, 1978; Poon et al., 1977; Tapiero, 2001). Daher empfiehlt Najjar (1997), multimediales Instruktionsformat und Lerntest aufeinander abzustimmen. Dies wird im Englischen als transfer-appropriate processing bezeichnet. Ein Konzept mit ähnlicher Ausrichtung wird von Schnotz (2005) vertreten, der vom sogenannten structure-mapping principle spricht.

Der Einfluss dieser (fehlenden) Kongruenz, der auch einen Vergleich zwischen verschiedenen Codierungsformen wie Texten, Bildern und Animationen erschwert (vgl. Kapitel 1.3), wird in anderen Theorien zum multimedialen Lernen zumeist vernachlässigt (Ausnahme: DeFT-Modell von Ainsworth; Kapitel 2.6).

2.7.5 Fazit

Kritik und Würdigung

Najjar hat für die Evaluation von multimedialen Lernumgebungen ein einfaches Rahmenmodell entworfen. Dieses enthält die oben genannten vier Faktoren, die als Leitfaden zur Bewertung der Lernumgebung dienen können. Das Modell liefert besonders durch den Einbezug von interessanten Mediator- und Moderatoreffekten wertvolle Ergänzungen zu anderen Theorien multimedialen Lernens.

Hauptkritikpunkte an Najjars Modell sind die fehlende Berücksichtung von methodischen Problemen beim Vergleich verschiedener Lernmedien (Kapitel 1.3) und die relativ geringe Anzahl an ableitbaren Empfehlungen für die Gestaltung von multimedialen Instruktionsmaterialien. Darüber hinaus ist auch das Modell von Najjar sehr stark kognitiv ausgerichtet und vernachlässigt motivationale und emotionale Faktoren beim Lernen. Diese Faktoren finden im nächsten vorzustellenden Modell Berücksichtigung.

2.8 Integratives Modell multimedialer Effekte beim Lernen von Hede

Überblick

Das integrative Modell multimedialer Effekte beim Lernen von Andy Hede (2002) soll – ähnlich wie Najjars Modell – als Rahmenmodell dienen, um die uneinheitliche Befundlage in der Multimediaforschung aufklären zu können. Dazu werden zwölf verschiedene Konstrukte postuliert, die zumeist multidimensionaler Natur sind. Der Informationsfluss beim Lernen in einer multimedialen Lernumgebung wird in Abbildung 13 durch fettgedruckte Pfeile visualisiert, während dünnere Pfeile kausale oder korrelative Zusammenhänge symbolisieren. Pfeile, die auf zwei Konstrukte zeigen, beschreiben eine reziproke (wechselseitige) Beziehung der entsprechenden Variablen. Zur näheren Beschreibung des Modells können die zwölf Konstrukte in vier Teilgruppen gegliedert werden (Hede, 2002):

- Multimedialer Input
- Kognitive Verarbeitung
- Lernerdynamiken
- Wissen und Lernen

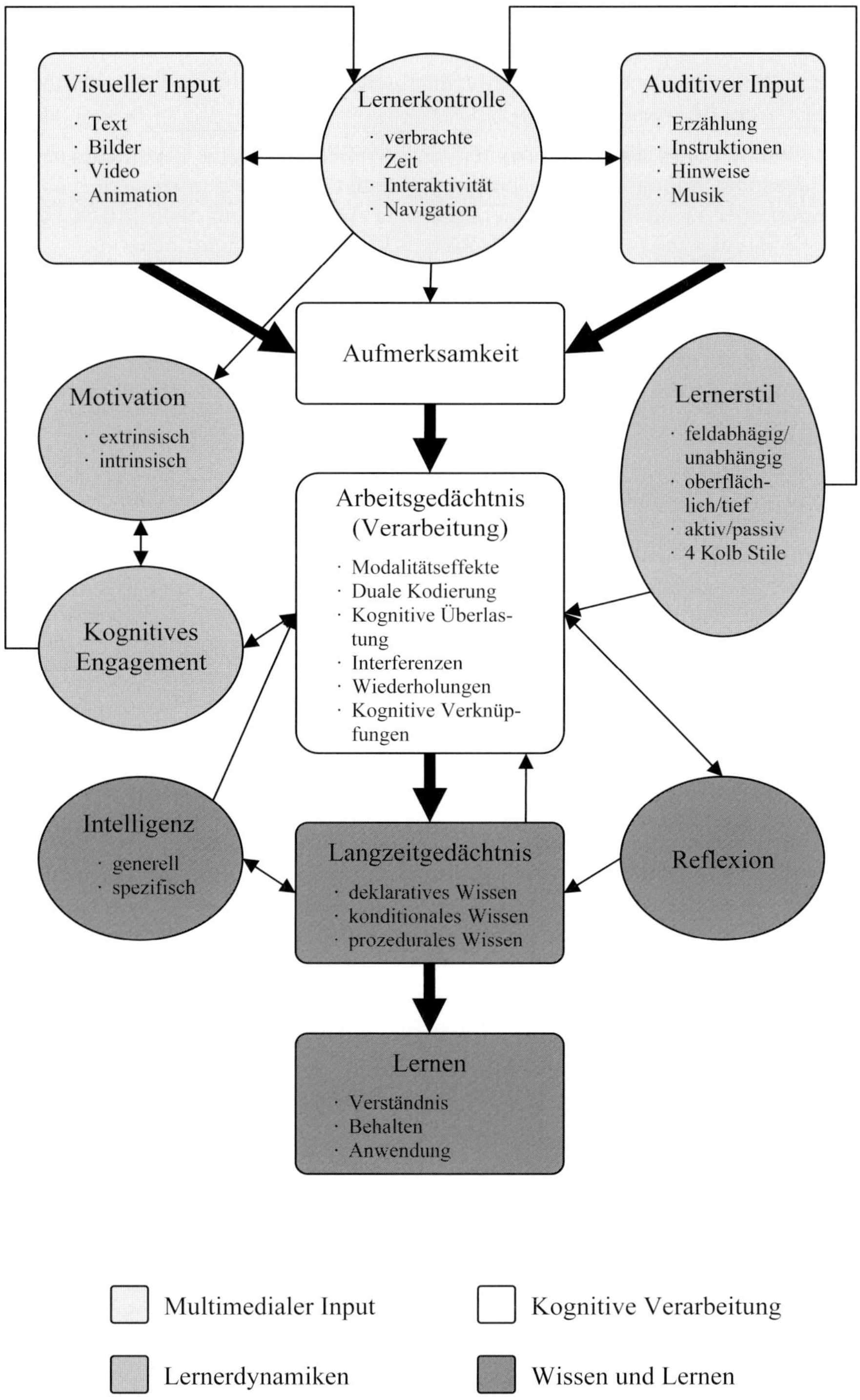

Abbildung 13: Darstellung des integrativen Modells multimedialer Effekte beim Lernen (angelehnt an Hede, 2002).

2.8.1 Multimedialer Input

Der multimediale Input beinhaltet den visuellen und auditiven Input sowie die Lernerkontrolle (Abbildung 13):

Visueller und auditiver Input

- **Visueller und auditiver Input:** Als visueller Input sind Texte, Bilder, Videos und Animationen zu nennen, während der auditive Input aus Erzählungen oder Kommentaren, Instruktionen, Hinweisen, aber auch Musik bestehen kann. Eine multimediale Botschaft kann sich dabei aus beliebigen Kombinationen dieser Unterelemente zusammensetzen, wobei sich nicht alle Bedingungskombinationen als effektiv für die Informationsübermittlung erwiesen haben (Hede, 2002). Der visuelle und auditive Input sind in dem Modell von Hede (Abbildung 13) Mediatorvariablen, die sich zwischen Lernerkontrolle und Aufmerksamkeitsprozessen befinden.

Lernerkontrolle

- **Lernerkontrolle:** Die Lernerkontrolle, d.h. die Art und Weise, wie der Lernende mit der multimedialen Botschaft umgeht, ist für die Auswahl und Weiterverarbeitung bestimmter Informationsinhalte durch den Lernenden von entscheidender Bedeutung. Die Informationsaufnahme wird durch die mit den Lernmaterialien verbrachte Zeit, durch Art und Weise der Navigation sowie durch Verwendung interaktiver Elemente beeinflusst. Während die Lernerkontrolle in der Literatur generell eher als positive Eigenschaft multimedialer Lernumgebungen betrachtet wird, existieren auch Belege, dass sie im Vergleich zur Kontrolle durch das Lernprogramm mitunter zu einer geringeren Effizienz führen kann (McNeil & Nelson, 1991). Das Ausmaß der Lernerkontrolle sollte daher die kognitiven Kapazitäten des Lernenden nicht überlasten (Stemler, 1997). Diese Überlegungen von Hede (2002) stehen in Übereinstimmung mit den Postulaten der CLT (Kapitel 2.3) und der CTML (Kapitel 2.4).

2.8.2 Kognitive Verarbeitung

Die kognitive Verarbeitung umfasst Aufmerksamkeitsprozesse und die weitere Verarbeitung der Informationen im Arbeitsgedächtnis (Abbildung 13):

Aufmerksamkeit

- **Aufmerksamkeit:** Aufmerksamkeitsprozesse dienen laut Hede (2002) dazu, die Konzentration des Lernenden auf den visuellen und auditiven Input zu richten und diesen Input an das Arbeitsgedächtnis weiterzuleiten.

Arbeitsgedächtnis

- **Arbeitsgedächtnis:** Von zentraler Bedeutung bei der kognitiven Verarbeitung ist das Arbeitsgedächtnis. Hede greift dabei – ähnlich wie Sweller in der CLT (Kapitel 2.3) und Mayer in der CTML (Kapitel 2.4) – auf eine ältere Variante des Arbeitsgedächtnismodells von Baddeley (1992) zurück, welches neben einer zentralen Exekutive zwei Subsysteme vorsieht, nämlich die visuell-räumliche Notiztafel und die phonologische Schleife. In dieses Konstrukt des Arbeitsgedächtnisses integriert Hede (2002) eine Reihe von Konzepten und Befunden anderer Theorien zum multimedialen Lernen. Beispielsweise lässt sich hier der Ansatz einbetten, Lernende kognitiv nicht zu überlasten. Aber auch der Aufbau referentieller Verknüpfungen zwischen verbalen und piktorialen Repräsentationen (vgl. Schnotz, 2005) ist hier beispielhaft zu nennen.

2.8.3 Lernerdynamiken

Als Lernerdynamiken bezeichnet Hede (2002) motivationale Prozesse, kognitives Engagement des Lernenden sowie dessen Lernerstil (Abbildung 13):

- **Motivation:** Motivationale Prozesse werden als Schlüsselvariable für den Lernerfolg betrachtet (Taylor, Sumner & Law, 1997). Zudem wird davon ausgegangen, dass eine extrinsisch bedingte Motivation durch Verstärkeranreize (z.B. Noten, Lob, Geld) zwar zu einer Leistungsverbesserung führt, nachhaltige Anstrengungsbereitschaft jedoch nur durch intrinsische motivationale Faktoren entstehen kann (Najjar, 1998). Als intrinsisch motiviert bezeichnet man Tätigkeiten, die um ihrer selbst Willen ausgeübt werden (z.B. aus Freude oder Spaß an der Tätigkeit selbst). Diese Art von Motivation kann durch einen herausfordernden Lerninhalt entstehen, der Lernende weder unter- noch überfordert sowie Neugierde und Phantasie weckt (Schaumburg & Issing, 2004). Motivation
- **Kognitives Engagement:** Mit den motivationalen Prozessen ist das kognitive Engagement des Lernenden verbunden (Abbildung 13), das als ein Prozess definiert wird, in dem der Lernende motiviert wird, die vollständige Kontrolle über seinen eigenen Lernprozess zu übernehmen (Hede, 2002). Dieses Engagement beeinflusst seinerseits wieder die Lernerkontrolle, die unter anderem Einfluss auf motivationale Prozesse besitzt. Kognitives Engagement
- **Lernerstil:** Als einziges unabhängiges Variablenkonglomerat sieht das Modell von Hede (2002) den Lernerstil vor. Dabei lassen sich verschiedene Klassifikationsformen voneinander unterscheiden, die im Kontext der Multimediaforschung Verwendung gefunden haben. Nach Dillon und Gabbard (1998) sind vor allem drei Konzepte zu berücksichtigen: Lernerstil
    - **Feldabhängigkeit:** Der Grad der Feldabhängigkeit gibt darüber Auskunft, in welchem Ausmaß der Lernende sich auf den Kontext verlässt, in dem die Informationen präsentiert wurden (vgl. Kapitel 3.8.3). Ursprünglich wurde das Konzept als Form eines bestimmten kognitiven Stils betrachtet. Neuere Aufsätze zu diesem Thema (Rittschof, im Druck) gehen jedoch von einer kognitiven bzw. perzeptuellen Fähigkeit aus, bei der das Konstrukt Feldabhängigkeit die Effizienz der zentralen Exekutive und der visuell-räumlichen Notiztafel aus dem Arbeitsgedächtnismodell von Baddeley (1992) repräsentiert (Kapitel 2.3.2). Feldunabhängige Personen erzielen bei Aufgaben zu den aufgeführten Arbeitsgedächtnisfähigkeiten bessere Leistungen als feldabhängige Lerner.
    - **Verarbeitungstiefe:** Hinsichtlich der Verarbeitungstiefe kann zwischen Personen unterschieden werden, die eine oberflächliche Verarbeitung der Informationen – zum Beispiel durch Memorieren und Wiederholen – vornehmen und solchen, die eine tiefere und damit effektivere Verarbeitung des Lernmaterials durchführen. Dies kann bei-

spielsweise durch die Fokussierung auf die Struktur des Inhaltes erfolgen.

- **Lerneraktivität:** Eine dritte Differenzierungsmöglichkeit bezieht sich auf die Aktivität der Lernenden. Hier werden aktive und passive Lerner voneinander abgrenzt.
- **Visueller versus verbaler Lernerstil:** Eine vierte Möglichkeit zur Klassifikation von Lernerstilen stammt von Smith und Woody (2000), die einen visuellen von einem verbalen Lernerstil abgrenzen und davon ausgehen, dass vor allem visuelle Lerner von multimedialen Instruktionsformaten profitierten.

Weitere Klassifikationsmöglichkeiten

Neben diesen aufgeführten Klassifikationsmöglichkeiten existieren weitere Alternativen zur Unterscheidung von Lernerstilen wie etwa das Kolb Lernerstil-Inventar (z.B. Karakaya, Ainscough & Chopoorian, 2001; Kettanurak, Ramamurthy & Haseman, 2001; Kraus, Reed & Fitzgerald, 2001; Kunnath, Cornell, Kysilka & Witta, 2007; Liegle & Janicki, 2006) oder das Felder-Silverman Lernstilmodell (z.B. Felder & Silverman, 1988; Graf, Lin & Kinshuk, 2008).

2.8.4 Wissen und Lernen

Die vierte Teilgruppe besteht aus den Konstrukten Intelligenz, Reflexion, Langzeitgedächtnis und Lernen (Abbildung 13):

Intelligenz

- **Intelligenz:** Hinsichtlich der Intelligenz vertritt Fetherston (1998) die Ansicht, dass diese ein facettenreiches Konstrukt darstelle, welches sieben verschiedene Intelligenzformen beinhalte, die jedoch an dieser Stelle nicht weiter erörtert werden sollen. Je mehr von diesen Formen durch die multimediale Lernumgebung angesprochen werden, desto effektiver sei die Lernumgebung.

Reflexion

- **Reflexion:** Der Prozess der Reflexion bezieht sich auf das selbstgesteuerte Lernen und erfordert, dass sich der Lernende kritisch mit seinem aktuellen Wissen und seinen verwendeten Lernstrategien auseinandersetzt (Taylor et al., 1997).

Langzeitgedächtnis

- **Langzeitgedächtnis:** Das Langzeitgedächtnis hat im integrativen Modell von Hede (2002) ähnliche Funktionen, wie sie bereits in der CLT (Kapitel 2.3) oder der CTML (Kapitel 2.4) angesprochen wurden. Darüber hinaus wird angenommen, dass das Langzeitgedächtnis auch von Intelligenz und Reflexionsprozessen beeinflusst wird (Abbildung 13) und eine Unterteilung in deklaratives, konditionales und prozedurales Wissen im Kontext der Multimediaforschung zweckmäßig ist (Yildirim, Ozden & Aksu, 2001).

Lernen

- **Lernen:** Schlussendlich ist das Lernen als einzige abhängige Variable (Kapitel 4.4.2) des Modells zu nennen, wobei hier eine Unterscheidung vorgenommen wird zwischen Verständnis, Behalten und der Möglichkeit das gelernte Wissen in späteren Kontexten anzuwenden.

2.8.5 Fazit

Kritik und Würdigung

Bei dem integrativen Modell multimedialer Effekte beim Lernen von Hede (2002) handelt es sich um eine sehr elaborierte Theorie innerhalb der Multimediaforschung. Im Gegensatz zu den aktuell dominierenden Theorien zum multimedialen Lernen (Kapitel 2.3 und 2.4) finden neben kognitiven auch motivationale Prozesse Berücksichtigung. Darüber hinaus werden zahlreiche Lernereigenschaften in das Modell integriert (z.B. Lernerstile und Intelligenz), während sich andere Modelle zumeist auf das Vorwissen als einzige Organismusvariable beschränken.

Kritisch angemerkt werden kann, dass das komplexe Modell kaum konkrete Prognosen zur Lernförderlichkeit bestimmter multimedialer Lernumgebungen vornimmt. Daher lassen sich nur sehr wenige Empfehlungen für die Gestaltung von Lernmaterialien ableiten. Diesem – von Hede (2002) selbst aufgeführten – Einwand wird entgegnet, dass das Modell dazu dienen soll, Multimedia-Designern eine Zusammenstellung zentraler Faktoren zu präsentieren, die bei der Entwicklung von Multimedia-Softwarepaketen zu berücksichtigen sind. Auch sei die Entwicklung eines Flussdiagramms denkbar, das als Entscheidungshilfe bei der Gestaltung multimedialer Lernmaterialien dienen könne.

2.9 Übungsaufgaben

1. Stellen Sie die behavioristischen, kognitiven und konstruktivistischen Theorieansätze zum multimedialen Lernen gegenüber!
2. Skizzieren Sie die Cognitive Load Theorie!
3. Was versteht man unter einem Schema und wie kann dieses ausgebildet und automatisiert werden?
4. Welche Formen der kognitiven Belastung werden in der Cognitive Load Theorie postuliert?
5. Welche Arten der Messung des Cognitive Load können voneinander unterschieden werden?
6. Stellen Sie die kognitive Theorie multimedialen Lernens dar!
7. Auf welchen Grundannahmen basiert die CTML?
8. Welche Gedächtnisspeicher werden in der CTML voneinander unterschieden?
9. Welche Unterschiede und Gemeinsamkeiten existieren zwischen der CTML, dem integrativen Modell des Text- und Bildverständnisses und der kognitiv-affektiven Theorie des Lernens mit Medien?
10. Beschreiben Sie die kognitive Flexibilitätstheorie!
11. Was versteht man unter dyna-linking?
12. Welche kognitiven Aufgaben muss der Lernende beim Lernen mit externalen Repräsentationen gemäß dem Modell von Shaaron Ainsworth bewältigen?

13. Welche vier Faktoren werden in dem Rahmenmodell für das Lernen in Multimediaumgebungen von Lawrence J. Najjar voneinander unterschieden?
14. Inwieweit berücksichtigt das integrative Modell multimedialer Effekte beim Lernen von Andy Hede motivationale Aspekte?

3 Gestaltung

3.1 Übersicht und Lernziele

Das dritte Kapitel stellt ausgewählte Gestaltungsempfehlungen zu E-Learning Umgebungen vor. Zu diesen Empfehlungen werden die jeweiligen theoretischen Erklärungsansätze erörtert und auf die stützenden, sowie ggf. konträren empirischen Befunde verwiesen. Die Gestaltungsempfehlungen werden separat für (Hyper-)Texte, Bilder, Animationen, Computersimulationen und sogenannte Problemlöseaufgaben diskutiert. Zudem geht das Kapitel auf unterschiedliche Lernereigenschaften ein, die einen moderierenden Einfluss auf die genannten Empfehlungen besitzen.

Dieses Kapitel beinhaltet folgende Lernziele:

- Welche Gestaltungsempfehlungen liegen für multimediale Lernumgebungen vor?
- Auf welchen theoretischen Konzepten und Erklärungsansätzen basieren die einzelnen Empfehlungen?
- Wie werden die einzelnen Empfehlungen empirisch gestützt bzw. in Frage gestellt?
- Wie moderieren verschiedene Lernereigenschaften die Effekte der einzelnen Gestaltungsempfehlungen?

3.2 Einleitung

Die meisten Menschen, die sich mit dem Thema E-Learning beschäftigen, sind wohl primär an der Gestaltung elektronischer Lernmaterialien interessiert. Beispielsweise geht es um die Frage, wie man (Hyper-)Texte, Bilder und Animationen (Kapitel 1.2.2) in einer Lernumgebung besonders geschickt einbinden kann. Ebenso können Überlegungen angestellt werden, wie eine Computersimulation zu einem bestimmten Thema zu gestalten ist. Das vorliegende Kapitel stellt zu diesen Fragen erste Gestaltungsempfehlungen vor. In diesem Zusammenhang sind zwei Aspekte zu beachten:

1. Trotz der aufgeführten Hinweise werden sie bei der Ausarbeitung ihrer Lernmaterialien sehr häufig Entscheidungen treffen müssen, zu denen keinerlei Empfehlungen vorliegen. Ohne derartige "Bauchentscheidungen" werden Sie nicht auskommen!
2. Die aufgeführten Empfehlungen sind keinesfalls dogmatisch zu verwenden (vgl. Mayer & Johnson, 2008), sondern sollten mit Bedacht berücksichtigt

werden! Zahlreiche Variablen (vgl. Kapitel 1.3) wie zum Beispiel Lernereigenschaften (Kapitel 3.8) können die genannten Gestaltungsrichtlinien moderieren. Oder wie Schnotz (2009) und Mayer (siehe Veronikas & Shaughnessy, 2005) es formulieren würden: "It depends."

Definition: Design- und Gestaltungsempfehlungen

Die Begriffe Design- und Gestaltungsempfehlungen werden in diesem Kapitel synonym verwendet. Diese Empfehlungen beschreiben, wie multimediale Lernumgebungen zu gestalten sind, um den Lernprozess bestmöglich zu unterstützen (z.B. Mayer, Moreno, Boire & Vagge, 1999).

Definition: Regeln, Richtlinien, Effekte oder Prinzipien der Gestaltung

Derartige Empfehlungen werden in der Literatur auch als Regeln, Richtlinien, Effekte oder Prinzipien der Gestaltung bezeichnet, ohne diese Begriffe klar voneinander abzugrenzen (z.B. Mayer, 2005b). Während einige Autoren diese Bezeichnungen zum Teil explizit synonym verwenden (z.B. Baecker, Grudin, Buxton & Greenberg, 1995), weisen andere darauf hin, dass Gestaltungsprinzipien allgemeiner und weit reichender als Gestaltungsregeln oder -richtlinien seien (Preece et al., 1994; Shneiderman, 1997). Johnson und Nemetz (1998) hingegen grenzen Gestaltungsprinzipien von den anderen Konstrukten durch die stärkere theoretische Verankerung und die größere Anzahl an stützenden empirischen Belegen ab. Die in dem vorliegenden Kapitel aufgeführten Design- und Gestaltungsempfehlungen werden nach Ermessen des jeweiligen Forschers als Regel, Richtlinie, Effekt oder Prinzip benannt und *nicht* in Abhängigkeit der oben aufgeführten Differenzierungsmöglichkeiten (Allgemeinheitsgrad, theoretische Verankerung, empirische Belege) verwendet. Da sich die Konstrukte mutmaßlich auch mit Hilfe dieser Unterscheidungsmöglichkeiten auf einem Kontinuum befinden (vgl. Shneiderman, 1997) und nur schwer voneinander abgrenzen lassen, werden die genannten Konzepte daher nachfolgend synonym benutzt.

Definition: Usability

Die Begriffe Design- und Gestaltungsempfehlungen sind vom Begriff der Gebrauchstauglichkeit (usability) – oftmals auch als Benutzerfreundlichkeit bezeichnet – zu unterscheiden. Diese kann definiert werden als "das Ausmaß, in dem ein Produkt durch bestimmte Benutzer in einem bestimmten Nutzungskontext genutzt werden kann, um bestimmte Ziele effektiv, effizient und mit Zufriedenheit zu erreichen" (DIN EN ISO 9241-11). Gebrauchstauglichkeit ist somit deutlich allgemeiner gefasst und fokussiert auf die Benutzung eines Produktes, während bei den Design- und Gestaltungsempfehlungen nicht primär die Benutzung – hier der Lernumgebung – sondern der Lernprozess hinsichtlich der zu vermittelnden Inhalte im Vordergrund steht.

Auswahl der Empfehlungen

In der Literatur finden sich unzählige Empfehlungen zur Gestaltung von E-Learning Umgebungen. Manche, wie beispielsweise die Empfehlung, von Walt Disney zu lernen (Weir & Heeps, 2003), erscheinen amüsant. Andere hingegen, wie zum Beispiel der Hinweis bezüglich der Farbkonvention, denen zur Folge schwarze Farbe mit dem Tod assoziiert sei (Weir & Heeps, 2003), wirken wohl eher befremdlich. Im Gegensatz zu derartigen Gestaltungsrichtlinien, die zumeist auf der Erfahrung einzelner Designer basieren, wurden die nachfolgend darstellten Empfehlungen nach drei Kriterien ausgewählt (vgl. Mayer, 2005b):

- **Theoretische Fundierung:** Die vorgestellten Gestaltungshinweise basieren auf Theorien zum multimedialen Lehren und Lernen (Kapitel 2) oder anderen psychologischen Lerntheorien.

- **Empirische Bewährung:** Die aufgeführten Gestaltungsprinzipien haben sich empirisch in mehreren experimentellen Untersuchungen oder anderen Studien hinsichtlich ihrer Lernwirksamkeit bewährt. Liegen konträre Befunde zu den aufgeführten Empfehlungen vor, werden diese – sofern mir bekannt – mit angegeben.
- **Praktische Relevanz:** Die skizzierten Empfehlungen sind für die Gestaltung von E-Learning Umgebungen von praktischer Relevanz. Sie sollen dazu beitragen, die Lernleistungen in multimedialen Lernumgebungen zu verbessern.

Überblick

Im Folgenden werden ausgewählte Gestaltungsempfehlungen erörtert. Dabei wird zunächst die entsprechende Empfehlung aufgeführt und erläutert. Im Anschluss folgen Bezüge zu ähnlichen Gestaltungsrichtlinien sowie theoretische Erklärungsansätze bzw. Begründungen zur Wirkungsweise der Designempfehlung. Empirische Belege schließen sich an, welche die vorgestellte Regel stützen, bisweilen aber auch in Frage stellen. In manchen Fällen werden ausgewählte Kritikpunkte an der jeweiligen Gestaltungsempfehlung bzw. den dazugehörigen empirischen Befunden skizziert.

3.3 (Hyper-)Texte

Nach wie vor spielen Texte beim Lehren und Lernen eine zentrale Rolle (vgl. z.B. Schnotz, 2006). Auch bei der Verwendung elektronischer Medien wird diese Codierungsform (Kapitel 1.2.2) sehr häufig eingesetzt. Umso wichtiger ist es, Texte möglichst verständlich zu gestalten. Leider ist gerade im schulischen und universitären Kontext zu bemängeln, dass viele Lehr- und Fachbücher schwer zu verstehen sind (vgl. Garner, 1992). In diesem Zusammenhang ist das von Langer, Schulz von Thun und Tausch (2006) entwickelte "Hamburger Verständlichkeitskonzept" zu nennen. Die Autoren unterscheiden dabei vier Merkmale der Verständlichkeit, die nachfolgend erörtert werden:

Überblick: Vier Merkmale der Verständlichkeit

- Einfachheit
- Gliederung – Ordnung
- Kürze – Prägnanz
- Anregende Zusätze

Darüber hinaus wird im Unterkapitel 3.3.6 auf die Verwendung von Hyperlinks näher eingegangen.

3.3.1 Einfachheit

Texte sollten so einfach wie möglich verfasst werden, wobei Einfachheit das wichtigste der vier Verständnismerkmale darstellt.

Einfachheit

Einfachheit bezieht sich laut des "Hamburger Verständlichkeitskonzeptes" auf Wortwahl und Satzbau von Texten. Hierbei sollten kurze und einfache Sätze geläufige sowie anschauliche Wörter enthalten. Fremdwörter oder Fachausdrücke sind zu erklären, wobei der Text konkret und anschaulich verfasst sein sollte.

Kompliziertheit

Eine (unnötig) komplizierte Darstellung sollte vermieden werden, ebenso wie lange, verschachtelte Sätze. Auch auf die Benutzung von ungeläufigen Wörtern sollte man verzichten. Fachwörter können durchaus Verwendung finden, sofern diese verständlich erläutert werden. Außerdem gelten abstrakte und unanschauliche Texte als kompliziert und sollten daher möglichst vermieden werden.

Bezug zu E-Learning Theorien

Das Verständnismerkmal Einfachheit steht in unmittelbarer Übereinstimmung mit der CLT (Kapitel 2.3) und der CTML (Kapitel 2.4), die beide auf einem "Weniger ist (oftmals) mehr"-Ansatz basieren. Unnötig komplizierte Darstellungen würden nach diesen Modellen das Arbeitsgedächtnis als extrinsische CL unnötig belasten und somit zu einer Reduktion der lernerrelevanten kognitiven Belastung führen. Dies beeinträchtige die Konstruktion und Automatisierung von Schemata. Im Gegensatz dazu geht die CFT (Kapitel 2.5) von Spiro davon aus, dass eine (zu) starke Vereinfachung komplexer Informationen zu einer Verminderung der Lernleistung führen könne. Gleichwohl merkt auch Spiro an, dass der Lernende durch komplexe Darstellungen nicht kognitiv überfordert werden solle.

Bezug zum Personalisierungsprinzip

Einfachheit als Verständnismerkmal (sowie das Merkmal "Anregende Zusätze", siehe unten) lässt sich auch mit dem Personalisierungsprinzip der CTML (Kapitel 2.4) in Verbindung bringen. Dieses Prinzip besagt, dass umgangssprachliche Formulierungen im Vergleich zu formalen Ausdrücken für Texte in multimedialen Präsentationen zu besseren Lernleistungen führen (Robinson, 2004). Hierzu stehen im Wesentlichen zwei Techniken zur Verfügung:

- Erstens können unpersönliche, in der dritten Person verfasste Formulierungen durch Ausdrücke ersetzt werden, die den Lernenden direkt ansprechen (z.B. "du" statt "man" verwenden).
- Zweitens können Sätze ergänzt werden, in denen der Verfasser direkte Kommentare für den Lernenden bereithält (z.B. "Vergleiche nun das rotierte Bild mit der schematischen Darstellung.").

Des Weiteren sollten gesprochene Sätze mit gewöhnlicher Betonung ausgesprochen werden und nicht mittels einer maschinell verzerrten Stimme oder einem fremdsprachlichen Akzent. Diese Gestaltungsempfehlung wird im Rahmen der CTML auch voice principle genannt und unterliegt dem gleichen Erklärungsmuster wie das Personalisierungsprinzip (Mayer, 2005e). Zum voice principle existieren bereits erste stützende, empirische Belege (Atkinson, R. K., Mayer & Merrill, 2005; Mayer, Sobko & Mautone, 2003).

Erklärungsansätze

Wie soziale Hinweiszeichen tieferes Verständnis (*nicht*) fördern

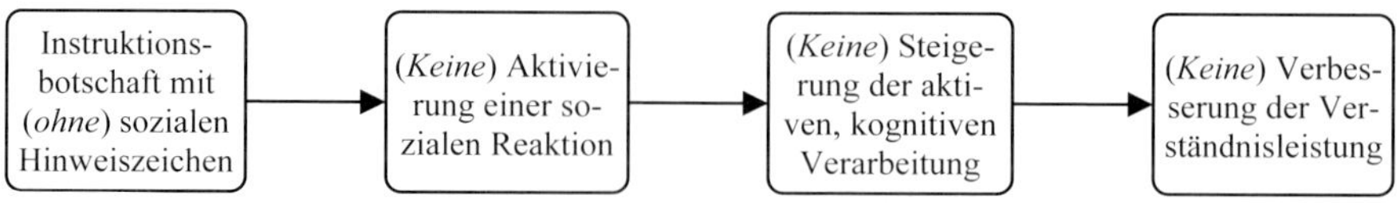

Abbildung 14: Schematische Darstellung des Einflusses sozialer Hinweiszeichen auf die Verständnisleistung (angelehnt an Mayer, 2005e).

Zum Personalisierungsprinzip existieren verschiedene Erklärungsansätze:

- **Soziale Hinweiszeichen:** In der Regel wird das Personalisierungsprinzip mit Hilfe sozialer Hinweiszeichen erklärt, die sich bei Beachtung des Prinzips in der instruktionalen Botschaft (dem zu vermittelnden Inhalt) befinden (Abbildung 14). Derartige Hinweiszeichen wie beispielsweise umgangssprachliche Formulierungen mit gewöhnlicher Betonung führen beim Lernenden zur Aktivierung einer sozialen Reaktion. Diese Vermutung wird durch den Befund von Reeves und Nass (1996) gestützt, dass Menschen relativ einfach dazu gebracht werden können, Computer als soziale Partner anzuerkennen. Die Aktivierung der sozialen Reaktion steigert in der Folge die aktive, kognitive Verarbeitung des Lernenden (Mayer, 2003). Belegt wird diese Annahme durch Untersuchungen von Grice (1975), in welchen der Empfänger bei sozialen Kommunikationsprozessen annimmt, dass der Sender informative, genaue, relevante und prägnante Informationen vermitteln will. Dass eine höhere aktive, kognitive Verarbeitung des Lernenden die unter Kapitel 2.4.3 dargestellten fünf kognitiven Prozesse fördert und damit die Verständnisleistung des Lernmaterials verbessert, lässt sich aus den Grundannahmen der CTML ableiten. Abbildung 14 fasst das aufgeführte Erklärungsmodell zusammen.
- **Selbstreferenz-Effekt:** Neben diesem Begründungsansatz wird auch vorgeschlagen, das Personalisierungsprinzip mit Hilfe des Selbstreferenz-Effekts zu erklären (Moreno & Mayer, 2000a). Nach diesem erhöht sich die Behaltensleistung, wenn Informationen in Bezug zum eigenen Selbst gebracht werden können (Rogers, T. B., Kuiper & Kirker, 1977), beispielsweise indem Lernende persönlich angesprochen werden. Da das Selbst gewöhnlich eine gut ausgebildete Struktur im Gedächtnis darstelle, seien die Anknüpfungsmöglichkeiten an dieses System entsprechend ausgeprägt.
- **Stärkere Vertrautheit:** Eine dritte Erklärung besteht darin, dass Lerner mit persönlichen Botschaften stärker vertraut sind als mit unpersönlichen Formulierungen in der dritten Person. Dadurch resultiere ein geringerer kognitiver Aufwand, um die multimediale Botschaft zu enkodieren (Moreno & Mayer, 2000a).

Empirische Befunde

Das Personalisierungsprinzip wird in experimentellen Untersuchungen bestätigt (Mayer, Fennell, Farmer & Campbell, 2004; Moreno & Mayer, 2004). Auch die Experimentalserien von Moreno und Mayer (2000a) stützen die Gestaltungsempfehlung, da bei ihrer Beachtung in allen fünf Teilexperimenten signifikant höhere Transferleistungen resultieren. Dass sich nur in drei der fünf Untersuchungen die Behaltensleistungen statistisch bedeutsam und in Übereinstimmung mit dem Personalisierungsprinzip voneinander unterscheiden, widerspricht der oben dargestellten theoretischen Erklärung nicht. Es lässt sich jedoch weniger gut mit dem Selbstreferenz-Effekt als Begründungsansatz vereinbaren, da dieser eine Verbesserung der Behaltensleistung postuliert.

3.3.2 Gliederung – Ordnung

Auch das zweite Merkmal "Gliederung – Ordnung" wird – wie das Merkmal Einfachheit – von den Autoren als besonders wichtig erachtet. Texte sollten möglichst gut gegliedert sein.

Gliederung – Ordnung

Dieses Verständnismerkmal bezieht sich auf die innere Ordnung und äußere Gliederung des Textes:

- **Innere Ordnung:** Informationen werden in einer sinnvollen und nachvollziehbaren Reihenfolge präsentiert. Der "rote Faden" ist für den Lernenden zudem deutlich zu erkennen.
- **Äußere Gliederung:** Der Text wird durch Überschriften, Vorbemerkungen, Marginalien ("Randbemerkungen"), einem abschließenden Fazit bzw. einer Zusammenfassung und/oder Ähnlichem übersichtlich gruppiert.

Ungegliedertheit, Zusammenhangslosigkeit

Im Gegensatz dazu zeichnet sich ein zusammenhangloser Text durch fehlende Gliederung und unübersichtliche Darstellung aus. Der "rote Faden" ist hier nicht erkennbar und wesentliche Informationen können nicht oder kaum von unwesentlichen Informationen unterschieden werden.

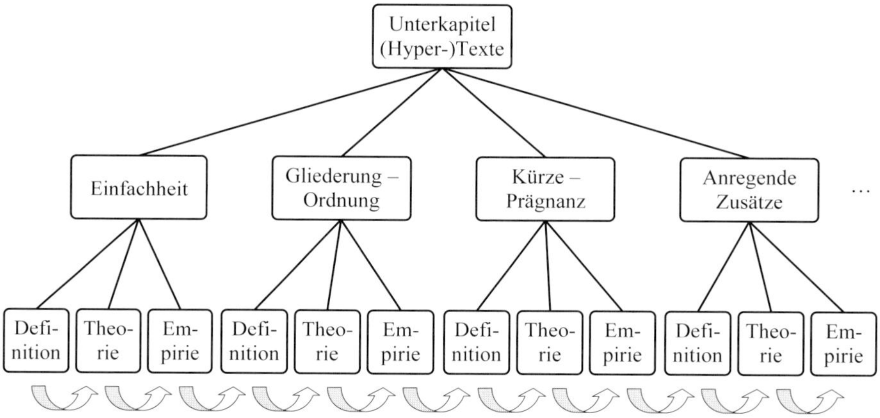

Abbildung 15: Vereinfachtes Beispiel einer hierarchisch-sequentiellen Struktur eines Textes.

Bezug zum Signalisierungsprinzip

Das Merkmal "Gliederung – Ordnung" kann unmittelbar auf das Signalisierungsprinzip der CTML (Kapitel 2.4) bezogen werden. Dieses Prinzip postuliert, dass tiefere Verständnisprozesse in multimedialen Lernumgebungen auftreten, wenn Hinweiszeichen die Organisationsstruktur des Kerninhaltes hervorheben (Mayer, 2005d). Zum Beispiel stellen die Betonung von Schlüsselwörtern in mündlich präsentierten Lerntexten, aber auch Unterstreichungen, Fettdruck, Nummerierungen oder Überschriften in schriftlich dargebotenen Lernmaterialien solche Hinweiszeichen dar (vgl. auch Garner, Brown, Sanders & Menke, 1992; Robinson, 2004). Auch in Hypertexten (Kapitel 1.2.2) können Signalisierungen zum Einsatz gelangen. Beispielsweise kann die derzeitige Position in der hierarchisch-sequentiellen Struktur (Abbildung 15) des Hypertextes farblich hervorgehoben werden. Dies wird vor allem für Novizen als wichtige Orientierungshilfe betrachtet (Chen, S. Y., Fan & Macredie, 2006; Hofman & van Oostendorp, 1999).

Erklärungsansatz

Begründet wird das Signalisierungsprinzip mit dem begrenzten Arbeitsgedächtnis, welches durch ergänzende Informationen überlastet werden kann. Die fehlenden kognitiven Ressourcen zur Beschäftigung mit den Kerninhalten führen dementsprechend zu einer Reduktion des Verständnisses. Statt – wie beim Kohärenzprinzip (Kapitel 3.3.4) vorgeschlagen – gänzlich auf die ergänzenden Informationen zu verzichten, empfiehlt das Signalisierungsprinzip, auf die zentralen Lerninhalte hinzuweisen. Dadurch werde die Aufmerksamkeit des Lernenden auf die Kerninhalte gelenkt, so dass größere kognitive Ressourcen für diese zur Verfügung gestellt würden und zudem dabei geholfen werde, das Lernmaterial adäquat zu organisieren (Mayer, 2005d).

Empirische Belege

Mehrere Befunde belegen, dass Signalisierungen Lernenden behilflich sein können, Texte zu organisieren (z.B. Loman & Mayer, 1983; Lorch & Lorch, 1996; Rickards, Fajen, Sullivan & Gillespie, 1997; Surber & Schroeder, 2007). Auch für multimediale Botschaften und wissenschaftliche Diagramme existieren Studien, die das Signalisierungsprinzip teilweise oder gänzlich stützen (z.B. Jamet, Gavota & Quaireau, 2008; Mautone & Mayer, 2001, 2007; Naumann, Richter, Flender, Christmann & Groeben, 2007).

3.3.3 Kürze – Prägnanz

Während Texte nach Langer et al. (2006) möglichst einfach und gut gegliedert sein sollten, ist für das dritte Verständnismerkmal eine "gesunde" Mitte zwischen Kürze und Weitschweifigkeit anzustreben. Genauer gesagt gilt eine leichte Tendenz hin zu kurzen und prägnanten Texten als optimal.

Kürze – Prägnanz

Übertrieben kurze Texte zeichnen sich durch zu gedrängte und zu sehr auf das Wesentliche beschränkte Darstellungen aus. Sie sind lediglich auf das Lehrziel konzentriert und sehr knapp gehalten.

Weitschweifigkeit

Zu weitschweifige Texte sind nicht nur zu lang und ausführlich, sondern enthalten auch umständliche Ausdrucksweisen, Füllwörter und leere Phrasen. Unnötig viele Einzelheiten werden dargestellt ebenso wie überflüssige Erläuterungen und Wiederholungen. Der Text weicht insgesamt zu stark vom eigentlichen Thema ab. Auch Ebel, Bliefert und Greulich (2006, S. 561) weisen auf das Problem der Weitschweifigkeit hin und fordern: "Werfen Sie aus Ihrem Text hinaus, was überflüssig ist! Auch Saft wird durch Eindicken wertvoller – und haltbarer."

Bezug zum Redundanzprinzip

Die Verständnismerkmale Kürze und Prägnanz finden sich im Redundanzprinzip wieder, welches sowohl im Rahmen der CLT (Kapitel 2.3) als auch im Rahmen der CTML (Kapitel 2.4) als Gestaltungsempfehlung vorgeschlagen wurde. Das Prinzip beschreibt eine Lernbeeinträchtigung durch Redundanzen in multiplen Informationsquellen wie etwa Texten und Bildern (Sweller, 2005b).

Erklärungsansatz

Mehrfach vorhandene und jeweils für sich genommen bereits verständliche Informationen führen beim Lernenden zu Interferenzen (Überschneidungen), erhöhen damit den extrinsischen Cognitive Load und behindern in der Folge den Wissenserwerb (vgl. auch den generellen Redundanzeffekt bei Schnotz, 2005).

Ob und welche Teile von Lernmaterialien Redundanzen aufweisen, ist kontextabhängig (u.a. abhängig vom Vorwissen des Lernenden, siehe Kapitel 3.8.1). Um dem Effekt zu begegnen, sollten redundante Informationselemente physikalisch voneinander getrennt werden (vgl. im Gegensatz dazu den Effekt der geteilten Aufmerksamkeit, Kapitel 3.4.1). Noch günstiger fällt die Lernleistung aus, wenn auf überflüssige Informationen ganz verzichtet wird. Im Gegensatz zum "Hamburger Verständlichkeitskonzept" von Langer et al. (2006) wird demnach *nicht* die "goldene Mitte" zwischen Kürze und Weitschweifigkeit angestrebt, sondern der komplette Verzicht auf redundante Informationen!

Empirische Belege

Der aufgeführte Effekt wurde bereits 1937 von Miller entdeckt, jedoch von ihm noch nicht als Redundanzeffekt bezeichnet. Miller verglich die Behaltensleistung junger Kinder beim Lesen eines Wortes mit den Leistungen beim Lesen zusammen mit der Präsentation des dazugehörigen Bildes (Miller, W., 1937). Die redundanten Bildinformationen verschlechterten dabei die Behaltensleistungen der Kinder (vgl. im Gegensatz dazu den Bildüberlegenheitseffekt: Carney & Levin, 2002; Levie & Lentz, 1982; Levin et al., 1987). Mittlerweile existiert eine Vielzahl an empirischen Belegen zum Redundanzprinzip (z.B. Bobis, Sweller & Cooper, 1993; Chandler & Sweller, 1991, 1996; Craig, Gholson & Driscoll, 2002; Jamet & Le Bohec, 2007; Kalyuga et al., 1999; Kalyuga, Chandler & Sweller, 2000; Mayer, Heiser & Lonn, 2001; Reder & Anderson, 1982). Neben einer eindrücklichen Anzahl an stützenden Befunden finden sich vereinzelt auch Ergebnisse, die das Redundanzprinzip nicht bestätigen können oder dieses unmittelbar in Frage stellen (Dowling, Tickle, Stark, Rowe & Godat, 2005; Montali & Lewandowski, 1996; Moreno & Mayer, 2002a, 2002b). In bestimmten Fällen können redundante Informationen beispielsweise zu einer Verbesserung der Behaltensleistung führen (Mayer & Johnson, 2008).

3.3.4 Anregende Zusätze

Das Optimum an anregenden Zusätzen ist abhängig von den drei zuvor aufgeführten Verständnismerkmalen. Sofern ein Text gut gegliedert ist, tragen anregende Zusätze zum Verständnis bei und gelten als motivationsförderlich. Ist der Text hingegen unzureichend gegliedert, können sich derartige Zusätze auch als lernhinderlich erweisen. Zu viele anregende Zusätze sind zudem mit dem Merkmal Kürze – Prägnanz unvereinbar. Daher sollte auch hier ein Mittelweg gewählt werden, d.h. es sollten nicht zu viele und nicht zu wenige anregende Zusätze enthalten sein.

Anregende Zusätze

Anregende Zusätze stellen zum Beispiel interessante Exkurse dar oder aber persönliche, abwechslungsreiche und unerwartete Geschichten (vgl. Schank, 1979). Auch das direkte Ansprechen des Lesers, Ausrufe sowie rhetorische Fragen zum Mitdenken sind hier zu nennen.

Keine anregenden Zusätze

Im Gegensatz dazu enthalten Texte ohne anregende Zusätze keinerlei lebensnahe Beispiele, direkte Ansprachen des Lesers oder witzige Formulierungen, um Interesse und Lust am Lesen zu fördern. Derartige Texte wirken oft nüchtern, unpersönlich und farblos.

Anregende Zusätze als Verständnismerkmal lassen sich mit dem Personalisierungsprinzip (Kapitel 3.3.1) als auch dem Kohärenzprinzip der CTML (Kapitel 2.4) in Verbindung bringen. Letztgenanntes Prinzip besagt, dass bessere Lernleistungen erzielt werden, wenn auf zusätzliches Lernmaterial (extraneous material) verzichtet wird, welches man zur Erreichung der Lernziele nicht zwingend benötigt (Mayer, 2005d). Solche zusätzlichen Lernmaterialien – gelegentlich auch als emotional interessante Materialien bezeichnet (Harp & Mayer, 1997) – können beispielsweise interessante Geschichten, Bilder oder auch Hintergrundmusik in der multimedialen Lernumgebung darstellen, die für das Verständnis des eigentlichen Lernstoffes entbehrlich sind.

Bezug zum Kohärenzprinzip

Innerhalb der Textforschung wird der lernhinderliche Effekt durch das Hinzufügen interessanter, aber für das eigentliche Thema irrelevanter oder unwichtiger Zusätze als seductive detail Effekt bezeichnet (Schraw & Lehman, 2001).

Seductive detail Effekt

Zum seductive detail Effekt existieren zahlreiche Erklärungsansätze (z.B. Harp & Mayer, 1998; Lehman, Schraw, McCrudden & Hartley, 2007), die in einzelnen Studien alle – zumindest partiell – empirisch gestützt werden:

Erklärungsansätze

- **Überlastung des Arbeitsgedächtnisses:** Innerhalb der CTML wird der Effekt meist durch das begrenzte Arbeitsgedächtnis erklärt, welches durch die ergänzenden Inhalte leicht überlastet werden kann. Dadurch fehlen kognitive Ressourcen zur Beschäftigung mit den Kerninhalten, die in der Folge zu einer Verständnisreduktion führen können (Mayer, 2005d; Mayer, Griffith, Jurkowitz & Rothman, 2008).
- **Aktivierung unpassender Schemata:** Ein anderer Ansatz nimmt die Aktivierung unpassender Schemata (Kapitel 2.3.3) durch seductive details an. Durch die Organisation des Lernmaterials anhand dieser inadäquaten Schemata würden sich reduzierte Lernleistungen bei den Lernenden einstellen.
- **Aufmerksamkeitsablenkung:** Bei dieser Begründung zum seductive detail Effekt wird argumentiert, dass seductive details die Aufmerksamkeit des Lernenden von den Kerninhalten weglenken und somit schlechtere Lernleistungen bedingen.
- **Beeinträchtigung der Textkohärenz:** Diese Erklärung postuliert, dass seductive details die Textkohärenz (d.h. den Zusammenhang des Textes) beeinträchtigen und dadurch die Lernleistung sinke. Dieser Effekt kann mit dem Kohärenzprinzip von Mayer (2003) in Verbindung gebracht werden. Towler (2009) vermutet hingegen, dass das Aufbrechen der Textkohärenz durch seductive details nur die Behaltensleistung reduziere, die Transfer- und Problemlösefähigkeiten jedoch verbessere. Seductive details würden ihrer Meinung nach eine oberflächliche Verarbeitung verhindern und stattdessen eine aktive Auseinandersetzung mit den Lerninhalten fördern.
- **Aufmerksamkeitskontrolle:** Nach der Erklärung von Sanchez und Wiley (2006) werden nur Lerner von seductive details negativ beeinträchtigt, welche ihre Aufmerksamkeit schlecht kontrollieren können. Diesen Personen fällt es schwer sowohl auf relevante Informationen zu fokussieren als auch irrelevante zu ignorieren.

Gestaltungsempfehlung

Um dem lernhinderlichen Effekt zu begegnen, bietet sich laut Kohärenzprinzip der CTML der Verzicht auf alle interessanten, aber für das Verständnis nicht unmittelbar relevanten Materialien an. Dies erleichtert zugleich auch den Prozess, wesentliche Informationen aus dem Lernstoff herauszufiltern (Mayer & Moreno, 2003). Beim "Hamburger Verständlichkeitskonzept" von Langer et al. (2006) wird hingegen eine gelungene Mischung aus nicht zu vielen und nicht zu wenigen anregenden Zusätzen postuliert (vgl. auch die Gestaltungsempfehlungen zu Info- und Edutainment bei Mangold, 2004).

Empirische Belege

Bezüglich des seductive detail Effekts ist die empirische Befundlage uneinheitlich (Goetz & Sadoski, 1995a, 1995b; Lehman et al., 2007; Schraw & Lehman, 2001; vgl. im Gegensatz dazu Mayer, 2005d; Thalheimer, 2004). Einige Forscher können erwartungsgemäß negative Effekte durch das Hinzufügen von seductive details in Form von Texten feststellen. Dies betrifft die Behaltensleistungen der Lernenden (z.B. Garner, Gillingham & White, 1989; Harp & Mayer, 1997, 1998; Lehman et al., 2007; Mayer, Bove, Bryman, Mars & Tapangco, 1996, Exp. 3; Mayer et al., 2001) und/oder deren Verständnisleistungen (z.B. Harp & Mayer, 1997, 1998; Lehman et al., 2007; Mayer et al., 2001; Mayer & Jackson, 2005). Einzelne Studien bleiben hingegen ohne eindeutiges Ergebnis hinsichtlich des Behaltens (z.B. Garner & Gillingham, 1991; Schraw, 1998) oder des Verständnisses (z.B. Mayer et al., 1996, Exp. 3).

Kritik

Zahlreiche Untersuchungen zum seductive detail Effekt werden aufgrund verschiedener methodischer Probleme kritisiert (z.B. Goetz & Sadoski, 1995a; Goetz & Sadoski, 1995b; Thalheimer, 2004). So kann bemängelt werden, dass in einigen Studien keine Kontrollgruppe ohne seductive details zum Einsatz kommt. Die sehr kurzen Lern- und Abfragezeiten von durchschnittlich jeweils etwa vier Minuten (Thalheimer, 2004) stellen die Verallgemeinerbarkeit der Ergebnisse in Frage. Besonders problematisch sind zu knapp bemessene Abfragezeiten, wenn die Lernenden aufgefordert werden, alles aufzuschreiben, was ihnen einfällt (z.B. bei Harp & Maslich, 2005). In diesem Fall werden Teilnehmer benachteiligt, die seductive details erhalten haben, da sie in vielen Studien zwischen 30-40% mehr Informationen präsentiert bekommen (Towler, 2009) und dadurch mehr erinnern und niederschreiben müssen. Zudem bleiben die Lernzeiten – sofern die Lerner selbst entscheiden können, wie lange sie sich mit den Materialien beschäftigen – wie auch das Vorwissen der Probanden in fast allen Untersuchungen bei der Datenauswertung unberücksichtigt. Ebenso werden in sämtlichen, mir bekannten Arbeiten zum seductive detail Effekt keinerlei Teststärkenangaben[4] aufgeführt. Dadurch ist unklar, ob ein ausbleibender seductive detail Effekt auch auf eine zu geringe Versuchspersonenanzahl zurückgeführt werden kann. Des Weiteren kann kritisch angemerkt werden, dass Mayer (2005d) im Rahmen seiner CTML einseitig Arbeiten zitiert, die den Kohärenzeffekt bestätigen.

[4] Die Teststärke (power) bezeichnet die Wahrscheinlichkeit, sich richtigerweise zugunsten der (Alternativ-)Hypothese zu entscheiden.

3.3.5 Bewertungsschema und Optimalfall

Bewertungsschema

Jetzt sind Sie an der Reihe! Beurteilen Sie doch einmal den gerade gelesenen Text hinsichtlich der vier Verständnismerkmale. Verwenden Sie dabei Plus- und Minus-Zeichen, wie von Langer et al. (2006) vorgeschlagen:

- **++:** Alle oder fast alle Eigenschaften, die zu einem Merkmal gehören, sind deutlich vorhanden.
- **+:** Die Eigenschaften sind weniger deutlich oder nur teilweise vorhanden.
- **0:** Die Eigenschaften der beiden Seiten halten sich Waage.
- **-:** Die Eigenschaften der Gegenseite (z.B. Kompliziertheit) überwiegen.
- **--:** Alle oder fast alle Eigenschaften der Gegenseite sind deutlich ausgeprägt.

Optimalfall

Die Bewertung eines sehr gut verständlichen Textes sieht im Optimalfall wie folgt aus (Langer et al., 2006):

- **Einfachheit:** ++
- **Gliederung – Ordnung:** ++
- **Kürze – Prägnanz:** 0 bis +
- **Anregende Zusätze:** 0 bis +

3.3.6 Hyperlinks

Im Vergleich zu traditionellen Texten stellt sich in Hypertexten die Frage, welchen Einfluss Hyperlinks (Kapitel 1.2.2) auf die Lernleistung besitzen. In der E-Learning Forschung existieren unterschiedliche Annahmen über die Auswirkungen dieser elektronischen Querverweise.

Angenommene Effekte

Befürworter dieser Verzweigungen verweisen unter anderem auf eine günstige Abbildung des netzwerkähnlichen Lernmaterials durch mannigfaltige Verknüpfungen mittels Hyperlinks. Durch Hyperlinks nonlinear vernetzte Webseiten böten besonders Experten ausreichende Explorationsmöglichkeiten (Lawless & Brown, 1997). Zudem würden diese elektronischen Verweise den Aufbau eines tief greifenden und flexibel einsetzbaren Verständnisses fördern (Kapitel 2.5.4) und den Schemaerwerb begünstigen (Jonassen, 1992). Kritiker verweisen hingegen auf die mögliche Überforderung der Lernenden durch die nicht-lineare Struktur dieser Texte. Da der Benutzer bei jedem Link entscheiden müsse, ob er diesem folgen soll oder nicht, erhöhe sich die kognitive Belastung (Kapitel 2.3.4) und reduziere damit die kognitiven Ressourcen für den Textinhalt (DeStefano & LeFevre, 2007). Außerdem könnte der Einsatz von zahlreichen Hyperlinks zur Desorientierung von Lernenden führen (Stichwort: lost in hyperspace; Calisir, Eryazici & Lehto, 2008). Hierdurch und durch die erhöhte kognitive Belastung könnten elektronische Verzweigungen den Aufbau von Schemata (Kapitel 2.3.3) bzw. Situationsmodellen beeinträchtigen (DeStefano & LeFevre, 2007; Kintsch, 1988). Das Textverständnis würde demnach durch den Einsatz von Hyperlinks behindert. Neurowissenschaftliche Modelle postulieren zudem, dass menschliche Gehirne in der Natur nach hierarchischen Mustern suchen und diese abbilden

(Hawkins, 2006). Texte sollten demnach nicht netzwerkähnlich, sondern hierarchisch-sequentiell dargeboten werden (vgl. Kapitel 3.3.2).

Empirische Befundlage und Gestaltungsempfehlungen

Mehrheitlich stützt die empirische Befundlage die Meinung der Kritiker von elektronischen Querverweisen (siehe hierzu die Überblicksarbeit mit 38 berücksichtigten Experimenten von DeStefano & LeFevre, 2007). Insbesondere für Novizen und Lerner mit geringer Arbeitsgedächtnisspanne bietet sich der Verzicht von zahlreichen Hyperlinks und die Bereitstellung einer hierarchisch-sequentiellen Struktur (vgl. Abbildung 15 auf Seite 86) des Lerntextes an (z.B. Amadieu, Tricot & Mariné, 2009). Zudem sollten Lernende die Möglichkeit erhalten, von jeder beliebigen Unterseite mit nur einem Mausklick zur Startseite zurückzukehren (Brusilovsky, 2003; Chen, S. Y. et al., 2006). Beschriftete Hyperlinks (der Querverweis enthält eine Beschriftung oder Beschreibung der Seite, auf die der Hyperlink verweist) können die Navigations- und Lernleistungen von Benutzern verbessern (DeStefano & LeFevre, 2007). Gleiches gilt für Linkvorschläge, die angeben, welcher der verfügbaren Hyperlinks auf der Webseite verfolgt werden sollte (z.B. Madrid, Van Oostendorp & Melguizo, 2009). Navigationshilfen wie etwa graphische Übersichten des Gesamttextes wirken sich nur dann lernförderlich aus, wenn diese nicht zu komplex gestaltet sind. Andernfalls beanspruchen diese vermeintlichen Hilfen zusätzliche kognitive Ressourcen des Lernenden und können sich dadurch lernhinderlich auswirken (DeStefano & LeFevre, 2007). Für Personen mit hohem Vorwissen (vgl. Kapitel 3.8.1) konnte meist weder ein Vor- noch ein Nachteil sowohl durch hierarchisch-sequentielle Strukturen als auch durch Hyperlinks nachgewiesen werden. Möglicherweise haben hier methodische Probleme wie etwa Deckeneffekte (vgl. Kapitel 3.8.2) eine Rolle gespielt, da Experten häufig unter allen Versuchsbedingen sehr gute Lernleistungen erzielen (DeStefano & LeFevre, 2007). Problematisch an den bisherigen Untersuchungen ist auch die unzureichende Berücksichtigung motivationaler Aspekte und des Lernerinteresses (DeStefano & LeFevre, 2007).

3.3.7 Fazit & Bezug zu anderen Gestaltungsempfehlungen

Das "Hamburger Verständlichkeitskonzept" von Langer, Schulz von Thun und Tausch (2006) stellt einen sehr eingängigen Ansatz zur Analyse der Verständlichkeit von Texten dar. Zudem werden Übungsprogramme angeboten, in denen sowohl das Verfassen verständlicher Texte als auch die (Verständlichkeits-)Bewertung anderer Texte eingeübt werden kann. Weitere, detaillierte Empfehlungen zum Schreiben naturwissenschaftlicher Texte finden sich beispielsweise in Ebel, Bliefert und Greulich (2006) sowie in Chambliss (2002).

Empirische Belege

Wenngleich die einzelnen Merkmale der Verständlichkeit meines Wissens nach nicht getrennt voneinander in streng kontrollierten Labor- und Feldexperimenten überprüft wurden, so führen die Autoren doch zahlreiche stützende empirische Belege zu ihrem Konzept an. Zum Beispiel können die vier Merkmale der Verständlichkeit bei der Textbeurteilung mit Hilfe von Eigenschaftspaaren und unter Verwendung einer Faktorenanalyse entdeckt werden. Auch die Verbesserung von schwer verständlichen Texten auf Basis der Verständlichkeitstheorie konnte in mehreren Untersuchungen nachgewiesen werden.

Des Weiteren kann das Verständlichkeitskonzept in Beziehung zu anderen Gestaltungsempfehlungen gesetzt werden, die zum Teil durch mehrere (experimentelle) Studien gestützt werden. Während Befunde zum Personalisierungs- und Signalisierungsprinzip die Merkmale Einfachheit, Gliederung und Ordnung sowie anregende Zusätze stützen, scheinen Untersuchungen zum Redundanzprinzip eher darauf hinzudeuten, dass eine "gesunde" Mitte zwischen Kürze und Weitschweifigkeit nicht immer von Vorteil ist. Die eher gemischte Befundlage zum seductive detail Effekt widerspricht dem vorgeschlagenen Mittelweg hingegen *nicht*, weder zu viele noch zu wenige anregende Zusätze zu verwenden.

Bezug zu anderen Gestaltungsempfehlungen

Die ausgiebige Verwendung von Hyperlinks hat in experimentellen Studien mehrheitlich Nachteile für Novizen und Lernern mit geringer Arbeitsgedächtnisspanne offenbart. Elektronische Querverweise in Hypertexten sollten demnach sparsam und mit Bedacht eingesetzt werden. Die Verwendung einer hierarchisch-sequentiellen Struktur des Lerntextes wirkt sich lernförderlich aus.

Hyperlinks

3.4 Bilder

Neben (Hyper-)Texten spielen auch Bilder eine herausragende Bedeutung bei der multimedialen Wissensvermittlung. Bilder können in verschiedene Arten unterteilt werden und zudem mannigfaltige Funktionen erfüllen (z.B. Kapitel 2.6.2). Die für (Hyper-)Texte genannten Gestaltungsempfehlungen lassen sich in modifizierter Form teilweise auch auf Bilder übertragen. Beispielsweise können Signalisierungen (Kapitel 3.3.2) in Form von Pfeilen oder farbigen Hervorhebungen eine lernförderliche Wirkung entfalten. Ebenso ist die Vermeidung von lernbeeinträchtigenden Redundanzen (Kapitel 3.3.3) in Text-Bild-Kombinationen an dieser Stelle zu nennen.

Das vorliegende Kapitel erörtert folgende Gestaltungsempfehlungen:

Überblick

- Integration von Text- und Bildelementen
- Präsentation von Bildern *vor* Texten
- Nutzung des visuellen und akustischen Arbeitsgedächtnisses
- Beachtung der Aufgabenkomplexität
- Vermeidung dekorativer Bilder!?

Exkurs: Johann Amos Comenius (1592-1670)

Der Humanist Johann Amos Comenius gilt als erster Autor, der Texte und Bilder zu Lehrzwecken multimedial verknüpfte. Sein Werk "Orbis sensualium pictus" (Die sichtbare Welt in Bildern) wurde 1658 in Nürnberg veröffentlicht und gilt als erstes europäisches Schulbuch. Es beschreibt auf 309 Seiten die Welt von Gott bis zu den Insekten. 150 Holzschnitte illustrieren dabei die Textpassagen, wobei auch Verknüpfungen in Form von Nummerierungen zwischen Text- und Bildelementen vorliegen. Die Erläuterungen zu den Bildern sind dabei in lateinischer und deutscher Sprache verfasst und können somit im Rahmen des Sprachunterrichtes eingesetzt werden.

Das Schulbuch von Comenius wurde mittlerweile in zahlreiche Sprachen übersetzt und in hunderten von Auflagen nachgedruckt. Es kann inzwischen über die Buchsuche von Google (http://books.google.de) vollständig eingesehen werden.

3.4.1 Integration von Text- und Bildelementen

Definition: Effekt der geteilten Aufmerksamkeit

In der CLT (Kapitel 2.3) wird unter anderem im Zusammenhang von Text-/Bildelementen der Effekt der geteilten Aufmerksamkeit (auch im Deutschen zumeist als Split-Attention Effekt bezeichnet) angenommen. Dieser Effekt besagt, dass die Trennung von aufeinander bezogenen Informationsquellen (z.B. Text und Bild) zu reduzierten Lernleistungen führt (Sweller & Chandler, 1994). Um diesen negativen Effekt zu verhindern, sollten multiple Informationsquellen physikalisch integriert werden, zum Beispiel durch Beschriftungen in unmittelbarer Nähe zu relevanten Bildelementen (Abbildung 16 versus Abbildung 17).

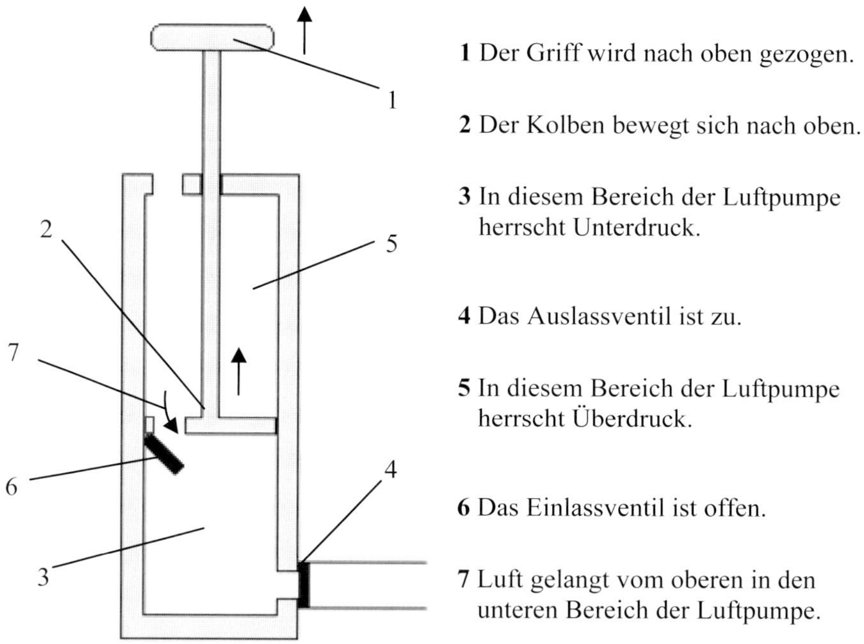

Abbildung 16: Schematische Darstellung der Funktionsweise einer Luftpumpe. Visualisierung *mit* dem Effekt geteilter Aufmerksamkeit (angelehnt an Renkl, 2004).

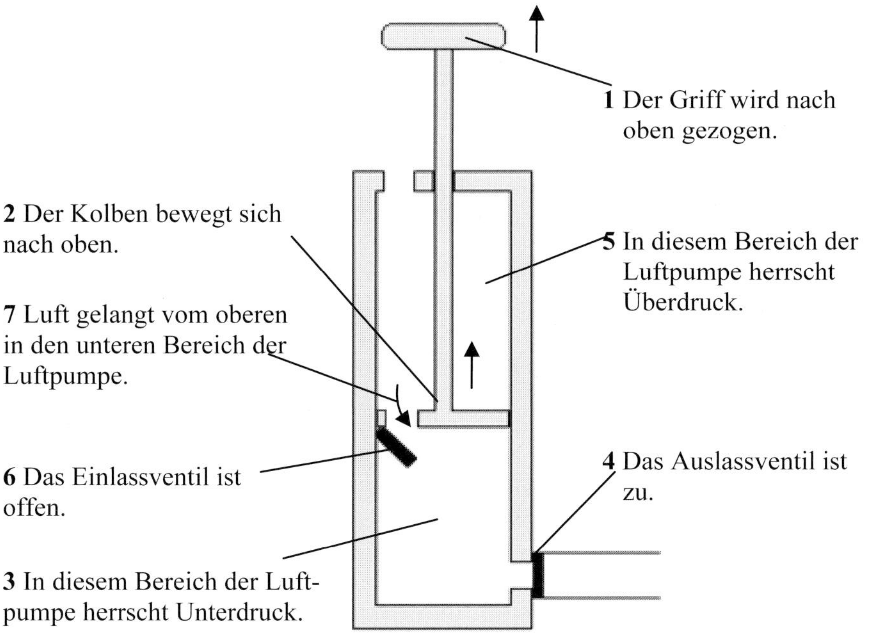

Abbildung 17: Schematische Darstellung der Funktionsweise einer Luftpumpe. Visualisierung *ohne* den Effekt geteilter Aufmerksamkeit (angelehnt an Renkl, 2004).

Zum Effekt der geteilten Aufmerksamkeit finden sich in der Literatur verschiedene Erklärungsansätze: Erklärungsansätze

- **Reduktion des extrinsischen Cognitive Load:** Erklärt wird der Effekt gewöhnlich damit, dass die Trennung von aufeinander bezogenen Informationsquellen (Abbildung 16) eine mentale Integration erforderlich macht und somit eine Erhöhung des extrinsischen Cognitive Load bewirkt. Dadurch reduziert sich die lernrelevante, kognitive Belastung und führt in der Folge zu einer Minderung der Lernleistung. Durch physikalische Integration multipler Informationsquellen kann dieser negative Effekt verhindert werden.
- **Erhöhung des germane Cognitive Load:** Ergänzt wird die genannte Erklärung durch Cierniak, Scheiter und Gerjets (2009), die durch die physikalische Integration multipler Informationsquellen eine separate lernförderliche Erhöhung des germane CL vermuten. Die Ergebnisse des durchgeführten Experiments der Autoren deuten darauf hin, dass sowohl ein Rückgang des extrinsischen CL als auch eine Erhöhung des germane CL den Split-Attention Effekt bedingen.
- **Vermeidung der visuellen Suche:** Einen weiteren Erklärungsansatz liefert die CTML (Kapitel 2.4) im Rahmen des räumlichen Kontiguitätsprinzips. Dieses Prinzip postuliert ein tieferes Verständnis durch eine multimediale Botschaft, wenn die korrespondierenden Wörter und Bilder in räumlicher Nähe zueinander dargeboten werden (Mayer & Moreno, 2003). Begründet wird das räumliche Kontiguitätsprinzip mit der visuellen Suche während des

Lernprozesses. Bei fehlender räumlicher Nähe muss der Lernende zwischen Text und Visualisierung hin und her springen, was zu einer erhöhten irrelevanten kognitiven Belastung führt. Blickbewegungsstudien von Hegarty, Carpenter und Just (1996) stützen den Erklärungsansatz für das räumliche Kontiguitätsprinzip.

Empirische Belege

Der Effekt der geteilten Aufmerksamkeit wurde ursprünglich nur für ausgearbeitete Lösungsbeispiele (Kapitel 3.7.1) angenommen (Sweller, 2004). Er kann jedoch für zahlreiche Lernmaterialien empirisch nachgewiesen werden (z.B. Brünken & Leutner, 2001; Chandler & Sweller, 1991, 1992, 1996; Ginns, 2006; Mayer & Moreno, 1998b; Moreno & Mayer, 1999a, 2002b; Tarmizi & Sweller, 1988). In einer Untersuchung von Craig, Gholson und Driscoll (2002) zu computergenerierten, animierten Charakteren, die das Lernen in multimedialen Lernumgebungen erleichtern sollen, ließ sich der Effekt der geteilten Aufmerksamkeit jedoch nicht nachweisen. De Westelinck et al. (2005) fanden in einer Studie mit drei Teilexperimenten zum räumlichen Kontiguitätsprinzip sogar Transferleistungen von Lernenden, die dem genannten Prinzip vollkommen widersprechen. Die Metaanalyse von Ginns (2006), in der 37 Einzelstudien zum Effekt der geteilten Aufmerksamkeit berücksichtigt wurden, bestätigt jedoch insgesamt, dass der Effekt stabil und praktisch bedeutsam ist. Er tritt allerdings nur bei hoher Elementinteraktivität nachweislich in Erscheinung (Kapitel 3.4.4).

3.4.2 Präsentation von Bildern *vor* Texten

Definition: Bild-Text Reihenfolgeprinzip

Nicht in allen Situationen können Texte und Bilder physikalisch integriert werden, wie im vorherigen Kapitel postuliert. Beispielsweise kann ein Bild zu groß und komplex sein. In diesem Fall stellt sich die Frage, ob das Bild vor oder hinter dem Text platziert werden sollte. Schnotz (2005) postuliert im Rahmen seines integrativen Modells des Text- und Bildverständnisses (Kapitel 2.4.5), dass Bilder *vor* der korrespondierenden Textpassage eingefügt werden sollten. Diese Gestaltungsempfehlung wird als Bild-Text Reihenfolgeprinzip (picture-text sequencing effect) bezeichnet.

Erklärungsansatz

Erklärt wird der angenommene Effekt damit, dass jede Textbeschreibung immer etwas unspezifischer sei und sich nie eindeutig zu einem konkreten Bild oder einem spezifischen mentalen Modell zuordnen lasse (Schnotz, 2005). Zum Beispiel ist bei dem Satz "Er hält eine Nussecke in der Hand" unklar, in welcher Hand sich die Nussecke befindet. Zwar kann der Satz spezifiziert und erweitert werden ("Er hält eine Nussecke in der linken Hand"), doch dabei werden nie sämtliche Uneindeutigkeiten beseitigt. Stattdessen lässt der Satz einen gewissen Interpretationsspielraum bei der Erstellung eines mentalen Modells zu. Das anschließend dargebotene Bild weicht somit vermutlich von dem ursprünglich generierten mentalen Modell ab, was zu Interferenzen, d.h. hier Lernbeeinträchtigungen führen kann (Schnotz, 2005). Wird das Bild hingegen im Vorfeld der Textpassage präsentiert, sollten diese negativen Auswirkungen nicht auftreten.

Empirische Belege

Schnotz (2005) führt zu der genannten Gestaltungsempfehlung stützende empirische Befunde an (Kulhavy, Stock & Caterino, 1994).

3.4.3 Nutzung des visuellen und akustischen Arbeitsgedächtnisses

Sowohl in der CLT (Kapitel 2.3) als auch der CTML (Kapitel 2.4) wird der sogenannte Modalitätseffekt angenommen. Dieser bezieht sich auf die lernförderliche Wirkung, die durch die gemeinsame Nutzung des visuellen und akustischen Teils des Arbeitsgedächtnisses entsteht (Sweller et al., 1998). Beispielsweise verbessert sich das Lernen mit einem Diagramm, wenn dieses zusammen mit einem Audiokommentar anstelle einer schriftlichen Legende präsentiert wird.

Definition: Modalitätseffekt

Interessanterweise wurde dieser Effekt bereits im Jahr 1955 postuliert und – ähnlich wie in der CLT – mit der verminderten kognitiven Belastung für den Lernenden begründet (Laner, 1955). Genauer gesagt wird die kognitive Überlastung eines der beiden Subsysteme (visuell-räumliche Notiztafel oder phonologische Schleife) des Arbeitsgedächtnisses vermieden. Der Modalitätseffekt tritt nur unter Split-Attention-Bedingungen auf. Das bedeutet, dass bei physikalischer Integration multipler Informationsquellen (Kapitel 3.4.1) die Darbietung in verschiedenen Modalitäten *keinen* Lernvorteil mit sich bringt (Low & Sweller, 2005).

Erklärungsansatz

Auch der Modalitätseffekt wird durch eine Vielzahl empirischer Befunde bestätigt (z.B. Brünken et al., 2004; Craig et al., 2002; Kalyuga et al., 1999, 2000; Leahy, Chandler & Sweller, 2003; Mayer, Dow & Mayer, 2003; Moreno & Mayer, 1999a, 2002a; Penney, 1989; Stiller, Freitag, Zinnbauer & Freitag, 2009). In einer Untersuchung von Gerjets et al. (2009) kann der Modalitätseffekt in einer Hypermedia-Lernumgebung hingegen nicht nachgewiesen werden. Eine Metaanalyse von Ginns (2005), in der 43 Effekte zum Modalitätseffekt berücksichtigt werden, kann den Effekt hingegen inferenzstatistisch belegen. Dabei zeigt sich, dass dieser auch praktisch bedeutsam ist. Der Modalitätseffekt tritt nach dieser Metaanalyse allerdings nur bei hoher Elementinteraktivität (Kapitel 3.4.4) auf. Außerdem findet sich der Effekt nur bei systemgesteuerter Präsentationsgeschwindigkeit und nicht, wenn der Nutzer die Geschwindigkeit selbst bestimmen kann (Ginns, 2005; Stiller et al., 2009).

Empirische Belege

Trotz dieser zahlreichen Belege wird auch Kritik am Modalitätseffekt geäußert (Guan, 2002). Mit Hilfe der revidierten Fassung des Arbeitsgedächtnismodells von Baddeley (2000) argumentiert Guan (2002), dass der Modalitätseffekt sich nur bei Lernmaterial mittlerer Aufgabenkomplexität einstellt. Diese – mit Hilfe der zentralen Exekutive (Kapitel 2.3.2) und dem episodischen Puffer (Baddeley, 2000) theoretisch begründete – Behauptung kann experimentell mit Hilfe von Blickbewegungen zumindest tendenziell nachgewiesen werden. Des Weiteren bieten sowohl Rummer (2007) als auch Fürstenberg (2007) Alternativerklärungen zu der üblicherweise angenommenen Überlastung des visuell-räumlichen Arbeitsgedächtnisses als Ursache für den Modalitätseffekt an.

Kritik

3.4.4 Beachtung der Aufgabenkomplexität

In der CLT (Kapitel 2.3) stellt die Elementinteraktivität nicht nur das zentrale Konstrukt im Rahmen der intrinsischen kognitiven Belastung dar, sondern hierzu

Definition: Elementinteraktivitätseffekt

wurde im Hinblick auf die Gestaltung von Lernmaterialien auch ein eigener Effekt postuliert. Dieser Elementinteraktivitätseffekt spezifiziert dabei, unter welchen Bedingungen die drei Gestaltungsempfehlungen der CLT, nämlich der Split-Attention- (Kapitel 3.4.1), der Modalitäts- (Kapitel 3.4.3) und der Redundanzeffekt (Kapitel 3.3.3), wirksam sind (Sweller, 2002). Bei niedriger Aufgabenkomplexität bringen die drei Effekte kaum Lernvorteile mit sich, während bei einer hohen intrinsischen, kognitiven Belastung, also bei Aufgaben mit hoher Elementinteraktivität (Kapitel 2.3.4), sich deren Wirkung besonders deutlich entfaltet (vgl. auch Abbildung 7 auf Seite 43).

Erklärungsansatz

Erklärt wird der Effekt damit, dass Lernmaterialien mit geringer Elementinteraktivität auch bei ungünstiger Gestaltung der Materialien nicht zu einer Überlastung des Arbeitsgedächtnisses führen. In diesem Fall kann die Verarbeitung der Elemente nämlich konsekutiv (aufeinanderfolgend) erfolgen. Bei hoher Elementinteraktivität müssen die einzelnen Elemente hingegen simultan bearbeitet werden. Dadurch wirkt sich eine ungünstige Gestaltung besonders lernhinderlich aus.

Empirische Belege

Empirisch wird der moderierende Einfluss der Elementinteraktivität bezüglich des Effekts der geteilten Aufmerksamkeit und des Redundanzeffekts beispielsweise durch die Befunde von Sweller und Chandler (1994), Chandler und Sweller (1996) sowie die Metaanalyse von Ginns (2006) belegt. Auch der Modalitätseffekt tritt nur bei hoher Elementinteraktivität in Erscheinung (Ginns, 2005; Marcus, Cooper & Sweller, 1996; Tindall-Ford, Chandler & Sweller, 1997). Der Elementinteraktivitätseffekt wirkt sich mutmaßlich auch auf weitere Designempfehlungen der CLT aus. Dabei steht die empirische Absicherung zum Teil noch aus (Sweller, 2004), zum Teil – wie für den Imaginations- und den Expertise-Umkehr-Effekt (Kapitel 3.8.1) – konnte sie bereits erbracht werden (z.B. Leahy & Sweller, 2005).

3.4.5 Vermeidung dekorativer Bilder!?

Definition: Dekorative Bilder

Rein dekorative Bilder sind ästhetisch ansprechende Bilder mit einem relativ geringen Informationsgehalt (Lenzner, 2009). Zum Beispiel kann ein schöner Sonnenuntergang als dekoratives Bild für Lernmaterialien zum Thema Licht und Schatten dienen. Wie im Kapitel 3.3 zu anregenden Zusätzen in (Hyper-)Texten ist auch bei dekorativen Bildern unklar, ob sich diese als lernförderlich oder lernhinderlich erweisen.

Angenommene negative Effekte

Vertreter der CLT (Kapitel 2.3) und CTML (Kapitel 2.4) argumentieren, dass dekorative Bilder vermieden werden sollten, da sie für das Verständnis des eigentlichen Lernstoffes entbehrlich seien. Vor allem aber würden derartige Bilder als extrinsische kognitive Belastung das begrenzte Arbeitsgedächtnis unnötig überlasten. Dadurch fehlten kognitive Ressourcen zur Beschäftigung mit den Kerninhalten, die in der Folge zu einer Verschlechterung der Verständnisleistungen führen können (Mayer, 2005d). Der damit zusammenhängende, lernbeeinträchtigende Effekt wird – wie bei Texten (Kapitel 3.3.4) – auch bei Bildern als Kohärenzprinzip oder seductive detail Effekt bezeichnet. Andere Erklärungen betreffen etwa die Konstruktion inadäquater Schemata durch die Verwendung dekorativer Bilder (vgl. Kapitel 3.3.4).

Befürworter dekorativer Bilder weisen hingegen auf potentielle positive motivationale und emotionale Auswirkungen durch den Einsatz dieser Bilder hin. Zum Beispiel könnten Lernmaterialien durch dekorative Bilder interessanter, abwechslungsreicher oder ansprechender auf die Lernenden wirken. Derartige Effekte würde man im Kontext kognitiver Modelle zumeist nicht messen. Daher sei es nicht weiter verwunderlich, wenn diese förderlichen Wirkungen in Untersuchungen nicht zu finden seien.

Angenommene positive Effekte

Sowohl für Texte (Kapitel 3.3.4) als auch für Bilder (z.B. Levin et al., 1987) ist die Befundlage zu anregenden Zusätze bzw. dekorativen Elementen uneinheitlich. So werden für seductive details (Kapitel 3.3.4) in Form von Abbildungen sowohl stützende Befunde für die Eliminierung dieser Bilder berichtet (z.B. Harp & Mayer, 1997, 1998; Mayer & Jackson, 2005) als auch solche, in denen dies nicht der Fall ist (z.B. De Westelinck et al., 2005). Dekorative Bilder werden von Lernenden mitunter nur kurzfristig betrachtet und beeinträchtigen dadurch die Lernleistungen nicht negativ (Rey, eingereicht).

Empirische Belege

In sämtlichen aufgeführten stützenden Untersuchungen zur Vermeidung dekorativer Abbildungen erfolgte eine Konfundierung (Vermischung) mit zusätzlichen Bildunterschriften. Somit ist unklar, ob die Illustrationen selbst oder die dazugehörigen Bildunterschriften (oder beides gemeinsam) für den negativen Einfluss auf die Lernleistungen verantwortlich sind. Neben der Beachtung dieser Konfundierung wäre in zukünftigen Studien die Berücksichtigung motivationaler und emotionaler Auswirkungen dieser Zusätze sinnvoll. Denkbar wäre auch die Überprüfung eines umgekehrt u-förmigen Zusammenhanges im Hinblick auf die resultierenden Lernleistungen. Bei diesem Zusammenhang ergäben sich die besten Leistungen bei einem mittleren Grad an anregenden Elementen. Dabei müsste geprüft werden, ob Lernmaterialien nicht zu viele und nicht zu wenige dekorative Bilder enthalten sollten. Diesen "goldenen Mittelweg" postulieren die Autoren des "Hamburger Verständlichkeitskonzeptes" für anregende Textzusätze (Kapitel 3.3.4).

Methodische Probleme und weitere Anregungen

Exkurs: Die Experimentalserien von Francis M. Dwyer

In der Forschung existieren unzählige Untersuchungen, die sich mit den Auswirkungen von Bildern auf den Lernprozess beschäftigen. Besonders detailliert und umfassend hat sich Dwyer (1972) mit dieser Fragestellung befasst. Er verwendete einen Lerntext mit ca. 2000 Wörtern sowie unterschiedliche Abbildungen. Thematisch ging es durchweg um die Anatomie und Funktion des menschlichen Herzens. In seinen Studien an insgesamt über 6000 Probanden kamen unter anderem einfache Strichzeichnungen, aber auch farbige und schwarzweiße Fotographien des Herzens zum Einsatz.

Dwyer fand unter anderem heraus, dass die Komplexität der Visualisierung abhängig von der verfügbaren Lernzeit sowie dem Lernkriterium war. Bei Zeitbeschränkung erweisen sich einfache Strichzeichnungen als besonders lernförderlich, während bei unbegrenzter Lernzeit detaillierte und realistische Abbildungen von Vorteil sein können. Diese Ergebnisse zeigen zudem, dass die Lernzeit eine wichtige Variable in Untersuchungen darstellt, die es zu berücksichtigen gilt (Kapitel 1.3).

Des Weiteren konnte Dwyer zum Teil eine Diskrepanz zwischen der subjektiven Einschätzung der Lernenden und deren objektive Lernleistungen feststellen (vgl. Kapitel 4.4.2). So präferieren viele Studierende beispielsweise detaillierte, farbige Illustrationen, die sich aber keineswegs durchgängig als lernförderlich herausgestellt haben. Dwyer konnte ferner nachweisen, dass das Vorwissen eine wichtige Moderatorvariable beim Lernen mit Bildern darstellt. Zudem kritisierte bereits Dwyer den pauschalen Vergleich zwischen statischen und dynamischen Visualisierungen aufgrund der inkonsistenten empirischen Befundlage und der nicht validen Vergleichsmöglichkeit (vgl. Kapitel 1.3).

Wie bei jedem Experiment lassen sich auch Dwyers (1972) Studien kritisieren. So adjustierte er in seinen Auswertungen zum Beispiel nicht den Alphafehler[5]. Auch die Informationsäquivalenz (Kapitel 1.3) wurde für die verschiedenen Versuchsbedingungen nicht vollkommen eingehalten. Gleichwohl stellen seine Experimentalserien ausgezeichnete empirische Arbeiten dar, die auch heute noch in vielerlei Hinsicht als Vorbild für Untersuchungen zum multimedialen Lernen dienen können. Besonders seiner Auflistung zu berücksichtigender Variablen (Dwyer, 1972, S. 95) beim Lernen mit Bildern (wie etwa Lernziele, Lernereigenschaften, Darstellungsart und -typ sowie Signalisierungstechniken) sollte größere Beachtung geschenkt werden.

3.4.6 Fazit & Bezug zu E-Learning Theorien

Sofern Bilder bzw. Text-Bild-Kombinationen in multimedialen Lernumgebungen zum Einsatz gelangen sollen, sind Text- und Bildelemente nach Möglichkeit physikalisch zu integrieren. Zudem sind das visuelle und akustische Arbeitsgedächtnis möglichst parallel zu nutzen, beispielsweise durch die Verwendung eines Audiokommentars anstelle einer schriftlichen Legende. Diese Gestaltungsrichtlinien empfehlen sich bei einer hohen Komplexität der Lernmaterialien. Ob dekorative Bilder grundsätzlich vermieden werden sollten, ist in der E-Learning Forschung aufgrund der inkonsistenten empirischen Befundlage noch ungeklärt.

Bezug zur CLT und CTML

Die empirischen Befunde zu den aufgeführten Gestaltungsprinzipien stammen vornehmlich aus der CLT von Sweller (Kapitel 2.3) und CTML von Mayer (Kapitel 2.4). Mehrheitlich stützten die empirischen Untersuchungen die genannten Gestaltungsrichtlinien und damit auch die CLT und CTML selbst. Als Ausnahme gilt das Kohärenzprinzip der CTML, zu dem uneinheitliche empirische Ergebnisse vorliegen.

---

[5] Bei mehrfacher inferenzstatistischer Testung steigt die Wahrscheinlichkeit an, unzutreffenderweise ein Muster in dem Datensatz anzunehmen, d.h. sich fälschlicherweise zugunsten der aufgestellten (Alternativ-)Hypothese zu entscheiden. Um dies zu verhindern, können verschiedene statistische Verfahren – sogenannte Adjustierungsverfahren – eingesetzt werden. Diese kommen in den allermeisten Publikationen jedoch leider nicht zum Einsatz.

3.5 Animationen

Neben statischen Bildern können – vor allem mit dem Computer – mittlerweile auch sehr komfortabel dynamische Bilder generiert werden. Derartige Animationen stellen Bilderfolgen dar, bei der jedes Einzelbild als Veränderung des jeweils vorangegangenen erscheint (Kapitel 1.2.2). In der Literatur werden die Bezeichnungen Animation und dynamische Visualisierung häufig synonym verwendet.

Die für (Hyper-)Texte und Bilder genannten Gestaltungsempfehlungen lassen sich in abgewandelter Form vermutlich auch auf Animationen übertragen. Zum Beispiel dürften dem Lernenden eine (unnötig) überfrachtete Animation Schwierigkeiten bereiten.

Überblick

Die nachfolgenden Unterkapitel erörtern spezifische Gestaltungsempfehlungen zu Animationen:

- Zeitgleiche Darbietung der Animation und der zugehörigen, gesprochenen Erklärung
- Unterteilung der Animation in lernergerechte Abschnitte

3.5.1 Zeitgleiche Darbietung der zugehörigen, gesprochenen Erklärung

Definition: Zeitliches Kontiguitätsprinzip

Eine Gestaltungsempfehlung der CTML (Kapitel 2.4) für die Darbietung von Animationen wird als zeitliches Kontiguitätsprinzip bezeichnet. Dieses Prinzip beschreibt einen lernförderlichen Effekt durch eine simultane anstelle einer sukzessiven Präsentation von korrespondierenden Informationen (Mayer & Moreno, 2003). So sollte man dem Lernenden die (gesprochene) Erklärung zu einer Animation zeitgleich und nicht nachfolgend zur Verfügung stellen.

Erklärungsansätze

Für das zeitliche Kontiguitätsprinzip existieren zwei Erklärungsansätze:

- **Entlastung des Arbeitsgedächtnisses:** Innerhalb der CTML wird die Gestaltungsempfehlung mit Hilfe des Arbeitsgedächtnisses begründet. Durch die simultane Präsentation der korrespondierenden Text- und Bildinformationen wird verhindert, dass eine verbale oder bildhafte mentale Repräsentation (Kapitel 2.4.4) für einen längeren Zeitraum im Arbeitsgedächtnis aufrechterhalten werden muss.
- **Verbesserung des Aufbaus von Makrostrukturen:** Ein alternativer Erklärungsansatz zum zeitlichen Kontiguitätsprinzip findet sich bei Baggett (1989), die die Theorie zum Textverständnis von van Dijk und Kintsch (1983) als Grundlage heranzieht. Nach dieser werden verbale und visuelle Informationen parallel verarbeitet. Während verbale Botschaften mittels eines verbalen Verarbeitungssystems in eine Makrostruktur überführt werden, werden visuelle Informationen durch ein visuelles Prozesssystem in eine Makrostruktur transformiert. Van Dijk und Kintsch (1983) nehmen außerdem eine Begrenzung des Arbeitsgedächtnisses an, was in der zeitlichen Beziehung zwischen den beiden parallel ablaufenden Prozessen den oben aufgeführten Effekt auf die entstehende Makrostruktur bedingen kann.

Laut Mayer und Anderson (1992) führe der alternative Erklärungsansatz von Baggett (1989) zu den gleichen Vorhersagen wie jener aus der CTML, sodass eine Entscheidung zugunsten eines der beiden Konzepte nicht möglich sei.

Empirische Belege

Für das zeitliche Kontiguitätsprinzip liefert Mayer zusammen mit anderen Forschern stützende Belege (Mayer & Anderson, 1991, 1992; Mayer & Sims, 1994). Hypothesenkonträre Befunde wie beispielsweise in der Untersuchung von Moreno und Mayer (1999a) bleiben in späteren Überblicksartikeln von Mayer (z.B. 2005d) allerdings unberücksichtigt. Insgesamt bestätigt die Metaanalyse von Ginns (2006) jedoch das zeitliche Kontiguitätsprinzip auf Basis von 13 analysierten Einzelstudien.

3.5.2 Unterteilung in lernergerechte Abschnitte

Definition: Segmentierungsprinzip

In der CTML wurde im Kontext dynamischer Visualisierungen das sogenannte Segmentierungsprinzip postuliert. Als Segmentierungsprinzip bezeichnet man die lernförderliche Wirkung durch die Präsentation multimedialer Botschaften in Form von lerngerechten Abschnitten im Vergleich zur Darbietung als durchgängige Einheit (Mayer, 2005c). Bei diesem Prinzip wird eine Animation in einzelne Teilsegmente untergliedert, die der Lernende durch eine "Weiter-Taste" nacheinander aktivieren kann. Diese Animation dürfte laut dem Segmentierungsprinzip – in früheren Versionen der CTLM als chunking principle bezeichnet (Mayer, 1999) – zu besseren Lernleistungen führen als die Präsentation der gesamten Animation ohne Unterbrechung. Innerhalb der CATLM (Kapitel 2.4.6) wird der Effekt neuerdings auch Schrittsteuerungsprinzip (pacing principle) genannt.

Definition: Interaktivitätsprinzip

Gelegentlich wird statt des Segmentierungsbegriffes auch die Bezeichnung Interaktivitätsprinzip verwendet (Robinson, 2004). Interaktivität ist in diesem Zusammenhang als Kontrolle über die Geschwindigkeit der multimedialen Botschaft definiert (Bétrancourt, 2005). Diese Art der Interaktivität ließe sich auch als Benutzerkontrolle bezeichnen (vgl. Kapitel 1.2.4).

Erklärungsansatz

Theoretisch begründet wird das Segmentierungs- bzw. Interaktivitätsprinzip mit der kognitiven Überlastung (Kapitel 2.3.4), welche die kognitive Kapazität der beiden Subsysteme des Arbeitsgedächtnisses bei zu schneller Darbietung der multimedialen Botschaft übertrifft. Nach Mayer (2005c) sollte das Segmentierungsprinzip in Situationen zum Einsatz kommen, in denen beide Kanäle (visuell-räumliche Notiztafel und phonologische Schleife) gleichzeitig über Gebühr beansprucht werden. Dies könne zum Beispiel bei einer zu schnell dargebotenen Animation mit gesprochenem Begleitkommentar auftreten. In diesem Fall gelänge es dem Lernenden durch die kognitive Überlastung nicht mehr, die Textinhalte zu einem verbalen Modell und die Bildinhalte in einem visuellen Modell zu organisieren und schließlich beide Modelle zu einem einzigen zu integrieren (Kapitel 2.4.3 und 2.4.4). Das Lernmaterial würde in der Folge nicht vollständig verstanden. Könne der Lernende jedoch die Präsentationsgeschwindigkeit der Animation selbst bestimmen, so stünde für die notwendigen kognitiven Prozesse genügend Zeit zur Verfügung. Dadurch würden Lernende die Lerninhalte besser verstehen (Mayer, 2005c).

Empirische Stützung erfährt das Segmentierungsprinzip durch mehrere Untersuchungen (z.B. Mayer & Chandler, 2001; Mayer, Dow et al., 2003; Mayer et al., 1999; Price, 2004; Schwan, Garsoffky & Hesse, 2000; Stiller et al., 2009). Kritisiert werden kann, dass Lernende durch das Segmentierungsprinzip mehr Zeit mit dem multimedial präsentierten Lerninhalt verbringen können. Hierdurch ist die Vergleichbarkeit zur Kontrollgruppe nicht mehr gewährleistet (vgl. Kapitel 1.3), sofern die Zeit nicht als Drittvariable in die Datenauswertung einfließt (Kapitel 4.6.5).

Empirische Belege

3.5.3 Fazit & Bezug zu anderen Gestaltungsempfehlungen

Bei der Gestaltung von Animationen sollte die zugehörige, gesprochene Erklärung zeitgleich zur Animation dargeboten werden. Außerdem ist es von Vorteil, die Animation in lerngerechte Abschnitte zu unterteilen und diese Teilsegmente nacheinander zu präsentieren.

Bezüglich des zeitlichen Kontiguitätsprinzips der CTML sind die großen Ähnlichkeiten zum Effekt der geteilten Aufmerksamkeit (Kapitel 3.4.1) der CLT unverkennbar. Trotz der Gemeinsamkeiten sind zwei wesentliche Unterschiede zwischen den beiden Empfehlungen zu beachten:

Bezug zum Effekt der geteilten Aufmerksamkeit

1. **Unterschiedliche Erklärungsansätze:** In der CLT (Kapitel 2.3) wird der Effekt der geteilten Aufmerksamkeit mit der Erhöhung des extrinsischen CL begründet. Diese entsteht durch die erforderliche mentale Integration der getrennten Informationsquellen (Kapitel 3.4.1). Im Gegensatz dazu erklärt die CTML (Kapitel 2.4) den lernförderlichen Effekt beim zeitlichen Kontiguitätsprinzip damit, dass eine längerfristige Aufrechterhaltung verbaler und bildhafter mentaler Repräsentationen im Arbeitsgedächtnis verhindert wird.
2. **Unterschiedliche Anwendungsgebiete:** Das Kontiguitätsprinzip bezieht sich lediglich auf Formate, die eine Teilung der Aufmerksamkeit bedingen. Beim Effekt der geteilten Aufmerksamkeit (Kapitel 3.4.1) von Sweller hingegen werden neben diesen Formaten auch Situationen mit eingeschlossen, in denen der Lernende seine Aufmerksamkeit auf verschiedene mediale Objekte richten muss (Mayer, 2005d). Ein Beispiel hierfür ist das Lernen mit einem PC und die gleichzeitige Verwendung eines Lehrbuchs (vgl. Kapitel 1.2.1).

Die empirischen Befunde zum Segmentierungsprinzip stützen die CTML von Mayer (Kapitel 2.4), während sie zum Teil im Widerspruch zur CFT von Spiro (Kapitel 2.5) stehen. Vor allem der Ansatz der CFT, komplexe Sachverhalte *nicht* in lernergerechte Abschnitte zu unterteilen, um das Lernmaterial *nicht* zu dekontextualisieren, wird durch die Befunde zum Segmentierungsprinzip in Frage gestellt.

Bezug zur CTML und CFT

3.6 Computersimulationen

Definition: Computersimulationen

Computersimulationen (oder kurz: Simulationen) stellen Computerprogramme dar, in denen der Lernende in kontrollierten Umgebungen virtuell Experimente durchführen kann, um das zugrundeliegende mathematische Modell der Simulation besser verstehen zu können (vgl. de Jong & van Joolingen, 1998; van der Meij, 2007). Das mathematische Modell bestimmt, wie die Simulation auf die Eingaben des Benutzers reagiert (Rieber, 2005). Als Eingabemöglichkeiten zur Erkundung des Modells sind beispielsweise Schieberegler oder Eingabefelder üblich, auf die das Programm Ausgabewerte generiert. Häufig werden diese graphisch visualisiert (Kapitel 1.2.2; siehe Abbildung 18).

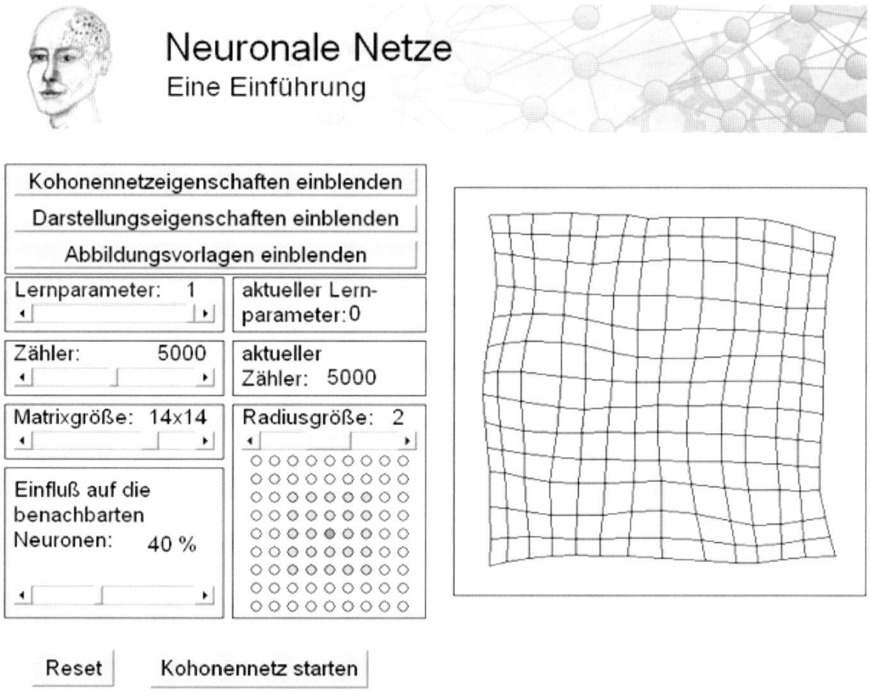

Abbildung 18: Beispiel einer komplexen Computersimulation zum Thema Kohonennetze. Auf der linken Seite findet der Lernende zahlreiche Eingabemöglichkeiten in Form von Schiebereglern, auf der rechten Seite erzeugt der Computer die Ausgabe (das Kohonennetz) in graphischer Form.

Überblick

Wie im Kapitel 1.3 angesprochen, ist ein pauschaler Vergleich zwischen Computersimulationen und anderen Formen der Informationsdarbietung (z.B. einer Textvariante) aufgrund zahlreicher Aspekte problematisch. Stattdessen stellt sich vielmehr die Frage, wie Simulationen besonders lernförderlich gestaltet werden können. Dabei hat sich in verschiedenen Untersuchungen herausgestellt, dass Lernende beträchtliche Probleme mit solchen Simulationen beim Wissenserwerb besitzen (de Jong, 2006; de Jong & van Joolingen, 1998). In den nachfolgenden beiden Kapiteln werden diese Probleme erörtert und anschließend auf empirisch fundierte Ansätze zur Überwindung dieser Probleme eingegangen.

3.6.1 Probleme

Probleme beim Lernen mit Simulationen

Lernende besitzen beim Umgang mit Simulationen diverse Probleme (de Jong, 2006; de Jong & van Joolingen, 1998):

- **Wahl der Eingabevariablen und Hypothesenformulierung:** Lernende haben zum Beispiel Schwierigkeiten, die richtigen bzw. relevanten Eingabevariablen auszuwählen. Auch die Formulierung von überprüfbaren Hypothesen fällt ihnen schwer (Njoo & de Jong, 1993).
- **Herstellung von Simulationszuständen:** Lernende konfrontieren sich selbst häufig nur mit Zuständen innerhalb der Simulation, die sie bereits verstehen (Eysink, Dijkstra & Kuper, 2001).
- **Schlussfolgerungen ziehen:** Zudem ziehen sie gelegentlich die falschen Schlussfolgerungen aus den mittels Computersimulationen durchgeführten Experimenten (Klahr & Dunbar, 1988).
- **Bezug zwischen Hypothesen und experimentellen Daten:** Lernenden misslingt es außerdem, ihre Hypothesen und die experimentellen Daten miteinander in Beziehung zu setzen, da ihre ursprüngliche Hypothese häufig selbst dann beibehalten wird, wenn die Daten dieser widersprechen (Dunbar, 1993).
- **Vorgehensweise beim Experimentieren:** Darüber hinaus bereitet den Lernenden die grundlegende Vorgehensweise beim Experimentieren Schwierigkeiten. So gelingt ihnen die Überführung der theoretischen Konstrukte aus ihren Hypothesen in Eingabe- und Ausgabevariablen der Computersimulation nicht immer (Lawson, 2002).
- **Durchführung von Experimenten:** Auch die Durchführung von geeigneten Experimenten zur Überprüfung ihrer Hypothesen kann fehlschlagen, da Lernende beispielsweise zu viele Variablen zeitgleich variieren (Keselman, 2003).
- **Verwendung eines "Ingenieursansatzes":** Lernende greifen in Simulationen häufig auf einen "Ingenieursansatz" zurück, bei dem sie versuchen, einen bestimmten Zustand in der Simulation herzustellen, anstatt Hypothesen zu testen (Schauble, Glaser, Duschl, Schulze & John, 1995).
- **Vorhersagen treffen und Ergebnisse interpretieren:** Ihnen gelingt es zum Teil nicht, Vorhersagen zu treffen und sie begehen beim Interpretieren der Ergebnisse Fehler (Lewis, Stern & Linn, 1993).
- **Planungs- und Überwachungsaktivitäten:** Der Lernende tendiert außerdem dazu, nur kurzfristige Planungen bei der Beschäftigung mit der Simulation vorzunehmen und überwacht seine eigene Vorgehensweise nicht adäquat (Manlove, Lazonder & de Jong, 2006).

3.6.2 Unterstützungsmaßnahmen

Unterstützungsmaßnahmen beim Lernen mit Simulationen

In der Literatur zu Computersimulationen findet sich eine Reihe von empirisch bestätigten Ansätzen, wie der Lernprozess unterstützt und die aufgeführten Probleme überwunden oder zumindest reduziert werden können (de Jong, 2006; de Jong & van Joolingen, 1998):

- **Übungsaufgaben implementieren:** Lernende sollen beispielsweise einüben, die Simulation durch Parameterveränderungen auf einen bestimmten Zustand einzustellen.
- **Erläuterungen und Hintergrundinformationen hinzufügen:** Derartige Informationen können dazu beitragen, dass der Benutzer durch die Computersimulation nicht kognitiv überfordert wird. Wichtig sei, die Informationen nicht allesamt vorneweg, sondern zum richtigen Zeitpunkt darzubieten (Berry & Broadbent, 1987). Auch das sogenannte Feedbackprinzip der CATLM (Kapitel 2.4.6) kann in diesem Kontext angeführt werden. Bei diesem soll den Lernenden ein erklärendes anstelle eines rein korrigierenden Feedbacks zur Verfügung gestellt werden (Moreno & Mayer, 2007).
- **Überwachungs- und Planungswerkzeuge bereitstellen:** Zum Beispiel kann man einen so genannten Hypothesennotizblock (hypothesis scratchpad) einsetzen, um ein hypothesengeleitetes Vorgehen der Lernenden zu fördern (van Joolingen & de Jong, 1991). Derartige Hilfswerkzeuge können sich in Abhängigkeit der Lernerexpertise als unterschiedlich nützlich erweisen (de Jong & van Joolingen, 1998).
- **Instruktionshinweise oder ähnliche Unterstützungsmaßnahmen anbieten:** Lernende können zum Beispiel schriftlich darauf aufmerksam gemacht werden, bestimmte interaktive Elemente zu nutzen (Eysink, Dijkstra & Kuper, 2002). Ein einfacher Hinweis, bestimmte interaktive Elemente systematisch zu verwenden, um zu überprüfen, was die einzelnen Parameter bewirken, kann die Verständnisleistungen von Lernenden bereits verbessern (Rey, 2008a). In einer älteren Studie von Rivers und Vockell (1987) konnte nachgewiesen werden, dass der Hinweis "Es ist sinnvoll, nur eine Variable gleichzeitig zu verändern" zwar nicht die Lernleistungen signifikant beeinflusste, aber einen Effekt auf die Experimentierfähigkeiten der untersuchten Studierenden besaß. Auch Instruktionshinweise zur experimentellen Vorgehensweise (Lin & Lehman, 1999) oder Aufforderungen, eine Vorhersage vorzunehmen (Keselman, 2003), können sich als lernförderlich erweisen. Nach dem Reflexionsprinzip der CATLM (Kapitel 2.4.6) sollten Lernende hingegen ermuntert werden, über ihre Handlungen und Antworten zu reflektieren (Moreno & Mayer, 2007).
- **Lernumgebung strukturieren:** Computersimulationen können in unterschiedlichem Ausmaße strukturiert sein bzw. die freie Exploration des Lernenden mehr oder weniger ermöglichen. Diverse Befunde sprechen dafür, eher auf strukturierte Lernumgebungen zurückzugreifen (de Jong & van Joolingen, 1998). Dies gilt besonders für Lernende, die über ein geringes Vorwissen oder über geringere intellektuelle Fähigkeiten verfügen (vgl. Kapitel 3.8). Auch die innerhalb der CATLM vertretenen Gestaltungsempfehlung der angeleiteten Lerntätigkeiten (guided activity) lässt sich in diesem Zu-

sammenhang anführen. Bei diesem Prinzip sollen Lernende mit einem virtuellen Agenten interagieren können, der die kognitive Verarbeitung der Lernenden in die richtige Bahn lenken soll (Moreno & Mayer, 2007).

- **(Komplexe) Computersimulation allmählich aufbauen:** Statt dem Lernenden sofort die gesamte Simulation mit allen Parametern zur Verfügung zu stellen, kann diese auch allmählich aufgebaut werden (als model progression bezeichnet). Dabei wird die Simulation erst nach und nach immer komplexer. Die empirische Befundlage zu diesem Ansatz ist jedoch uneinheitlich (de Jong & van Joolingen, 1998).
- **Adaptive Elemente verwenden:** Die oben aufgeführten Unterstützungsmaßnahmen zum adäquaten Umgang mit Computersimulationen können auch adaptiv zum Einsatz kommen (vgl. Kapitel 5.2). Damit ist hier gemeint, dass in Abhängigkeit des Nutzerverhaltens auf unterschiedliche Unterstützungsmaßnahmen zurückgegriffen wird. Beispielsweise kann erfasst werden, ob der Lernende nur einen oder mehrere Parameter zeitgleich verändert, und ihm in Abhängigkeit davon einen kurzen Hinweis zur Benutzung präsentieren.

3.6.3 Fazit & Bezug zu E-Learning Theorien

Lernende besitzen diverse Probleme beim Umgang mit Computersimulationen. Um diese Probleme zu überwinden, existieren eine Reihe von empirisch überprüften Maßnahmen. Diese zielen auf die adäquate Verwendung der Simulation ab und sollen den Lernenden bei der Exploration unterstützen.

Bezug zu E-Learning Theorien

Mayer (2004) spricht sich für ein angeleitetes Lernen (guided learning) aus und weist Lernumgebungen mit vollkommen freien Explorationsmöglichkeiten vehement zurück. Diese würden viele Lernende überfordern und hätten sich in vielen Untersuchungen als weniger lernwirksam herausgestellt. Derartige "konstruktivistische" Lernumgebungen werden von Mayer (2004) scharf kritisiert. Die Befunde zu Computersimulationen scheinen Mayer insgesamt Recht zu geben und widersprechen der CFT von Spiro (Kapitel 2.5), der auf die Wichtigkeit verweist, die Komplexität des zu lernenden Inhaltes frühzeitig aufzuzeigen. Gleichwohl merkt auch Spiro an, dass der Lernende dabei nicht kognitiv überfordert werden dürfe.

3.7 Problem(löse-)aufgaben

Auch Problem- bzw. Problemlöseaufgaben können in multimedialen Lernumgebungen eingesetzt werden. Traditionell findet man derartige Aufgaben zum Beispiel in Schulbüchern oder auch im universitären Kontext in Übungsbüchern. Bei der ursprünglichen Variante dieser Aufgaben wird ein Problem vorgestellt, das der Lernende durch Erarbeitung mehrerer Lösungsschritte beantworten soll. Abbildung 19 illustriert eine Problemstellung, die durchzuführenden Lösungsschritte sowie die finale Antwort zur Fragestellung.

Überblick

Die nachfolgenden Unterkapitel stellen ausgewählte Gestaltungsempfehlungen im Kontext von Problemlöseaufgaben dar:

- Verwendung ausgearbeiteter Lösungsbeispiele
- Nutzung von Problemvervollständigungsaufgaben und -strategien
- Benutzung zielfreier Problemlöseaufgaben
- Verwendung variabler Problemlöseaufgaben

3.7.1 Verwendung ausgearbeiteter Lösungsbeispiele

Definition: Effekt ausgearbeiteter Lösungsbeispiele

In der CLT (Kapitel 2.3) wurde der Effekt ausgearbeiteter Lösungsbeispiele (worked example effect) besonders gut erforscht. Dieser Effekt behauptet, dass das Lernen mit solchen Beispielen zu Beginn des kognitiven Fähigkeitserwerbs zu besseren Leistungen führt als das Lernen mit konventionellen Problemlöseaufgaben (Renkl, 2005).

Ausgearbeitete Lösungsbeispiele

Ausgearbeitete Lösungsbeispiele bestehen aus einer Formulierung der Problemstellung, Lösungsschritten sowie der finalen Antwort. Durch die Fokussierung auf Problemstellung und Lösungsschritte bei der Bearbeitung der Aufgabe soll es dem Lernenden ermöglicht werden verstärkt generalisierte Lösungen oder Schemata auszubilden. Die lernirrelevante, kognitive Belastung fällt bei ausgearbeiteten Lösungsbeispielen gering aus (Sweller et al., 1998).

Konventionelle Problemlöseaufgaben

Genau umgekehrt verhält es sich bei konventionellen Problemlöseaufgaben. Hier führt die durchgeführte Mittel-Ziel-Analyse zu einer hohen extrinsischen kognitiven Belastung. Der Lernende muss sich bei dieser Analyse nämlich den aktuellen Problemzustand, den Zielzustand, die Ist-Soll-Diskrepanz als Gegenüberstellung von Ausgangsproblem und Ziel, Operatoren, die diese Diskrepanz reduzieren, sowie Subziele permanent vergegenwärtigen. Die dadurch entstehende kognitive Belastung reduziert in der Folge den Spielraum für den germane load und verhindert somit ein tieferes Verständnis des Lernstoffes (Renkl, 2005; Renkl, Gruber, Weber, Lerche & Schweizer, 2003).

Beispiel eines ausgearbeiteten Lösungsbeispiels

Abbildung 19 stellt ein ausgearbeitetes Lösungsbeispiel dar. Im Gegensatz dazu würde man dem Lernenden bei einer konventionellen Problemlöseaufgabe lediglich die Problemstellung vorgeben.

Problemstellung:

Sie haben zwei Experimente zum Thema E-Learning durchgeführt, die beide signifikante Effekte ($p = 0.04$ und $p = 0.03$) erbracht haben. Wie groß ist die Wahrscheinlichkeit, dass genau eine der beiden Untersuchungen fälschlicherweise die Nullhypothese ablehnt?

Lösungsschritte:

1. Wahrscheinlichkeit berechnen, dass Experiment 1 fälschlicherweise die Nullhypothese ablehnt ($p = 0.04$) und Experiment 2 nicht ($p = 0.97$):

   $0.04 \cdot 0.97 = 0.0388$

2. Wahrscheinlichkeit berechnen, dass Experiment 2 fälschlicherweise die Nullhypothese ablehnt ($p = 0.03$) und Experiment 1 nicht ($p = 0.96$):

   $0.03 \cdot 0.96 = 0.0288$

3. Wahrscheinlichkeiten addieren: $0.0388 + 0.0288 = 0.0676$

Antwort:

Die Wahrscheinlichkeit beträgt $p = 0.0676$.

Abbildung 19: Ein ausgearbeitetes Lösungsbeispiel zum Thema Wahrscheinlichkeiten.

Empirische Belege

Das Lernen mit ausgearbeiteten Lösungsbeispielen – gelegentlich im Englischen auch als example based learning bezeichnet – hat sich in zahlreichen Untersuchungen im Vergleich zum Lernen mit konventionellen Problemlöseaufgaben als lernwirksamer herausgestellt (z.B. Atkinson, R. K., Derry, Renkl & Wortham, 2000; Carroll, 1994; Mayer, Sims & Tajika, 1995; Paas, 1992; Paas & Van Merriënboer, 1994; Pillay, 1994; Quilici & Mayer, 1996; Rourke & Sweller, 2009; Sweller & Cooper, 1985; Zhu & Simon, 1987). Zudem werden ausgearbeitete Lösungsbeispiele auch von den Lernenden selbst präferiert (LeFevre & Dixon, 1986; Recker & Pirolli, 1995) und als primäres und natürliches Lernmaterial angesehen (Lieberman, 1986; Pirolli, 1991; Segal & Ahmad, 1993). In der Studie von Darabi, Nelson und Palanki (2007) ist die konventionelle Problemlöseaufgaben jedoch im Hinblick auf die Transferleistungen und die benötigte mentale Anstrengung der Lernenden zwei Arten von worked examples überlegen.

Moderierende Einflüsse

Trotz der mannigfaltigen stützenden Belege für die Lernförderlichkeit von ausgearbeiteten Lösungsbeispielen wird darauf hingewiesen, dass diese die Lernleistung nur dann positiv beeinflussen, wenn folgende Gestaltungsempfehlungen beachtet werden, die den Effekt moderieren (Renkl, 2005):

- **Förderung von selbstständig erarbeiteten Erklärungen:** Diese zentrale Empfehlung besagt, dass Selbsterklärungsaktivitäten der Lernenden bei der Bearbeitung ausgearbeiteter Lösungsbeispiele gefördert werden sollten. Selbsterklärungsaktivitäten beinhalten die Identifikation von zugrundeliegenden Prinzipien (z.B. in Abbildung 19 zum Thema Wahrscheinlichkeiten die Anwendung der Multiplikations- und Additionsregel) und Subzielen (z.B. zunächst die Einzelwahrscheinlichkeiten berechnen). Des Weiteren muss der Lernende Gemeinsamkeiten und Unterschiede zwischen verschiedenen Problemlöseaufgaben erkennen (z.B. von oberflächlichen Merkmalen verschiedener Aufgaben abstrahieren) und den nächsten Lösungsschritt antizipieren (vorwegnehmen). Da den meisten Lernern derartige Selbsterklärungsaktivitäten schwer fallen (Renkl, 2005), sollten diese durch Trainingsmaßnahmen eingeübt sowie durch Instruktionshinweise (z.B. durch Verweis auf das zugrundeliegende Prinzip, welches zur Beantwortung der Aufgabe angewendet werden kann) gefördert werden (siehe z.B. Hilbert & Renkl, 2009).

- **Bereitstellung gut gestalteter Erklärungen:** Zur weiteren Unterstützung der Wissenskonstruktion durch Selbsterklärungsaktivitäten sollten Erklärungen auf die zugrundeliegenden Konzepte und Prinzipien zur Lösung der Aufgabe verweisen (Wittwer & Renkl, 2008) sowie kurz und prägnant formuliert werden. Außerdem sind Erklärungen dem Lernenden nur bei Bedarf zu präsentieren (vgl. Kapitel 5.2), beispielsweise wenn dieser einen Fehler begeht. Bei den angebotenen Erklärungen ist zudem darauf zu achten, dass diese die Selbsterklärungsaktivitäten des Lernenden nicht ersetzen (Wittwer & Renkl, 2008) und dadurch den Lernprozess beeinträchtigen.
- **Adäquate Gestaltung der Lösungsbeispiele:** Weitere Empfehlungen betreffen die Gestaltung der Lösungsbeispiele, um selbständig erarbeitete Erklärungen zu fördern. Dies kann durch folgende Maßnahmen erreicht werden:
  - **Prinzip der Integrationserleichterung (easy-mapping guideline):** Bei Verwendung multipler Abbildungen in ausgearbeiteten Lösungsbeispielen nimmt die Integration dieser Repräsentationen kognitive Ressourcen in Anspruch. Durch Gestaltungsmaßnahmen sollte dieser kognitive Integrationsprozess für die Lernenden erleichtert werden. Dies kann beispielsweise durch Ausnutzung des Effekts der geteilten Aufmerksamkeit (Kapitel 3.4.1), des Signalisierungsprinzips (Kapitel 3.3.2) oder des Modalitätseffekts (Kapitel 3.4.3) erfolgen.
  - **Prinzip der Betonung von Strukturmerkmalen (structure-emphasizing guideline):** Nach diesem Prinzip sollten gemeinsame Strukturmerkmale anstelle irrelevanter Oberflächenmerkmale (z.B. der cover story) zwischen unterschiedlichen Lösungsbeispielen betont werden (vgl. Variabilitätseffekt, Kapitel 3.7.4). Um hierdurch einen lernförderlichen Effekt zu erzielen, sind Hinweise hinzuzufügen, die zum Vergleich verschiedener Lösungsbeispiele im Hinblick auf deren Unterschiede und Gemeinsamkeiten anregen (Scheiter, Gerjets & Schuh, 2003).
  - **Prinzip des Aufbaus von bedeutungsvollen Lösungsschritten (meaningful building-blocks guideline):** Werden Lernende mit neuen Problemaufgaben konfrontiert, so können sie diese zunächst nicht mit bereits bekannten Ansätzen lösen. Stattdessen wird ein modifizierter Lösungsansatz benötigt. Dieser kann jedoch häufig durch das neuartige Aneinanderfügen bereits bekannter Lösungsschritte generiert werden, um die verschiedenen Subziele zu erreichen (z.B. Berechnung der Einzelwahrscheinlichkeiten in Abbildung 19). Damit der Lernende diese

kognitive Aufgabe meistert, können einzelne Subziele zum Beispiel durch visuelle Isolierung, Beschriftungen oder Schritt-für-Schritt Darbietungen hervorgehoben werden (Renkl, 2005).

3.7.2 Nutzung von Problemvervollständigungsaufgaben und -strategien

Definition: Vervollständigungsprobleme

Ein Hauptproblem bei ausgearbeiteten Lösungsbeispielen besteht darin, dass diese durch den Lernenden oftmals nicht sorgfältig studiert, sondern nur kurzfristig überflogen werden (Sweller et al., 1998). Als Alternative zu diesen Lösungsbeispielen schlagen deshalb van Merriënboer & Krammer (1987, 1990) vor, so genannte Vervollständigungsprobleme zu verwenden. Diese Probleme enthalten einen Ist- und einen Soll-Zustand, wobei von den Lernenden die teilweise vorgegebene Lösung zu vervollständigen ist. Somit schlagen sie eine Brücke zwischen ausgearbeiteten Lösungsbeispielen mit vollständigen Lösungen und konventionellen Problemlöseaufgaben ohne Lösungsangaben.

Definition: Vervollständigungsstrategie

Bei der Vervollständigungsstrategie werden zunächst ausgearbeitete Lösungsbeispiele vorgegeben. Nach und nach arbeitet der Lernende an immer mehr Vervollständigungsproblemen, bis schließlich konventionelle Problemlöseaufgaben präsentiert werden können, ohne dass diese zu einer kognitiven Überlastung des Lernenden führen (Van Merriënboer & Kester, 2005).

Definition: Effekt der abschwächenden Unterstützung

Die Vervollständigungsstrategie ist mit dem Effekt der abschwächenden Unterstützung aus der CLT (Kapitel 2.3) gleichzusetzen. Genauer gesagt wird der Zusammenhang zwischen ausgearbeiteten Lösungsbeispielen, dem Effekt der Problemvervollständigung und dem Expertise-Umkehr-Effekt (Kapitel 3.8.1) näher spezifiziert (Sweller, 2004). Mit steigender Expertise würde sich der positive Effekt von ausgearbeiteten Lösungsbeispielen abschwächen. Daher sollten diese durch lückenhafte Lösungsbeispiele ersetzt werden. Diese Lösungsbeispiele fördern zugleich den Effekt der Problemvervollständigung. Steigt das Vorwissen der Lernenden weiter an, können die lückenhaften Beispiele durch vollständige Problemaufgaben ausgetauscht werden, um den Effekt der Problemvervollständigung in vollem Umfang auszuschöpfen. Ein entfernt vergleichbares Konzept im Rahmen von Computersimulationen wurde von de Jong und van Joolingen (1998) postuliert und als model progression bezeichnet (Kapitel 3.6).

Empirische Belege

Empirisch zeigt sich, dass Vervollständigungsprobleme die Stärken von Lösungsbeispielen und konventionellen Aufgaben vereinigen und somit eine höhere Lernförderlichkeit aufweisen können (z.B. Paas, 1992; Paas & Van Merriënboer, 1994; Van Merriënboer, 1990; Van Merriënboer & De Croock, 1992; Van Merriënboer & Krammer, 1987).

Auch der Effekt der abschwächenden Unterstützung (bzw. die Vervollständigungsstrategie) wird ebenfalls in verschiedenen Untersuchungen bestätigt (z.B. Kalyuga, Chandler & Sweller, 2001; Renkl, 1997; Renkl & Atkinson, 2003; Renkl, Atkinson & Grosse, 2004; Tuovinen & Sweller, 1999).

3.7.3 Benutzung zielfreier Problemlöseaufgaben

Definition: Effekt der Zielfreiheit

Eine Möglichkeit zur Optimierung von Problemlöseaufgaben ist in der CLT (Kapitel 2.3) als Effekt der Zielfreiheit – im Englischen auch als goal-free effect, no-goal effect oder reduced goal-specificity effect bezeichnet (Sweller et al., 1998) – bekannt geworden. Nach diesem Effekt führen zielfreie oder zielunspezifische Problemlöseaufgaben zu besseren Lernleistungen als Aufgaben mit einem vorgegebenen, spezifischen Ziel (Sweller, 2004).

Erklärungsansätze

Zwei Erklärungsansätze finden sich für den aufgeführten Effekt:

- **Reduktion des extrinsischen Cognitive Load:** In der CLT wird der Effekt mit der lernerirrelevanten, kognitiven Überlastung begründet, die sich aufgrund der Berücksichtigung des aktuellen Problemzustandes, des Zielzustandes und der Differenz zwischen diesen beiden Zuständen ergeben kann. Im Gegensatz dazu reduzieren zielfreie oder zielunspezifische Problemlöseaufgaben den extrinsischen CL, da hier vom Lernenden nur der Ausgangszustand berücksichtigt werden muss. Folglich stehen mehr kognitive Ressourcen für Erwerb und Automatisierung von Schemata zur Verfügung (Sweller et al., 1998).
- **Verwendung unterschiedlicher Strategien:** Ein weiterer Erklärungsansatz hebt die unterschiedlichen Strategien der Lernenden bei zielfreien (bzw. zielunspezifischen) Problemlöseaufgaben im Vergleich zu Aufgaben mit einem spezifischen Ziel hervor (z.B. Wirth, Künsting & Leutner, 2009). Lerner verwenden bei spezifischer Zielvorgabe eine Mittel-Zweck-Analyse. Bei dieser werden Wege gesucht, den aktuellen Problemzustand in den Zielzustand zu überführen oder zumindest die Distanz zwischen Problem- und Zielzustand zu verringern. Diesen Ansatz kann man bei zielunspezifischen oder zielfreien Aufgaben nicht verfolgen. Stattdessen erzeugen Lerner dort eine Struktur des Problems auf Basis der vorangegangen Schritte und nutzen diese Struktur, um Hypothesen über mögliche Schritte zu generieren und zu überprüfen. Dieses Vorgehen kann auch als Lernstrategie betrachtet werden (Wirth et al., 2009). Während Lernen bei Mittel-Zweck-Analysen – wenn überhaupt – nur beiläufig auftritt, ist dieses bei der Lernstrategie inhärent.

Empirische Belege

Der Effekt der Zielfreiheit gilt in der Literatur als gut belegt (z.B. Ayres, 1993; Ayres & Sweller, 1990; Burns & Vollmeyer, 2002; Geddes & Stevenson, 1997; Owen & Sweller, 1985; Paas, Camp & Rikers, 2001; Sweller, 1988; Sweller & Levine, 1982; Vollmeyer, Burns & Holyoak, 1996; Wirth et al., 2009).

Kritik

Trotz der vielfachen empirischen Bestätigung des Effekts der Zielfreiheit widerspricht dieser den Befunden zur Zielsetzungstheorie von Locke und Latham (1990) gänzlich (vgl. Kleinbeck, 1996; Nerdinger, 1995). Nach dieser führt das Setzen von Zielen zu besseren Leistungen; dies umso stärker, je höher und spezifischer die Ziele sind. Dafür müssen die Ziele vom Lernenden allerdings akzeptiert werden (z.B. Semmer & Udris, 2004). Der offensichtliche Widerspruch zu den Vorhersagen der CLT (Kapitel 2.3) liegt vermutlich darin begründet, dass sich die beiden Theorien auf unterschiedliche Prozesse beziehen. Während die Zielsetzungstheorie motivationale Faktoren behandelt (vgl. in diesem Zusammenhang auch Hidi & Harackiewicz, 2000), werden in der Cognitive Load Theorie kognitive Prozesse innerhalb des Arbeitsgedächtnisses erörtert.

3.7.4 Verwendung variabler Problemlöseaufgaben

Definition: Variabilitätseffekt

Problemlöseaufgaben können laut CLT (Kapitel 2.3) auch durch den sogenannten Variabilitätseffekt optimiert werden (vgl. auch das "shuffled format" z.B. bei Rohrer & Taylor, 2007). Nach diesem führt eine erhöhte Variabilität in unterschiedlichen Lernübungen zu besseren Transferleistungen (Sweller et al., 1998). Idealerweise variieren die Lernaufgaben in allen Dimensionen, die auch außerhalb des Lernkontextes einer Veränderung unterliegen. So können beispielsweise in der Lernphase unterschiedliche Rahmenbedingungen dargeboten werden oder die Art und Weise der Aufgabendarbietung erfährt eine Modifikation.

Erklärungsansätze

Sowohl die CLT als auch die CFT können als Theorien zur Erklärung des Variabilitätseffektes herangezogen werden:

- **Verbesserung des Schemaerwerbs:** Begründet wird der Effekt in der CLT damit, dass eine vergrößerte Variabilität die Wahrscheinlichkeit erhöht, ähnliche Merkmale in unterschiedlichen Problemsituationen zu entdecken und diese von irrelevanten Charakteristika zu unterscheiden. Hierdurch soll der Erwerb von Schemata durch den Lernenden gefördert werden. Nach den Befunden von Paas und van Merrienboer (1994) ist die damit verbundene Erhöhung der lernrelevanten kognitiven Belastung nur dann von Vorteil, wenn der extrinsische CL gering ausfällt. Ist dies nicht der Fall, können die Lernenden leicht kognitiv überlastet werden.
- **Anwendungsmöglichkeiten des theoretischen Modells und Verdeutlichung von Unterschieden bei der Verwendung:** Auch nach der CFT von Spiro führt die Verwendung multipler Fallbeispiele zu besseren Transferleistungen (Kapitel 2.5.2). Hierdurch könne vor allem die Anwendung des theoretischen Modells auf verschiedene Probleme eingeübt und Nuancen bei der Verwendung der theoretischen Konzepte verdeutlicht werden.

Empirische Belege

Empirische Befunde deuten darauf hin, dass nicht jede Teilübung vollständig variiert werden muss. Stattdessen kann es bereits dann zu einem optimalen Wissenstransfer kommen, wenn die Variabilität über das gesamte Trainingsprogramm hinweg hinreichend groß ausfällt (Gerjets, Scheiter & Catrambone, 2004). Auch der Variabilitätseffekt gilt in der Literatur als gut dokumentiert (z.B. De Croock, Van Merriënboer & Paas, 1998; Jelsma & Van Merriënboer, 1989; Paas & Van Merriënboer, 1994; Quilici & Mayer, 1996; van Merriënboer, J. J. G., Schuurman, J. G., De Croock, M. B. M. & Paas, F., 2002). In der Studie von Corbalan, Kester und van Merriënboer (2009) führten Lernaufgaben, deren Oberflächenmerkmale variiert wurden, nur dann zu besseren Transferleistungen, wenn der Lerner die Aufgaben aus einer Vorauswahl aussuchen konnte. Wurden die Aufgaben hingegen durch das Programm vorgegeben, zeigte sich im Hinblick auf die Transferleistungen kein signifikanter Unterschied zwischen Aufgaben niedriger und hoher Variabilität.

3.7.5 Fazit & Bezug zu E-Learning Theorien

Auch beim Einsatz von Problemlöseaufgaben in E-Learning Umgebungen ist auf die adäquate Gestaltung dieser Lernmaterialien zu achten. So können zum Beispiel ausgearbeitete Lösungsbeispiele verwendet bzw. diese in Abhängigkeit der Lernerexpertise (Kapitel 3.8.1) und mit Hilfe von Problemvervollständigungsaufgaben und -strategien eingesetzt werden. Zielfreie und variable Problemlöseaufgaben können außerdem zu einer Verbesserung der Lernleistungen führen.

Bezug zur CLT und CFT

Traditionell wurden und werden Problemlöseaufgaben und deren Varianten aus der Perspektive der CLT (Kapitel 2.3) erörtert. Empirische Befunde zu den aufgeführten Gestaltungsprinzipien stützen die genannten Empfehlungen und die CLT selbst. Im Vergleich zu zahlreichen anderen Gestaltungsempfehlungen (z.B. dem Segmentierungsprinzip, siehe Kapitel 3.5.3) stellt der Variabilitätseffekt (Kapitel 3.7.4) das einzige Gestaltungsprinzip dar, welches übereinstimmend sowohl von der CLT als auch der CFT (Kapitel 2.5) postuliert wird.

3.8 Berücksichtigung von Lernereigenschaften

Die vorangegangenen Kapitel haben sich mit der Gestaltung verschiedener Lernmaterialien wie Texten, Bildern oder Animationen beschäftigt. Im Gegensatz dazu stellt das vorliegende Kapitel ausgewählte Eigenschaften des Lernenden in den Mittelpunkt, welche den Gestaltungseinfluss der Lernmaterialien auf die Lernleistungen moderieren. Die Berücksichtigung solcher moderierender Effekte wurde bereits vor geraumer Zeit intensiv untersucht (vgl. Forschungsbefunde zur sog. "aptitude-treatment interaction": Cronbach & Snow, 1977; Lohmann, 1986; Mayer, Stiehl & Greeno, 1975; Snow & Lohmann, 1984), zwischenzeitlich jedoch aufgrund teilweise enttäuschender Ergebnisse größtenteils eingestellt (vgl. Veronikas & Shaughnessy, 2005). Mittlerweile hat die Beachtung solcher Moderatoreffekte jedoch erneut größere Bedeutung in der aktuellen E-Learning Forschung erlangt. Dies gilt besonders für Studien zu adaptiven E-Learning Umgebungen (Kapitel 5.2). Hierbei handelt es sich um Lernumgebungen, die das Lernmaterial nicht einheitlich darbieten ("one size fits all"), sondern es auf den einzelnen Lernenden "zurechtschneiden" und somit individualisiert und personalisiert präsentieren.

Überblick

Im vorliegenden Kapitel werden folgende Lernereigenschaften besprochen:

- Expertise bzw. Vorwissen
- Räumliches Vorstellungsvermögen
- Feld(un-)abhängigkeit
- Verbalisierer versus Visualisierer
- Geschlecht

3.8.1 Expertise bzw. Vorwissen

Überblick

Das Vorwissen bzw. die Expertise ist die am besten untersuchte Lernereigenschaft in E-Learning Studien. In diesem Unterkapitel sollen die folgenden Gestaltungsempfehlungen erörtert werden, die dabei explizit zwischen Novizen und Experten unterscheiden:

- Expertise-Umkehr-Effekt (expertise reversal effect)

- Vorübungsprinzip (strategic scaffolding und pictorial scaffolding)
- Effekt der Isolation interagierender Elemente
- Imaginationseffekt

Expertise-Umkehr-Effekt

Definition: Expertise-Umkehr-Effekt

Der Expertise-Umkehr-Effekt (zum Zusammenhang zwischen Expertise-Forschung und CLT-Forschung siehe z.B. Rikers, Van Gerven & Schmidt, 2004; Van Gog, Ericsson, Rikers & Paas, 2005) besagt, dass das Vorwissen einen moderierenden Einfluss auf bestimmte andere Gestaltungsempfehlungen der CLT besitzt (Sweller, 2004). Dabei kehrt sich der Effekt – manchmal auch als Vorwissensprinzip bezeichnet – der jeweiligen Gestaltungsprinzipien häufig nicht gänzlich um, sondern die relative Effektivität der Empfehlungen nimmt in Abhängigkeit des Vorwissens lediglich eine schwächere Form an (Kalyuga, 2005). So zeigen sich durch Erhöhung der Variabilität in unterschiedlichen Lernübungen (Variabilitätseffekt, Kapitel 3.7.4) und Imagination bereits gelernter Arbeitsschritte im Arbeitsgedächtnis (Imaginationseffekt, siehe unten) bei Lernenden mit hohem Vorwissen positive Effekte auf die Lernleistungen (Sweller, 2002). Bei Novizen hingegen können die beiden aufgeführten Effekte die Lernleistungen bisweilen sogar reduzieren (siehe hierzu Kalyuga, 2007b). Ähnlich verhält es sich beim Redundanzeffekt (Kapitel 3.3.3). Informationen können für Experten bereits redundant sein und sich damit lernhinderlich auswirken (vgl. auch Wittwer & Renkl, 2008), während Lernende mit niedrigem Vorwissen auf diese Informationen noch angewiesen sind. Die meisten der im Rahmen der CLT (Kapitel 2.3) formulierten Gestaltungsempfehlungen wirken sich hingegen vornehmlich positiv bei Novizen aus, während sie auf Experten einen geringen, keinen oder bisweilen sogar einen negativen Effekt aufweisen (Low & Sweller, 2005).

Erklärungsansätze

Zum Expertise-Umkehr-Effekt liegt eine Reihe von Erklärungsansätzen vor:

- **Überlastung des Arbeitsgedächtnisses und Redundanzeffekt:** Nach dem gängigsten Ansatz wird das Arbeitsgedächtnis von Novizen durch zu schwierige Lernmaterialien kognitiv überlastet. Experten können hingegen durch zu leichte Lernmaterialien aufgrund des Redundanzeffekts (Kapitel 3.3.3) in ihren Lernleistungen beeinträchtigt werden. Genauer gesagt würden redundante Materialien bei Experten zu Interferenzen (Überschneidungen) führen und damit die lernirrelevante kognitive Belastung erhöhen. In der Folge würde sich der Wissenserwerb reduzieren.
- **Individuelle Unterschiede in der Motivation:** Paas, Tuovinen, Van Merriënboer und Darabi (2005) beziehen in ihrer Erklärung zum Expertise-Umkehr-Effekt die Motivation der Lernenden mit ein. Lerner mit hoher Expertise würden durch einfache und stark strukturierte Lernumgebungen und Aufgaben, die speziell für Novizen konzipiert wurden, nicht hinreichend motiviert, ihre zur Verfügung stehenden kognitiven Kapazitäten in derartige Umgebungen zu investieren (vgl. auch Orvis, Horn & Belanich, 2008).
- **Individuelle Unterschiede bei der Generierung mentaler Bilder:** Ein weiterer Erklärungsansatz zum Expertise-Umkehr-Effekt kann auf Basis des Prinzips individueller Unterschiede der CTML (Kapitel 2.4) vorgenommen

werden. Das Prinzip beschreibt den moderierenden Einfluss von individuellen Differenzen im Vorwissen und den räumlichen Fähigkeiten (Kapitel 3.8.2) auf das Multimediaprinzip[6], das Kontiguitätsprinzip (Kapitel 3.4.1 und 3.5.1) und das Prinzip der geteilten Aufmerksamkeit (Kapitel 3.4.1). Hinsichtlich des Vorwissens besagt das Prinzip individueller Unterschiede, dass die drei aufgeführten Gestaltungsempfehlungen einen stärkeren Einfluss auf die Lernleistung Lernender mit geringer bereichsspezifischer Expertise besitzen als auf Lerner mit hohem Vorwissen (Muthukumar, 2005). Begründet wird die Empfehlung mit der höheren Fähigkeit zur Generierung mentaler Bilder bei Experten. Diese seien dadurch weniger abhängig von der Präsentationsform der multimedialen Botschaft.

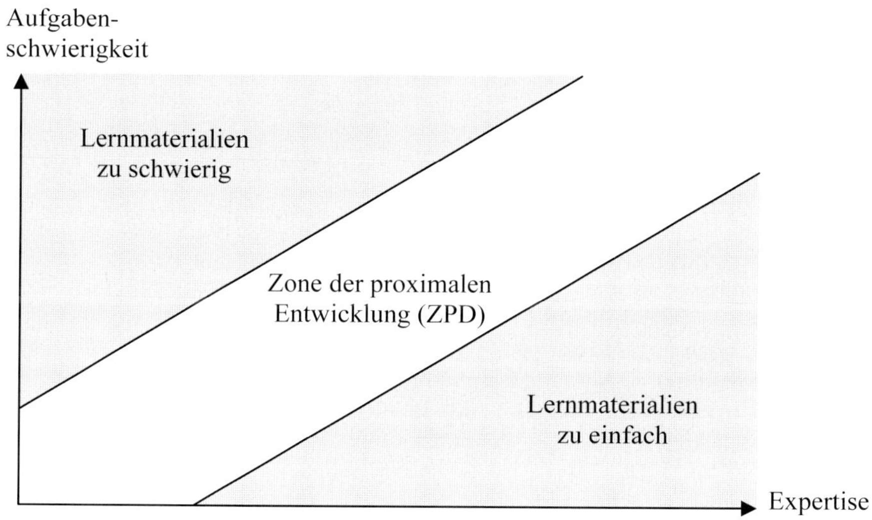

Abbildung 20: Zusammenhang zwischen Aufgabenschwierigkeit, Expertise und Zone der proximalen Entwicklung (angelehnt an Schnotz & Kürschner, 2007).

- **Erklärung auf Basis der Zone der proximalen Entwicklung:** Einen besonders interessanten Erklärungsansatz im Zusammenhang mit der CLT und dem Expertise-Umkehr-Effekt haben Schnotz und Kürschner (2007) vorgeschlagen. Nach diesem Ansatz könne und solle die intrinsische kognitive Belastung, welche in der CLT durch die Komplexität der Aufgabe (genauer ge-

[6] Das Multimediaprinzip besagt, dass Personen bessere Lernleistungen erbringen, wenn zu einem Lerntext geeignete Bilder hinzugefügt werden (Mayer, 2006). Zu diesem Gestaltungsprinzip existieren mehrere Erklärungsansätze (siehe z.B. Rey, 2008a). Es wird in diesem Lehrbuch bewusst *nicht* als Gestaltungsempfehlung zu Bildern aufgeführt, da die in Kapitel 1.3.1 aufgeführten Probleme beim pauschalen Vergleich – in diesem Fall zwischen reinem Textlernen und Lernen mit Texten und Bildern – in (stützenden) Studien zum Multimediaprinzip nicht hinreichend beachtet werden.

sagt durch deren Elementinteraktivität) und die Expertise des Lernenden festgelegt werde, durch Instruktionsmaßnahmen manipuliert werden. Dieser, innerhalb der CLT atypische Ansatz postuliert, dass das Arbeitsgedächtnis des Lerners durch den intrinsischen CL weder überlastet noch unterfordert werden sollte. Entsprechend sollten Aufgaben weder zu schwer noch zu einfach sein. Schnotz und Kürschner (2007) nehmen im Kontext dieser Erklärung explizit Bezug zum Konzept der Zone der proximalen Entwicklung (ZPD, zone of proximal development) von Vygotski (1963). Bei diesem äußerst einflussreichen Konzept der Pädagogischen Psychologie und Entwicklungspsychologie wird eine Unterscheidung zwischen aktuellem und potentiellem Entwicklungsstand vorgenommen (zur Verwendung des Konzeptes der ZPD in der Instruktionspsychologie vgl. u.a. Katz & Assor, 2007; Lajoie, 2005; VanLehn et al., 2007). Die ZPD ist dabei die Differenz zwischen dem Niveau des selbständigen und durch bestmögliche Hilfe angeleiteten Problemlösens. Bei der Wissensvermittlung sollte die Aufgabenschwierigkeit der Lernmaterialien der Expertise des einzelnen Lernenden angepasst werden. Hierbei sei darauf zu achten, die ZPD während des Lernprozesses nicht zu verlassen (Abbildung 20). Ein Verlassen der ZPD könne beispielsweise durch bereitgestellte Unterstützungsmaßnahmen erfolgen (vgl. auch Seufert et al., 2007), die der Lernende aufgrund seiner erworbenen Expertise nicht mehr benötige (Schnotz & Kürschner, 2007). Aufgrund des Expertiseanstiegs während des Lernprozesses solle die intrinsische kognitive Belastung folglich entsprechend adaptiv verändert werden (vgl. Kapitel 5.2), um innerhalb der ZPD zu bleiben und somit das Lernen individuell zu optimieren (vgl. auch Kalyuga, 2007a). Der Erklärungsansatz von Schnotz und Kürschner (2007) findet sich im Grunde auch in dem Effekt der abschwächenden Unterstützung der CLT wieder (Kapitel 3.7.2) sowie dem Konzept model progression, welches von de Jong und van Joolingen (1998) aufgestellt wurde (Kapitel 3.6).

- **Erklärung auf Basis des Flow-Erlebens:** Der Erklärungsansatz von Schnotz und Kürschner (2007) lässt sich auch mit dem Diagonalenmodell zum Flow-Erleben von Csikszentmihalyi (1985) in Verbindung bringen. Flow-Erleben bezeichnet einen Zustand des völligen Aufgehens in einer Tätigkeit. Nach dem Diagonalenmodell wird dieser Zustand erreicht, wenn sich die Anforderungen einer Aufgabe und die aufgabenspezifischen Fähigkeiten der Person im Gleichgewicht befinden. Sofern das Anforderungsniveau der Aufgabe das Fähigkeitsniveau der Person übertrifft, resultiert nach dem Modell Angst. Im umgekehrten Fall trete Langeweile auf. Welche Gemeinsamkeiten besitzt dieses Modell nun mit dem Erklärungsansatz von Schnotz und Kürschner (2007)? In beiden Modellen wird eine optimale Passung zwischen Aufgabenschwierigkeit (bzw. dem Anforderungsniveau der Aufgabe) und Expertise (bzw. allgemein dem Fähigkeitsniveau der Person) postuliert. Ersetzt man in Abbildung 20 die ZPD durch Flow-Erleben, dann führen nach dem Diagonalenmodell von Csikszentmihalyi (1985) zu schwierige Lernmaterialien zu Angst, während zu einfache Materialien hingegen Langeweile begünstigen (vgl. Abbildung 20). Das Diagonalenmodell wird beispielsweise durch eine Studie von Krombass, Urhahne und Harms (2007) im Lernkontext partiell gestützt. Nach dieser Untersuchung erleben die meisten Lernenden (in diesem Fall Gymnasiasten der sechsten bis neunten Klassen) in einem Naturkundemuseum jedoch kein Flow-Erleben, sondern wurden durch das Quadrantenmodell (Csikszentmihalyi & Csikszentmihalyi, 1991) den drei verbleibenden Kategorien Teilnahmslosigkeit, Angst und Langeweile zugeordnet.

Empirische Belege

Der Expertise-Umkehr-Effekt gilt als empirisch sehr gut belegt. Die Effektgrößen der einzelnen Studien deuten auf eine beachtliche praktische Bedeutsamkeit des Effekts hin. Für einen Überblick ist die Arbeit von Kalyuga (2007b) zu empfehlen.

Vorübungsprinzip

Definition: Vorübungsprinzip

Nach dem Vorübungsprinzip aus der CTML und CATLM (Kapitel 2.4) erlangen Lernende ein tieferes Verständnis von einem multimedial dargebotenen Inhalt, wenn sie die Namen und Charakteristika der zentralen Konzepte kennen (Mayer, 2005c). Zum Beispiel könnte man vor der Präsentation einer Animation, welche einen komplexen Ursache-Wirkungs-Zusammenhang visualisiert, die einzelnen Teilelemente benennen und deren mögliches Verhalten erläutern. Dies wird auch als strategic scaffolding bezeichnet. Eine andere Möglichkeit stellt das sogenannte pictorial scaffolding dar, bei dem im Vorfeld der dargebotenen Animation unterstützende Illustrationen zum Einsatz kommen (Mayer, Mautone et al., 2002).

Erklärungsansatz

Erklärt wird der lernförderliche Effekt damit, dass man den Lerner mit Vorwissen ausstattet (vgl. Kapitel 2.3.3), welches eine kognitive Überlastung der beiden Subsysteme des Arbeitsgedächtnisses reduziert. Folglich stehen mehr kognitive Ressourcen für eine intensivere Beschäftigung mit dem Aufbau eines mentalen Modells zur Verfügung; die Verständnisleistung erhöht sich. Das Vorübungsprinzip ähnelt somit dem Modalitätseffekt (Kapitel 3.4.3) und dem Segmentierungsprinzip (Kapitel 3.5.2), da in beiden Fällen versucht wird, die zwei Subsysteme des Arbeitsgedächtnisses durch Gestaltungsmaßnahmen der Lernmaterialien zu entlasten (Mayer, 2005c). Wie bei dem Segmentierungsprinzip kann kritisiert werden, dass die mit dem Lernmaterial verbrachte Zeit nicht immer als Kovariate berücksichtigt wird (vgl. auch Kapitel 1.3).

Empirische Belege

Die Beachtung des dargestellten Prinzips führt in mehreren experimentellen Studien zu besseren Lernleistungen (Mayer, Mathias & Wetzell, 2002; Mayer, Mautone et al., 2002; Pollock, Chandler & Sweller, 2002).

Effekt der Isolation interagierender Elemente

Definition: Effekt der Isolation interagierender Elemente

Der Effekt der Isolation interagierender Elemente aus der CLT (Kapitel 2.3) bezeichnet den lernforderlichen Effekt, der durch Isolation von Lernelementen hoher Aufgabenkomplexität zustande kommt (Sweller, 2004). Dieser Effekt scheint nur bei Novizen aufzutreten, während Experten mit komplexen Lernkonzepten auch ohne Isolation der einzelnen Elemente zurechtkommen. Vermutlich verfügen Experten schon über – die für das Verständnis notwendigen – Schemata, die ihnen den Umgang mit der Aufgabenverarbeitung erleichtern.

Nach diesem Effekt können komplexe Lernmaterialien mit hoher Elementinteraktivität das Arbeitsgedächtnis des Lernenden überfordern. Um dies zu verhindern, sollten derartige Materialien zunächst in isolierter Form dargeboten werden, um eine serielle anstelle einer simultanen und damit überfordernden Verarbeitung zu ermöglichen (vgl. das Segmentierungsprinzip im Kapitel 3.5.2). Zudem wird hierdurch der Aufbau von basalen Schemata gefördert. Die einzelnen Teilelemente werden dann in einem zweiten Schritt sukzessive integriert. Somit wird dem Lernenden das komplexe Zusammenspiel dieser Elemente aufgezeigt (Kalyuga, 2005).

Erklärungsansatz

Bisherige empirische Untersuchungen bestätigen den postulierten Effekt (Mayer & Chandler, 2001; Pollock et al., 2002).

Empirische Belege

Imaginationseffekt

Der Imaginationseffekt aus der CLT (Kapitel 2.3) bezeichnet die lernförderliche Wirkung, die sich durch Imagination bereits gelernter Arbeitsschritte ergibt (Sweller, 2002). Der Lernende durchläuft das erworbene Verfahren dabei mental bzw. visualisiert die zuvor einstudierte Vorgehensweise im Arbeitsgedächtnis. Im Unterschied zum Effekt der Isolation interagierender Elemente, der lediglich bei Novizen in Erscheinung tritt, zeigt sich der Imaginationseffekt nur bei Experten, die bereits über Schemata zum jeweiligen Lerngegenstand verfügen.

Definition: Imaginationseffekt

Nach dem Erklärungsansatz zum Imaginationseffekt kommt es bei Experten durch die mentale Verbildlichung zur Automatisierung der vorhandenen Schemata. Bei Novizen stellt sich durch Imagination der Instruktionsmaterialien eher ein gegenteiliger Effekt ein (vgl. Expertise-Umkehr-Effekt).

Erklärungsansatz

Auch der Imaginationseffekt erfährt experimentelle Stützung (G. Cooper, Tindall-Ford, Chandler, & Sweller, 2001; Ginns, Chandler, & Sweller, 2003; Leahy & Sweller, 2005).

Empirische Belege

3.8.2 Räumliches Vorstellungsvermögen

Neben dem Vorwissen können auch kognitive Fähigkeiten einen moderierenden Einfluss auf adäquate Gestaltung elektronischer Lernmaterialien besitzen. Unter anderem ist hier das räumliche Vorstellungsvermögen von Personen zu nennen.

Als räumliches Vorstellungsvermögen soll die Fähigkeit verstanden werden, "in der Vorstellung räumlich zu sehen und zu denken, d.h. im Gedächtnis gespeicherte (mehrdimensionale) Vorstellungsbilder zu reproduzieren und mit ihnen mental zu operieren" (Quaiser-Pohl, Lehmann & Schirra, 2001). An dieser Stelle sei in Übereinstimmung mit den Definitionen zahlreicher anderer Autoren (einen Überblick über verschiedene Definitionen liefert beispielsweise McGee, 1979) betont, dass das räumliche Vorstellungsvermögen nicht auf dreidimensionale Objekte beschränkt bleiben soll, sondern auch zweidimensionale Vorstellungsbilder mit einschließt. Begründet werden kann dies unter anderem mit Hilfe experimenteller Befunde und Studien mittels funktioneller Kernspintomographie (fMRT). Diese deuten darauf hin, dass entgegen der landläufigen Meinung auch Denkprozesse mit zweidimensionalen Vorstellungsbildern im Arbeitsgedächtnis räumlicher Natur sind (vgl. z.B. Knauff & Strube, 2002).

Definition: Räumliches Vorstellungsvermögen

Erklärungsansätze

In der Literatur gehen die Meinungen auseinander, wie das räumliche Vorstellungsvermögen die zuvor aufgeführten Gestaltungsempfehlungen moderiert:

- **Lernende mit hohem räumlichen Vorstellungsvermögen profitieren verstärkt:** So postuliert die CTML von Mayer (Kapitel 2.4), dass Lernende mit ausgeprägten räumlichen Kompetenzen von den in der CTML beschriebenen Gestaltungsprinzipien verstärkt profitieren. Die dazugehörige Gestaltungsempfehlung wird in der CTML auch als Prinzip individueller Unterschiede bezeichnet. Begründet wird diese Annahme mit der besseren Möglichkeit für Lernende hoher räumlicher Expertise, Bilder im visuellen Teil des Arbeitsgedächtnisses zu behalten. Dadurch erhöhe sich für diese der Nutzen durch die Präsentation einer zusammenhängenden, multimedialen Botschaft. In diesem Zusammenhang kann auch die "Fähigkeitsverstärkungs-Hypothese" (ability-as-enhancer hypothesis) aufgeführt werden (Huk, 2006). Nach dieser werden Lernende mit hohen räumlichen Fähigkeiten verstärkt von komplexen Visualisierungen wie etwa 3D-Modellen begünstigt.
- **Lernende mit niedrigem räumlichen Vorstellungsvermögen profitieren verstärkt:** Im Gegensatz zur CTML vermutet das Rahmenmodell für das Lernen mit Multimedia von Najjar (Kapitel 2.7), dass Personen mit hohen kognitiven Fähigkeiten, wie beispielsweise dem räumlichen Vorstellungsvermögen, weniger stark von multimedialen Instruktionsmaterialien profitieren. Diese Lerner würden unabhängig von den Lernmaterialien gute Lernergebnisse erzielen (Najjar, 1997). Auch die "Fähigkeitskompensations-Hypothese" (ability-as-compensator hypothesis) sagt vorher, dass Lerner mit niedrigem räumlichen Vorstellungsvermögen durch graphische Abbildungen wie etwa 3D-Modelle besonders begünstigt werden. Begründet wird dies mit der mangelnden Fähigkeit dieser Personen, mentale Visualisierungen zu konstruieren. Diese fehlende Kompetenz könne mit Hilfe externer Repräsentationen kompensiert werden (Huk, 2006).

Empirische Belege

Auch in empirischer Hinsicht ist die Befundlage zur Moderatorvariablen räumliches Vorstellungsvermögen uneinheitlich (vgl. z.B. Boucheix & Schneider, 2009). So weist beispielsweise Rieber (1990a) darauf hin, dass Personen mit geringen räumlichen Fähigkeiten stärker vom Einsatz einer Animation profitieren als solche mit ausgeprägtem räumlichen Vorstellungsvermögen (vgl. Kapitel 1.3). Diese Vermutung wird durch mehrere Studien belegt (Blake, 1977; Cohen, A. C., 2005; Hays, 1996; Hegarty & Sims, 1994; Wardle, 1977). Auch in einer Studie von Winn (1982) zum Thema Dinosaurierentwicklung kann nachgewiesen werden, dass sich der Einfluss der adäquaten Gestaltung der Lernmaterialien auf die Lernleistungen von Schülern nur bei jenen mit hohen verbalen und niedrigen räumlichen Fähigkeiten einstellt. Kritisch anzumerken ist, dass der Einfluss verbaler im Vergleich zu räumlichen Fähigkeiten in dieser Studie deutlich ausgeprägter war. Ein moderierender Einfluss räumlicher – ohne Berücksichtigung verbaler – Fähigkeiten auf den Einfluss der Gestaltung konnte nicht festgestellt werden. Im Gegensatz zu diesen Befunden belegen mehrere Untersuchungen, dass Lernende mit hohen räumlichen Fähigkeiten in stärkerem Ausmaß oder sogar ausschließlich von (adäquat gestalteten) multimedialen Lernumgebungen profitieren (ChanLin, 2000; Huk, 2006; Mayer & Sims, 1994; Moreno & Mayer, 1999b).

Methodische Vorgehensweise: Median-Split

In Untersuchungen zur Moderatorvariablen räumliches Vorstellungsvermögen führt man typischerweise einen sogenannten Median-Split durch (z.B. Blake, 1977; Mayer & Sims, 1994). In anderen Studien wird die genaue Vorgehensweise der Dichotomisierung (Zweiteilung) nicht näher spezifiziert (z.B. ChanLin, 2000). Bei einem Median-Split wird die Drittvariable räumliches Vorstellungsvermögen am Median dichotomisiert, d.h. der Datensatz wird in zwei, etwa gleichgroße Gruppen aufgeteilt (vgl. Kapitel 4.6.5). Eine Gruppe repräsentiert Personen mit einem niedrigen räumlichen Vorstellungsvermögen, die andere Gruppe hingegen Probanden mit einem hohen räumlichen Vorstellungsvermögen. Im Anschluss werden die beiden Gruppen statistisch miteinander verglichen. Bei dieser Datenanalyse können drei mögliche Ergebnisse auftreten. Entweder wirkt sich bei einer der beiden gebildeten Gruppen die Gestaltung von multimedialen Lernumgebungen in stärkerem Maße aus als bei der anderen, bei der sich kein Unterschied zeigt oder es findet sich zwischen den beiden Gruppen keine (bedeutsame) Differenz. Drittens können die beiden Teilgruppen (z.B. Probanden mit niedrigem und hohem räumlichen IQ) entgegengesetzt auf unterschiedliche Gestaltungsformate reagieren. Während zum Beispiel Versuchspersonen mit niedrigem räumlichen IQ von Gestaltung A profitieren, könnten Personen mit hohem räumlichen IQ bessere Leistungen unter der Gestaltungsvariante B erreichen.

Kritik am Median-Split

Die Verwendung eines Median-Splits bei der Datenanalyse wird von Methodikern seit geraumer Zeit heftig kritisiert (vgl. Kapitel 4.6.5). Neben einem Verlust an Teststärke ist hier vor allem die Zuordnung von Personen mit einem mittleren Fähigkeitsniveau zu den anderen beiden Gruppen (niedriges und hohes räumliches Vorstellungsvermögen) problematisch. Somit können mögliche Unterschiede zwischen diesen Personen und solchen mit einer niedrigen oder hohen Fähigkeitsausprägung nicht aufgedeckt werden.

Lösung: Keine Dichotomisierung

Zur Beseitigung dieses methodischen Problems könnte man neben einem hohen und niedrigen auch ein mittleres räumliches Vorstellungsvermögen berücksichtigen oder aber überhaupt keine Aufteilung in verschiedene Gruppen vornehmen (Rey, 2008a).

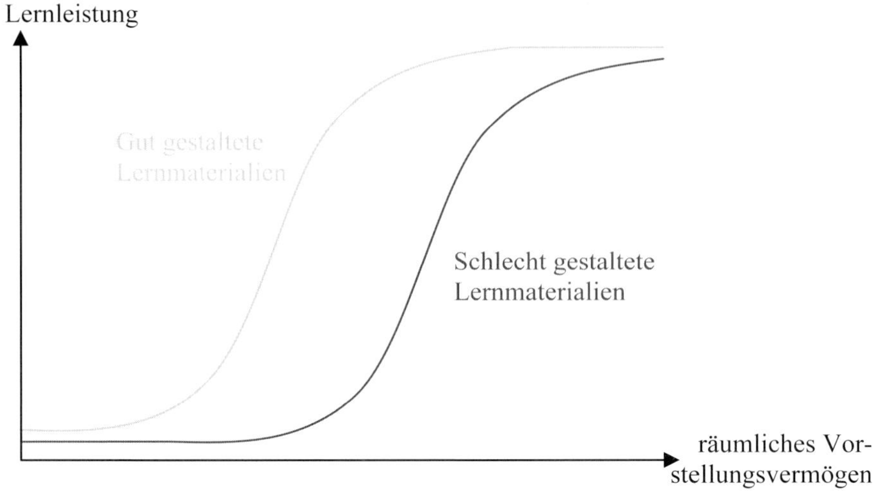

Abbildung 21: Denkbarer Zusammenhang zwischen räumlichem Vorstellungsvermögen, Güte der Gestaltung der Lernmaterialien und Lernleistung.

Vermutung: Mittleres Fähigkeitsniveau profitiert am meisten

Inhaltlich könnte dabei folgende Vermutung angestellt werden: Personen mit einem niedrigen räumlichen Vorstellungsvermögen erzielen unabhängig von der Gestaltung des Lernmaterials niedrige Lernleistungen, während Lernende mit höherem räumlichen Vorstellungsvermögen gestaltungsunabhängig gute Leistungen erreichen. Lediglich Lerner mit mittlerem räumlichen Vorstellungsvermögen profitieren von einer adäquaten Gestaltung des multimedialen Lernmaterials. Für diese Lerner könnte eine gut gestaltete E-Learning Umgebung kompensatorisch im Hinblick auf das räumliche Vorstellungsvermögen wirken (Abbildung 21). Erste experimentelle Untersuchungen (Rey, 2008a) scheinen diese Annahme zu stützen, obgleich zur Bestätigung noch weitere Studien durchgeführt werden müssen. Sollte die genannte Vermutung zutreffen, dann könnten die bisherigen Befunde zum räumlichen Vorstellungsvermögen in der Literatur wie folgt erklärt werden:

Befund: Lernende mit niedrigem räumlichen IQ profitieren verstärkt

- **Lernende mit niedrigem räumlichen Vorstellungsvermögen profitieren verstärkt von einer guten Gestaltung der Lernmaterialien:** Vermutet werden könnte, dass die untersuchte Stichprobe im Durchschnitt aus Probanden mit einem hohen räumlichen Vorstellungsvermögen besteht. In diesem Fall würden durchschnittlich intelligente Versuchsteilnehmer durch den Median-Split in die Gruppe derer mit niedrigem räumlichen Vorstellungsvermögen zugeordnet. Dies würde dazu führen, dass sich in dieser Gruppe verstärkt Leistungsunterschiede in Abhängigkeit von der Gestaltung des Lernmaterials zeigen, obgleich hierfür nicht Lernende mit niedrigen räumlichen Kompetenzen, sondern jene mit durchschnittlichem räumlichem Vorstellungsvermögen maßgeblich verantwortlich wären.

Befund: Lernende mit hohem räumlichen IQ profitieren verstärkt

- **Lernende mit hohem räumlichen Vorstellungsvermögen profitieren verstärkt von einer guten Gestaltung der Lernmaterialien:** Durch eine Stichprobe, in der sich geringfügig weniger intelligente Probanden als in der Population vorfinden, könnte aufgrund des Median-Splits folgender Eindruck entstehen: Lernende mit hohen räumlichen Kompetenzen profitieren von der zweckmäßigen Gestaltung des Lernmaterials. Bei einer entsprechenden Stichprobenzusammensetzung bestünde diese Gruppe jedoch vornehmlich aus Probanden mit einem – bezogen auf die gesamte Population – durchschnittlichen räumlichen Intelligenzquotienten.

- **Die beiden Gruppen unterscheiden sich nicht (bedeutsam) voneinander:** Dieser Befund könnte darauf hindeuten, dass die Stichprobe aus annähernd durchschnittlich intelligenten (bezogen auf das räumliche Vorstellungsvermögen) Probanden besteht.

Befund: Lernende profitieren gleichermaßen

Auch in theoretischer Hinsicht könnte die Berücksichtigung einer mittleren Fähigkeitsausprägung dazu beitragen, verschiedene Positionen miteinander in Einklang zu bringen. Vor allem könnte mit diesem Ansatz die Diskrepanz zwischen den Positionen der CTML (Kapitel 2.4) und des Rahmenmodells für das Lernen mit Multimedia von Najjar (Kapitel 2.7) zum Teil integriert werden. Lernende mit geringer räumlicher Expertise können laut CTML auch aus einer adäquat gestalteten Lernumgebung keinen Nutzen ziehen, da bei ihnen die Fähigkeit, Bilder im visuellen Teil des Arbeitsgedächtnisses zu behalten, nicht ausgeprägt genug sei. Für Personen mit sehr hohem räumlichem Vorstellungsvermögen spiele laut des Rahmenmodells von Najjar die Gestaltung der multimedialen Instruktionsmaterialien keine Rolle, da sie unabhängig von den Lernmaterialien gute Lernergebnisse erreichen würden.

Integration theoretischer Positionen

Neben dem in der Literatur häufig anzutreffenden Median-Split, der die uneinheitliche Befundlage zum Einfluss des räumlichen Vorstellungsvermögens bedingt haben könnte, sind auch unberücksichtigte Boden- oder Deckeneffekte denkbar, die eine Quelle für Methodenartefakte darstellen.

Weitere methodische Probleme

Unter einem Bodeneffekt versteht man den Effekt, dass ein Test oder Fragebogen Unterschiede zwischen einzelnen Personen im besonders niedrigen Wertebereich nicht mehr detektieren kann. So kann es bei einem schweren Leistungstest vorkommen, dass zwei leistungsschwache Probanden keine einzige Frage richtig beantworten können. In diesem Fall würde man aufgrund der gleichen Punktzahl von der gleichen Fähigkeitsausprägung der beiden Teilnehmer ausgehen. Allerdings könnte eine Person bei einem einfacheren Test auch deutlich bessere Leistungen erzielen als die andere. Ein Deckeneffekt beschreibt hingegen den Umstand, dass ein Test oder Fragebogen bei besonders hohen Punktewerten die Fähigkeit verliert, Unterschiede zwischen einzelnen Personen aufzudecken. Im Extremfall erzielen zwei Probanden in einem IQ-Test beide den Maximalwert, obwohl die erste Person deutlich intelligenter als die zweite ist. Dies wäre ein Beispiel für einen Deckeneffekt.

Boden- und Deckeneffekte

Im Hinblick auf das räumliche Vorstellungsvermögen können Boden- und Deckeneffekte ebenfalls in Erscheinung treten. Beispielsweise könnten sich Lernunterschiede in Abhängigkeit von der Gestaltung des Lernmaterials vornehmlich bei Probanden mit niedrigem räumlichen Vorstellungsvermögen zeigen, weil bei Versuchsteilnehmern mit hohem räumlichen IQ verstärkt Deckeneffekte in Erscheinung treten. Umgekehrt verhält es sich bei Bodeneffekten.

Das räumliche Vorstellungsvermögen scheint eine bedeutsame Moderatorvariable für den Zusammenhang zwischen der Gestaltung und den resultierenden Lern-

Fazit

leistungen in multimedialen Lernumgebungen zu sein (vgl. Hegarty et al., 2003). Ungeklärt ist, ob Lernende mit hohen oder niedrigen räumlichen Kompetenzen verstärkt von einer adäquaten Gestaltung profitieren. Denkbar ist auch, dass Personen mit mittlerem Fähigkeitsniveau die größten Gewinner einer guten Gestaltung sind. Diese Vermutung muss jedoch noch eingehend geprüft werden.

3.8.3 Weitere Lernereigenschaften

Neben der Expertise des Lernenden und seinem räumlichen Vorstellungsvermögen sind weitere Lernereigenschaften denkbar, die den Zusammenhang zwischen der Gestaltung von Lernmaterialien und dem Lernerfolg moderieren. Im nachfolgenden Kapitel werden drei ausgewählte Moderatorvariablen näher besprochen:

- Feld(un-)abhängigkeit
- Verbalisierer versus Visualisierer
- Geschlecht

Feld(un-)abhängigkeit

Feld(un-)abhängigkeit als kognitiver Stil

In der Literatur wird das Konstrukt "Feldabhängigkeit versus Feldunabhängigkeit" zumeist als kognitiver Stil betrachtet (Rittschof, im Druck):

- **Feldabhängiger Stil:** Feldabhängige Personen würden etwa Informationen primär holistisch (ganzheitlich) bzw. global wahrnehmen und Gruppenübungen sowie soziale Informationen präferieren. An Fachgebieten würden etwa Geschichte und Literatur bevorzugt.
- **Feldunabhängiger Stil:** Feldunabhängige Personen nähmen Informationen hingegen separat und analytisch auf. Sie interessierten sich für individuelle Tätigkeiten und Problemlöseaufgaben. Thematisch bevorzugen diese Lernenden beispielsweise Naturwissenschaften und Mathematik.

Messung des Konstrukts

Die Messung des Konstrukts kann – wie bei Lernstilen üblich – durch Selbsteinschätzung erfolgen. Darüber hinaus stehen auch objektive Tests wie der Group Embedded Figures Test (GEFT) zur Verfügung, für den in einem dreijährigen Zeitraum eine sehr hohe Retest-Reliabilität (die Zuverlässigkeit der Messung wird durch Wiederholung der Messung zu einem späteren Zeitpunkt geprüft) von $r = .89$ nachgewiesen wurde (Witkin, Oltman, Raskin & Karp, 1971).

Wo befindet sich das linke Objekt innerhalb des komplexeren rechten Objekts?

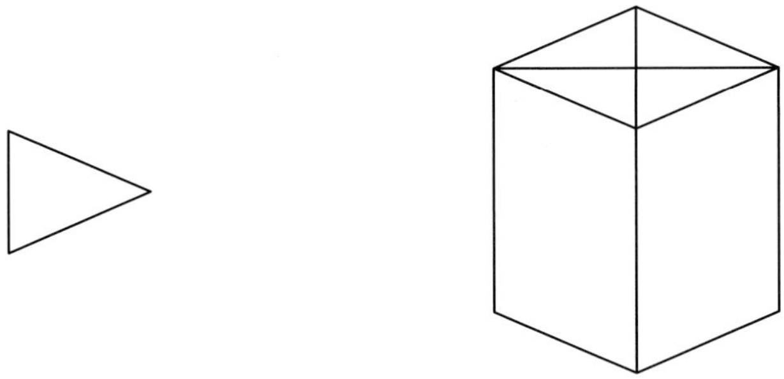

Abbildung 22: Beispielhaftes Item des Group Embedded Figures Test (GEFT). Angelehnt an Witkin et al. (1971).

Feld(un-)abhängigkeit als kognitive Fähigkeit

Rittschof (im Druck) geht aufgrund der Messung des Konstrukts hingegen von einer kognitiven bzw. perzeptuellen Fähigkeit anstelle eines kognitiven Stils aus. Dafür spräche auch, dass Feldabhängigkeit durch schlechtere Leistungen im GEFT gekennzeichnet sei. Zudem stelle man in der Literatur Feldunabhängigkeit fast immer als wünschenswerte und überlegene Ausprägung dar (vgl. Sternberg, 1997). Dies widerspräche der Gleichberechtigung der beiden Ausprägungen. Aufgrund zahlreicher empirischer Befunde betrachtet Rittschof (im Druck) das Konstrukt Feld(un-)abhängigkeit als kognitive Fähigkeit, welche die Effizienz der zentralen Exekutive und visuell-räumlichen Notiztafel aus dem Arbeitsgedächtnismodell von Baddeley (1992) repräsentiert (Kapitel 2.3.2). Feldunabhängige Lerner verfügen demnach über bessere Fähigkeiten als feldabhängige Personen.

Moderatoreffekte

Bei der Gestaltung von E-Learning Materialien solle man laut Rittschof (im Druck) insbesondere bei feldabhängigen Lernern eine kognitive Überlastung mit Hilfe von Unterstützungsmaßnahmen verhindern (siehe auch DeStefano & LeFevre, 2007). Da das Konstrukt Feld(un-)abhängigkeit mit der Effizienz der zentralen Exekutive und visuell-räumlichen Notiztafel gleichgesetzt wird, kann ebenso Bezug zu den Ausführungen zum räumlichen Vorstellungsvermögen genommen werden.

Verbalisierer versus Visualisierer

Das Konstrukt "Verbalisierer versus Visualisierer" stellt eine weitere Variable dar, die den Zusammenhang zwischen der Gestaltung von Lernmaterialien und dem Lernerfolg moderieren könnte. Hierbei werden Lernende anhand ihres kognitiven Stils unterteilt (z.B. Ghinea & Chen, 2008):

Definitionen: Verbalisierer und Visualisierer

- **Verbalisierer:** Verbalisierer präferieren Texte bei der Informationsverarbeitung. Sie finden es am einfachsten, sich durch Reden und Zuhören Wissen anzueignen.
- **Visualisierer:** Visualisierer erzielen bessere Lernleistungen, wenn Texte mit bildhaftem Material angereichert werden wie etwa Fotos, Diagramme, Schaubilder oder andere graphische Darstellungen. Sie bevorzugen es, In-

formationen sehend zu verarbeiten und präferieren dabei eine Kombination aus verbalen und visuellen Darstellungen im Gegensatz zu rein verbalen Formen.

Erklärungsansatz

Begründet wird diese Unterteilung unter anderem mit Paivios Dualer Kodierungstheorie (1986), die eine Zweiteilung des Informationsverarbeitungssystems annimmt (vgl. Kapitel 2.4.1). Ein System sei für verbal dargebotene Informationen zuständig, ein anderes für bildhaft präsentierte Informationen. Verbalisierer würden folglich primär das verbale System, Visualisierer verstärkt das "imaginale" System nutzen.

Kritik

Weidenmann (2001) weist darauf hin, dass in der Forschung zu diesem kognitiven Stil Informationsaufnahme und Informationsverarbeitung häufig konfundiert seien. Darüber hinaus könnte man den Präsentationsmodus, d.h. die Art der Informationsdarbietung, als weitere konfundierte Variable betrachten (vgl. Präsentationsmodus und sensorische Modalität im Kapitel 2.4.1). Zudem finden sich nur wenige Arbeiten (z.B. Homer, Plass & Blake, 2008), in denen ein moderierender Einfluss dieses Lernstils auf die Auswirkungen der Gestaltung von Lernmaterialien festgestellt werden konnte. Laut Weidenmann (2001) rechtfertige die empirische Befundlage eine Unterteilung in Verbalisierer und Visualisierer insgesamt nicht (siehe auch Veronikas & Shaughnessy, 2005).

Geschlecht

Eine weitere Moderatorvariable stellt das Geschlecht des Lernenden dar. Innerhalb der Psychologie kann man verschiedene psychische Geschlechtsunterschiede nachweisen, obgleich diese im Alltag aufgrund von Geschlechtsstereotypen zumeist stark überschätzt werden (Asendorpf, 2007). Finden sich in (E-Learning) Studien geschlechtsspezifische Differenzen (Rey, 2008a), stellt sich zumeist die Frage, welche Ursachen diese Unterschiede haben könnten. Allgemeine kognitive Geschlechtsunterschiede (z.B. unterschiedliche mathematische Fähigkeiten) können dabei zumeist ausgeschlossen werden, da derartige Unterschiede oft nur sehr schwach ausgeprägt sind (Asendorpf, 2007).

Mentale Rotationsfähigkeit

Eine Ausnahme bilden räumliche Fähigkeiten (vgl. Kapitel 3.8.2). Insbesondere für die mentale Rotation konnten Linn und Petersen (1985) sowie Masters und Sanders (1993) in Metaanalysen beachtliche Leistungsvorteile von Männern im Vergleich zu Frauen nachweisen. Gleichwohl existieren zur mentalen Rotationsfähigkeit auch konträre Befunde. Beispielsweise fanden Krüger und Krist (2007) in einer Studie, dass Jungen wesentlich schlechter als Mädchen bei mentalen Rotationsaufgaben abschneiden.

Computererfahrung

Neben kognitiven Unterschieden wie der Fähigkeit zur mentalen Rotation kann unterschiedliche Computerexpertise ebenso geschlechtsspezifische Differenzen beim Lernen mit elektronischen Medien verursachen. Empirische Studien (z.B. Eysenbach, 1995; Imhof, Vollmeyer & Beierlein, 2007; Wittmann, Süß & Oberauer, 1996) deuten auf durchschnittlich größere Computerkenntnisse bei Männern als bei Frauen hin. In einer Metaanalyse von Whitley (1997) können eine intensivere Nutzung und eine höhere Vorerfahrung mit Computern für Männer im Vergleich zu Frauen festgestellt werden. Die dort gefundenen Differenzen sind statistisch signifikant, jedoch ist die Effektgröße (Kapitel 4.4.3 und 4.6.4) nach den Konventionen von Cohen (1988) lediglich als klein bis mittel einzustufen. Das bedeutet, dass die praktische Bedeutsamkeit der gefundenen Unterschiede nur gering bis moderat ausfällt. Herget und Bögeholz (2005) weisen in ihrer Überblicksarbeit darauf hin, dass Jungen im Vergleich zu Mädchen positivere Gefühle bezüglich der Computernutzung äußern, weniger ängstlich sind und sich zudem für kompetenter im Computerumgang halten. Jungen erkunden darüber hinaus Computerprogramme selbstständiger, während Mädchen eher eine angeleitete Herangehensweise wählen. Auch hier sind die Effektstärken jedoch lediglich klein bis moderat (Herget & Bögeholz, 2005). Im Gegensatz zu diesen Befunden konnte in der Arbeit von Imhof, Vollmeyer und Beierlein (2007) kein statistisch bedeutsamer Unterschied zwischen männlichen und weiblichen Studierenden im Hinblick auf das Selbstvertrauen beim Umgang mit Computern festgestellt werden. In einer Fragebogenuntersuchung bei Lehrern zur Einstellung gegenüber Lernen mit Multimedia konnte ebenfalls kein Geschlechtsunterschied festgestellt werden (Antonietti & Giorgetti, 2006).

3.8.4 Fazit & Bezug zu E-Learning Theorien

Lernereigenschaften moderieren den Gestaltungseinfluss der Lernmaterialien auf die Lernleistungen. Das Vorwissen bzw. die Expertise ist die am besten untersuchte Lernereigenschaft in E-Learning Studien. Der Einfluss dieser Variable ist empirisch sehr gut belegt und weist eine hohe praktische Bedeutsamkeit auf. Teilweise ungeklärt ist jedoch, warum Novizen und Experten von verschiedenen elektronischen Lernmaterialien in unterschiedlichem Ausmaß profitieren. Das räumliche Vorstellungsvermögen stellt ebenfalls eine bedeutsame Moderatorvariable in E-Learning Untersuchungen dar. Die Befundlage, wie diese kognitive Fähigkeit verschiedene Gestaltungsempfehlungen beeinflusst, ist allerdings inkonsistent und möglicherweise durch die methodische Vorgehensweise des Median-Splits bedingt. Weitere Lernereigenschaften wie Feldabhängigkeit versus Feldunabhängigkeit, Verbalisierer versus Visualisierer sowie das Geschlecht wurden erörtert.

Bezug zu E-Learning Theorien

Der moderierende Einfluss von Lernereigenschaften wird in den meisten E-Learning Theorien (Kapitel 2) angenommen. Das Vorwissen bzw. die Expertise wurde besonders intensiv von Vertretern der CLT und CTML untersucht. Dabei wurden spezifische Gestaltungsempfehlungen wie etwa das Vorübungsprinzip, der Effekt der Isolation interagierender Elemente oder der Imaginationseffekt postuliert und empirisch überprüft. Für das räumliche Vorstellungsvermögen werden von der CTML und dem Rahmenmodell für das Lernen mit Multimedia von Najjar konträre Wirkungen angenommen.

3.9 Übungsaufgaben

1. Was versteht man unter einer Gestaltungsempfehlung im Kontext multimedialer Lernumgebungen?
2. Nach welchen drei Kriterien wurden die Empfehlungen in dem vorliegenden Kapitel ausgewählt?

3. Erläutern Sie die vier Merkmale der Verständlichkeit des "Hamburger Verständlichkeitskonzeptes" von Langer, Schulz von Thun und Tausch (2006)?
4. Auf welcher theoretischen Begründung basiert das Personalisierungsprinzip der CTML?
5. Was versteht man unter dem seductive detail Effekt?
6. Welche Empfehlungen sind Ihnen zur Gestaltung von Bildern und Bild-Text-Kombinationen bekannt?
7. Diskutieren Sie, ob man auf dekorative Bilder in Lernmaterialien verzichten sollte!
8. Worauf sollte man bei der Gestaltung dynamischer Visualisierungen besonders achten?
9. Worin unterscheidet sich das zeitliche Kontiguitätsprinzip der CTML vom Effekt der geteilten Aufmerksamkeit der CLT?
10. Welche Unterstützungsmaßnahmen in Computersimulationen haben sich in empirischen Untersuchungen als lernförderlich erwiesen?
11. Was versteht man unter dem Effekt ausgearbeiteter Lösungsbeispiele (worked example effect)?
12. Worin unterscheiden sich die Erklärungsansätze der CLT und der CFT zum Variabilitätseffekt?
13. Wie wirkt sich ansteigende Expertise der Lernenden auf die aufgeführten Gestaltungsempfehlungen aus?
14. Welche empirischen Befunde liegen zum räumlichen Vorstellungsvermögen als moderierende Lernervariable vor?

4 Forschung

4.1 Übersicht und Lernziele

Dieses Kapitel erörtert, wie empirische Untersuchungen zum Thema E-Learning umgesetzt werden können. Zahlreiche Anregungen und Hinweise werden vorgestellt. Das Kapitel geht dabei auf die Inhalte, Themenwahl, Planung und Vorbereitung, Durchführung und Auswertung sowie Berichterstellung einer eigenen Studie näher ein.

Folgende Lernziele sind Bestandteil dieses Kapitels:

- Wie findet man ein geeignetes Forschungsthema?
- Worauf ist im Vorfeld einer Untersuchung zu achten?
- Wie sollte eine Studie zum Thema E-Learning durchgeführt und ausgewertet werden?
- Welche Elemente enthält ein Untersuchungsbericht und was ist bei der Erstellung eines solchen Berichts zu beachten?

4.2 Einleitung

Erkenntnisse zum multimedialen Lehren und Lernen (vgl. Kapitel 2) sowie Gestaltungsempfehlungen für E-Learning Umgebungen (Kapitel 3) werden durch empirische Untersuchungen gewonnen bzw. überprüft. Eine empirische Arbeit ist ebenso vorzunehmen, wenn etwa eine bestehende elektronische Lernumgebung auf ihre Lernförderlichkeit zu evaluieren ist. Solche und ähnliche Studien können zum Beispiel im Rahmen von Abschlussarbeiten, Promotionen oder innerhalb von Forschungsprojekten durchgeführt werden. In jedem Fall sind dabei die in Kapitel 1.3 aufgeführten, methodischen Probleme bei der Beantwortung der Forschungsfrage zu berücksichtigen (siehe auch Weidenmann, 2001). Weitere Empfehlungen und Anregungen für E-Learning Untersuchungen liefert dieses Kapitel. Im Gegensatz zu anderen Lehrbüchern (z.B. Beller, 2008; Bortz & Döring, 2006; Rost, 2005; Sarris & Reiß, 2005), die allgemeiner und umfassender über die durchzuführenden Schritte einer empirischen Arbeit informieren, gelten die hier aufgeführten Hinweise primär für Studien zum Thema E-Learning im Fach Psychologie. Andere Fächer, die sich ebenfalls mit E-Learning beschäftigen (z.B. Informatik), konzentrieren sich bisweilen auf andere Aspekte bei der Untersuchung von E-Learning (z.B. auf die technische Realisierung).

Die nachfolgenden Unterkapitel erörtern die Auswahl geeigneter Forschungsthemen und Lern- bzw. Versuchsmaterialien, die Planung und Vorbereitung einer Studie, sowie deren Durchführung und Auswertung. Im Anschluss werden Überblick

Anregungen und Empfehlungen zur Erstellung eines Untersuchungsberichts vorgestellt.

4.3 Im Vorfeld der Untersuchung

Überblick

Vor der Planung und Vorbereitung einer Untersuchung ist zu bestimmen, was erforscht werden soll (Kapitel 4.3.1) und anhand welcher Lern- bzw. Versuchsmaterialien (Kapitel 4.3.2) man dieses Forschungsthema überprüfen will. Zur Erstellung dieser Materialien können verschiedene Autorenwerkzeuge (Kapitel 4.3.3) eingesetzt werden. Ethische Kriterien (Kapitel 4.3.4) bei der Wahl der Fragestellung und Ausgestaltung der Studie sollten frühzeitig beachtet werden. Eine fundierte Literaturrecherche (Kapitel 4.3.5) kann sowohl die Wahl eines geeigneten Forschungsthemas als auch die Planung, Vorbereitung und Berichterstellung der eigenen Studie erleichtern.

4.3.1 Forschungsthema

Innerhalb der E-Learning Forschung bieten sich unzählige unerforschte Fragestellungen zur empirischen Untersuchung an. Beispielsweise könnte man zwei bestimmte E-Learning Umgebungen hinsichtlich ihrer Lernförderlichkeit vergleichen. Eine konkrete Empfehlung zur Gestaltung von Animationen (Kapitel 3.5) kann überprüft werden, ebenso wie eine Theorie zum elektronischen Lehren und Lernen (Kapitel 2). Die Themenwahl ist aufgrund der vielfältigen Möglichkeiten nicht immer leicht (Bortz & Döring, 2006). Mayer (2008) erörtert daher vier Aspekte, welche die Entscheidung erleichtern:

Aspekte zur Entscheidungsfindung

- **Persönliches Interesse:** Untersuchen Sie eine Fragestellung, für die Sie sich selbst interessieren! Ohne Neugier (Mayrath, 2008) und intrinsische Motivation ist es schwer, den langen und mühsamen Weg bis zur Veröffentlichung der eigenen Arbeit zu überstehen (vgl. Bortz & Döring, 2006). Bei der Themenwahl sind Sie jedoch nicht nur an Ihr persönliches Interesse gebunden, sondern müssen auch Anforderungen und Wünschen des Betreuers, Vorgesetzten bzw. der Prüfungsordnung gerecht werden. Oder das Projekt, in dem Sie tätig sind, nennt bestimmte Forschungsziele. In diesen Fällen sollte man die vorgegebenen Ziele mit den eigenen Zielen und Interessen verknüpfen, was sich als schwierig erweisen kann.
- **Pädagogische Relevanz:** Das Forschungsthema sollte pädagogische Relevanz besitzen. Damit ist gemeint, dass die Forschungsfrage Bezug auf ein wichtiges Anwendungsproblem nimmt. Beispielsweise ist die Frage, wie man Computersimulationen möglichst lernförderlich gestaltet (Kapitel 3.6), pädagogisch relevant. Nach Beantwortung der Forschungsfrage muss *kein* fertiges E-Learning Produkt entstanden sein, sondern pädagogisch relevante Forschung kann ebenso Grundlagenforschung mit Anwendungsbezug darstellen.
- **Theoretische Fundierung:** Das zu untersuchende Forschungsthema sollte theoretisch eingebettet sein und möglichst zu einer Überprüfung, Erweiterung oder Modifikation bestehender Theorien führen. Im zweiten Kapitel

finden Sie diverse E-Learning Theorien, auf die sich Ihr Forschungsthema beziehen kann.

- **Empirische Überprüfbarkeit:** Besonders wichtig ist die empirische Überprüfbarkeit der Forschungsfrage. Pauschale Vergleiche (Kapitel 1.3), etwa zwischen Computern und Büchern, unterliegen diversen methodischen Problemen und sind daher als Forschungsthema fragwürdig. Zur empirischen Überprüfung einer Forschungsfrage muss diese nicht nur klar und konkret formuliert werden, sondern vor allem mit Hilfe der empirischen Daten beantwortbar sein (Bortz & Döring, 2006).

4.3.2 Lern- bzw. Versuchsmaterialien

Passung zum Forschungsthema

Bei der Wahl der zu verwendenden Lernmaterialien ist in erster Linie auf eine Passung zum Forschungsthema zu achten. Soll beispielsweise die adäquate Gestaltung einer Computersimulation untersucht werden, so müssen die Lernmaterialien einen mathematischen Zusammenhang enthalten. Sonst würde der Simulation das zugrundeliegende mathematische Modell fehlen und somit per Definition keine Computersimulation darstellen (vgl. Kapitel 1.2.2).

Persönliches Interesse und Expertise

Des Weiteren sollten Sie hinsichtlich der verwendeten Lernmaterialien persönliches Interesse und Expertise aufweisen. Interessieren Sie sich beispielsweise *nicht* für Statistik, dann ist eine Einführung in die Regressionsanalyse als Lern- und Versuchsmaterial ungeeignet. Greifen Sie daher auf ein Thema zurück, welches Ihnen die Erstellung der Lernmaterialien erleichtert. Dies kann zum Beispiel ein Hobby sein oder aber ein Thema, das Sie im Studium besonders begeistert hat. Im optimalen Fall können Sie bereits auf (eigenständig) ausgearbeitete Versuchsmaterialien zurückgreifen. Oder Sie können die erstellten Lernmaterialien – sofern Sie Lehrveranstaltungen halten – später in Seminaren und Vorlesungen weiterverwenden. Dies alles erspart Zeit! Im nächsten Kapitel werden ausgewählte Autorenwerkzeuge vorgestellt, die zur Erstellung von Lern- und Versuchsmaterialien eingesetzt werden können.

Idealfall: Mehrere Lernmaterialien

Im Idealfall wird die gleiche Fragestellung in einer Untersuchung mit verschiedenen Lernmaterialien wiederholt geprüft. Dadurch soll sichergestellt werden, dass die gewonnenen Ergebnisse nicht nur für bestimmte Versuchsmaterialien gelten, sondern sich auch auf andere Lerninhalte verallgemeinern lassen (vgl. Kapitel 1.3). In den meisten E-Learning Studien gelangt jedoch nur ein einziger Themenbereich zum Einsatz. Nur in wenigen Fällen werden die Befunde an einem weiteren Lerninhalt überprüft (z.B. Mayer & Johnson, 2008). Im Rahmen einer studentischen Abschlussarbeit ist die Überprüfung der aufgestellten Hypothesen an *einem* Themenbereich jedoch ausreichend.

4.3.3 Autorenwerkzeuge

Definition: Autorenwerkzeuge

Zur Erstellung von Lern- und Versuchsmaterialien können verschiedene Autorenwerkzeuge – auch Autorensoftware, Autorensysteme oder Autorentools genannt – eingesetzt werden. Dabei handelt es sich um Computerprogramme, die zur multimedialen Aufbereitung von Lerninhalten und Entwicklung von Lernsoftware genutzt werden können.

Allgemeine Hinweise

Grundsätzlich gilt: Je größer der Funktionsumfang der verwendeten Software, desto mehr Gestaltungsspielraum und Flexibilität steht dem Autor zur Verfügung. Zugleich ist jedoch häufig eine längere Einarbeitungszeit erforderlich. Daher sollte man vorab genau abwägen, auf welches Werkzeug man bei der Ausarbeitung der Materialien zurückgreifen möchte. Bei den meisten Angeboten kann auf zahlreiche Vorlagen (templates) zurückgegriffen werden, welche die Entwicklungszeit reduzieren. Weitere Entscheidungskriterien zur Wahl eines Autorenwerkzeuges betreffen die Anschaffungskosten und Verbreitung der Software. In der Regel bieten Demoversionen die Möglichkeit, das Programm vor dem Kauf zu testen.

Überblick

Die nachfolgende Aufzählung liefert einen unvollständigen Überblick über Autorenwerkzeuge (vgl. Hesse, 2006) sowie anderen Möglichkeiten zur Erstellung von Lern- und Versuchsmaterialien. Weiterführende Informationen finden sich unter www.e-teaching.org/technik/aufbereitung/cbt_wbt/autorenwerkzeuge.

- **Adobe Produkte:** Die Softwarefirma Adobe bietet eine Reihe von Produkten, die zur multimedialen Aufbereitung von Lerninhalten genutzt werden können und ursprünglich von der Firma Macromedia stammen. Neben Adobe Flash sind hier Adobe Director und Adobe Authorware zur nennen.
  - **Adobe Flash:** Mit der Autorensoftware zu Flash (Flash CS4 Professional) lassen sich umfangreiche Webanwendungen erstellen. Auf den ersten Blick handelt es sich um eine Kombination aus Graphikprogramm und Animationssoftware (Dyadio, 2007). Durch die Integration der objektorientierten Programmiersprache ActionScript 3.0 verfügt das Autorensystem über einen sehr großen Funktionsumfang. Während das Erlernen dieser Programmiersprache für Personen ohne Programmierkenntnisse relativ zeitaufwendig ist, kann eine einfache, interaktive Animationssequenz leicht und ohne größeren Aufwand erzeugt werden. Vorteilhaft ist auch die hohe Verbreitung von Flash. Auf der Webseite www.neuronalesnetz.de besaßen beispielsweise 96.5% der Besucher im Jahr 2008 einen Flash Player. Dieser Player kann zum Abspielen der erstellten Webanwendungen kostenlos heruntergeladen werden, während die Anschaffungskosten für die Autorensoftware etwa 750 Euro (ca. 130 Euro für Schüler und Studenten) betragen.
  - **Adobe Director:** Dieses Autorenwerkzeug kann ebenfalls zur Aufbereitung von E-Learning Inhalten verwendet werden und wird häufig zur Entwicklung komplexer Multimediaprogramme genutzt. Wie Adobe Flash verfügt die Software durch eine objektorientierte Programmiersprache – hier Lingo genannt – sowie durch die Unterstützung von JavaScript über eine sehr große Funktionsvielfalt, benötigt aber eine aufwendige Einarbeitung. Im Gegensatz zu Flash können auch 3D-Elemente leicht eingebunden werden. Dadurch lassen sich beispielsweise Computerspiele (vgl. Kapitel 5.4) erstellen, die über eine virtuelle, dreidimensionale Umgebung verfügen und trotzdem über einen Webbrowser sowie mit Hilfe des kostenfrei zu beziehen-

den Shockwave Players abspielbar sind. Der Verbreitungsgrad dieses Players im Internet liegt jedoch deutlich unter dem des Flash Players. Nach Angaben von Adobe besitzen 59.0% (Stand: Dezember 2008) der Websurfer den Shockwave Player. Der Anschaffungspreis für das Autorensystem beträgt ca. 1000 Euro.

  - **Adobe Authorware:** Dieses Programm wurde speziell für die Erstellung von E-Learning Software konzipiert. Das Autorenwerkzeug unterstützt die Skriptsprache JavaScript sowie eine interne Skriptsprache. Die Einarbeitungszeit in Adobe Authorware soll relativ zeitaufwendig sein. Zum Abspielen der Inhalte wird der kostenlos downloadbare Authorware Web Player benötigt, der deutlich geringer verbreitet ist als der Flash Player. Die erstellten Dateien können außerdem schnell sehr groß werden und dadurch als Webanwendung längere Ladezeiten verursachen. Die Autorensoftware Adobe Authorware ist für etwa 3000 Euro zu beziehen.

- **Java-Applet:** Neben den aufgeführten Adobe Produkten lassen sich interaktive E-Learning Inhalte auch als Java-Applets realisieren. Dabei handelt es sich um Computerprogramme, die in der objektorientierten Programmiersprache Java erstellt wurden und in der Regel in einem Webbrowser ausgeführt werden. Die Funktionsvielfalt von Java kann als sehr groß bezeichnet werden, wobei für Benutzer ohne vorherige Programmiererfahrungen eine zeitaufwendige Einarbeitung erforderlich sein kann. Im Vergleich zu Flash ist Java geringfügig schlechter verbreitet. Im Jahr 2008 verfügten zum Beispiel 94.3% der Websurfer auf der Internetseite www.neuronalesnetz.de über Java. Im Gegensatz zu Flash ist nicht nur die Java Virtual Machine (Java VM) zum Abspielen der Java-Applets, sondern auch die Software (z.B. Eclipse) zur Erstellung dieser Applets kostenfrei zu beziehen. Nachteilig ist hingegen die relativ lange Ladezeit zur Initialisierung, die für die erstmalige Nutzung der Java VM als Benutzer erforderlich ist.

- **MatchWare Mediator:** Mit dieser Autorensoftware lassen sich Multimedia-Anwendungen auch per "Drag and Drop" ("Ziehen und Fallenlassen") und ohne programmieren zu müssen, erstellen. Die generierten Inhalte können unter anderem als Webseite (HTML oder Flash) gespeichert und auf Wunsch auf einen Webserver geladen werden. Das nur für Microsoft Windows erhältliche Programm gilt als leicht zu bedienen, bietet dafür aber eine geringere Funktionsvielfalt im Vergleich zu anderen Autorensystemen. Der Preis für die aktuelle Version Mediator 9.0 liegt bei etwa 540 Euro.

- **CaseTrain:** CaseTrain stellt ein Autorenwerkzeug dar, welches auf Adobe Flash basiert und unter der Projektleitung von Herrn Puppe entwickelt wurde. Die Software bietet Dozierenden der Universität Würzburg eine komfortable Möglichkeit, auf Grundlage einer Textdatei multimedial aufbereitete Problemlöseaufgaben (Kapitel 3.7) zu erstellen. Zudem beinhaltet das System diverse Rückmeldungen für die Dozenten wie etwa die Angabe von Trennschärfen (Korrelation einer einzelnen Aufgabe mit dem Gesamttest) zu den einzelnen Lernfragen. Mittlerweile steht eine Vielzahl fallbasierter Trainingskurse zur Verfügung. Studierende der Universität Würzburg können die Übungen über die universitätsweite Lernplattform WueCampus abrufen, während sich externe Besucher von einigen vereinfachten Kursen auf der Internetseite http://casetrain.uni-wuerzburg.de ein Bild machen können. Zur Nutzung wird lediglich ein Webbrowser sowie der kostenlos zu beziehende Flash Player benötigt. Die Verwendung des Autorentools ist aktuell allerdings noch Mitarbeitern der Universität Würzburg vorbehalten.

4.3.4 Ethische Kriterien

Bei einer empirischen Untersuchung zum Thema E-Learning sind frühzeitig ethische Kriterien zu beachten (vgl. Bortz & Döring, 2006). Beispielsweise ist es nicht vertretbar, Studierenden im Vorfeld einer wichtigen Prüfung als Kontrollgruppe Lernmaterialien zur Verfügung zu stellen, bei denen von einer geringeren Lernwirksamkeit ausgegangen werden muss. Andererseits sind Untersuchungen ohne Vergleichsgruppe zumeist ohne oder nur von geringem wissenschaftlichem Wert. In diesem Fall würde man Ressourcen unnötig verschwenden.

Optimalerweise führt eine Untersuchung zu einem wichtigen Erkenntnisgewinn und sorgt zugleich dafür, dass alle Lernenden einen bedeutenden Wissenszuwachs erlangen. Sichergestellt werden kann dies etwa durch die Bereitstellung gut ausgearbeiteter Lernmaterialien im Anschluss an die Studie. Auch die Aufklärung der Versuchspersonen (Kapitel 4.5.4) sollte mit Sorgfalt vorgenommen werden.

Weiterführende Informationen

Weiterführende Informationen zum Thema ethische Kriterien in empirischen Untersuchungen finden sich unter anderem bei Bortz und Döring (2006), Sarris und Reiß (2005), in den ethischen Richtlinien der Deutschen Gesellschaft für Psychologie und dem Berufsverband Deutscher Psychologinnen und Psychologen (DGPs & BDP, 1999) sowie den ethischen Richtlinien der American Psychological Association (APA, 2002).

4.3.5 Literaturrecherche

Vorteile der Literaturrecherche

Ein zentraler Schritt im Vorfeld einer Studie ist die Literaturrecherche. Durch diese kann die Untersuchungsfrage generiert und/oder präzisiert werden. Ebenso können bei der Planung und Vorbereitung (Kapitel 4.4) der eigenen Studie andere Untersuchungen als Orientierung dienen – beispielsweise bei der Wahl des Versuchsplanes und der Erhebung relevanter Variablen. Eine gute Literaturrecherche kann sich zudem als äußerst nützlich für die spätere Berichterstellung (Kapitel 4.7) erweisen, da leichter auf relevante Theorien (Kapitel 2) und empirische Befunde zurückgegriffen werden kann.

Nachteile der Literaturrecherche

Neben diesen potentiellen Vorteilen können jedoch auch Nachteile durch eine fundierte Literaturrecherche entstehen. So wiederholt man womöglich unbemerkt Fehler anderer Forscher. Oder die eigene Forschungsperspektive schränkt sich durch das umfangreiche Spezialwissen über ein Themengebiet zu sehr ein, wodurch kreative Leistungen verhindert werden.

Ein besonders eindrückliches Bespiel hierfür liefert die Entdeckung der DNA-Struktur durch James Watson und Francis Crick im Jahr 1953. Während ihre Kollegen ebenfalls an der Entschlüsselung des Erbguts forschten und auf eine hohe Expertise im Fach Chemie zurückgreifen konnten, war dies bei Watson und Crick nicht der Fall. Im Gegenteil – James Watson wollte sogar das Erbgut entschlüsseln, "ohne dafür Chemie lernen zu müssen". Erwin Chargaff – ein berühmter Chemiker der damaligen Zeit – bezeichnete die beiden jungen Wissenschaftlern aufgrund ihrer offensichtlichen Unkenntnis nach einem Gespräch sogar als "wissenschaftliche Clowns". Trotzdem gelang den beiden Novizen die bahnbrechende Entdeckung der DNA, da diese auch auf wichtige Forschungsergebnisse außerhalb der Chemie zurückgriffen. Vor allem die Röntgenstrukturanalyse der DNA der Physikerin Rosalind Franklin ist hier zu nennen, welche Watson und Crick von Franklins Kollegen Maurice Wilkins erhielten. Wilkins, Watson und Crick wurde 1962 der Nobelpreis für Medizin verliehen.

Beispiel für Vor- und Nachteile der Literaturrecherche

Eine fundierte Literaturrecherche kann somit Vor- und Nachteile besitzen. Im optimalen Fall regt die Lektüre anderer Arbeiten zu einer intensiveren gedanklichen Beschäftigung mit dem Themengebiet an und fördert eigene kreative Ideen. Um diese Prozesse zu begünstigen, sollte man sich meiner Erfahrung nach nicht nur Zeit für das Lesen der Literatur nehmen, sondern auch feste Zeiten für das Durchdenken des Themas reservieren und versuchen, dieses aus verschiedenen Perspektiven zu betrachten.

Fazit

Bei der Literaturrecherche könnte man den relevanten Suchbegriff in eine Suchmaschine wie Google eingeben oder aber in einer Bibliothek nach Büchern zu dem betreffenden Thema suchen. Derartige Rechercheansätze sollten meiner Erfahrung nach allenfalls als Ergänzung genutzt werden. Stattdessen würde ich folgende Formen der Recherche zum Themenbereich E-Learning empfehlen:

Empfehlungen zur Literaturrecherche

- **Suchmaschinen für wissenschaftliche Artikel verwenden:** Für die Recherche von Fachartikeln existieren spezielle Suchmaschinen. Diese liefern auf eine Suchanfrage relevante Seminararbeiten, Magister-, Diplom- und Doktorarbeiten, Bücher und Buchkapitel sowie vor allem wissenschaftliche Artikel. Hier eine kurze Vorstellung ausgewählter Suchmaschinen:
    - **Google Scholar (scholar.google.de):** Google, der Marktführer im Bereich Suchmaschinen, bietet mit Google Scholar die Möglichkeit der interdisziplinären Suche wissenschaftlicher Fachartikel an. Die Suchmaske wurde dabei ähnlich schlicht und benutzerfreundlich wie bei der Websuche von Google gestaltet. Durch den Link "Zitiert durch:" kann man Arbeiten durchforsten, die den angegebenen Artikel bereits zitiert haben. Hierdurch wird das Auffinden besonders aktueller Arbeiten deutlich erleichtert. Insgesamt habe ich mit Google Scholar besonders gute Erfahrungen bei der Suche nach relevanten E-Learning Artikeln gemacht.
    - **Scirus (www.scirus.com):** Auch Scirus durchsucht wissenschaftliche Fachartikel interdisziplinär sowie – auf Wunsch – auch fachspezifisch. Dabei stehen dem Benutzer komfortable Einschränkungsmöglichkeiten bei der Suche zur Verfügung.

- **PsychSpider (www.zpid.de/PsychSpider.php):** Speziell für den Bereich Psychologie und benachbarte Disziplinen kann PsychSpider genutzt werden. Diese Suchmaschine wird vom Zentrum für Psychologische Information und Dokumentation (ZPID) zur Verfügung gestellt. Besonders komfortabel ist die Einschränkung der zu durchsuchenden Quellen (z.B. PSYNDEX, siehe unten).

Tabelle 1: Unvollständige Liste relevanter, wissenschaftlicher Zeitschriften in alphabetischer Reihenfolge, welche sich unter anderem mit dem Themenbereich Lehren und Lernen mittels elektronischer Medien beschäftigen. Die Kurzbeschreibung ist auf das Thema E-Learning ausgerichtet.

Zeitschriftenname	Kurzbeschreibung
Applied Cognitive Psychology	Kognitionspsychologische Fachzeitschrift, die u.a. einige Artikel zur CLT (Kapitel 2.3) bereithält
Cognition and Instruction	Wissenschaftliche Fachzeitschrift, die u.a. ältere empirische Arbeiten zur CLT (Kapitel 2.3) enthält
Computers in Human Behavior	Zahlreiche Veröffentlichungen in diesem Journal sind für das Thema E-Learning interessant
Contemporary Educational Psychology	Die Fachzeitschrift beinhaltet sowohl empirische Studien als auch Überblicksarbeiten zum Thema E-Learning
Educational Psychologist	Das Journal enthält vereinzelt theoretische Überblicksarbeiten zum Themenbereich E-Learning
Educational Psychology Review	Renommierte Fachzeitschrift mit einer Vielzahl von interessanten Überblicksarbeiten zum Thema E-Learning
Educational Technology Research and Development	Zweimonatlich erscheinendes Journal, welches empirische und theoretische Arbeiten umfasst
Instructional Science	Wissenschaftliche Zeitschrift, die unzählige empirische Arbeiten zum Kontext E-Learning enthält
Journal of Educational Computing Research	Einige, z.T. ältere, wissenschaftliche Arbeiten im Kontext von E-Learning sind hier zu finden
Journal of Educational Psychology	Sehr renommierte Fachzeitschrift, die zahlreiche Artikel zur CTML (Kapitel 2.4) bereitstellt
Journal of Experimental Psychology: Applied	Wichtige experimentalpsychologische Fachzeitschrift, die u.a. auch E-Learning Themen enthält
Journal of Research in Science Teaching	Einige, teilweise etwas ältere, wissenschaftliche Artikel zum Thema E-Learning sind hier zu finden
Learning and Instruction	Renommierte Zeitschrift, die vornehmlich empirische Arbeiten europäischer Forscher enthält
Review of Educational Research	Nur vereinzelt sind hier Überblicksarbeiten zum Thema E-Learning aufzufinden

- **Wissenschaftliche Zeitschriften zum Thema durchsuchen:** Sofern man eine sehr umfangreiche Literaturrecherche anstrebt (z.B. für die eigene Doktorarbeit) und zudem auf das deutsche, elektronische Hochschulnetz zurückgreifen kann, bietet sich vor allem die systematische Suche in wissenschaftlichen Zeitschriften an. Die neuesten Artikel findet man dort meist unter der Rubrik "Online First". Zum Thema E-Learning existiert eine Fülle von Fachzeitschriften. Nach solchen Journalen kann unter anderem über die Internetseite www.scimagojr.com/journalsearch.php gesucht werden. Tabelle 1 liefert eine kleine und unvollständige Auswahl an Fachzeitschriften, in denen unter anderem Arbeiten zum Themenbereich E-Learning veröffentlicht werden. Über die elektronische Zeitschriftenbibliothek der Universitätsbibliothek Regensburg (http://ezb.uni-regensburg.de) gelangt man unter anderem zu diesen Journalen. Die Bibliotheken der einzelnen Universitäten haben dabei unterschiedliche Fachzeitschriften elektronisch abonniert, auf die Sie zurückgreifen können. Nicht abonnierte Journale können hingegen per Fernleihe bestellt werden. Sofern Sie nicht universitär angebunden sind, fallen jedoch immense Kosten für den Download eines Artikels an (z.B. aktuell 31.50 US $ für einen Artikel aus dem Fachjournal "Learning and Instruction"). Nur wenige Zeitschriften wie etwa das Australasian Journal of Educational Technology (www.ascilite.org.au/ajet/ajet.html) stellen sämtliche Artikel kostenlos als Download zur Verfügung.

- **Homepages relevanter Forscher systematisch absuchen:** Eine weitere Möglichkeit der Literaturrecherche stellt die systematische Durchsicht der Internetseiten wichtiger Forscher dar. Einige Forscher bieten ihre wissenschaftlichen Artikel oder Vorabdrucke dort direkt zum Download an. Beispielsweise stellt Shaaron Ainsworth (vgl. Kapitel 2.6) auf der Webseite www.psychology.nottingham.ac.uk/staff/sea/publications.html eine Vielzahl ihrer Arbeiten in Form von PDF-Dokumenten zur freien Verfügung.

- **Literaturverzeichnisse durchstöbern:** Sofern man bereits über relevante Artikel zu einem bestimmten Thema verfügt, kann sich die Durchsicht der Literaturverzeichnisse lohnen. Dort finden sich häufig weitere relevante Artikel für die eigene Forschungsarbeit. Diese Vorgehensweise führt leicht zu einer sehr ausgiebigen Recherche. Nachteilig ist, dass nur ältere Arbeiten gefunden werden, während Suchmaschinen mit der Option "Zitiert durch:" einen Blick auf aktuellere Artikel gewähren.

- **Bibliographische Datenbanken benutzen:** Bibliographische Datenbanken sind redaktionell betreute Sammlungen von beschreibenden Daten – sogenannte Metadaten. Durch Metadaten werden beispielsweise Texte aus Büchern, Zeitschriftenartikeln, Abschlussarbeiten oder Konferenzunterlagen beschrieben. Teilweise finden sich auch audiovisuelle Medien oder Tests in den Datenbanken. Typische Metadaten sind Autoren- und Herausgebernamen sowie die Sprache, in welcher der Text verfasst wurde. Zusätzlich werden häufig standardisierte Schlüsselwörter verwendet, welche die Suche nach einem Eintrag mit einem bestimmten Inhalt erleichtern sollen. Die Nutzung einer solchen Datenbank bedarf im Regelfall einer Lizenz, die zumeist von einer Universität erworben wird. Nachfolgend wird eine Auswahl gängiger Datenbanken vorgestellt, die für den Themenbereich E-Learning von Relevanz sind:

  - **PsycINFO (http://psycnet.apa.org):** Der Weltmarktführer psychologischer Datenbanken ist PsycINFO. Den Schwerpunkt bilden Veröffentlichungen aus den USA und englischsprachige Beiträge aus der ganzen Welt, aber auch deutschsprachige Texte aus der Datenbank PSYNDEX sind über die Suchmaske von PsycINFO zu finden. Herausgegeben wird PsycINFO von der American Psychological Association (APA).

- **Infoconnex (www.infoconnex.de):** Infoconnex stellt eine interdisziplinäre Oberfläche für verschiedene Datenbanken der Sozialwissenschaften, Pädagogik und Psychologie zur Verfügung. Im Bereich Psychologie greift Infoconnex auf die Datenbank PSYNDEX zurück. Das Portal eignet sich vor allem zur interdisziplinären Suche.
- **Vascoda (www.vascoda.de):** Die Oberfläche zu Vascoda vereint Datenbanken und Informationsportale verschiedener Fachbereiche. Die Suchoberfläche ist dabei im Internet frei verfügbar, allerdings kann der Zugang zu einzelnen Suchergebnissen eine Lizenz erfordern. Im Bereich Psychologie greift Vascoda derzeit auf ViFaPsy und PSYNDEX zurück.
- **Web of Science (http://apps.isiknowledge.com):** Einen anderen Ansatz als die zuvor aufgeführten Datenbanken wählt Web of Science. Dort werden alle Fachbereiche zusammen unter einer Oberfläche angeboten. Die für die Psychologie relevanten Datenbanken sind Social Science Citation Index (SSCI) und Science Citation Index Expanded (SCIE). Besonders hervorzuheben ist die Dokumentation von Zitationen. So kann die Relevanz von Artikeln leicht ermittelt oder auch überprüft werden, welche Arbeiten den aktuell betrachteten Artikel zitieren.

Weiterführende Informationen zur Literaturrecherche

Weiterführende Informationen zur Literaturrecherche sind zum Beispiel dem Lehrbuch von Bortz und Döring (2006, Anhang C) zu entnehmen. Wer seine eigene Forschungsarbeit in einem wissenschaftlichen Journal veröffentlichen möchte, kann auf der Webseite www.scimagojr.com/journalsearch.php verschiedene Zeitschriften hinsichtlich diverser Indikatoren (z.B. Zitationen pro Dokument) vergleichen.

Dokumentation der Informationen

Auch die beste Literaturrecherche ist nahezu wertlos, wenn die gewonnenen Informationen unzureichend dokumentiert werden (Bortz & Döring, 2006). In diesem Zusammenhang bietet sich die Verwendung eines Literaturverwaltungsprogramms an, mit dem man die eigenen Literaturbestände elektronisch verwalten und den Überblick über diese behalten kann. Zudem sind diese Programme hilfreich bei der Berichterstellung (Kapitel 4.7), da sie in Textverarbeitungsprogramme integriert werden können und dort das Literaturverzeichnis in Abhängigkeit der Zitationen automatisch und im gewünschten Format aus der Datenbank erstellen. Vor allem bei umfangreicheren Arbeiten sollte daher auf ein solches Programm zurückgegriffen werden. Für häufig genutzte Textverarbeitungssysteme wie zum Beispiel Word existieren unter anderem die Programme Bibliographix, Citavi, EndNote, LiteRat, Reference Manager und Zotero. Für LaTeX steht im Speziellen BibTeX zur Verfügung.

4.4 Planung und Vorbereitung

Überblick

In der Planungs- und Vorbereitungsphase einer E-Learning Studie ist zunächst der generelle Untersuchungsansatz (Kapitel 4.4.1) festzulegen. Danach kann der Versuchsplan ausgearbeitet und geeignete Variablen für die Untersuchung können ausgewählt werden (Kapitel 4.4.2). Häufig wird im Vorfeld von empirischen

Untersuchungen die Stichprobenumfangsplanung vernachlässigt (Kapitel 4.4.3), die Auskunft über die Anzahl an zu rekrutierenden Versuchspersonen gibt. Informationen zu Vorstudien, in denen der gesamte Versuchsablauf mit wenigen Probanden überprüft werden kann, liefert das Kapitel 4.4.4.

4.4.1 Untersuchungsmethode

Wahl der Untersuchungsmethode

Vor Festlegung eines Versuchsplanes und Auswahl geeigneter Variablen ist zunächst die generelle Untersuchungsmethode zu bestimmen. So könnte ein korrelatives, quasi-experimentelles oder experimentelles Design zum Einsatz gelangen (Sarris, 1999; Sarris & Reiß, 2005). Die Daten können im Labor oder in einer Feldstudie erhoben werden. Außerdem ist die Erfassung quantitativer und/oder qualitativer Daten (siehe hierzu Schreier, 2004) möglich.

...abhängig von der Forschungsfrage

Grundsätzlich ist *keine* Untersuchungsmethode einer anderen in allen erdenklichen Fällen überlegen. Stattdessen hängt die Entscheidung für oder gegen einen Untersuchungsansatz in erster Linie von der gewählten Forschungsfrage (Kapitel 4.3.1) ab. Wenn zum Beispiel ein postulierter Kausalzusammenhang getestet werden soll, dann spricht sich Mayer (2008) für die Verwendung eines experimentelles Designs (vgl. Nieding & Ohler, 2004; Rost, 2005) und die Erhebung quantitativer Daten aus. Ich teile Mayers Ansicht, dass Kausalzusammenhänge am besten in experimentellen Studien entdeckt werden können (siehe hierzu auch Sarris & Reiß, 2005). Ein unumstößlicher Beweis eines solchen Zusammenhanges kann jedoch auch hier nicht erbracht werden.

...abhängig von der Durchführbarkeit

Neben der gewählten Forschungsfrage ist bei der Wahl des Untersuchungsansatzes auf die Durchführbarkeit der Studie zu achten. Dabei können folgende Aspekte unterschieden werden (Mayer, 2008):

- **Zeitliche Ressourcen:** Die E-Learning Studie sollte in zeitlicher Hinsicht sorgsam geplant werden. Beispielsweise kann eine umfangreiche Längsschnittstudie hochinteressante Erkenntnisse zu Tage fördern, jedoch ist diese ungeeignet für Studenten, die ihre Abschlussarbeit zügig beenden möchten.
- **Finanzielle Ressourcen:** Ebenfalls beachtet werden sollten finanzielle Mittel, die für die Durchführung der Untersuchung zur Verfügung stehen. Sind zum Beispiel *keine* Versuchspersonengelder vorhanden, so können nur freiwillig teilnehmende Probanden rekrutiert werden oder aber Studierende, die durch die Prüfungsordnung zur Ableistung von Versuchsstunden verpflichtet sind.
- **Expertise:** Nicht zu unterschätzen ist die notwendige Expertise, welche für die Datenerhebung und -auswertung benötigt wird. Soll beispielsweise eine E-Learning Studie mit Hilfe eines Eyetrackers (Gerät zur Erfassung von Blickbewegungen, siehe Kapitel 4.5.3) durchgeführt werden, so ist Erfahrung mit dem verwendeten Gerät von Nutzen. Andernfalls sind zusätzliche zeitliche Ressourcen einzuplanen, um sich hinreichend mit dem Eyetracker, der verwendeten Software sowie der späteren Datenauswertung vertraut zu machen.

4.4.2 Versuchsplan und Variablen

Versuchsplan

Nach Festlegung des generellen Untersuchungsansatzes und Aufstellung der zu überprüfenden Hypothesen kann der Versuchsplan (bzw. das Design) ausgearbeitet werden. Ähnlich wie bei der Untersuchungsmethode ist *kein* Design per se anderen Versuchsplänen überlegen, sondern die Wahl hängt primär von der gewählten Forschungsfrage (Kapitel 4.3.1) und den hierzu aufgestellten Hypothesen ab. Diese sollten mit Hilfe des Versuchplans so eindeutig wie möglich überprüfbar sein.

Einfachheit

Des Weiteren sollte das Forschungsdesign so einfach wie möglich gehalten werden (Mayer, 2008). Unnötig komplizierte Versuchspläne erschweren die Beantwortung der Forschungsfrage und erfordern einen zeitlichen Mehraufwand. Dieser entsteht durch eine größere Anzahl an benötigten Versuchsteilnehmern (Kapitel 4.4.3) und/oder durch längere Untersuchungszeiten der einzelnen Versuchspersonen. Versuchspläne werden vor allem durch eine zu große Variablenanzahl (unnötig) kompliziert. Bezüglich der Variablen wird zwischen unabhängigen und abhängigen Variablen sowie weiteren Drittvariablen unterschieden.

Unabhängige Variablen

Unabhängige Variablen bzw. Prädiktorvariablen stellen Variablen dar, mit deren Hilfe eine abhängige Variable vorhergesagt werden soll. Während die unabhängige Variable im Rahmen der Varianzanalyse vom Versuchsleiter gezielt verändert wird, ist dies bei Prädiktorvariablen im Kontext der Regressionsanalyse *nicht* der Fall. Gleichwohl sind Varianz- und Regressionsanalyse bei der Datenauswertung (Kapitel 4.6) mathematisch identisch.

In einem E-Learning Experiment könnte beispielsweise ein Text einzelnen Probanden *mit*, und anderen *ohne* Signalisierungen (Kapitel 3.3.2) dargeboten und der Lernerfolg gemessen werden. In diesem Fall läge eine zweifachgestufte unabhängige Variable vor, die den Lernerfolg als abhängige Variable vorhersagen soll.

Typischerweise werden in E-Learning Experimenten Versuchsmaterialien in mehreren Versionen (z.B. mit und ohne Signalisierungen) konzipiert und die dort erreichten Lernleistungen sowie andere abhängige Variablen miteinander verglichen. Eine Versuchsperson erhält dabei fast immer nur eine einzige Version, da eine mehrfache Darbietung nahezu identischer Lernmaterialien mit ungewünschten Lerneffekten verbunden wäre. Um derartige Störeinflüsse zu vermeiden, wird somit auf eine Messwiederholung dieser Variablen verzichtet.

Neben den Versuchsmaterialien können auch Lernervariablen als Prädiktorvariablen fungieren. Zum Beispiel könnte die Intelligenz der Probanden als vorhersagende Variable für den Lernerfolg dienen (Kapitel 3.8.2). In aller Regel beschränken sich die meisten Studien zum Thema E-Learning jedoch auf die Expertise der Lernenden (Kapitel 3.8.1) als weitere Prädiktorvariable.

Abhängige Variablen

Abhängige Variablen bzw. Kriteriumsvariablen sind Variablen, deren Werte mit Hilfe der unabhängigen Variablen vorhergesagt werden sollen. Einige Studien zum Thema E-Learning verwenden als abhängige Variablen beispielsweise das Bewertungsurteil der Probanden über die dargebotenen Lernmaterialien (Kapitel 4.5.2). Dieses Urteil kann wertvolle Aufschlüsse darüber geben, wie Lernende die Materialien wahrgenommen haben. Als Kriterium zur Prüfung auf Lernförderlichkeit ist dieses Urteil hingegen ungeeignet, da solche subjektiven Bewertungen häufig nur sehr gering mit dem objektiven Lernerfolg korrelieren (z.B. Kirschner, P. A. et al., 2006; Krause, Stark & Mandl, 2009; Maki, 1998; Rey, 2008b). Ein Lernwirksamkeitsnachweis ist daher durch Variablen zu erbringen, welche die tatsächliche Lernleistung der Versuchsteilnehmer erfassen.

Behaltens- und Verständnisleistungen

Bei der Untersuchung multimedialer Lernumgebungen wird zur Messung der Lernwirksamkeit oftmals zwischen Behaltens- und Verstehensleistungen der Lernenden unterschieden. Gelegentlich wird die Verständnisleistung in "transfernahe" und "transferferne" Leistungen unterteilt (z.B. Rourke & Sweller, 2009). In aktuellen Publikationen (z.B. Van Merriënboer & Sluijsmans, 2009) wird bisweilen eine noch detailliertere Aufschlüsselung der Transferleistungen gefordert. Nicht immer erfolgt eine klare, definitorische Trennung zwischen Behaltens- und Verständnisleistungen (z.B. Mayer et al., 2001). In Anlehnung an Bloom (z.B. Bloom & Krathwohl, 1956; Bloom, Madaus & Hastings, 1981) und Mayer (2005b) werden Behalten und Verstehen wie folgt voneinander abgegrenzt:

- **Behaltensleistung:** Hierunter soll die Leistung verstanden werden, Informationen zu speichern und zu einem späteren Zeitpunkt wieder abzurufen bzw. wieder zu erkennen. Erfasst werden kann diese Fähigkeit unter anderem durch die Prüfung, ob die Lernenden Faktenwissen wiederholen, auflisten, benennen, wieder erkennen und reproduzieren können.
- **Verständnisleistung:** Die Verständnisleistung bezieht sich darauf, die Bedeutung der gespeicherten Informationen zu erfassen und diese in neuen Kontexten einsetzen zu können. In einem Transfertest kann beispielsweise geprüft werden, ob die Versuchsteilnehmer in der Lage sind, Vorhersagen über zukünftige und/oder unbekannte Ereignisse zu treffen, ihr Wissen in neuen Kontexten anzuwenden und Schlussfolgerungen aus den präsentierten Informationen zu ziehen (vgl. Cooper, G. & Sweller, 1987).

Trotz klarer Abgrenzung der beiden Konstrukte hängen diese miteinander zusammen. Verständnis kann nur dann in Erscheinung treten, wenn Informationen zuvor gespeichert worden sind, d.h. Behalten wird für die Verständnisleistung vorausgesetzt. Diese Konfundierung erschwert die getrennte Messung der beiden Variablen. In diesem Zusammenhang weist Mayer (2008) darauf hin, dass die Ausarbeitung geeigneter Lernfragen die anspruchsvollste und schwierigste Tätigkeit im Rahmen eines pädagogischen Forschungsprojektes sei. Des Weiteren unterscheiden sich die angenommenen intrapsychischen Prozesse, die für das Behalten und Verstehen von elektronischen Lernmaterialien notwendig sind, in den einzelnen E-Learning Theorien (Kapitel 2).

Cronbachs α-Werte

In zahlreichen E-Learning Artikeln finden sich zu Behaltens- und Verständnisfragen Cronbachs α-Werte (Cronbach, 1951). Diese Kennwerte sollen – sofern eine bestimmte Schwelle überschritten wird (gewöhnlich über .70, siehe z.B. Schmitt, 1996) – die Unidimensionalität (Eindimensionalität) und Reliabilität (Zuverlässigkeit) der Messung belegen. Dies ist einerseits problematisch, da man Behalten und Verständnis *nicht* als eindimensionale Konstrukte betrachten muss. Ebenso könnte man annehmen, dass sich das Verständnis für einen dargebotenen Lerninhalt in einzelne Verständnisdimensionen unterteilen lässt (vgl. Bloom & Krathwohl, 1956; Bloom et al., 1981). Andererseits ist der Cronbachs α-

Kennwert als Nachweis für Unidimensionalität ungeeignet und auch in anderer Hinsicht methodisch zu kritisieren (z.B. Schmitt, 1996). Seine Höhe ist beispielsweise in starkem Maße abhängig von der Itemzahl des Tests. Je mehr Fragen der Lerntest besitzt, desto höhere Cronbachs α-Werte werden erreicht – unabhängig von der Dimensionalität und Reliabilität des Fragebogens. Insofern rate ich eher davon ab, Cronbachs α-Werte als Nachweis für die Unidimensionalität und Reliabilität der selbst konstruierten Fragebögen anzugeben.

Drittvariablen

Drittvariablen stellen einen Oberbegriff für alle Variablen dar, die weder als unabhängige noch als abhängige Variablen zu bezeichnen sind. Sie können beispielsweise als Moderatorvariablen in Erscheinung treten und somit den Zusammenhang zwischen der Prädiktorvariablen und dem Kriterium beeinflussen (moderieren). Innerhalb der aktuellen E-Learning Forschung werden vor allem Lernereigenschaften (Kapitel 3.8) wie Lernerexpertise oder das räumliche Vorstellungsvermögen als Drittvariablen herangezogen.

Lernzeit

Neben verschiedenen Lernereigenschaften wird gelegentlich auch die mit den Versuchsmaterialien verbrachte Zeit als Drittvariable berücksichtigt (Kapitel 1.3). Dabei gehen die Meinungen auseinander, ob die Lernzeit für alle Versuchspersonen im Vorfeld beschränkt werden (z.B. Mayer & Johnson, 2008) oder die nicht fixierte Lernzeit als Drittvariable in die statistische Analyse einfließen sollte (Kapitel 4.6.5). Eine Festlegung der Lernzeit auf einen sehr kurzen Zeitraum kann zu hohen Effektstärken der E-Learning Studie führen, wie dies in zahlreichen Untersuchungen von Mayer der Fall ist. Andererseits wird durch eine fehlende Zeitbegrenzung der Forderung Rechnung getragen, die E-Learning Studie stärker an die alltäglichen Erfahrungen der Lernenden anzugleichen (z.B. Brody, 1981; Lewalter, 1997).

4.4.3 Stichprobenumfangsplanung

Die Stichprobenumfangsplanung im Vorfeld einer Untersuchung gibt Auskunft über die Anzahl an zu rekrutierenden Versuchspersonen. In der Praxis wird eine solche Planung häufig *nicht* durchgeführt. Dabei besitzt sie – zusammen mit der Angabe der Teststärke[7] – mehrere Vorteile:

Vorteile der Stichprobenumfangsplanung und Teststärkenberechnung

- **Gewährleistung der Untersuchungsökonomie:** Ein wichtiger Vorteil der Stichprobenumfangsplanung betrifft die Ökonomie der Untersuchung. Grundsätzlich gilt zwar für den Stichprobenumfang: Je mehr Versuchspersonen, desto besser! Jedoch kostet das Anwerben und Untersuchen von Versuchsteilnehmern (Kapitel 4.5.1) Zeit und ggf. auch Geld. Daher sollte man gerade so viele Versuchspersonen untersuchen, wie zur Absicherung der aufgestellten (Alternativ-)Hypothesen gegen den Zufall benötigt werden. Wird die (Alternativ-)Hypothese nicht bestätigt, so sind gerade so viele Pro-

[7] Die Teststärke (power) bezeichnet die Wahrscheinlichkeit, sich richtigerweise zugunsten der (Alternativ-)Hypothese zu entscheiden.

banden erforderlich, um die Nullhypothese mit einer hinreichenden Wahrscheinlichkeit annehmen zu können.

- **Wahrscheinlichkeitsangabe für die Nullhypothese:** Die Planung des Stichprobenumfanges ist von Bedeutung, wenn das Untersuchungsergebnis nicht signifikant wird. In diesem Fall stellt sich die Frage, ob und mit welcher Wahrscheinlichkeit die Nullhypothese angenommen werden kann. Wurde im Vorfeld *keine* Stichprobenumfangsplanung durchgeführt und auf eine nachträgliche Teststärkeberechnung verzichtet, so kann man *keine* Wahrscheinlichkeit für die Gültigkeit der Nullhypothese anführen. Dadurch können weder die Null- noch die Alternativhypothese angenommen werden. Eine fundierte Entscheidung zugunsten einer der beiden Hypothesen ist somit *nicht* mehr möglich.

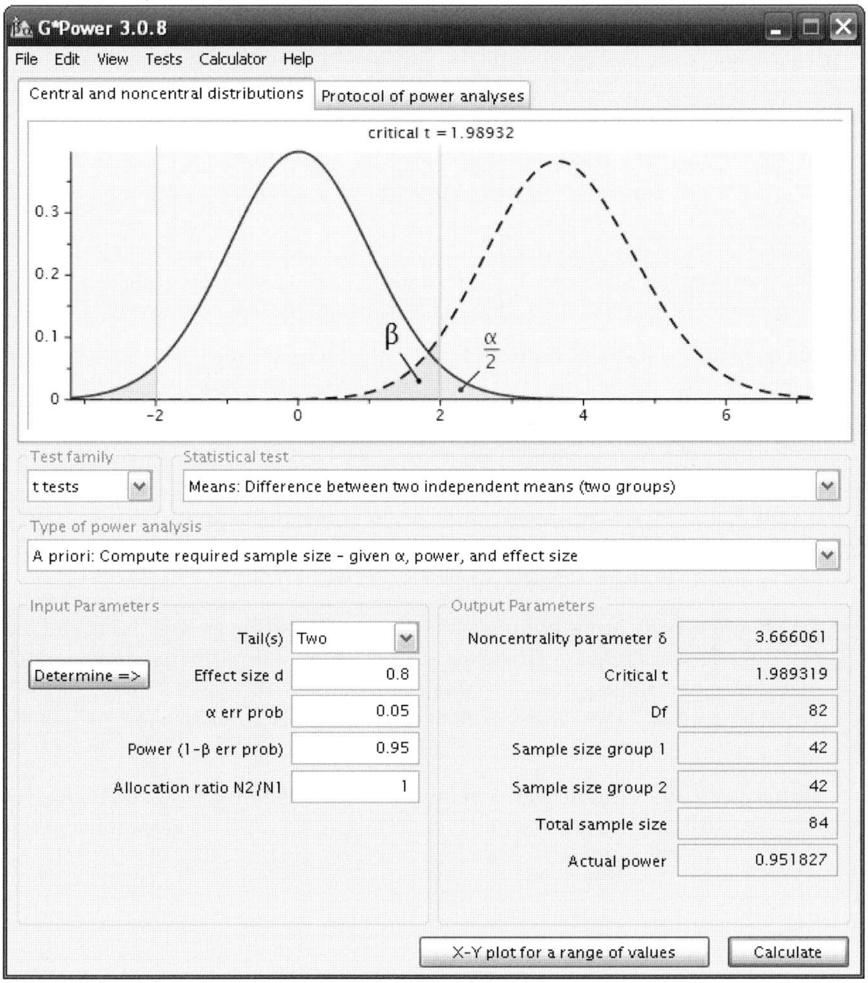

Abbildung 23: Berechnung des benötigten Stichprobenumfanges mit Hilfe von GPower 3.

Durchführung der Stichprobenumfangsplanung

Zur Durchführung der Stichprobenumfangsplanung stehen diverse Statistikprogramme zur Verfügung. Die gängigste, kostenlose Software aus dem deutschsprachigen Raum stammt von Faul, Erdfelder, Lang und Buchner (2007). Abbildung 23 veranschaulicht die Berechnung der Stichprobengröße mittels GPower 3 beispielhaft für einen *t*-Test für unabhängige Stichproben bei zweiseitiger Testung und einem angenommenen großen Effekt ($d = 0.80$) nach Cohen (1988). Das Alpha-Niveau wurde hier auf 5% gesetzt, ebenso wie der Beta-Fehler. Der resultierende Stichprobenumfang liegt hier bei 84 Probanden.

Bedeutung der Effektgröße

Zu beachten ist, dass die angenommene Effektgröße einen zentralen Einfluss auf den Stichprobenumfang besitzt. Bei einem angenommenen mittleren Effekt ($d = 0.50$) nach Cohen (1988) würde sich die Versuchspersonenanzahl bereits auf 210 erhöhen, bei einem angenommenen kleinen Effekt ($d = 0.20$) gar auf 1302. Die Größe des Effekts ist in vielen (E-Learning) Untersuchungen jedoch im Vorfeld nur sehr schwer abzuschätzen und gleicht bisweilen einem Ratespiel. Neben einer Vorstudie können neuere statistische Ansätze (z.B. das sequentielle Testen, bei dem fortlaufend geprüft wird, ob der Stichprobenumfang für eine inferenzstatistische Entscheidung ausreicht) dieses Problem umgehen. Sie sind innerhalb der E-Learning Forschung allerdings nicht gängig.

Bedeutung der Versuchspläne

Neben der Effektgröße besitzt auch die Art des Versuchsplans einen maßgeblichen Einfluss auf den benötigten Stichprobenumfang. Wie in Kapitel 4.4.2 aufgeführt sollte der Versuchsplan in erster Linie in Abhängigkeit der zu beantwortenden Forschungsfrage ausgewählt werden. *Nachrangig* können jedoch folgende Empfehlungen zur Wahl des Designs und Aufstellung von Hypothesen beachtet werden, die einen positiven Einfluss auf den Stichprobenumfang besitzen[8]:

Empfehlungen

- **Versuchsplan einfach halten:** Nach Möglichkeit sollte auf zu komplexe Versuchspläne mit mannigfaltigen unabhängigen Variablen verzichtet werden. Dies gilt besonders dann, wenn diese Variablen eine große Zahl an Faktorstufen besitzen.
- **Untersuchung auf wenige Hypothesen beschränken:** Aufgrund der durchzuführenden Adjustierung des α-Niveaus und dem damit einhergehenden Powerverlust sollten nur so wenige Hypothesen wie unbedingt erforderlich inferenzstatistisch getestet werden.
- **Zweifachgestufte unabhängige Variablen hinzufügen:** Die Hinzunahme von zweifachgestuften unabhängigen Variablen führt im univariaten Fall (d.h. bei einer abhängigen Variable) zumeist nur zu einem unbedeutenden Teststärkeverlust. Ihre Hinzunahme kann daher empfohlen werden, sofern eine solche Variable auch nach inhaltlichen Gesichtspunkten sinnvoll ist.
- **Höhergestufte unabhängige Variablen nach Möglichkeit vermeiden:** Bereits dreifachgestufte unabhängige Variablen belasten die Teststärke deutlich

[8] Die genannten Empfehlungen können auf Basis von Formeln zur Berechnung von Zähler- und Nennerfreiheitsgraden mathematisch begründet werden. Aus Gründen der besseren Übersichtlichkeit wurde an dieser Stelle jedoch hierauf verzichtet.

stärker als eine zweifachgestufte unabhängige Variable. Daher sollten eher zwei oder mehr zweifachgestufte unabhängige Variablen in den Versuchsplan hinzugenommen werden als eine einzige drei- oder vierfachgestufte unabhängige Variable.

- **Kovariaten verwenden:** Kovariaten belasten die Power in aller Regel nur unerheblich und können daher problemlos in den Versuchsplan integriert werden (Hinweise zur Kovarianzanalyse siehe Kapitel 4.6.5). Dies gilt nur, sofern deren Messung nicht allzu viel Zeit veranschlagt (z.B. ist ein aufwendiger IQ-Test von drei Stunden für eine fünfminütige Untersuchung kaum empfehlenswert).
- **Anzahl an abhängigen Variablen in Abhängigkeit der Anzahl an unabhängigen Variablen festlegen:** Nach Teststärkegesichtspunkten ist – bei Verwendung der Prüfgröße Pillai-Bartlett's V – die Anzahl an abhängigen Variablen dann optimal, wenn sie der Anzahl an unabhängigen Variablen entspricht. Aufgrund der Alphafehlerkumulierung[9] sollten mehrere abhängige Variablen mittels multivariater Verfahren (z.B. MANOVA) ausgewertet werden und nicht mittels vieler univariater Verfahren (z.B. ANOVAs). Allerdings ist bei diesen multivariaten Verfahren die Interpretation von zwei oder mehr abhängigen Variablen oftmals schwierig (Kapitel 4.6.3). In der (E-Learning) Forschung wird die Interpretation nachträglich häufig doch einzig aufgrund univariater Analysen vorgenommen.

Die genannten Empfehlungen gelten für Versuchspläne *ohne* Messwiederholung, die in der Forschung zu E-Learning sehr häufig zum Einsatz gelangen.

4.4.4 Voruntersuchung

Unmittelbar vor der Durchführung der Hauptuntersuchung kann der gesamte Versuchsablauf in einer Vorstudie mit wenigen Probanden überprüft werden. Der hierdurch entstehende Mehraufwand kann sich aufgrund folgender Vorteile auszahlen:

Vorteile durch Voruntersuchungen

- **Aufdeckung von Fehlerquellen:** In der Planungsphase nicht berücksichtigte Fehlerquellen können in der Voruntersuchung offenkundig und für die Hauptuntersuchung noch rechtzeitig beseitigt werden (Rost, 2005).
- **Überprüfung der Lernfragen:** Die selbst konstruierten Lernfragen (Kapitel 4.4.2) lassen sich aufgrund der Vorstudienergebnisse überprüfen. So kann etwa festgestellt werden, ob die Fragen zu schwer oder zu leicht waren oder ob Lernende einzelne Aufgaben mehrheitlich falsch verstanden haben. Ist dies der Fall, können einzelne Lernfragen ausgetauscht oder neu formuliert werden.

---

[9] Bei mehrfacher inferenzstatistischer Testung steigt die Wahrscheinlichkeit an, unzutreffenderweise ein Muster in dem Datensatz anzunehmen, d.h. sich fälschlicherweise zugunsten der aufgestellten (Alternativ-)Hypothesen zu entscheiden.

- **Abschätzung der Effektgröße:** Durch die Vorstudie kann die vermutlich resultierende Effektgröße besser abgeschätzt werden. Dies kann die Stichprobenumfangsplanung beträchtlich erleichtern. Die Ergebnisse aus der Vorstudie können auch zu einer Neuformulierung der Hypothesen oder Modifikation des Versuchsplans führen, wenn die Voruntersuchung beispielsweise klare Hinweise auf zu geringe oder hypothesenkonträre Effekte liefert.
- **Abschätzung der Versuchsdauer:** Mit Hilfe der Vorstudie kann die Dauer der Hauptstudie deutlich besser abgeschätzt werden. Dies ist unter anderem im Rahmen der Stichprobenrekrutierung (Kapitel 4.5.1) wichtig, da den Teilnehmern im Vorfeld der Testung die voraussichtlich benötigte Zeit mitgeteilt werden sollte.
- **Erfahrung mit Hilfsmitteln sammeln:** Sofern spezielle Hilfsmittel wie beispielsweise Online-Fragebögen und Eyetracker (Kapitel 4.5.3) zum Einsatz kommen, kann der Versuchsleiter in der Voruntersuchung Erfahrungen mit diesen sammeln. Dies verhindert Ausfälle von Versuchspersonen in der Hauptuntersuchung – zum Beispiel aufgrund der nicht korrekt durchgeführten Kalibrierung des Eyetrackers.

4.5 Durchführung

Überblick

Nach der Planung und Vorbereitung erfolgt die Durchführung der E-Learning Studie. Hierfür ist eine hinreichend große Stichprobe zu rekrutieren (Kapitel 4.5.1). Hinsichtlich der Datenerhebung (Kapitel 4.5.2) können verschiedene Arten voneinander unterschieden werden. Während der Durchführung einer E-Learning Untersuchung kann auf die gleichen Hilfsmittel zurückgegriffen werden, die man auch in anderen empirischen Studien verwenden kann. Das Unterkapitel 4.5.3 erörtert in diesem Kontext Online-Fragebögen und Eyetracker. Die sorgfältige Aufklärung der Versuchspersonen (Kapitel 4.5.4) sollte aus ethischen Gründen besonders beachtet werden.

4.5.1 Stichprobenrekrutierung

Empfehlungen zur Stichprobenrekrutierung

Die Rekrutierung einer ausreichenden Anzahl von Probanden kann sich in E-Learning Studien sowohl für Untersuchungen "vor Ort" als auch für Online-Studien über das Internet als schwierig erweisen. Für letztgenannte Erhebungsform sollten meines Erachtens folgende Empfehlungen beachtet werden:

- **Werbung für die Untersuchung machen:** Damit möglichst viele Personen an der E-Learning Untersuchung teilnehmen, sollte diese entsprechend beworben werden. Dies kann beispielsweise durch Verlinkung auf häufig besuchten Webseiten oder auch per E-Mail geschehen. Vorteilhaft – wenn auch aufwendiger – sind E-Mails, in denen potentielle Untersuchungsteilnehmer individuell und persönlich angesprochen werden (vgl. Bortz & Döring, 2006; Rost, 2005). Dabei sollte das Untersuchungsvorhaben – soweit möglich – erläutert und Anreize für die Teilnahme bereitgestellt werden.

- **Anreize für Versuchsteilnahme bieten:** Versuchsteilnehmer müssen zur Teilnahme motiviert werden. Dies kann durch die Bereitstellung eines interessanten Lernthemas (Kapitel 4.3.2) und einer didaktisch besonders gelungenen Darstellung erfolgen. Aber auch extrinsische Anreize wie materielle Entlohnungen können die Wahrscheinlichkeit erhöhen, dass Personen mit der Beantwortung eines Onlinefragebogens beginnen und diesen nicht vorzeitig abbrechen (Göritz, 2006). Darüber hinaus sind auch die Teilnahme an einer Verlosung, ein kleines persönliches Geschenk oder das zur Verfügung stellen eines gut gestalteten Skriptes zum Thema im Anschluss an die Versuchsteilnahme denkbar. Ebenso kann es sich positiv auswirken, den Probanden eine individuelle Rückmeldung über ihre Untersuchungsergebnisse in Aussicht zu stellen (vgl. Bortz & Döring, 2006).
- **Dauer der Studie begrenzen:** Die Untersuchung sollte nicht zu lange andauern, da dies die Chancen auf einen großen Stichprobenumfang erheblich schmälert. Fairerweise sollte den Probanden zu Beginn die voraussichtlich benötigte Zeit für die Durchführung genannt werden. Erfolgt dies nicht oder erfordert die Untersuchung deutlich mehr Zeit als anfänglich angegeben, führt dies zudem zu einer unerwünscht hohen Abbrecherquote (Drop-out-Quote).
- **Browserkompatibilität überprüfen:** Bei der Erstellung der Versuchsmaterialien ist zu überprüfen, ob diese unter *allen* gängigen Browsern in der gewünschten Form angezeigt werden. Häufig ist dies nicht der Fall – selbst bei Beachtung der entsprechenden Webstandards und Richtlinien des World Wide Web Consortium (W3C). Zur Orientierung, welche Webbrowser im deutschsprachigen Raum eingesetzt werden, dient Tabelle 2. Diese zeigt den prozentualen Anteil der eingesetzten Browser im Gesamtjahr 2008 für die Internetseite www.neuronalesnetz.de. Demzufolge ist vor allem auf Kompatibilität mit Firefox sowie dem Internet Explorer und Opera zu achten.

Tabelle 2: Prozentualer Anteil der benutzten Webbrowser im Jahr 2008 für die Internetseite www.neuronalesnetz.de.

Webbrowser	Prozentualer Anteil
Firefox	56.55%
Internet Explorer	29.18%
Opera	8.16%
Mozilla	2.46%
Safari	2.30%
Konqueror	0.72%
Chrome	0.31%
Netscape	0.08%
SeaMonkey	0.08%
Unbekannte oder Sonstige	0.16%

Stichprobenrepräsentativität

Oft wird bei der Rekrutierung von Versuchspersonen die Stichprobenrepräsentativität als zentrales Merkmal betrachtet und argumentiert, dass diese wichtiger sei als der Stichprobenumfang (Kapitel 4.4.3). Repräsentativität bedeutet in diesem Zusammenhang, dass die Stichprobe die Population hinsichtlich aller interessierender Merkmale möglichst adäquat widerspiegelt (Beller, 2008). Dies sei dann der Fall, wenn die Stichprobe ein verkleinertes, aber ansonsten wirklichkeitsgetreues Abbild der Population darstelle (Berekoven, Eckert & Ellenrieder, 1999). Allerdings besteht das Problem, dass die Verteilung der interessierenden Merkmale innerhalb der Population *nicht* bekannt ist, da sich ansonsten eine empirische Untersuchung und inferenzstatistische Überprüfung der Daten erübrigen würde (von der Lippe & Kladroba, 2002). Außerdem führt der Versuch, eine Stichprobe aus der Grundgesamtheit repräsentativ zu ziehen, dazu, dass keine Zufallsstichprobe mehr vorliegt. Ohne Zufallsstichprobe können jedoch "nur" noch deskriptivstatistische Kennwerte sinnvollerweise berichtet werden. Inferenzstatistische Analysen benötigen hingegen zwingend eine Zufallsstichprobe, da ansonsten keine Zufallsvariable vorliegt, die eine Wahrscheinlichkeitsverteilung besitzt (von der Lippe & Kladroba, 2002). Zusammenfassend ist das Konzept der Stichprobenrepräsentativität zwar zunächst intuitiv einleuchtend, bei näherer Betrachtung ergeben sich hieraus jedoch – neben den skizzierten – zahlreiche weitere Probleme (siehe hierzu von der Lippe & Kladroba, 2002). Dies widerspricht jedoch *nicht* der generellen Kritik gegenüber E-Learning und anderen Untersuchungen, dass rekrutierte Probanden vornehmlich aus Studierenden (häufig Psychologiestudentinnen der ersten Semester) bestehen. Beispielsweise liegt der studentische Anteil in empirischen Untersuchungen in den USA bei ca. 80%, obgleich diese Gruppe nur 3% der dortigen Gesamtbevölkerung ausmacht (Bortz & Döring, 2006). Eine Verallgemeinerung auf die Gesamtbevölkerung mittels inferenzstatistischer Methoden ist strenggenommen *nicht* statthaft, weil *keine* Zufallsstichprobe vorliegt (vgl. hierzu jedoch Sarris & Reiß, 2005).

4.5.2 Datenerhebung

In einer empirischen Untersuchung können eine Reihe von Daten erhoben werden. In diesem Kapitel werden folgende Arten der Datenerhebung erörtert (vgl. Kapitel 2.3.5), die innerhalb der E-Learning Forschung von Bedeutung sind:

- Aufgaben- und leistungsbasierte Messungen
- Messungen des Verhaltens
- Befragungen
- Physiologische Messungen

Aufgaben- und leistungsbasierte Messungen

Aufgaben- und leistungsbasierte Messungen werden in E-Learning Studien sehr häufig eingesetzt. Beispielsweise kann man im Anschluss an eine Computersimulation Lernfragen wie Behaltens- und Verständnisfragen (Kapitel 4.4.2) zu dieser Simulation stellen und anschließend bewerten. Auch Tests zum Vorwissen des Lernenden oder seiner (räumlichen) Intelligenz (Kapitel 3.8.1 und 3.8.2) fallen in diese Kategorie. Derartige Messungen erfassen als einzige der aufgeführten Arten der Datenerhebung die objektive Leistung des Lernenden. Daher sollten E-Learning Untersuchungen immer eine solche Form der Messung enthalten, auch wenn beispielsweise die Erstellung guter Lernfragen häufig sehr schwierig ist (Kapitel 4.4.2). Des Weiteren gibt die Messung der Lernleistung keine unmittelbare Auskunft, wodurch diese Leistungsunterschiede zustande gekommen sind.

Messungen des Verhaltens

Messungen des Verhaltens während der Bearbeitung elektronischer Lernmaterialien können dazu beitragen, Gründe für Leistungsunterschiede in E-Learning Umgebungen aufzudecken. In den meisten empirischen Studien im E-Learning Kontext wird das Verhalten nicht durch eine andere Person beobachtet, sondern automatisch aufgezeichnet. Beispielsweise erfasst man die durchgeführten Mausbewegungen, Mausklicks, Tastatureingaben oder Lernzeiten des Probanden. Auch das Aufzeichnen der Blickbewegungen mittels Eyetracker ist möglich. Aus diesen Daten können Schlussfolgerungen vorgenommen werden, wie unterschiedliches Lernerverhalten zu verschiedenen Lernleistungen geführt haben könnte. Nachteilig ist der hohe Aufwand, der bei der Aufbereitung dieser Daten (Kapitel 4.6.1) und weiteren Auswertung (Kapitel 4.6.3 und 4.6.5) betrieben werden muss.

Befragungen

Befragungen kommen vor allem in Evaluationsstudien zum Thema E-Learning zum Einsatz. Dabei soll der Lernende beispielsweise einschätzen, wie gut er mit den Lernmaterialien zurechtkam, diese bewerten oder aber berichten, welche Probleme während des Lernprozesses auftraten und wie diese überwunden werden können. Solche Angaben können wertvolle Rückschlüsse über die subjektive Wahrnehmung der Lernenden liefern (Kapitel 4.4.2). Auch tragen diese Befragungen dazu bei, Probleme bei bestehenden E-Learning Materialien zu erkennen und Ideen zur Optimierung der Lernmaterialien zu generieren. Als Kriterium zur Prüfung auf Lernförderlichkeit ist dieses Urteil hingegen ungeeignet, da solche subjektiven Bewertungen häufig nur sehr gering mit dem objektiven Lernerfolg korrelieren (Kapitel 4.4.2). Befragungen der Lernenden können daher aufgaben- und leistungsbasierte Messungen *nicht* ersetzen!

Physiologische Messungen

Physiologische Messungen wie Messungen des Blutdrucks und der Gehirnaktivität kommen in der E-Learning Forschung nur sehr selten zum Einsatz. Derartige Messungen zählen zu den objektiven Messmethoden, d.h. der Versuchsteilnehmer hat in aller Regel keine Möglichkeit, in direkter Weise auf die Messergebnisse verfälschend Einfluss zu nehmen (Bortz & Döring, 2006). Zudem erlauben diese Verfahren eine Messung nicht bewusster und nicht verbalisierbarer psychischer Prozesse wie zum Beispiel emotionsauslösende und aufmerksamkeitssteuernde Wirkungen von Medien (Kempter & Bente, 2004). Problematisch an diesen Messungen sind die teilweise hohen Kosten für die erforderlichen Geräte sowie der hohe Aufwand bei der Durchführung und Auswertung. Zudem bestehen bei physiologischen Messungen spezielle Messprobleme (z.B. Bortz & Döring, 2006; Wilder, 1931) wie etwa die Spezifitätsproblematik (ein Teil der Probanden reagiert situations*un*spezifisch mit demselben Reaktionsmuster) und die Ausgangswertproblematik (Veränderungswerte hängen mit der bereits vorhandenen Aktivierung der Organe zusammen). Im Kapitel 2.3.5 finden sich weitere Probleme physiologischer Messungen.

4.5.3 Hilfsmittel

In E-Learning Untersuchungen kann auf die gleichen Hilfsmittel zurückgegriffen werden, die man auch in anderen empirischen Studien verwendet. In erster Linie sind dies Computer, aber auch spezielle physiologische Geräte, beispielsweise zur Messung des Blutdrucks und der Gehirnaktivität (vgl. Kapitel 2.3.5). Diese kommen in E-Learning Studien allerdings nur sehr selten zum Einsatz. Nachfolgend werden zwei ausgewählte Hilfsmittel erörtert, die vor allem in E-Learning Untersuchungen gewinnbringend eingesetzt werden können: Online-Fragebögen und Eyetracker.

Online-Fragebögen

Definition: Online-Fragebögen

Online-Fragebögen sind internetbasierte, elektronische Fragebögen, die von den Versuchsteilnehmern im Webbrowser ausgefüllt werden. Der Fragebogen selbst befindet sich dabei auf einem Webserver. Fragen können durch Besuch einer bestimmten Webseite aufgerufen und in aller Regel in einem HTML-Formular beantwortet werden. Eine Auflistung kostenloser bzw. günstiger elektronischer Fragebögen kann beispielsweise auf den Webseiten http://ofb.msd-media.de und www.online-forschung.de abgerufen werden. Fragebögen können auch mit Hilfe von Autorenwerkzeugen (Kapitel 4.3.3) generiert werden.

Vorteile

Online-Befragungen im Rahmen von E-Learning Untersuchungen besitzen eine Reihe von Vorteilen:

- **Schnelle und kostengünstige Erhebung:** Elektronische Fragebögen sind zumeist schneller und kostengünstiger zu organisieren, durchzuführen und durch die automatische Datenerfassung auch deutlich schneller auszuwerten (vgl. Batinic, 2004). Außerdem ist für Online-Experimente mit anschließenden Online-Fragebögen kein Versuchsleiter mehr erforderlich (Sarris & Reiß, 2005). Zudem besteht die Möglichkeit, fortlaufend Zwischenergebnisse während der Untersuchung zu generieren, was zum Beispiel das sequentielle (vgl. Kapitel 4.4.3) oder adaptive Testen (Kapitel 5.2) ohne größeren Mehraufwand ermöglicht.
- **Erleichterung des adaptiven Testens:** Beim adaptiven Testen erhalten *nicht* alle Versuchspersonen denselben Online-Fragebogen ("one size fits all", Kapitel 3.8 und 5.2), sondern die Fragen werden in Abhängigkeit des bisherigen Antwortverhaltens angepasst. Bei einem Leistungstest kann dadurch der Schwierigkeitsgrad fortlaufend adjustiert werden. Leistungsschwache Versuchsteilnehmer erhalten somit im Verlauf leichtere Fragen, leistungsstarke Probanden hingegen schwierigere Aufgaben.
- **Zeitliche und örtliche Flexibilität:** Im Vergleich zu einem Fragebogen, der im Rahmen einer E-Learning Laboruntersuchung eingesetzt wird, muss dieser nicht zu einer bestimmten Zeit und an einem bestimmten Ort ausgefüllt werden. Stattdessen kann der Proband entscheiden, wann und wo er die Online-Untersuchung einschließlich des Fragebogens durchführen möchte. Einzige Voraussetzung ist ein Internetzugang.
- **Vermeidung von Erfassungsfehlern:** Die Antworten der Probanden werden unmittelbar in der Datenbank gespeichert. Dies erspart nicht nur die

aufwendigen und mühseligen Arbeiten bei der manuellen Datenerfassung, sondern verhindert auch Fehler, die hierbei auftreten können. Trotzdem sollten vor der Auswertung Plausibilitätsprüfungen der Daten vorgenommen werden.

Neben diesen Vorteilen sind jedoch auch Nachteile bei der Verwendung von Online-Fragebögen zu beachten: Nachteile

- **Gefahr der Mehrfachteilnahme:** Bei Online-Befragungen, die nicht im Rahmen klassischer Laboruntersuchungen durchgeführt werden, besteht grundsätzlich die Gefahr der Mehrfachteilnahme von Probanden (Beller, 2008). Vermieden werden kann dies durch einen nur einmal verwendbaren Link zum Fragebogen bzw. zur Untersuchung oder durch Vergabe eines eindeutigen Passworts. Die vollständige Anonymität ist somit jedoch nicht mehr gewährleistet. Andere Maßnahmen wie der Vergleich der IP-Adressen, die Verwendung von Cookies oder die Überprüfung der Antworten auf Zeitkonsistenz können die Mehrfachteilnahme lediglich einschränken, diese jedoch nicht gänzlich unterbinden (Vadillo & Matute, 2009).
- **Fragwürdige Stichprobenrepräsentativität:** Hinsichtlich der Stichprobenrepräsentativität (Kapitel 4.5.1) ist zu kritisieren, dass Probanden über einen Internetzugang verfügen müssen, um an der Online-Befragung zu partizipieren. Zudem entscheiden sie in aller Regel durch eigene Auswahl (Selbstselektion) darüber, ob sie an der Studie teilnehmen. Verwendet man ein Online-Panel, d.h. einen "Pool von registrierten Personen, welche sich bereit erklärt haben, wiederholt an marktforscherischen oder wissenschaftlichen Online-Untersuchungen teilzunehmen" (Göritz, Reinhold & Batinic, 2000, S. 62), kann ebenfalls das Problem der Häufung bestimmter Probandengruppen bestehen (Batinic, 2004). Somit liegt keine Zufallsstichprobe mehr vor, so dass strenggenommen keine inferenzstatistischen Auswertungen vorgenommen werden können (vgl. Kapitel 4.5.1). Allerdings trifft dieser Kritikpunkt vermutlich noch in erheblich stärkerem Maße für die meisten herkömmlichen Untersuchungen im universitären Kontext mit einer hochselektiven Studierendenstichprobe zu (Sarris & Reiß, 2005).
- **Problematische Vergleichbarkeit:** Online-Befragungen werden von Probanden zu unterschiedlichen Zeiten und an verschiedenen Orten durchgeführt. Beispielsweise könnte eine Person an einer Befragung in konzentrierter Atomsphäre, mit ausreichender Zeit und ohne Ablenkung teilnehmen. Eine andere Person füllt den elektronischen Fragebogen vielleicht in einem lauten Bahnhof via Notebook und WLAN- oder UMTS-Verbindung aus, um die Wartezeit auf die nächste Regionalbahn zu nutzen. Auch unterschiedliche Hardware (z.B. Monitorgröße) und Software (z.B. Webbrowser, siehe auch Kapitel 4.5.1) verhindern, dass Probanden die Online-Untersuchung unter den gleichen Bedingungen bearbeiten. Trotz dieser Probleme finden sich beim Vergleich von Labor- und Internet-Untersuchungen häufig ähnliche Ergebnisse für die beiden Erhebungsverfahren (Vadillo & Matute, 2009).
- **Hohe Abbrecherquote:** Häufig ist die Abbrecherquote in Online-Untersuchungen deutlich größer als in Studien, die an einem bestimmten Ort im Rahmen von Einzel- oder Gruppenexperimenten durchgeführt werden

(vgl. Batinic, 2004). Dies kann den Vorteil der schnellen Datenerhebung erheblich relativieren. Zudem kommen die Ausfälle nicht zufällig zustande. Durch diese selektiven Abbrüche ist auch hier das Vorliegen einer Zufallsstichprobe gefährdet. Maßnahmen, die den Abbruch an einer Online-Studie verhindern können, werden im Kapitel 4.5.1 erörtert.

Eyetracker

Definition: Eyetracking

Unter dem Begriff Eyetracking versteht man die Registrierung und Aufzeichnung von Blickbewegungen einer Person mittels technischer Hilfsmittel (dem Eyetracker). Dabei lassen sich unter anderem zwei Arten von Blickbewegungen unterscheiden:

Arten von Blickbewegungen

- **Fixationen:** Bei diesen werden Fixationspunkte (bestimmte Punkte im Raum) fokussiert, d.h. mit dem Blick erfasst. Fixationen dienen der Informationsaufnahme. Die Augen verharren dabei nicht in einer absoluten Ruheposition, sondern es treten kleinere, unwillkürliche Augenbewegungen wie zum Beispiel Driftbewegungen oder Mikrosakkaden auf (nähere Informationen hierzu finden sich z.B. bei Bente, 2004).
- **Sakkaden:** Bei Sakkaden handelt es sich um kurzzeitige Sprünge von einer Fixation zur nächsten. Man kann auch von einem Blickwechsel sprechen. Während einer Sakkade erfolgt *keine* Informationsaufnahme. Die Augenbewegungen erfolgen dabei sehr schnell und ruckartig.

Arten von Aufzeichnungsgeräten

In E-Learning Untersuchungen werden diese beiden Blickbewegungen zumeist gemeinsam mit Mausbewegungen, Mausklicks, Tastatureingaben und dem Videosignal aufgezeichnet. Bezüglich der Aufzeichnungsgeräte können zwei Arten von Eyetrackern unterschieden werden:

- **Überkopfsysteme:** Diese Systeme, auch head-mounted Eyetracker genannt, werden am Kopf der Versuchsperson befestigt. Sie enthalten neben dem Gerät zur Erfassung der Blickbewegung eine Szenenkamera, die in der Regel das Sichtfeld des Probanden aufzeichnet. Dadurch wird der Blickpfad des Versuchsteilnehmers aufgenommen, der sich währenddessen relativ frei bewegen kann.
- **Ferngesteuerte Systeme:** Solche Systeme werden auch als remote eyetracking bezeichnet. Hier ist der Eyetracker nicht mit der Versuchsperson verbunden, sondern die Aufzeichnung erfolgt berührungsfrei, z.B. durch Infrarotlicht und Videoaufzeichnung der Augen. Nach erfolgreicher Kalibrierung kann der Proband sich mit dem Kopf relativ frei in einem bestimmten Radius bewegen.

Abbildung 24: Beispielhafte Verwendung des Eyetrackers T60 von tobii. Dieser stellt ein ferngesteuertes System dar, wobei die Aufzeichnung mit der Cornea Reflex Methode vorgenommen wird. Quelle: tobii.

Arten von Aufzeichnungsverfahren

Eyetracker lassen sich auch nach dem verwendeten Verfahren zur Aufzeichnung unterteilen:

- **Cornea Reflex Methode:** Eine besonders gängige Methode stellt die videobasierte bzw. Cornea Reflex Methode dar. Bei dieser wird ein schwacher Infrarot-Lichtstrahl aus kurzer Distanz vom Eyetracker auf das Auge gerichtet. Nach erfolgter Kalibrierung nimmt das Gerät ein Video der Augen auf, welches die Pupillen und deren Reflexpunkt des infraroten Lichtes auf der Hornhaut beinhaltet. Diesen Reflexpunkt bezeichnet man als Cornealen Reflex.
- **Retinal-Nachbilder:** Durch eine Folge starker Lichtreize werden Nachbilder auf der Retina erzeugt, durch deren Position die Augenbewegung erschlossen werden kann.
- **Elektrookulogramme:** Hierbei misst man die elektrischen Spannung zwischen Netzhaut (negativer Pol) und Hornhaut (positiver Pol).
- **Kontaktlinsenmethode:** Bei dieser Methode wird die Reflexion von verspiegelten Kontaktlinsen per Kamera aufgezeichnet.
- **Search coil:** Auch dieses Verfahren greift auf Kontaktlinsen zurück. Diese werden mit Spulen versehen und einem magnetischen Feld ausgesetzt. Aus der induzierten Spannung können die Augenbewegungen berechnet werden.

Vorteile

Die Verwendung eines Eyetrackers ist mit mehreren Vorteilen verknüpft:

- **Vielfältige Anwendungsgebiete:** Eyetracker können nicht nur in Studien zu E-Learning Themen verwendet werden. Auch in der klassischen Leseforschung oder der klinischen Psychologie wurde auf Eyetracking zurückgegriffen. Außerhalb der (kognitiven) Psychologie, beispielweise innerhalb der Neuro- oder Wirtschaftswissenschaften, werden Eyetracker ebenso eingesetzt (Duchowski, 2002). Zudem greifen Unternehmen auf Blickbewegungsregistrierungen zurück, um etwa Werbung zu evaluieren oder die Benutzerfreundlichkeit (Kapitel 3.2) eines Computerprogramms zu optimieren. Selbst als Hilfssystem für körperlich beeinträchtigte Menschen können Eyetracker genutzt werden.
- **Messung des Blickverlaufs:** Mit Hilfe eines Eyetrackers wird der Blickverlauf des Lernenden erfasst. Dadurch kann man beispielsweise überprüfen, ob eine Person einen Lerntext liest, nur überfliegt oder überhaupt nicht betrachtet. Störeinflüsse wie soziale Erwünschtheit, die bei nachträglicher Befragung auftreten können (z.B. werden viele Lerner nachträglich angeben, den Text gelesen zu haben), werden somit vermindert.
- **Rückschlüsse auf Aufmerksamkeitsprozesse:** Blickbewegungen erlauben Rückschlüsse auf Aufmerksamkeitsprozesse der Versuchsteilnehmer (z.B. Van Gog et al., 2009). Sogenannte areas of interests geben darüber Auskunft, welche Bildbereiche und Objekte wann und mit welcher Dauer fixiert wurden. Zudem wird das visuelle Suchverhalten des Probanden sichtbar.
- **Visualisierbare Ergebnisse:** Eyetracking Untersuchungen können – sofern die dazugehörige Software zur Verfügung steht – zu sehr ansehnlichen dynamischen oder statischen Visualisierungen der Blickbewegungen führen. Bezüglich der Darstellungen unterscheidet man zwischen:
  - **Gaze spots:** Bei dieser Darstellung werden Bereiche farbig gekennzeichnet, die von den Nutzern besonders häufig oder lange fixiert wurden (Abbildung 25 links). Häufigkeit und Länge der Betrachtung werden durch den Farbton und dessen Intensität angezeigt. Beispielsweise kann eine intensiv leuchtende, rote Farbe eine hohe Betrachtungszeit eines bestimmten Bildbereiches symbolisieren. Statt als gaze spots werden solche Visualisierungen auch als heatmaps oder hotspots bezeichnet.
  - **Gaze plots:** Beim gaze plot wird ein Graph über die Darstellung gelegt (Abbildung 25 rechts). Kreise zeigen dabei Fixationen an, Linien hingegen Sakkaden. Die Größe eines Kreises repräsentiert die Fixationsdauer, während durch die Zahlen innerhalb der Kreise die Betrachtungsreihenfolge abgelesen werden kann. Neben dem Begriff gaze plot ist auch die Bezeichnung gaze traces gängig.
  - **Gaze replays:** Hier wird der Blickverlauf als gaze plot in Form eines ablaufenden Videos dargestellt. Kreise und Linien werden der Reihenfolge nach durchlaufen, wobei diese Elemente nach einer bestimmten Zeit ausgeblendet werden. Demnach sind nur einzelne Elemente des Graphen in einem bestimmten Zeitabschnitt zu sehen.

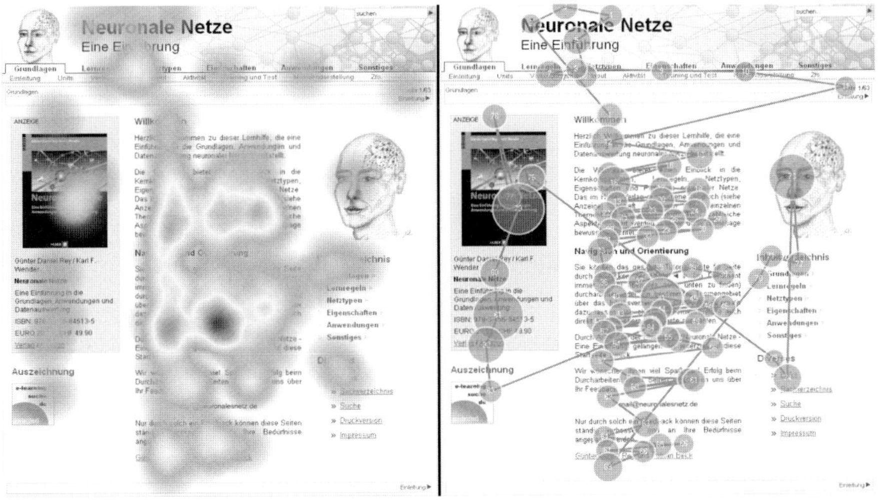

Abbildung 25: Beispielhafte Abbildung eines gaze spots (links) und eines gaze plots (rechts).

Nachteile

Neben diesen Vorteilen sind Eyetracking Untersuchungen jedoch auch mit diversen Nachteilen verbunden:

- **Hohe Kosten:** Die Anschaffungskosten eines Eyetrackers sind enorm. Aktuelle und gängige Geräte kosten einschließlich Software oftmals 30.000 Euro und mehr. Zudem sind Folgekosten, etwa für neuere Softwareversionen und Benutzerschulungen, zu berücksichtigen.
- **Hoher Aufwand:** Eyetracking Untersuchungen sind sehr aufwendig in der Erhebung. Gleiches gilt für die Datenauswertung, die sich – je nach Fragestellung (Kapitel 4.3.1) der Studie – als schwierig erweisen kann.
- **Hohe Expertise erforderlich:** Der adäquate Einsatz eines Eyetrackers benötigt sowohl bei der Datenerhebung als auch bei der Datenauswertung fundiertes Fachwissen (vgl. Kapitel 4.4.1). Daher sollten solche Geräte im Rahmen von E-Learning Untersuchungen nur dann eingesetzt werden, wenn diese Expertise vorhanden ist oder aber in der gewünschten und bereitgestellten Zeit erworben werden kann.
- **Informationsaufnahme nicht gleichzusetzen mit Blickfokus:** Auch wenn ein bestimmtes Objekt vom Probanden fokussiert wird, bleibt unklar, ob und wie diese Informationen kognitiv weiterverarbeitet werden. Darüber hinaus misst der Eyetracker nur den Blickfokus der Versuchsperson. Doch auch über das periphere Sichtfeld können Informationen aufgenommen werden.
- **Gründe für (Nicht-)Fixierung nicht durch Eyetracker registrierbar:** Die Registrierung und Aufzeichnung von Blickbewegungen klärt nicht auf, warum diese Augenbewegungen vorgenommen wurden.
- **Beeinflussung des Verhaltens und Erlebens:** Neben der Messung des Verhaltens während der E-Learning Studie kann auch der Eyetracker selbst das Verhalten und Erleben beeinflussen. Dies ist zum Beispiel bei älteren Über-

kopfsystemen leicht der Fall. Dadurch wird die Übertragbarkeit der Untersuchungsergebnisse auf alltägliche Lernsituationen eingeschränkt. Man spricht in diesem Zusammenhang auch von einer fragwürdigen externen Validität (fragwürdige Generalisierbarkeit der Ergebnisse auf andere (Lern-)Situationen, Personengruppen usw.).

- **Nutzerbedingte Einschränkungen:** Einige Eyetracker sind nicht bei allen Versuchspersonen gleichermaßen einsetzbar. Beispielsweise erfordern einzelne Aufzeichnungsverfahren Kontaktlinsen (siehe oben) oder schließen Brillenträger aus. Bei jüngeren Kindern kann sich der Einsatz von Eyetrackern generell als schwierig erweisen.

Weiterführende Informationen

Weiterführende Informationen zum Thema Eyetracking finden sich beispielsweise bei Bente (2004), Duchowski (2007) und – speziell zu den physiologischen Grundlagen der okulomotorischen Aktivität – bei Galley (2001).

4.5.4 Versuchsaufklärung

Wie bereits in Kapitel 4.3.4 angesprochen sollte die Aufklärung der Versuchspersonen sorgfältig vorgenommen werden. In Anlehnung an die Richtlinien der Ethikkommission der Deutschen Gesellschaft für Psychologie (DGP) sollte im Rahmen der Versuchsaufklärung auf folgende Aspekte geachtet werden:

Aspekte der Versuchsaufklärung

- Versuchsteilnehmer müssen sobald wie möglich über Ziele, Ergebnisse und Schlussfolgerungen aus der Forschungsarbeit informiert werden.
- Sofern wissenschaftliche oder ethische Überlegungen es rechtfertigen, derartige Informationen zu verzögern oder zurückzuhalten, sind geeignete Maßnahmen zu ergreifen, um einen eventuellen Schaden abzuwenden bzw. diesen möglichst gering zu halten.
- Sofern die Untersuchungsteilnahme Bestandteil der Ausbildung ist oder durch Prüfungsordnungen vorgeschrieben wird, müssen die potentiellen Teilnehmer auf gleichwertige Alternativen zur Untersuchungsteilnahme hingewiesen werden (z.B. Studien von Kollegen).

4.6 Auswertung

Überblick

Die Datenauswertung stellt einen wichtigen Bestandteil einer (E-Learning) Untersuchung dar, über die man sich bereits im Vorfeld der Erhebung Gedanken machen sollte (vgl. Bortz & Döring, 2006). Nach Eingabe und Aufbereitung des Datenmaterials (Kapitel 4.6.1) sind die Ergebnisse zu visualisieren (Kapitel 4.6.2) und die aufgestellten Hypothesen zu überprüfen (Kapitel 4.6.3). Für sämtliche Ergebnisse sollten standardisierte Effektgrößen berechnet und mitgeteilt werden (Kapitel 4.6.4). Kapitel 4.6.5 erörtert abschließend ausgewählte statistische Verfahren zur Berücksichtigung von Drittvariablen bei der Datenauswertung einer E-Learning Studie.

4.6.1 Dateneingabe und Datenaufbereitung

Vor der Auswertung müssen die Daten zunächst in eine Matrix überführt werden. Diese Matrix sollte zeilenweise die untersuchten Versuchspersonen enthalten, die Variablen werden hingegen spaltenweise abgetragen. Es bietet sich zur besseren Zuordnung an, in der ersten Spalte für jeden Probanden eine Versuchspersonennummer zu vergeben. Die Daten aus E-Learning Untersuchungen stehen häufig bereits in elektronischer Form zur Verfügung und müssen nicht mehr per Hand eingegeben werden. Sofern man nicht auf computerbasierte Fragebögen (Kapitel 4.5.3) zurückgegriffen, sondern Fragebögen in Papierform eingesetzt hat, sind diese für jede Versuchsperson einzugeben. Im Vorfeld sollte jeder Fragebogen mit der entsprechenden Versuchspersonennummer nummeriert werden, um eine leichtere Zuordnung zu gewährleisten.

Empfehlungen zur Dateneingabe und Datenaufbereitung

Für den Aufbau der Matrix und die Überführung der Daten in diese Matrix können folgende Empfehlungen genannt werden (vgl. Bühl, 2008):

- **Prägnante Variablenbezeichnungen verwenden:** Mittlerweile sind die Variablennamen in Statistikprogrammen wie z.B. SPSS meist nicht mehr auf acht Zeichen begrenzt. Insofern können inhaltlich aussagekräftige Bezeichnungen verwendet werden. Trotzdem sollten diese Namen möglichst kurz sein, um die Übersichtlichkeit der Matrix zu wahren. Sofern das Statistikprogramm zusätzliche Variablenbeschreibungen anbietet, sollten diese für ausführlichere Darstellungen der Variablen genutzt werden.
- **Datenmatrix übersichtlich ordnen:** Die Datenmatrix selbst sollte eine "innere Ordnung" aufweisen. Beispielsweise bietet es sich an, Einzelitems zu einem bestimmten Konstrukt (z.B. das Vorwissen des Probanden) in unmittelbarer räumlicher Nähe zu gruppieren. Insgesamt habe ich mit folgender Variablenreihenfolge gute Erfahrungen gemacht: Versuchspersonennummer, unabhängige Variablen, abhängige Variablen (nur Gesamtleistungen), relevante Drittvariablen (nur Gesamtwerte), Einzelitems der abhängigen Variablen, Einzelitems sämtlicher Drittvariablen sowie sonstige Variablen.
- **Codierungen einheitlich festlegen:** Die in der Untersuchung genutzten Variablenausprägungen können – wie zum Beispiel beim Alter der Versuchsperson – zum Teil unmittelbar übernommen werden. Bei einigen Variablen (z.B. beim Geschlecht des Probanden) ist jedoch eine Umkodierung erforderlich. Derartige Transformationen sollten konsistent vollzogen werden. Beispielsweise bietet es sich an, bei Ja/Nein-Fragen einheitlich für "Ja" durchgängig eine bestimmte Zahl zu verwenden und für "Nein" durchgängig eine andere. Diese Zuordnungen sollten in den entsprechenden Wertelabels vermerkt werden, sofern das Statistikprogramm dies anbietet.
- **Eingegebene Daten überprüfen:** Im Anschluss an die Eingabe und *vor* der eigentlichen Auswertung sollte man die eingegebenen Daten auf Eingabefehler überprüfen. Dies kann unter anderem durch Ermittlung deskriptivstatistischer Kennwerte erfolgen. Zum Beispiel kann man die Minimal- und Maximalwerte einer Variablen ermitteln und diese mit den zulässigen Grenzen vergleichen. Auch die Prüfung auf (logische) Unstimmigkeiten ist sinnvoll (z.B. ein Alter von 20 Jahren und eine Semesterzahl von 12).

- **Umgang mit fehlenden Daten:** Eine Herausforderung bei der Datenaufbereitung stellen fehlende Werte (missing data bzw. missing values) dar. Für den Umgang mit diesen Daten stehen mehrere Möglichkeiten zur Verfügung. Vor allem moderne Verfahren, wie etwa Maximum Likelihood Schätzungen oder multiple Imputationsverfahren, sind im Vergleich zu traditionellen Ansätzen (z.B. einfaches Löschen oder aber Ersetzen durch den Mittelwert) mit einer Reihe von statistischen Vorteilen verbunden. Sie kommen aber in der pädagogischen Forschung bisher nur selten zum Einsatz (z.B. Peugh & Enders, 2004).

Ausreißer

Eine besondere Bedeutung bei der Datenaufbereitung besitzen Ausreißerwerte. Ausreißerwerte sind Extremwerte, die sich deutlich von der erhobenen Messwertreihe abheben. Sie können einen erheblichen Einfluss auf die Datenauswertung besitzen. Abbildung 26 visualisiert die Intelligenz- und Lernleistungen von 20 bzw. 21 (mit dem Ausreißer) fiktiven Versuchspersonen. Wird der Ausreißer mit einem IQ-Wert von 150 und einer Lernleistung von 46 Punkten bei der Ermittlung der Vorhersagegrade *nicht* berücksichtigt, so ergibt sich ein schwacher, positiver Zusammenhang ($r = 0.15$) zwischen den beiden Variablen. Die dazugehörige, gestrichelte Regressionsgrade steigt folglich leicht an. Wird der einzelne Ausreißerwert hingegen mit einbezogen, so ist der Zusammenhang zwischen IQ und Lernleistung leicht negativ ($r = -0.17$). Die dazugehörige, lineare Regressionsgrade wurde in Abbildung 26 als durchgezogene, abfallende Linie eingezeichnet.

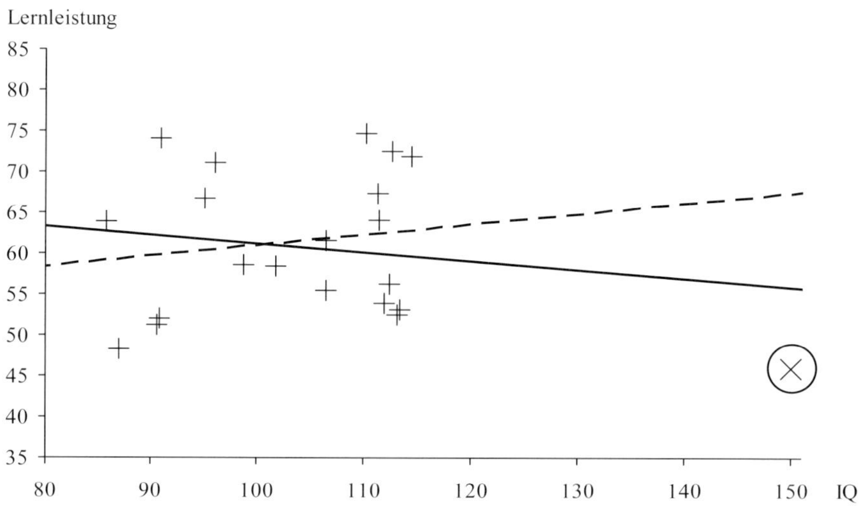

Abbildung 26: Fiktiver Zusammenhang zwischen Intelligenz und Lernleistung in einer E-Learning Umgebung. Ein Kreuz (+) stellt eine von 20 Versuchspersonen (bzw. 21 mit Ausreißer) dar. Ohne Berücksichtigung des umkreisten Ausreißers (unten rechts) zeigt sich ein schwacher, positiver Zusammenhang (gestrichelte, ansteigende Regressionsgrade). Bezieht man den Ausreißer hingegen mit ein, so ist die Korrelation hingegen leicht negativ ausgeprägt (durchgezogene, abfallende Regressionsgrade).

Für die Feststellung von Ausreißern existiert *kein* allgemein gültiges Standardverfahren. Unter anderem können folgende Methoden angewandt werden (Lohninger, 2008):

Feststellung von Ausreißern

- **Ermittlung über die Standardabweichungen:** Diese Verfahren eignen sich vor allem, wenn die Verteilungen symmetrisch und unimodal sind.
  - **Bei Annahme der Normalverteilung:** In diesem Fall wird ein Wert als Ausreißer betrachtet, wenn er sich 2.5 (bzw. 3) Standardabweichungen ober- oder unterhalb des Mittelwertes befindet. Den in Abbildung 26 dargestellten IQ-Wert von 150 würde man nach diesem Kriterium als Ausreißer eliminieren, da er sich etwa 3.15 Standardabweichungen über dem Mittelwert von 105.31 IQ-Punkten befindet.
  - **Ohne Normalverteilungsannahme:** Sofern die Datenwerte keiner Normalverteilung angehören, erfolgt die Eliminierung von Ausreißern vorsichtiger. Nach dem Theorem von Tschebyschow wird ein Intervall von vier Standardabweichungen ober- und unterhalb des Mittelwertes gewählt. Diesem Kriterium zufolge wäre der in Abbildung 26 visualisierte IQ-Wert von 150 *kein* Ausreißerwert.
- **Ermittlung über den Interquartilsabstand:** Bei schiefen Verteilungen sollte die Feststellung von Ausreißern nicht über die Standardabweichungen erfolgen. Stattdessen bietet sich die Ermittlung auf Basis des Interquartilsabstandes (IQR) an. Der IQR ist definiert als der Abstand zwischen dem ersten (25%) und dritten (75%) Quartil. Die Bestimmung von Grenzwerten für Ausreißer erfolgt sodann über folgende Formel:

  $$x_{0.25} - 1.5 \cdot IQR < x_i < x_{0.75} + 1.5 \cdot IQR$$

  Dabei stellt $x_{0.25}$ das erste und $x_{0.75}$ das dritte Quartil dar. Der obere Grenzwert für das oben aufgeführte Beispiel (Abbildung 26) läge bei 138. Nach diesem Kriterium wäre der IQ-Wert von 150 als Ausreißerwert zu bezeichnen.
- **Ermittlung über diverse Ausreißertests:** Mehrere Autoren haben Tests entwickelt, um die Feststellung von Ausreißern vorzunehmen. Unter anderem kann hier der Ausreißertest nach Grubbs, der Dean-Dixon-Test, der Ausreißertest nach Walsh sowie der Nalimov-Test genannt werden. Entsprechende Formeln zu diesen Tests finden sich zum Beispiel im Internet unter:
  - www.statistics4u.info/fundstat_germ/cc_outlier_tests
  - http://de.wikipedia.org/wiki/Ausreißer

Durch die verschiedenen, einsetzbaren Verfahren zur Feststellung von Ausreißern und den großen Einfluss einzelner Ausreißerwerte auf die Datenauswertung können die Untersuchungsergebnisse leicht in eine bestimmte Richtung manipuliert werden. Dies gilt ebenso für das absichtliche Ignorieren von Ausreißern, um etwa signifikante Befunde nicht durch Beseitigung von Ausreißern aufgeben zu müssen. Derartige Probleme sind nicht nur statistischer, sondern vor allem ethischer Natur (vgl. Kapitel 4.3.4).

Manipulationsgefahr durch (fehlende) Ausreißerberücksichtigung

4.6.2 Datenvisualisierung

Empfehlungen zur Datenvisualisierung

Ein wichtiger Bestandteil der Datenauswertung ist die Visualisierung der Daten. Ähnlich wie bei der Gestaltung von Lernmaterialien (Kapitel 3) sollen auch hier einige ausgewählte Empfehlungen für die Darstellung der erhobenen Daten aufgeführt werden:

- **Daten in den Vordergrund stellen:** Bei der Datenvisualisierung sollten stets die im Datensatz befindlichen Informationen dargestellt und Abbildungen nicht zum Selbstzweck eingefügt werden. Abbildung 27 illustriert diese Gestaltungsempfehlung, die mit der nachfolgenden Empfehlung zusammenhängt.
- **Weniger ist (oftmals) mehr:** Um die Daten in den Vordergrund zu stellen, bietet sich der Verzicht auf unnötige Designelemente an (vgl. auch Rost, 2005; Schnotz, 1994), die den Betrachter von den eigentlichen Informationen ablenken (vgl. Abbildung 27). Diese Empfehlung ist deckungsgleich mit den Grundansätzen der CLT (Kapitel 2.3) und CTML (Kapitel 2.4) sowie der Gestaltungsempfehlung der Einfachheit für (Hyper-)Texte (Kapitel 3.3.1). Zu beachten ist, dass die Erstellung optisch ansprechender Abbildungen dieser Empfehlung *nicht* widersprechen muss!

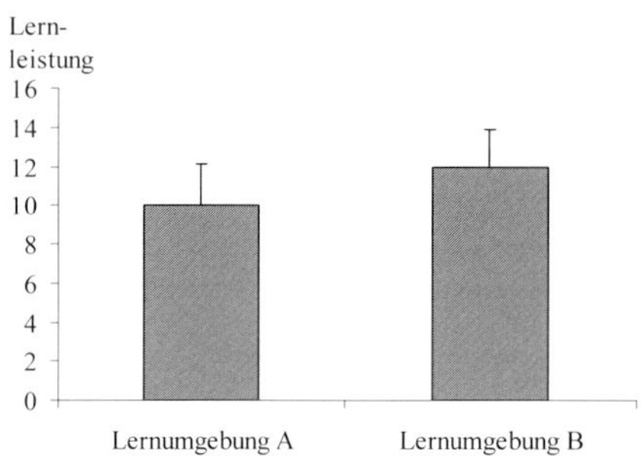

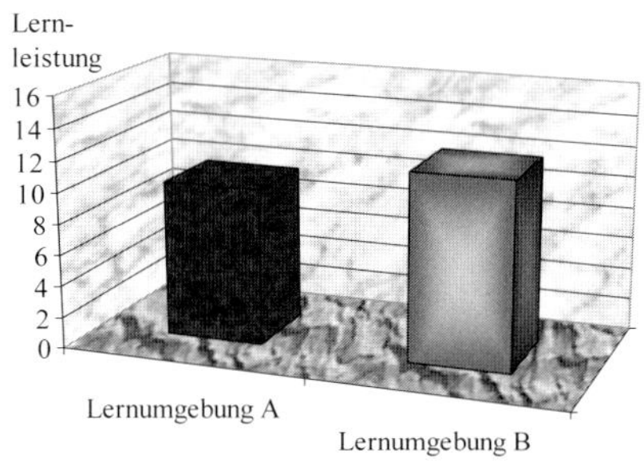

Abbildung 27: Beispielhafte graphische Veranschaulichungen. Links: Daten werden in den Vordergrund gestellt. Rechts: Visualisierungsmöglichkeiten werden in übertriebenem Maße ausgeschöpft.

- **Gestaltungsempfehlungen aus Kapitel 3 beachten:** Die in Kapitel 3 genannten Gestaltungsempfehlungen lassen sich zum Teil auf die Visualisierung von Daten übertragen. So können beispielsweise Signalisierungen in Form von Pfeilen oder farbigen Hervorhebungen genutzt werden, um die Aufmerksamkeit des Bildbetrachters in einer komplexen Abbildung auf zentrale Aspekte zu lenken.
- **Zusammenhänge in den Daten nicht vortäuschen:** Visualisierungen sollten *nicht* dazu genutzt werden, fehlende Zusammenhänge oder Unterschiede im Datensatz vorzutäuschen oder solche Fehlinterpretationen nahezulegen. Dies kann beispielsweise durch (un-)geschickte Wahl der Achsenskalierung (Beller, 2008) und Verzicht auf Fehlerindikatoren entstehen (Abbildung 28).

Die aufgeführte Empfehlung impliziert jedoch *nicht*, die Ordinate (y-Achse) zwangsläufig mit Null beginnen zu lassen. Besonders für Variablen, bei denen eine Merkmalsausprägung von Null de facto gar nicht erreicht werden kann (z.B. IQ-Werte), sollte die Skalierung nicht mit Null beginnen, da hierdurch bestehende Merkmalsunterschiede leicht unterschätzt werden können.

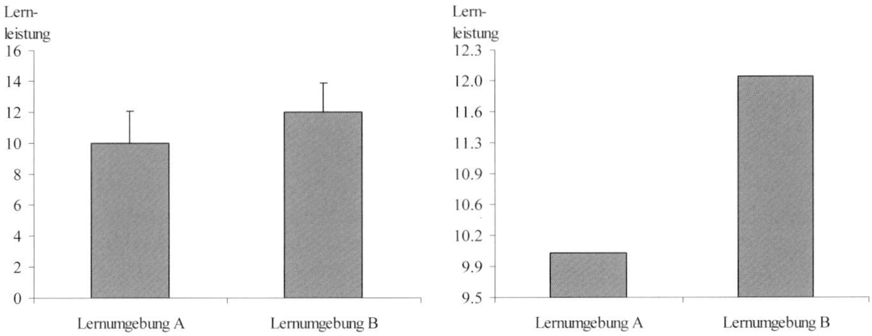

Abbildung 28: Beispielhafte graphische Veranschaulichungen. Links: Säulendiagramme mit nach oben abgetragenen Fehlerindikatoren (Standardabweichungen). Rechts: Säulendiagramme ohne Fehlerindikatoren und (un-)geschickte Wahl der Achsenskalierung, welche die Unterschiede zwischen den beiden Lernumgebungen stark hervorhebt.

- **Klarheit herstellen:** Dieser Aspekt bezieht sich auf eindeutige Beschriftungen in Visualisierungen, aber auch auf "semantische Eignung" der visuellen Merkmale (Schnotz, 1994). Beispielsweise sind verschiedene Farben zur Darstellung qualitativer Unterschiede (z.B. verschiedene politische Parteien) geeignet, nicht jedoch zur Abbildung quantitativer Merkmalsausprägungen (z.B. IQ-Leistungen). Schnotz (1994) versteht unter dem Begriff Klarheit auch die problemlose Erkennbarkeit der graphischen Elemente, die spontane visuelle Zusammenfassung zusammengehöriger Komponenten (beispielsweise aufgrund gleichen Aussehens oder räumlicher Nähe) sowie die eindeutige Zuordnung von Beschriftungen und visuellen Elementen. Darüber hinaus sollten implizite Ordnungen (z.B. Wahl der Reihenfolge nach dem prozentualen Anteil, vgl. Tabelle 2 auf Seite 147) in Abbildungen beachtet werden, die als ordnungsstiftende Elemente dienen können (Schnotz, 1994).

Weitere Empfehlungen

Weitere und spezifischere Gestaltungsempfehlungen finden sich bei Schnotz (1994), Schumann und Müller (2000) sowie Tufte (2001). Trotz dieser Hinweise müssen bei der Datenvisualisierung – ebenso wie bei der Gestaltung von Lernmaterialien – häufig Entscheidungen getroffen werden, zu denen *keine* spezifischen Gestaltungsempfehlungen vorliegen.

4.6.3 Hypothesenüberprüfung

Nur wenige Hypothesen testen

Die Überprüfung[10] der aufgestellten Hypothesen ist ein zentraler Bestandteil der Datenauswertung (Bortz & Döring, 2006). In aller Regel sollten in einer einzelnen empirischen Untersuchung nur wenige Forschungsfragen mit Hilfe eines überschaubaren Forschungsdesigns (Kapitel 4.4.2) statistisch getestet werden. Eine Überprüfung zu vieler Hypothesen führt zu einem zeitlichen Mehraufwand, der unter anderem durch eine größere Anzahl an benötigten Versuchsteilnehmern (Kapitel 4.4.3) und/oder durch eine längere Untersuchungszeit der einzelnen Versuchspersonen entstehen kann. Zudem verliert die spätere Ergebnisdarstellung häufig an Übersichtlichkeit.

Einfache statistische Verfahren nutzen

Bei der inferenzstatistischen Hypothesenüberprüfung sollte meiner Meinung nach auf einfache und gängige statistische Verfahren zurückgegriffen werden, mit denen die Forschungsfragen so eindeutig wie möglich zu beantworten sind. Häufig gelangen in aktuellen Artikeln zum Thema E-Learning Varianzanalysen zum Einsatz, mit deren Hilfe die aufgestellten Hypothesen getestet werden. Der Einsatz neuerer und vielfach noch unbekannter statistischer Verfahren kann die spätere Veröffentlichung der empirischen Arbeit erschweren. Andererseits können mit diesen Verfahren interessante und komplexe Zusammenhänge im Datensatz ermittelt werden, die durch traditionelle Analysemethoden nicht aufdeckbar sind (Kapitel 4.6.5). Um beiden Gesichtspunkten gerecht zu werden, kann es sich anbieten, auf einfache statistische Verfahren bei der Überprüfung von Hypothesen zurückzugreifen, sofern diese die Forschungsfrage beantworten können, während der Einsatz neuerer statistischer Verfahren vornehmlich auf die Darstellung weiterer Befunde beschränkt bleiben sollte. Diese weiteren Befunde können zum Beispiel den Einbezug von zusätzlichen Drittvariablen beinhalten (Kapitel 4.6.5). Sowohl bei der Überprüfung der Hypothesen als auch bei der Beschreibung weiterer Befunde sollten in jedem Fall Angaben zur Effektgröße bereitgestellt werden.

Relevante abhängige Variablen einbeziehen

Die Testung der Hypothesen sollte sämtliche abhängigen Variablen enthalten, die in den Hypothesen aufgeführt worden sind. Dabei sollten diese zunächst einer gemeinsamen Analyse unterworfen werden. Wird beispielsweise ein Effekt auf die Behaltens- und Verständnisleistung als abhängige Variablen postuliert, so sollten diese beiden Variablen zunächst gemeinsam in die Datenauswertung einfließen. Dies könnte beispielsweise mit Hilfe einer multivariaten Varianzanalyse (MANOVA) bzw. mit Hilfe einer kanonischen Korrelation erfolgen. Die gemeinsame Betrachtung aller abhängigen Variablen verhindert im Vergleich zu mehreren univariaten Analysen (z.B. mehreren univariaten Varianzanalysen) eine Kumulierung des Alphafehlers (Kapitel 4.4.3). Jedoch ist die Interpretation von zwei oder mehr abhängigen Variablen oftmals schwierig. Beispielsweise ist bei einem signifikanten Ergebnis auf die Variablen Behalten und Verständnis unklar, ob der Effekt sich auf beide oder nur eine abhängige Variable ausgewirkt

[10] Mit der vorherigen Generierung von Hypothesen befasst sich unter anderem Sarris und Reiß (2005).

hat. In der (E-Learning) Forschung werden daher häufig – sofern die multivariate Gesamtanalyse signifikant war – nachträglich entsprechende univariate Analysen durchgeführt, um eine bessere Interpretation der Ergebnisse zu gewährleisten.

Inferenzstatistische Voraussetzungen überprüfen

Bevor eine aufgestellte Hypothese inferenzstatistisch getestet werden kann, sollten zunächst die inferenzstatistischen Voraussetzungen des gewünschten statistischen Verfahrens überprüft werden. Beispielhaft seien hier die Voraussetzungen für eine multivariate Varianzanalyse ohne Messwiederholung aufgeführt (vgl. Bortz, 2005; Stevens, 2001), die in der Forschung zum Thema E-Learning des Öfteren anzutreffen ist:

- **Intervallskalenniveau der abhängigen Variablen:** Hiermit ist gemeint, dass sämtliche abhängigen Variablen äquidistante (gleichabständige) Intervalle vorweisen müssen. Äquidistanz der Intervalle zwei bis vier und sieben bis neun läge beispielsweise vor, wenn dieser gleichgroße Zahlenabstand von zwei auch in der Realität einem gleichgroßen Abstand entspräche.
- **Unabhängigkeit der Fehlerkomponenten von den Treatment-Effekten:** Die Beeinflussung eines Messwertes durch Fehlereffekte (Störvariablen) sollte unabhängig davon sein, wie die übrigen Messwerte durch diese Fehlereffekte beeinflusst werden.
- **Multivariate Normalverteilung:** Die abhängigen Variablen sind in der Population für jede einzelne Bedingungskombination multivariat normalverteilt.
- **Homogenität der Varianz-Kovarianz-Matrizen:** Diese Voraussetzung bezieht sich auf die Gleichartigkeit der beobachteten Varianz-Kovarianz-Matrizen der einzelnen Faktorstufenkombinationen. Sie wird auch als Homoskedastizität bezeichnet.

4.6.4 Effektgrößenangabe

Definition: Effektgröße

Die Größe eines Effekts gibt an, wie gut das gesuchte Muster in den Daten erkennbar ist bzw. wie stark sich das gesuchte Signal vom Umgebungsrauschen unterscheidet. Nach Bortz und Döring (2006) stellt die Effektgröße die "Differenz zwischen Parametern aus unterschiedlichen Populationen bzw. Abweichung eines (Zusammenhangs-)Parameters von Null" dar. Während der angegebene *p*-Wert einer Untersuchung zumeist auf die Wahrscheinlichkeitsangabe abzielt, dass ein postulierter Effekt (über)zufällig zustande gekommen ist (statistische Bedeutsamkeit), beschreibt die Effektgröße die praktische Bedeutsamkeit des Effekts. Allerdings hängt die praktische Bedeutsamkeit auch davon ab, welche Effektgröße man als inhaltlich relevant erachtet.

Vorteile durch die Angabe standardisierter Effektgrößen

In jedem Fall sollten in empirischen Studien neben Wahrscheinlichkeitsangaben auch standardisierte Effektgrößen berechnet und mitgeteilt werden. Dieses Vorgehen besitzt unter anderem folgende Vorteile:

- **Interpretierbarkeit der Ergebnisse:** Durch die *fehlende* Angabe von standardisierten Effektgrößen können die ermittelten Ergebnisse nur schwer interpretiert werden. Einerseits erreichen bereits sehr kleine Effekte bei großer Stichprobengröße statistische Signifikanz, ohne dass diese Effekte praktisch bedeutsam sind. Andererseits können auch große Effekte das gewünschte Signifikanzniveau verfehlen, wenn zu wenige Versuchspersonen an der Studie teilgenommen haben (vgl. Stichprobenumfangsplanung in Kapitel 4.4.3).

- **Vergleichbarkeit der Ergebnisse:** Standardisierte Effektgrößen dienen zur besseren Vergleichbarkeit der Ergebnisse verschiedener Untersuchungen. Liegen diese *nicht* vor, sind die ermittelten Effekte verschiedener Studien entweder nicht miteinander vergleichbar oder der Leser muss die entsprechenden Kenngrößen erst selbst ermitteln. Dies kann er aber nur, wenn alle Angaben in dem Untersuchungsbericht aufgeführt werden, die zur Berechnung der entsprechenden Kenngröße notwendig sind.
- **Aggregationsmöglichkeiten in Metaanalysen:** Auch die Zusammenfassung verschiedener Studien zu einer Metaanalyse wird durch standardisierte Effektgrößenangaben erleichtert. Eine Metaanalyse ist eine Zusammenfassung des aktuellen Forschungsstandes zu einer Fragestellung durch statistische Aggregation (Anhäufung) empirischer Einzelergebnisse. Diese Einzelergebnisse stammen aus empirischen Studien (Primärstudien), die inhaltlich homogen sind, d.h. vergleichbare Fragestellungen untersuchen. Zumeist wird mit Hilfe von Metaanalysen die Stärke eines bestimmten Effekts überprüft. Nähere Angaben zum Thema Metaanalysen finden sich beispielsweise im Fachbuch von Rustenbach (2003).

4.6.5 Berücksichtigung von Drittvariablen

Bei der Datenauswertung können neben unabhängigen und abhängigen Variablen auch Drittvariablen Berücksichtigung finden (Kapitel 4.4.2). In der E-Learning Forschung sind Lernereigenschaften (z.B. Expertise) und die mit den Versuchsmaterialien verbrachte Zeit (Kapitel 1.3) typische Beispiele für Drittvariablen. Diese Variablen können dabei in unterschiedlicher Form in die Analyse einfließen. Nachfolgend werden ausgewählte Möglichkeiten der Berücksichtigung von Drittvariablen vorgestellt:

Überblick

- Kovarianzanalyse
- Median-Split
- Extremgruppenvergleich
- Regressionsanalysen
- Neuronale Netze

Neben diesen statistischen Verfahren kann auch auf Mediationsanalysen (Baron & Kenny, 1986) zurückgegriffen werden, die in der E-Learning Forschung neuerdings zum Einsatz kommen (z.B. Cierniak et al., 2009).

Kovarianzanalyse

Definition: Kovarianzanalyse

Die Kovarianzanalyse stellt eine besonders einfache Möglichkeit bereit, eine Drittvariable in die Datenanalyse einzubeziehen. Bei diesem statistischen Verfahren wird der Einfluss einer Drittvariablen – hier als Kovariate bezeichnet – auf die abhängigen Variablen rechnerisch konstant gehalten, d.h. ihr Einfluss wird herausgerechnet (herauspartialisiert). Sollen beispielsweise zwei elektronische Lernumgebungen hinsichtlich ihrer Lernwirksamkeit verglichen werden, so könnte die erfasste Intelligenz der Probanden als Kovariate fungieren. Nach Durchführung der Kovarianzanalyse besitzen zufällig entstandene Mittelswertunterschiede der IQ-Leistungen *keinen* Einfluss mehr auf mögliche Lernleistungsunterschiede (abhängige Variable) zwischen den beiden Lernumgebungen.

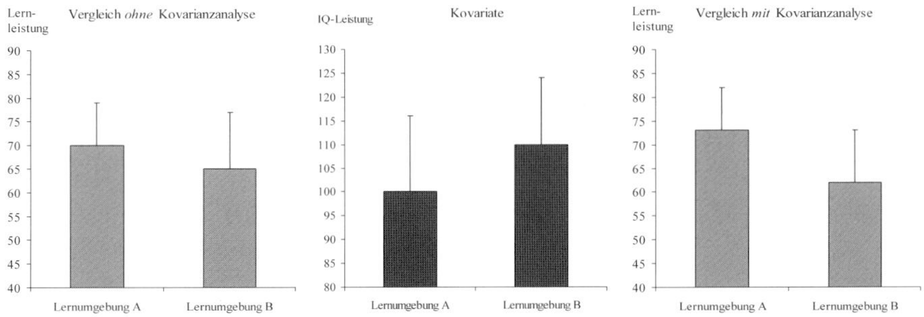

Abbildung 29: Graphische Veranschaulichung der Kovarianzanalyse. Links: Vergleich der Lernleistungen *ohne* Kovarianzanalyse. Mitte: IQ-Leistungen (Kovariate). Rechts: Vergleich der Lernleistungen *mit* Kovarianzanalyse.

Beispiel

Angenommen, die durchschnittliche Intelligenz der Probanden, welche die Lernumgebung A erhalten, läge zufallsbedingt bei 100, der IQ der Teilnehmer unter Lernumgebung B hingegen bei 110 (Abbildung 29 Mitte). Die Kovarianzanalyse erhöht nun rechnerisch den IQ-Mittelwert unter Bedingung A auf ungefähr 105. Der Mittelwert unter Bedingung B wird hingegen rechnerisch auf etwa 105 gesenkt. Wenn die Lernleistungen mit den Intelligenzleistungen korrelieren, führt die Veränderung der IQ-Werte unmittelbar zu Änderungen der Lernleistungen der beiden Bedingungen. In diesem fiktiven Fall würden durch die positive Korrelation zwischen IQ und Lernleistung die ohnehin schon höheren Lernleistungen unter Lernumgebung A noch weiter erhöht, die Leistungen unter Bedingung B hingegen gesenkt werden (Abbildung 29).

Voraussetzungen

Folgende Voraussetzungen müssen vorliegen, damit die Kovarianzanalyse einen (praktisch bedeutsamen) Einfluss bei der Datenanalyse besitzt (vgl. Bortz, 2005):

- Die Kovariate muss unterschiedliche Mittelwerte für die einzelnen Bedingungskombinationen annehmen. Liegen die IQ-Leistungen für Lernumgebung A und B zum Beispiel beide bereits exakt bei 105, dann führt die Kovarianzanalyse zu keiner Veränderung der Lernleistungen.
- Die Kovariate muss mit der abhängigen Variable korrelieren. Hängen beispielsweise Intelligenz- und Lernleistungen nicht miteinander zusammen, d.h. liegt die Korrelation exakt bei Null, dann führt die Kovarianzanalyse zu keiner Veränderung der Lernleistungen.

Mögliche Ergebnisse

Sind die genannten Voraussetzungen erfüllt, kann die Kovarianzanalyse zu zwei unterschiedlichen Ergebnissen führen:

- Unterschiede zwischen verschiedenen Versuchsbedingungen verstärken sich (wie in Abbildung 29 illustriert). Durch die Durchführung der Kovarianzanalyse können zuvor nicht signifikante Ergebnisse statistisch bedeutsam werden.
- Unterschiede zwischen verschiedenen Versuchsbedingungen verringern sich. Dies kann soweit führen, dass signifikante Differenzen durch Berücksichtigung von Kovariaten nicht mehr überzufällig bedeutsam sind. In diesem Fall könnte man vermuten, dass Leistungsdifferenzen zwischen verschiedenen Versuchsgruppen nur durch unterschiedliche Ausprägungen der Kovariate bedingt gewesen sind.

Vor- und Nachteile

Die Kovarianzanalyse stellt eine einfache Methode bereit, Drittvariablen bei der Datenauswertung zu berücksichtigen. Der potentiell störende Einfluss durch die Drittvariable wird rechnerisch neutralisiert und somit ein möglicher Einfluss vermieden (vgl. Kapitel 1.3). Komplexe Zusammenhänge, die durch die Drittvariable bedingt sind, werden durch die Kovarianzanalyse jedoch nicht aufgedeckt.

Median-Split

Definition: Median-Split

Am häufigsten werden Drittvariablen wie z.B. das räumliche Vorstellungsvermögen (Kapitel 3.8.2) mittels Median-Split in der Datenanalyse berücksichtigt. Bei einem Median-Split wird die Drittvariable am Median (künstlich) dichotomisiert, d.h. der Datensatz wird in zwei in etwa gleichgroße Gruppen aufgeteilt. Beispielsweise kann die Drittvariable Intelligenz dichotomisiert werden. Es resultiert eine Gruppe mit niedrigen und eine andere Gruppe mit hohen Intelligenzleistungen (jeweils bezogen auf die untersuchte Stichprobe). Anschließend vergleicht man die beiden Gruppen statistisch miteinander. Dies geschieht häufig im Rahmen einer Varianzanalyse (zum Vergleich zwischen Kovarianzanalyse und Median-Split siehe z.B. Bonett, 1982).

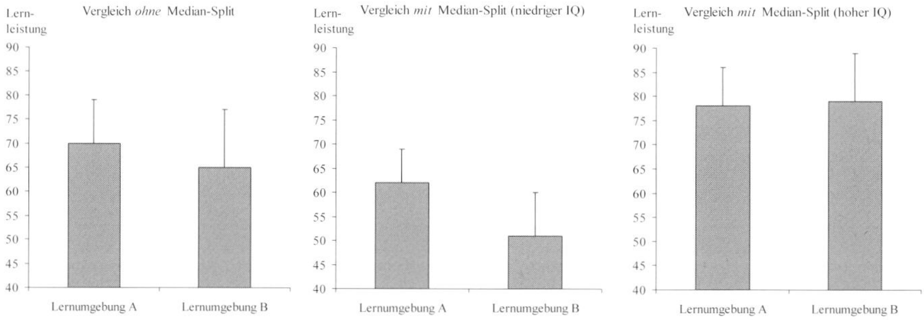

Abbildung 30: Graphische Veranschaulichung des Median-Splits. Links: Vergleich der Lernleistungen *ohne* Median-Split. Mitte: Vergleich der Lernleistungen *mit* Median-Split für die Gruppe mit niedrigen Intelligenzleistungen. Rechts: Vergleich der Lernleistungen *mit* Median-Split für die Gruppe mit hohen Intelligenzleistungen.

Beispielsweise könnte bei einem Vergleich zweier Lernumgebungen der durchschnittliche IQ-Wert der Probanden 105 betragen. Teilt man diese Personengruppe in eine Gruppe mit hoher und eine Gruppe mit niedriger Intelligenz auf, so könnte der IQ-Mittelwert der ersten Gruppe bei 95, der zweiten Gruppe hingegen bei 115 liegen. Abbildung 30 zeigt die Lernleistungen ohne und mit Median-Split für dieses fiktive Beispiel. Lernunterschiede zwischen den beiden Lernumgebungen sind vornehmlich durch Versuchspersonen mit eher niedriger Intelligenz zustande gekommen. Für Lernende mit hohen Intelligenzleistungen finden sich hingegen nahezu keine Lernleistungsunterschiede. Betrachtet man Abbildung 30 jedoch genau, kann man für Personen mit hohem IQ sogar einen leichten Leistungsvorteil der Lernumgebung B entdecken.

Beispiel

Bei der Durchführung eines Median-Splits können drei Ergebnisse auftreten (vgl. auch Kapitel 3.8.2):

Mögliche Ergebnisse

- Es zeigt sich kein (relevanter) Unterschied zwischen den beiden, künstlich erzeugten Teilgruppen (z.B. Probanden mit niedrigem und hohem IQ).
- In einer der beiden Teilgruppen tritt der Unterschied stärker auf als in der anderen Gruppe (siehe Abbildung 30).
- Die beiden Teilgruppen reagieren auf die einzelnen Stufen der unabhängigen Variablen (beispielsweise Lernumgebung A und B) entgegengesetzt. Während Versuchspersonen mit niedrigem IQ zum Beispiel von Lernumgebung A profitieren (vgl. Abbildung 30), würden Personen mit hohem IQ unter der Lernumgebung B bessere Leistungen erzielen.

Die Datenauswertung mittels Median-Split kann mit Statistikprogrammen einfach durchgeführt werden. Außerdem sind die Ergebnisse dieser Analyse meist leicht zu interpretieren. Methodiker kritisieren jedoch seit längerem die Verwendung eines Median-Splits bei der Datenauswertung (z.B. Cohen, J., 1983; Hutchinson, 2003; Irwin & McClelland, 2002; Royston, Altman & Sauerbrei, 2006). Unter anderem kann die künstliche Dichotomisierung (Zweiteilung) der intervallskalierten Drittvariable zu einem Informationsverlust und damit auch einem Verlust an Teststärke führen. Zudem werden Personen mittlerer Fähigkeitsausprägung in der Drittvariablen einer der beiden Gruppen (niedrige oder hohe Ausprägung) zugeordnet. Damit können potentielle Unterschiede zwischen Personen mittlerer Ausprägung und solchen mit niedriger oder hoher Ausprägung nicht aufgedeckt werden (Kapitel 3.8.2).

Vor- und Nachteile

Extremgruppenvergleich

Beim Extremgruppenvergleich erfolgt – ähnlich wie beim Median-Split – eine Dichotomisierung der Drittvariablen in zwei etwa gleichgroße Gruppen. Im Gegensatz zum Median-Split wird hier allerdings nicht der gesamte Datensatz berücksichtigt, sondern nur dessen Randbereiche.

Definition: Extremgruppenvergleich

Zum Beispiel könnte man bei einer Personengruppe mit einem IQ-Mittelwert von 105 nur diejenigen Probanden auswählen, die einen IQ von unter 90 oder über 120 erzielt haben. Diese beiden Teilgruppen werden sodann statistisch miteinander verglichen, während Lernende mit einem IQ zwischen 90 und 120 *nicht* in die Datenauswertung eingehen.

Beispiel

Vor- und Nachteile

Das Verfahren weist große Ähnlichkeiten mit dem Median-Split auf und kann folglich ebenso kritisiert werden. Da beim Extremgruppenvergleich häufig nur zwischen 20% und 50% der Daten in die statistische Analyse einfließen, ist der Informations- und damit einhergehende Teststärkenverlust noch größer als beim Median-Split. Wie beim Median-Split sind Extremgruppenvergleiche mit gängiger Statistiksoftware leicht zu bewerkstelligen.

Regressionsanalysen

Definition: Regressionsanalysen

Regressionsanalysen sind dem Median-Split und Extremgruppenvergleichen oftmals überlegen. Bei der Regressionsanalyse fließen die Drittvariablen als zusätzliche Prädiktoren in die Datenanalyse ein. Beispielsweise könnte die Lernleistung durch ein Regressionsmodell mit den Prädiktoren Intelligenz und Art der Lernumgebung (Lernumgebung A versus Lernumgebung B) vorhergesagt werden. Sofern die Prädiktorvariablen *nicht* intervallskaliert sind, müssen diese zuvor mittels Indikatorcodierung in eine künstlich erzeugte, intervallskalierte Variable umgewandelt werden (z.B. Bortz, 2005). Mit Hilfe von Regressionsanalysen können auch Interaktionseffekte zwischen den einzelnen Prädiktoren aufgedeckt werden (z.B. Moosbrugger, 2002).

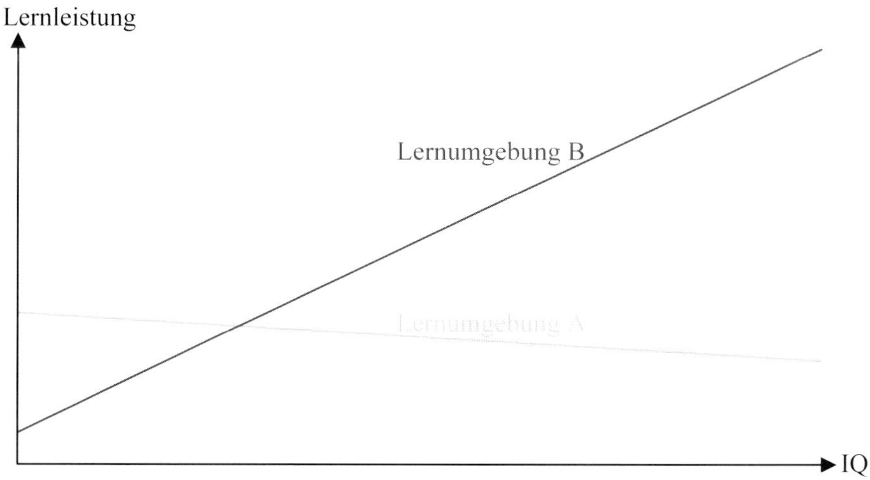

Abbildung 31: Fiktiver Zusammenhang zwischen Intelligenz, Art der Lernumgebung (Lernumgebung A versus Lernumgebung B) und Lernleistung.

Interaktionseffekt und Beispiel

Als Interaktion oder Wechselwirkung bezeichnet man einen über die Haupteffekte (hier der Einfluss von Intelligenz und Art der Lernumgebung auf die Lernleistung) hinausgehenden Effekt. Dieser ist dadurch zu erklären, dass mit der Kombination einzelner Faktorstufen eine eigenständige Wirkung oder ein eigenständiger Effekt verbunden ist (z.B. Bortz, 2005). Ein Interaktionseffekt – auch Moderatoreffekt genannt – läge beispielsweise vor, wenn Versuchspersonen in Abhängigkeit ihrer Intelligenz unter den Lernumgebungen A und B unterschiedliche Lernleistungen erreichen. Denkbar wäre, dass mit ansteigender Intelligenz die Lernleistungen von Probanden in der Umgebung A geringfügig abnähmen, während Versuchsteilnehmer unter der Lernumgebung B mit zunehmender Intelligenz bessere Leistungen erzielen würden (Abbildung 31).

Regressionsanalysen bieten den Vorteil, komplexe Zusammenhänge aufdecken zu können, ohne dass der Anwender eine besonders hohe statistische Expertise aufweisen muss. Zudem werden diese Analysen von allen gängigen Statistikprogrammen in zahlreichen Varianten (z.B. hierarchische Regressionsanalysen) unterstützt. Die Erfassung komplexer, nonlinearer Zusammenhänge mittels Regressionsanalysen erweist sich allerdings häufig als schwierig.

Vor- und Nachteile

Neuronale Netze

Definition: Neuronale Netze

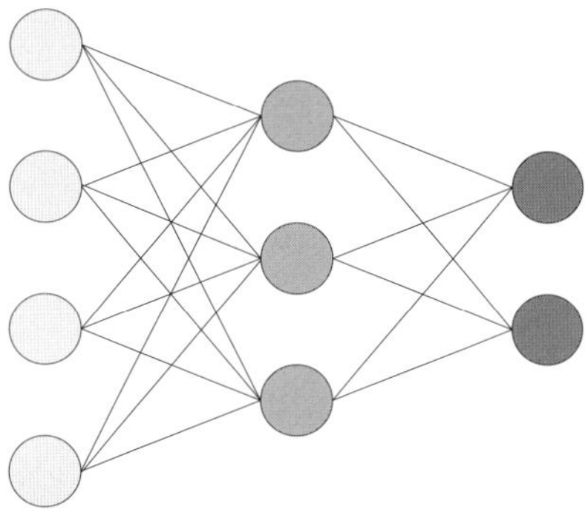

Abbildung 32: Schematische Darstellung eines neuronalen Netzes.

Innerhalb der E-Learning Forschung werden erhobene Daten mittels (künstlicher) neuronaler Netze derzeit nur sehr selten analysiert. Dabei weisen diese bei der Datenauswertung diverse Vorteile auf (z.B. Weber, 2001). Neuronale Netze stellen einen Oberbegriff dar, der zahlreiche, zum Teil sehr unterschiedliche Modelle umfasst (Kapitel 2.2.4). Selbst traditionelle statistische Verfahren wie die Regressionsanalyse lassen sich als Spezialfälle neuronaler Netze beschreiben. Gemeinsam ist all diesen Netzen aber, dass Matrizenberechnungen durchgeführt werden und dabei Informationen aufgenommen, verarbeitet und ausgegeben werden. Bezüglich der Informationsaufnahme würde man bei dem oben aufgeführten Beispiel Versuchsperson für Versuchsperson die Faktorstufen der unabhängigen Variablen (z.B. Null für Lernumgebung A und Eins für Lernumgebung B) sowie weitere Drittvariablen (z.B. die Intelligenz des jeweiligen Probanden) bereitstellen. Diese Informationen würden durch das Netz (Abbildung 32) in mehreren Schritten verarbeitet und zugleich zu seiner Modifikation beitragen. Abschließend erfolgt die Informationsausgabe. So wird beispielsweise in Abhängigkeit der Lernumgebung (A oder B) und eines Intelligenzwertes die Lernleistung (abhängige Variable) vorhergesagt.

Beispiel

Abbildung 33 visualisiert ein fiktives Beispiel zur Datenauswertung mittels neuronaler Netze. Hiernach würden Probanden mittlerer Intelligenz unter Lernumgebung A bessere Lernleistungen erzielen als niedrig- oder hochintelligente Versuchsteilnehmer. Denkbar wäre, dass diese Lernumgebung A für weniger intelligente Versuchspersonen zu schwer und für hochintelligente Lerner zu leicht ist. Unter Lernumgebung B hingegen zeigen die meisten Benutzer eine ähnliche Lernleistung. Erst bei hoher Intelligenz nimmt die Lernleistung mit steigender Intelligenz der Probanden rasch zu. Erklärt werden könnte dieser erdachte Zusammenhang ebenfalls mit der Schwierigkeit: Lernumgebung B ist für die meisten Versuchsteilnehmer zu schwierig. Erst ab einer gewissen Intelligenzleistung entfaltet diese (komplexe) Lernumgebung ihr Potential.

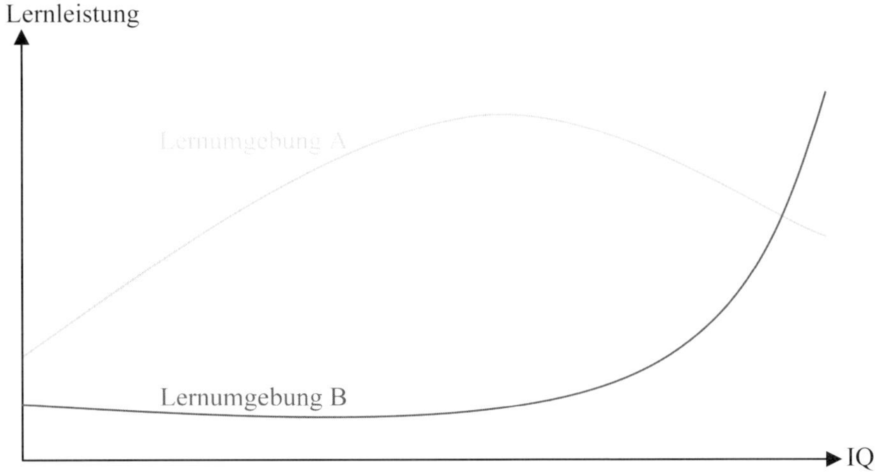

Abbildung 33: Fiktiver, nonlinearer Zusammenhang zwischen Intelligenz, Art der Lernumgebung (Lernumgebung A versus Lernumgebung B) und Lernleistung.

Vor- und Nachteile

Neuronale Netze besitzen den Vorteil, komplexe, nonlineare Zusammenhänge im Datensatz aufdecken zu können (Rey & Wender, 2008). Zwar können derartige Zusammenhänge ebenfalls mit Hilfe des Allgemeinen Linearen Modells (ALM) detektiert werden (z.B. Moosbrugger, 2002), jedoch ist dort die Vorgabe eines spezifischen Modellterms (z.B. x^2) notwendig. Auch andere komplexe Zusammenhänge lassen sich mittels neuronaler Netze mitunter besser aufdecken als mit herkömmlichen statistischen Verfahren. Zu beachten ist dabei, dass sich diese traditionellen Verfahren mathematisch auch als Spezialfälle neuronaler Netze darstellen lassen und es sich somit beispielsweise bei der Regressionsanalyse ebenfalls um ein neuronales Netz handelt. Nachteilig bei neuronalen Netzen im Rahmen der Datenauswertung sind die häufig schwierige Interpretation der komplexen, nonlinearen Zusammenhänge und die benötigte Expertise des "Netzwerkarchitekten". Zudem werden neuronale Netze nicht von allen Statistikprogrammen unterstützt. Darüber hinaus ist die Gefahr des Overfittings der Daten besonders groß (Rey & Wender, 2008).

Problem: Overfitting

Das Problem des Overfittings wird in der Literatur auch als capitalization on chance oder Bias-Varianz-Dilemma bezeichnet. Dieses Problem tritt auf, wenn zufällige Variationen im (Trainings-)Datensatz durch das Modell und deren unabhängige Variablen miterfasst werden. In diesem Fall prognostiziert das neuronale Netz zwar die Daten der ursprünglich untersuchten Stichprobe sehr gut, nicht aber die Messwerte einer neuen Stichprobe. Eine Verallgemeinerung des Modells auf die Grundgesamtheit ist folglich nicht statthaft (Rey & Wender, 2008). Dem Problem kann durch Replikation (Wiederholung) des Versuchs oder Kreuzvalidierung begegnet werden. Bei der Kreuzvalidierung wird die Stichprobe in zwei Untergruppen unterteilt:

- **Trainingsmenge:** Diese Teilstichprobe dient zur Berechnung des (Vorhersage-)Modells.

- **Validierungsmenge:** Diese Teilmenge wird *nicht* zur Berechnung, sondern ausschließlich zur Überprüfung des Modells herangezogen.

Zusammenfassung

Tabelle 3 fasst Gemeinsamkeiten und Unterschiede der Kovarianzanalyse, dem Median-Split bzw. dem Extermgruppenvergleich, der Regressionsanalyse sowie neuronaler Netze zusammen. Die aufgeführten Eigenschaften der vier verschiedenen statistischen Verfahren – wie etwa Overfitting der Daten – beruhen auf eigenen Erfahrungswerten. Ergänzende Simulationsstudien könnten durchgeführt werden, um diese zu stützen oder zu widerlegen.

Zusammenfassender Überblick

Tabelle 3: Tabellarische Darstellung ausgewählter Eigenschaften für die statistischen Verfahren Kovarianzanalyse, Median-Split/Extremgruppenvergleich, Regressionsanalysen und neuronale Netze.

	Kovarianzanalyse	**Median-Split / Extremgruppenvergleich**	**Regressionsanalysen**	**Neuronale Netze**
Statistischer Ansatz	Rechnerische Konstanthaltung	Aufteilung des Datensatzes in zwei Teile	Erfassung (zumeist) linearer Zusammenhänge	Erfassung (zumeist) komplexer, nonlinearer Zshg.
Aufdeckung komplexer Zusammenhänge	Sehr gering	Gering	Mittel	Hoch
Informationsverlust	Sehr hoch	Hoch	Gering	Sehr gering
Overfitting der Daten	Sehr gering	Gering	Mittel	Hoch
Interpretierbarkeit der Ergebnisse	Sehr einfach	Einfach	Mittel	Schwierig
Benötigte statistische Expertise	Gering	Gering	Gering	Hoch
Unterstützung durch Statistiksoftware	Hoch	Hoch	Sehr hoch	Eher gering
Vorteile	Einfaches Verfahren; Gefahr des Overfittings gering	Einfaches Verfahren; Gefahr des Overfittings gering	Relativ einfaches, gut unterstütztes, statistisches Verfahren	Aufdeckung komplexer, interessanter Zusammenhänge
Nachteile	Keine Aufdeckung komplexer Zusammenhänge	Nahezu keine Aufdeckung komplexer Zusammenhänge	Nonlineare Zusammenhänge schwieriger aufzudecken	Schwierig anzuwenden; Gefahr des Overfittings besonders hoch

4.7 Berichterstellung

Überblick

Spätestens nach der Datenauswertung kann mit der Anfertigung eines Untersuchungsberichts begonnen werden. Im nachfolgenden Unterkapitel (Kapitel 4.7.1) werden zunächst allgemeine Hinweise und Empfehlungen zur Abfassung vorgestellt. Der Bericht selbst besteht häufig aus dem Titel, einer kurzen Zusammenfassung (Abstract) und den Abschnitten Einleitung (Kapitel 4.7.2), Methode (Kapitel 4.7.3), Ergebnisse (Kapitel 4.7.4) sowie einer abschließenden Diskussion (Kapitel 4.7.5). Angaben zur Erstellung des Literaturverzeichnisses und Zitationen für deutschsprachige Berichte im Fach Psychologie sind beispielsweise dem Buch "Richtlinien zur Manuskriptgestaltung" (2007) der Deutschen Gesellschaft für Psychologie zu entnehmen.

4.7.1 Allgemeine Hinweise

Zur Erstellung eines Untersuchungsberichts liegen zahlreiche Empfehlungen vor (z.B. Bem, 2003; Bortz & Döring, 2006; Ebel et al., 2006; Sternberg, 2003). Auf folgende ausgewählte Anregungen soll an dieser Stelle näher eingegangen werden:

Allgemeine Empfehlungen

- **Wissenschaftlicher Stil und Gliederung:** Der wissenschaftliche Stil Ihres Untersuchungsberichts sollte klar, prägnant und übersichtlich sein (vgl. Mayer, 2008). Dazu kann auf die Gestaltungsempfehlungen des Kapitels 3.3 zurückgegriffen werden. Für Abbildungen sind die Kapitel 3.4 und 4.6.2 heranzuziehen. Bei der Gliederung und Gestaltung sollten zudem Konventionen des eigenen Fachbereichs beachtet werden. Empirische Arbeiten werden sehr häufig in die Abschnitte Zusammenfassung, Einleitung, Methode, Ergebnisse und Diskussion eingeteilt (siehe Kapitel 4.7.2 bis 4.7.5). Der gesamte Bericht sollte wie eine Sanduhr aufgebaut sein (Bem, 2003). In der Einleitung und im Theorieteil beginnen Sie sehr breit und spitzen diese bis zur Formulierung der Hypothesen immer weiter zu. Methoden- und Ergebnisteil konzentrieren sich primär auf diese Fragestellungen. Die abschließende Diskussion knüpft an die überprüften Hypothesen an und erweitert und ergänzt die zuvor verengte Perspektive wieder (z.B. Implikationen, Einschränkungen und Ausblick).
- **Zeitliche und kognitive Ressourcen:** McCormick und Barnes (2008) raten Nachwuchswissenschaftlern eindringlich, täglich an ihren Manuskripten zu schreiben und sich dafür feste Zeiten zu reservieren (siehe auch Chen, X. & Anderson, 2008). Dies verhindert auch den zusätzlichen Aufwand für das erneute Vergegenwärtigen eines Textes, sofern an dem Manuskript mehrere Wochen nicht gearbeitet wurde. Wichtig ist, sich beim Schreiben des Manuskripts von jeglichen Ablenkungen wie etwa eingehende E-Mails oder Telefonanrufe abzuschotten (Mayrath, 2008). Des Weiteren sollte man die zu erledigenden Arbeiten an die eigenen zeitlichen und kognitiven Ressourcen anpassen. Ist ein Tag beispielweise mit anderen Verpflichtungen dicht gedrängt, die zudem hohe Konzentration erfordern, so sollten in den kurzen, freien Zeiten einfache Tätigkeiten am Text durchgeführt werden. Dies können Umformatierungen von Abbildungen und Tabellen, stilistische Überar-

beitungen, das Streichen von Füllwörtern oder die Benutzung der automatischen Rechtschreibprüfung sein.

- **Reihenfolge der Schreibarbeiten:** Um den Beginn der Schreibarbeiten nicht unnötig zu verzögern, sollte mit einem möglichst einfachen Abschnitt begonnen werden. Hierzu bietet sich der Abschnitt Methoden an, in dem Versuchsdesign, Stichprobe, Material und Versuchsablauf zu beschreiben sind (Kapitel 4.7.3). Meines Erachtens sollte sodann der Ergebnisteil verfasst werden. Zudem ist es sinnvoll, die Kapitel Einleitung und Diskussion möglichst gemeinsam zu erstellen. Die Zusammenfassung (Abstract) der Arbeit – deren Erstellung besonders schwierig ist – schreibt man erst am Ende, jedoch wird sie in der Regel dem Bericht vorangestellt. Auch geübte Autoren benötigen zahlreiche Überarbeitungen bis zur endgültigen Version des Abstracts! Neben der vorgestellten Reihenfolge beim Verfassen des Manuskripts sind andere Abfolgen möglich.
- **Überarbeitung des Manuskripts:** Besonders schwierig ist die Überarbeitung des eigenen Manuskripts (Bem, 2003). Unpräzise, mehrdeutige Formulierungen und Erklärungslücken bleiben häufig unbemerkt, da man selbst weiß, was gemeint ist. Um diese nachträglich zu entdecken und auszubessern, sollte die Arbeit nach Fertigstellung der ersten Version für einige Tage beiseite gelegt und dann überarbeitet werden. Mitunter kann es zudem sinnvoll sein, den Text laut zu lesen und auf seinen Klang zu überprüfen (z.B. Ebel et al., 2006; Reinhardt, 2008). Häufig sind insgesamt zahlreiche Revisionen erforderlich (vgl. Kiewra & Creswell, 2000). Im Anschluss kann man das Manuskript Freunden, Bekannten und Kollegen zur Korrektur zusenden. Diese sollten um eine *spezifische* Durchsicht des Manuskripts (z.B. bezüglich der Zeichensetzung oder aber hinsichtlich der Gliederung) gebeten werden. Sofern auf Unklarheiten hingewiesen wird, solle laut Bem (2003) nicht darüber diskutiert und erläutert werden, was eigentlich gemeint war. Der Leser sei immer im Recht. Wenn etwas als missverständlich wahrgenommen werde, dann sei dies auch missverständlich! Das bedeute jedoch *nicht*, dass die Verbesserungsvorschläge der Korrektoren immer übernommen werden sollten (Bem, 2003; Reinhardt, 2008).

4.7.2 Einleitung

Überblick

Die Einleitung einer empirischen Arbeit besteht aus einer kurzen Eröffnung sowie dem Theorieteil, der im optimalen Fall zwangsläufig, jedoch ungezwungen zu den eigenen Fragestellungen bzw. Hypothesen führt (vgl. Beller, 2008).

Eröffnung

Die Eröffnung der Arbeit sollte möglichst kurz und prägnant formuliert sein und beim Leser sofortiges Interesse wecken. Zugleich sollte die besondere Relevanz des Untersuchungsthemas erkennbar werden. Hierzu stehen verschiedene Varianten zur Verfügung. Beispielsweise kann ein Sprichwort oder eine Anekdote bemüht werden (Bortz & Döring, 2006). Ebenso ist eine interessante, knappe statistische Angabe denkbar (Beller, 2008) wie auch eine ansprechende Fragestellung oder ein Beispiel. Bem (2003) empfiehlt, in der Eröffnung nicht gleich mit der Tür ins Haus zu fallen. Demnach sollte im ersten Satz des Berichts *nicht* unmittelbar auf die zentralen Theorien der empirischen Arbeit verwiesen werden.

Theorieteil

Nach der Eröffnung werden die relevanten Theorien und Befunde zur Untersuchung aufgeführt. Diese werden – einer Sanduhr ähnlich (siehe oben) – zunächst allgemein dargestellt und dann immer weiter auf die eigene Fragestellung spezifiziert. Die hypothesenrelevanten Theorien und aktuellen empirischen Befunde werden dabei *nicht* in chronologischer Reihenfolge aufgelistet, sondern in die Argumentationslinie der eigenen Studie integriert (Beller, 2008). Ziel dabei ist eine klare, knappe und nachvollziehbare Argumentation für den Leser, der zugleich von der Notwendigkeit der durchgeführten empirischen Studie zu überzeugen ist. Im Theorieteil können fremde Arbeiten auch in angemessener Form kritisiert werden. Persönliche Angriffe oder Beleidigungen sind jedoch selbstverständlich vollkommen unangebracht (Bem, 2003)!

Hypothesen

Von zentraler Bedeutung bei den zu untersuchenden Hypothesen ist die empirische Überprüfbarkeit. Darüber hinaus sollte die pädagogische Relevanz und theoretische Fundierung erkennbar sein (Kapitel 4.3.1). Die Fragestellung sollte mit den zeitlichen und finanziellen Ressourcen sowie der vorhandenen Expertise (vgl. Kapitel 4.4.1) zu beantworten und zudem ethisch statthaft sein (Kapitel 4.3.4). Weitere Hinweise zur adäquaten Generierung von Hypothesen sind beispielsweise in Sarris und Reiß (2005) zu finden.

4.7.3 Methode

Überblick

Im Abschnitt Methode wird die durchgeführte Untersuchung beschrieben. Dazu erfolgt eine Darstellung des Versuchsplans, der verwendeten Materialien und Geräte sowie des Versuchsablaufs selbst. Zudem sind die eingesetzten Fragebögen und die Stichprobe vorzustellen. Die durchgeführte Datenaggregation wird im Methodenteil nur kurz skizziert.

Versuchsdesign

Die Beschreibung des Untersuchungsdesigns liefert dem Leser einen Überblick über die gesamte Studie und wird daher zumeist an den Anfang des Methodenteils gestellt (Bortz & Döring, 2006). Gelegentlich dient die Darstellung des Versuchsdesigns auch als zusammenfassende Übersicht und markiert den Schluss des Methodenabschnitts. Das Untersuchungsdesign charakterisiert zum einen den grundsätzlichen Untersuchungsansatz (Kapitel 4.4.1). Beispielsweise wird angegeben, ob ein korrelatives, quasi-experimentelles oder experimentelles Design zum Einsatz kam oder ob die Daten im Labor oder Feld erhoben wurden. Zum anderen werden Anzahl und Art der unabhängigen, abhängigen und berücksichtigten Drittvariablen der Studie aufgeführt (Kapitel 4.4.2). Beispielsweise stellt man durch die Angabe "2x2-faktorieller, bivariater Zufallsversuchsplan" klar, dass zwei, jeweils zweifachgestufte unabhängige Variablen verwendet wurden. Eine unabhängige Variable könnte zwei unterschiedliche Lernumgebungen (A versus B) beinhalten, während sich der zweite Faktor auf zwei verschiedene Gestaltungsformate (mit versus ohne Signalisierungen) beziehen könnte. Da es sich um einen Zufallsversuchsplan handelt, wurde jede Versuchsperson zufällig (randomisiert) auf eine der insgesamt vier (2x2) verschiedenen Bedingungen zugewiesen. Als abhängige Variablen wurden vielleicht die Behaltens- und Verständnisleistungen der Probanden erfasst (vgl. Kapitel 4.4.2). Folglich resultiert ein bivariater (d.h. zwei abhängige Variablen) Versuchsplan. Bem (2003) und Beller (2008) empfehlen, inhaltlich aussagekräftige Begriffe und

Abkürzungen bei der Benennung von Gruppen und Variablen zu verwenden anstelle inhaltlich leerer Bezeichnungen (z.B. Gruppe A).

Stichprobe

Nach Bortz und Döring (2006) erfolgt die Stichprobenbeschreibung nicht im Methodenteil, sondern erst zu Beginn des Ergebnisteils. Dies ist – zumindest für die mir bekannten E-Learning Studien – völlig untypisch. Die Darstellung der Stichprobe beschränkt sich in den meisten E-Learning Untersuchungen auf gängige Angaben wie die Anzahl an Versuchsteilnehmern, die Art der Rekrutierung (Kapitel 4.5.1) sowie die Geschlechts- und Altersverteilung. Darüber hinaus wird zumeist kurz auf die inhaltliche Expertise der Probanden eingegangen, da sich diese in vielen Studien als bedeutsame Moderatorvariable erwiesen hat. Andere Lernereigenschaften (Kapitel 3.8) wie etwa das räumliche Vorstellungsvermögen werden in der Regel nur dann erfasst und in der Stichprobenbeschreibung aufgegriffen, wenn zu diesen spezifische Hypothesen aufgestellt wurden.

Material

Im Methodenteil sind die Untersuchungsmaterialien (z.B. Lernmaterialien, Kapitel 4.3.2) zu beschreiben. Durch die Darstellung der Lernmaterialien sollte der Leser zumindest in groben Zügen verstehen können, was inhaltlich vermittelt wurde. Ebenfalls aufgeführt werden Messgeräte (z.B. Eyetracker, Kapitel 4.5.3), eingesetzte Fragebögen (z.B. NASA-TLX, Kapitel 2.3.5) und Tests (z.B. IQ-Tests). Bei selbstkonstruierten Fragebögen werden in der E-Learning Literatur zumeist ein bis zwei Fragen für den Leser beispielhaft abgedruckt. Häufig werden zu den verwendeten Fragebögen (z.B. zur Messung der Lernleistung) Cronbachs α-Werte angegeben (zur Problematik dieses Kennwertes siehe Kapitel 4.4.2).

Versuchsablauf

Der Versuchsablauf stellt die einzelnen Schritte der Studie dar. Dieser Abschnitt enthält Angaben über den Ort und die Dauer der Datenerhebung sowie den genauen Ablauf der Untersuchung. Zahlreiche E-Learning Studien besitzen einen ähnlichen Untersuchungsablauf. Zunächst wird der Teilnehmer durch den Versuchsleiter oder – speziell bei Online-Erhebungen – das Programm begrüßt und über den gesamten Versuchsablauf informiert. Weitere einleitende Hinweise schließen sich an. In einigen Studien erfolgt sodann ein Vortest, um die Expertise der Lernenden zu erfassen. Danach bearbeitet der Teilnehmer die (interaktiven) Lernmaterialien und beantwortet die im Anschluss gestellten Lernfragen sowie weitere Fragen zu den Untersuchungsmaterialien (z.B. subjektive Bewertungen der Lernmaterialien, siehe Kapitel 4.4.2 und 4.5.2). Demographische Angaben wie Geschlecht und Alter sowie Persönlichkeitsfragebögen und Tests (z.B. IQ-Tests) werden typischerweise am Ende oder alternativ zu Beginn der Studie präsentiert. Eine angemessene Aufklärung der Probanden über den Versuch (vgl. Kapitel 4.5.4) komplettiert die Untersuchung.

Datenaggregation

Zur Datenaggregation (vgl. Kapitel 4.6.1) finden sich in den meisten Artikeln zum Thema E-Learning nur sehr kurze Ausführungen. Sinnvoll sind unter anderem Angaben zur Eliminierung von Ausreißern. Auf die Angabe der eingesetzten Statistiksoftware bei der Datenauswertung wird hingegen in der Regel verzichtet. Gelegentlich wird der kurze Abschnitt zur Datenaggregation auch an den Beginn des Ergebnisteils gestellt.

Bem (2003) regt hinsichtlich des Methodenteils an, dem Leser die gesamte Untersuchung aus der Sichtweise eines Versuchsteilnehmers vorzustellen. Zudem empfiehlt er, den Methodenabschnitt mit einer kurzen Zusammenfassung der Vorgehensweise abzuschließen.

4.7.4 Ergebnisse

Überblick

Im Ergebnisteil werden in erster Linie die Befunde zu den aufgestellten Hypothesen berichtet, jedoch nicht ausführlich interpretiert (Beller, 2008). Darüber hinaus kann dieser Abschnitt interessante, zuvor nicht vermutete Ergebnisse enthalten. Neuere Artikel zum Thema E-Learning beinhalten häufig auch die Prüfung der Voraussetzungen für die eingesetzten inferenzstatistischen Verfahren. Der Ergebnisteil wird in normaler Prosa verfasst (Beller, 2008; Bem, 2003) und durch einzelne Tabellen und Abbildungen (Kapitel 4.6.2) ergänzt. Bitte vermeiden Sie dabei das einfache Kopieren des Outputs aus der Statistiksoftware! Bem (2003) weist zudem darauf hin, im gesamten Ergebnisteil als auch bei den Einzelergebnissen immer zuerst den "Wald" und dann die "Bäume" aufzuführen.

Voraussetzungen der inferenzstatistischen Verfahren

Sofern eine Prüfung der Voraussetzungen für die inferenzstatistischen Verfahren erfolgt, wird diese in knapper Form dem Ergebnisteil vorangestellt. Kapitel 4.6.3 erörtert beispielhaft die Voraussetzungen für eine multivariate Varianzanalyse ohne Messwiederholung, die in Arbeiten zum Themenbereich E-Learning des Öfteren anzutreffen ist.

Hypothesenprüfung

Die Befunde zu den einzelnen Fragestellungen und Hypothesen bilden den Kern des Ergebnisabschnitts. Dabei sollten meiner Meinung nach einfache und gängige statistische Verfahren genutzt werden, mit denen die Forschungsfragen eindeutig und in knapper Form zu beantworten sind (Kapitel 4.6.3). Neben wenigen und ausgewählten inferenzstatistischen Kennwerten zur Überprüfung auf statistische Signifikanz sind deskriptivstatistische Angaben erforderlich, die etwa Aussagen zur praktischen Bedeutsamkeit erlauben. Demnach sollten standardisierte Effektgrößen (Kapitel 4.6.4) aufgeführt werden. Sofern sich die überprüfte Hypothese als statistisch *nicht* signifikant erweist, sollte eine Teststärkenangabe erfolgen (vgl. Kapitel 4.4.3), obgleich man diese in den allermeisten Artikeln vergeblich sucht. Für sämtliche statistische Kennwerte reicht zumeist die Verwendung von zwei bis drei Nachkommastellen aus. Deutlich mehr Nachkommastellen erwecken hingegen lediglich den Eindruck von Pseudogenauigkeit (Bortz & Döring, 2006). Des Weiteren empfehlen Bortz und Döring (2006) aus Konsistenzgründen die Strukturierung aus dem Theorieteil zu übernehmen und die einzelnen Hypothesen in der gleichen Reihenfolge abzuarbeiten.

Sonstige Befunde

Nach Darstellung der hypothesenrelevanten Ergebnisse können weiterführende Befunde berichtet werden. Hierbei bieten sich vor allem deskriptivstatistische Kennwerte an, da die inferenzstatistische Testung nachträglich aufgestellter Hypothesen fragwürdig (vgl. dazu das capitalization on chance Problem im Kapitel 4.6.5), jedoch nicht nur in der E-Learning Forschung anzutreffende Praxis ist. In diesem Zusammenhang ist auch die "HARKing"-Vorgehensweise ("Hypothesizing After the Results are Known", wobei das englische Wort "harking" "horchend" bedeutet) zu nennen und zu kritisieren (z.B. Bortz & Döring, 2006), bei der anhand der gefundenen Ergebnisse die Hypothesen erst nachträglich formuliert werden. Im Idealfall werden die – im Vorfeld nicht postulierten –

sonstigen Befunde *nicht* inferenzstatistisch überprüft, sondern erst im Rahmen einer neuen Untersuchung und an einer neuen Stichprobe. Dem capitalization on chance Problem kann neben der Versuchswiederholung auch durch Kreuzvalidierung begegnet werden (Kapitel 4.6.5).

4.7.5 Diskussion

Überblick

Der Diskussionsteil enthält eine Zusammenfassung und Interpretation der gefundenen Ergebnisse sowie theoretische und praktische Implikationen, die sich hieraus ableiten lassen. Darüber hinaus werden Einschränkungen aufgeführt, welche die Ergebnisse und deren Interpretation begrenzen. Ein Ausblick auf mögliche weiterführende Studien rundet die Arbeit ab.

Ergebniszusammenfassung

Die Diskussion beginnt mit einer Zusammenfassung der gefundenen Ergebnisse. Hierbei werden *keine* statistischen Kennwerte verwendet. Im Anschluss an die Ergebniszusammenfassung erfolgt deren Interpretation. Im optimalen Fall kann dabei nahtlos an den Theorieteil angeknüpft und die dort vorgestellten Modelle und Konzepte können mit Hilfe der gefundenen Ergebnisse und den gezogenen Schlussfolgerungen ergänzt, modifiziert oder erweitert werden.

Implikationen

Neben den theoretischen Implikationen sollten auch praktische Implikationen diskutiert werden. Hier ist es vorteilhaft, wenn das untersuchte E-Learning Forschungsthema pädagogisch relevant ist und leicht Bezug auf ein wichtiges Anwendungsproblem genommen werden kann (Kapitel 4.3.1).

Einschränkungen

Zum Diskussionsteil gehört auch eine kritische Würdigung der eigenen Arbeit, indem Einschränkungen erörtert werden, welche die Befunde und deren Interpretation begrenzen. Im E-Learning Kontext wird an dieser Stelle häufig aufgeführt, dass die gewonnenen Erkenntnisse zunächst nur für die verwendeten Lernmaterialien und -inhalte gültig seien und unklar bleibe, ob sich die Befunde auch auf andere Materialien und Inhalte generalisieren lassen (vgl. Kapitel 1.3).

Ausblick

Ein Ausblick auf mögliche weiterführende Fragestellungen und Studien schließt die Diskussion ab. Spätestens hier wird die zuvor verengte Perspektive wieder geöffnet, was dem Ansatz von Bem (2003) entspricht, den Bericht wie eine Sanduhr aufzubauen (Kapitel 4.7.1). Beller (2008) empfiehlt, den gesamten Bericht mit einer eingängigen Botschaft zu beenden, welche die Quintessenz der Arbeit enthält (take-home message).

4.8 Übungsaufgaben

1. Nach welchen Kriterien sollte die zu untersuchende Forschungsfrage einer E-Learning Studie ausgewählt werden?
2. Wie sollten Sie bei der Literaturrecherche im Vorfeld einer E-Learning Untersuchung vorgehen?
3. Wie kann man Behalten und Verstehen voneinander abgrenzen?

4. Wie sollte der Versuchsplan ausgewählt und die Hypothesen formuliert werden, damit ein möglichst geringer Stichprobenumfang für die Studie benötigt wird?
5. Welche Vor- und Nachteile besitzt der Einsatz eines Eyetrackers?
6. Welche Maßnahmen erleichtern die Rekrutierung von Versuchspersonen in einer Online-Studie?
7. Welche Formen der Datenerhebung lassen sich im Kontext von E-Learning Untersuchungen unterscheiden?
8. Was ist bei der Versuchsaufklärung einer Untersuchung zum elektronischen Lehren und Lernen zu beachten?
9. Nach welchen Kriterien sollte man sich bei der Datenvisualisierung orientieren?
10. Welche Vorteile besitzt die Angabe einer standardisierten Effektgröße bei der Ergebnisdarstellung?
11. Wie können Drittvariablen in der Datenauswertung Berücksichtigung finden?
12. Worauf sollte bei der Erstellung eines Untersuchungsberichts geachtet werden?
13. Worauf ist bei der Eröffnung der empirischen Arbeit im Rahmen der Berichterstellung zu achten?
14. Welche statistischen Kennwerte sollten zur Darstellung der Befunde aufgeführt werden?

5 Ausblick

5.1 Übersicht und Lernziele

Das letzte Kapitel liefert einen Ausblick zu ausgewählten Themen innerhalb der E-Learning Forschung, die in den letzten Jahren besondere Beachtung gefunden haben und vermutlich auch zukünftig einen großen Stellenwert einnehmen werden. Hierzu zählen adaptive Lernumgebungen, kollaborative Lernumgebungen sowie digitale Lernspiele. Diese drei Themengebiete sind auf vielfältigste Weise miteinander verknüpft.

Das Kapitel enthält folgende Lernziele:

- Was sind adaptive Lernumgebungen?
- Was versteht man unter kollaborativen Lernumgebungen?
- Was ist zu digitalen Lernspielen sowie Computer- und Videospielen bekannt?
- Welche Gemeinsamkeiten bestehen zwischen adaptiven Lernumgebungen, kollaborativen Lernumgebungen und digitalen Lernspielen?

5.2 Adaptive Lernumgebungen

Definition: Adaptive Lernumgebungen

Zu adaptiven E-Learning Umgebungen existieren in der Literatur diverse Begriffsbestimmungen (Burgos, Tattersall & Koper, 2006). Der Definition von Stoyanov und Kirschner (2004) folgend stellen adaptive E-Learning Umgebungen interaktive Systeme dar, die den Lerninhalt, pädagogische Modelle sowie Interaktionen zwischen den Lernenden in der Lernumgebung an die individuellen Bedürfnisse und Präferenzen der Benutzer anpassen und personalisieren. Häufig werden in diesem Zusammenhang auch Bezeichnungen wie differentiated, individualized, personalized oder tailored E-Learning verwendet (z.B. Kalyuga, 2007b; Salden, Paas, & Van Merriënboer, 2006). Gemeinsam ist diesen Konzepten, dass eine einheitliche Gestaltung der Lernumgebung für alle Lernenden ("one size fits all") zugunsten einer auf den Lernenden zugeschnittenen, individualisierten und personalisierten Darstellung des Lernmaterials zurückgewiesen wird.

Aktuelles Forschungsthema

In der aktuellen E-Learning Forschung und Entwicklung werden adaptive Lernumgebungen besonders beachtet (z.B. Kareal & Klema, 2006; Ruiz, Mintzer & Leipzig, 2006). Aktuelle Publikationen beschreiben dieses Themengebiet häufig als wichtigen, innovativen und neuen Forschungstrend. Gelegentlich werden adaptive Lernumgebungen sogar als "hot topic" in der Forschung bezeichnet (vgl. Boytcheva & Kovatcheva, 2006; Camacho, Ortigosa, Pulido & R-Moreno, 2008; Van Merriënboer & Ayres, 2005).

Vorläufer

Adaptive Lernumgebungen gelten jedoch zugleich seit Jahrzehnten als wichtiges Forschungsthema (z.B. Kalyuga, 2007b; Parrish, 2004; Van Rosmalen et al., 2006; Vaubel & Gettys, 1990). Dort gewonnene Erkenntnisse zu E-Learning Umgebungen, beispielsweise im Kontext der Aptitude Treatment Interaction (vgl. z.B. Cronbach & Snow, 1977; Kalyuga, 2007b; Snow & Lohmann, 1984), zu kognitiven Tutoren auf Basis der ACT-R Theorie (Adaptive Control of Thought-Rational, z.B. Anderson, Corbett, Koedinger & Pelletier, 1995; Koedinger & Aleven, 2007) oder zu Intelligenten Tutoriellen Systemen (ITS, z.B. Wenger, 1987) bleiben in neueren Publikationen jedoch häufig unbeachtet.

5.2.1 Phasen adaptiver Lernumgebungen

Mindestens zwei Phasen adaptiver Lernumgebungen

In adaptiven Lernumgebungen lassen sich mehrere Phasen voneinander unterscheiden:

1. **Anfängliche Einstufung:** In einem ersten Schritt erfolgt zumeist eine initiale Einstufung des Lernenden im Hinblick auf das anzupassende Kriterium. Beispielsweise kann in einem kurzen Wissenstest die Expertise des Lernenden ermittelt werden (Kalyuga, 2006). Ebenso ist die Erfassung stabilerer Merkmale wie Lernstile (vgl. Kapitel 3.8.3), Lernergewohnheiten, Attributionsstile (individuelle Unterschiede in der Art und Weise, Ereignisse auf bestimmte Ursachen zurückzuführen), Alter oder Geschlecht denkbar (z.B. Kabassi & Virvou, 2006; Oblinger, 2004; Van Gerven, Paas & Tabbers, 2006). Derartige Faktoren finden im Vergleich zum Vorwissen allerdings nur selten Berücksichtigung (Kickmeier-Rust, Dietrich & Roth, 2007; Wittwer & Renkl, 2008). Die Beachtung mehrerer Lernermerkmale ist ebenso möglich (z.B. Kabassi & Virvou, 2006).

2. **Präsentation und Modifikation des Lernmaterials anhand weiterer Messungen:** Auf Basis der anfänglichen Einschätzung wird in einem zweiten Schritt zumeist das Lernmaterial präsentiert. Während dieser Darbietung erfasst man das Verhalten des Benutzers fortlaufend oder intermittierend (mit Unterbrechungen) durch den Computer. So kann beispielsweise der Navigationsstil protokolliert (vgl. Puntambekar & Stylianou, 2005), die kognitive Belastung (Kapitel 2.3.4) des Lernenden via Selbsteinschätzung (Kalyuga & Sweller, 2005; Van Gog & Paas, 2008) oder aber die Entwicklung im Lernprozess mittels zwischenzeitlicher Wissenstests bewertet werden (Kalyuga, 2006). Auch die Lernstrategie und andere metakognitiven Fähigkeiten kann man als Informationen heranziehen (Schwonke, Hauser, Nückles & Renkl, 2006). Ebenso können physiologische Kennwerte sowie Gestik und Mimik erfasst und analysiert werden (Sarrafzadeh, Alexander, Dadgostar, Fan & Bigdeli, 2008). In Abhängigkeit dieser Messungen wird das Lernmaterial unmittelbar modifiziert und auf die individuellen Kompetenzen, Bedürfnisse und Präferenzen der Lernenden abgestimmt.

5.2.2 Umsetzung der Adaptivität

Unterschiedliche Umsetzungsmöglichkeiten

Die Veränderung des Lernmaterials auf Basis der Messergebnisse kann sehr unterschiedlich umgesetzt werden (vgl. z.B. Ahmad, Basir & Hassanein, 2004). Häufig gelangen einfache Verzweigungsbäume und relativ simple statistische Verfahren zum Einsatz (vgl. Kalyuga, 2007b; Shute & Towle, 2003). Aufwendigere Verfahren wie beispielsweise die Auswahl des Lernmaterials mit Hilfe der Item Response Theorie (Chen, C.-M., Lee & Chen, 2005) oder künstlicher Intelligenz, wie neuronaler Netze (Brusilovsky, Chavan & Farzan, 2004; Esposito, Licchelli & Semeraro, 2004) wurde bisher nur selten vorgenommen. Dabei verspricht man sich vom Einbezug künstlicher Intelligenz eine deutliche Verbesserung hinsichtlich der Lernwirksamkeit adaptiver Lernumgebungen (z.B. Kalyuga, 2007b). Messung des Lernerverhaltens und Modifikation des zu erlernenden Materials durch den Computer können prinzipiell auch durch einen Menschen vorgenommen werden (z.B. Hadwin, Wozney & Pontin, 2005; Lajoie, 2005). Unterstützungsmaßnamen für den Lernenden durch einen menschlichen Tutor – als adaptive human scaffolding bezeichnet (z.B. Azevedo, Cromley, Winters, Moos & Greene, 2005) – können ebenfalls in E-Learning Umgebungen genutzt werden (z.B. Azevedo, Moos, Greene, Winters & Cromley, 2008; Shapiro, 2008).

5.2.3 Angenommene Effekte

Positive Erwartungen

Adaptive E-Learning Umgebungen sind unter Forschern und Lehrenden mit diversen positiven Erwartungen verknüpft. Derartige Lernumgebungen sollen beispielsweise eine kognitive Überlastung (Corbalan, Kester & Van Merriënboer, 2006; Van Gerven et al., 2006) sowie das Phänomen der Desorientierung des Lernenden bei der Lektüre von Hypertexten ("lost in hyperspace", siehe Kapitel 3.3.6) verhindern (Chen, C.-M. et al., 2005; Chen, S. Y. et al., 2006). Zudem soll die benötigte Lernzeit reduziert und zugleich die Behaltensleistungen verbessert werden (Conlan, Hockemeyer, Wade & Albert, 2002). Weitere Ziele sind die Erhöhung der Attraktivität des Lernmaterials (Muntean & Muntean, 2007) sowie eine Verbesserung der Lernmotivation (Kareal & Klema, 2006) und Lernzufriedenheit, um die hohen Abbrecherquoten in E-Learning Kursen zu senken (Dagger, Wade & Conlan, 2005). Lernen soll zudem effektiver und effizienter gestaltet (Chen, C.-M. et al., 2005; Shute & Towle, 2003) und/oder die gesamte Wissensvermittlung revolutioniert werden (vgl. Scalise et al., 2007).

Potentielle Probleme

Neben diesen zahlreichen potentiellen Vorteilen adaptiver Lernumgebungen sind auch deren mögliche Probleme zu bedenken, obgleich diese in der Literatur häufig keinerlei Berücksichtigung finden. So kann das Verhalten adaptiver Systeme von Lernenden als nicht nachvollziehbar wahrgenommen werden (Stichwort: black box) und somit den subjektiven Kontrollverlust des Nutzers begünstigen. Fehleinschätzungen des adaptiven Systems über den Lernenden dürften diesen Effekt beträchtlich verstärken. Des Weiteren ist bei besonders plötzlichen Veränderungen der Lernumgebung (z.B. der Navigationsstruktur) durch das adaptive System mit Desorientierung und Frustration sowie einer gesteigerten kognitiven Beanspruchung des Anwenders zu rechnen (Ahmad et al., 2004).

5.2.4 Empirische Befundlage

Uneinheitliche Befundlage

In der Literatur zu adaptiven E-Learning Umgebungen finden sich teilweise nicht belegte Behauptungen, dass Lerner von diesen Lernumgebungen profitieren (z.B. Conlan, Dagger & Wade, 2002). Dabei erscheint die empirisch-experimentelle Befundlage zu adaptiven E-Learning Systemen eher uneinheitlich. Auch sind bisher nur relativ wenige experimentelle Untersuchungen zur Lernwirksamkeit adaptiver Lernumgebungen durchgeführt worden.

Methodische Vorgehensweise

In Experimenten greift man zum Teil auf ein sogenanntes yoked design zurück. Hierbei werden korrespondierende Versuchspersonenpaare gebildet, indem jeweils eine Person der Kontrollgruppe einer bestimmten Person aus der adaptiven Bedingung zugeordnet wird. Während die Lernmaterialien in Abhängigkeit vom Verhalten des Lernenden in der adaptiven Bedingung personalisiert dargeboten werden, sind die Lernmaterialien für Versuchsteilnehmer der Kontrollbedingung nicht auf diese zugeschnitten. Stattdessen erhalten sie exakt dieselben Lernmaterialien in der gleichen Reihenfolge wie die zuvor getesteten, zugeordneten Personen. Dadurch soll sichergestellt werden, dass sich Experimental- und Kontrollbedingung nur hinsichtlich der Adaptivität voneinander unterscheiden.

Ausgewählte experimentelle Untersuchungen

Die Experimente von Kalyuga und Sweller (2005), Kalyuga (2006), Puntambekar und Stylianou (2005), Schwonke et al. (2006) sowie Van Merriënboer, Schuurman, de Croock und Paas (2002) können einen förderlichen Effekt auf Lernleistungen und Lerneffizienz der Probanden in den adaptiven Versuchsbedingungen im Vergleich zur Kontrollgruppe nachweisen. Bei einigen dieser Studien sind aber versuchsplanerische Mängel zu beachten wie die wiederholte Darbietung des Lernmaterials in den adaptiven Bedingungen im Gegensatz zu den Kontrollgruppen (Kalyuga & Sweller, 2005). Derartige Mängel schränken die Vergleichbarkeit zwischen den einzelnen Versuchsbedingungen deutlich ein. In der Studie von Camp, Paas, Rikers und Van Merriënboer (2001) wurde am Beispiel der Flugsicherung nur in der Lern- nicht jedoch in der anschließenden Transferphase ein positiver Effekt auf Lernleistung und Lerneffizienz festgestellt. Auch die durchgeführte, partielle Replikationsstudie von Salden, Paas, Broers und Van Merriënboer (2004) zeigt eine uneinheitliche Befundlage. Unter den drei adaptiven Bedingungen wird im Vergleich zur Kontrollgruppe zwar eine höhere Lerneffizienz erzielt (gemessen anhand eines eigenen Maßes, welches die Lernleistung in der Testphase sowie die mentale Anstrengung und die benötigte Lernzeit in der Trainingsphase berücksichtigt). Allerdings zeigt sich in der Trainingsphase unter der nicht adaptiven Versuchsbedingung die zweithöchste Lernleistung über die vier Bedingungen hinweg. In der Testphase liegt die Lernleistung ebenso auf dem Niveau der drei adaptiven Gruppen. Im Experiment von Salden et al. (2006), welches ebenfalls auf das oben aufgeführte Effizienzmaß zurückgreift, konnte weder für die Lernleistung noch für die Lerneffizienz in den Transferaufgaben eine Überlegenheit der adaptiven Lernbedingung im Vergleich zu drei Kontrollbedingungen festgestellt werden. Lediglich die Lernleistung in der Trainingsphase war in der adaptiven Gruppe signifikant höher als in den drei anderen Bedingungen.

5.2.5 Kritik

Neben den relativ wenigen experimentellen Studien mit ihrer uneinheitlichen empirischen Befundlage ist anzumerken, dass Arbeiten zu adaptiven Lernumgebungen oft die technische Realisierung in den Vordergrund stellen und pädagogische Erfordernisse vernachlässigen (Kalyuga, 2007b). Zudem sind die Studien häufig nicht theoretisch eingebettet (vgl. Van Rosmalen et al., 2006). Dabei existieren – neben der ACT-R Theorie (z.B. Anderson & Lebiere, 1998) – im Kontext der Multimediaforschung diverse Theorien und Modelle, die empirisch zum Teil als gut abgesichert gelten und sich auf adaptive E-Learning Umgebungen unmittelbar übertragen lassen (z.B. Kalyuga, 2007a, 2008). Neben den in Kapitel 2 aufgeführten Theorien ist hier besonders der Expertise-Umkehr-Effekt (Kapitel 3.8.1) hervorzuheben.

Technische Realisierung im Vordergrund

Des Weiteren können Studien, die eine adaptive mit einer nicht adaptiven Versuchsbedingung vergleichen, als zu unspezifisch kritisiert werden. Selbst wenn man in einer Untersuchung einen Unterschied zwischen diesen beiden Gruppen findet, lassen sich die Befunde nur schwer verallgemeinern, da es beispielsweise darauf ankommt, wie die Adaptivität realisiert wurde (Kapitel 5.2.2). Weitere methodische Probleme sind dem Kapitel 1.3 zu entnehmen. Anstelle solcher pauschalen Vergleiche erscheint meines Erachtens die Überprüfung von Gestaltungsempfehlungen zu adaptiven Lernumgebungen sinnvoller.

Pauschale Vergleiche

5.3 Kollaborative Lernumgebungen

Kollaborative Lernumgebungen stellen Lernumgebungen dar, in denen Lernen in einer Gruppe stattfindet. Wissen und/oder Informationen können dabei auf die einzelnen Lernenden aufgeteilt sein, aber die Gruppe erledigt die Aufgabe gemeinsam (Kirschner, F., Paas & Kirschner, 2009a). Im E-Learning Kontext kommen dabei elektronische Medien zum Einsatz. Auf kollaboratives Lernen kann auch im Rahmen digitaler Lernspiele (Kapitel 5.4) zurückgegriffen werden (z.B. Hämäläinen, Oksanen & Häkkinen, 2008).

Definition: Kollaborative Lernumgebungen

Kollaborative Lernumgebungen sind ein aktuelles Forschungsthema im Kontext des elektronischen Lehrens und Lernens. In der Vergangenheit hat sich die überwiegende Anzahl an Studien lediglich mit Lernprozessen einzelner Personen beschäftigt. Dies ist auch an zahlreichen E-Learning Theorien (Kapitel 2) erkennbar, die kollaboratives Lernen in aller Regel nicht explizit berücksichtigen. Einige neuere Publikationen (z.B. F. Kirschner et al., 2009a; F. Kirschner, Paas, & Kirschner, 2009b; Krause et al., 2009; Yoon & Johnson, 2008) befassen sich mittlerweile mit kollaborativen Lernprozessen, wobei auch vereinzelt ältere Arbeiten zu diesem Thema existieren (z.B. Schnotz, Böckheler, Grzondziel, Gärtner & Wächter, 1998). Selbst das (Mode-)Wort "Web 2.0" bezieht sich unter anderem darauf, dass Benutzer zu Autoren werden (vgl. Kerres, 2006) und Inhalte im Internet gemeinsam generieren und editieren. Somit findet hier ebenfalls kollaboratives Arbeiten statt.

Aktuelles Forschungsthema

5.3.1 Formen kollaborativen Lernens

Synchrone versus asynchrone Kommunikation

Beim kollaborativen Lernen können Informationen in vielfältigster Form in der Gruppe kommuniziert werden. Man unterscheidet hierbei zwischen synchronen und asynchronen Formen:

- **Synchrone Kommunikation:** Hier erfolgt der Informationsaustausch zwischen verschiedenen Personen nahezu zeitgleich. Chat, Instant Messaging (z.B. MSN Messenger, AIM und ICQ) und Videokonferenzen sind Beispiele hierfür.
- **Asynchrone Kommunikation:** Diese Kommunikationsform findet zeitlich versetzt statt. Typische Beispiele sind E-Mails, Diskussionsforen, Newsgroups und Wikis (siehe nächstes Kapitel).

Vergleich der beiden Kommunikationsformen

Stellt man die beiden Kommunikationsformen empirisch gegenüber, so zeigen sich verschiedene Stärken und Schwächen der beiden Ansätze (Jonassen, Lee, Yang & Laffey, 2005). Diskussionsforen werden etwa im Vergleich zu Chats von einigen Benutzern bevorzugt, da sich diese dort weniger gehetzt fühlen und ihnen mehr Zeit für die Analyse, Reflexion und Ausarbeitung der Beiträge zur Verfügung steht (Bhattachary, 1999). Synchrone Kommunikationsformen regen hingegen stärker zu einer Debatte über ein Themengebiet an (Shotsberger, 1999). Auch hier ist bei Gegenüberstellungen zu beachten, dass eine Reihe methodischer Probleme (Kapitel 1.3) die Verallgemeinerbarkeit der Befunde in Frage stellen kann.

5.3.2 Kollaboratives Lernen mit Wikis

Definition: Wiki

Ein Wiki stellt Hypertexte oder Hypermedien dar (Kapitel 3.3.6), in denen die Inhalte von Benutzern gelesen und zugleich – ohne Programmierkenntnisse – erstellt und verändert werden können (vgl. z.B. Paechter, 2007). Wikis lassen sich auch als Autorenwerkzeuge (Kapitel 4.3.3) einsetzen. Das wohl bekannteste Wiki ist Wikipedia (http://de.wikipedia.org), wo freiwillige und ehrenamtliche Autoren gemeinsam eine umfassende Enzyklopädie aufgebaut haben.

Motive für die Teilnahme an Wikipedia

In einer Längsschnittbefragung untersuchten Schroer und Hertel (2009) unter anderem die Motive für die aktive Mitarbeit an Wikipedia. Dabei gaben Benutzer als wichtigste Gründe für ihre Teilnahme den freien Wissenszugriff für alle Menschen an sowie die Freude an der Arbeit. Zudem hoben sie den Lernaspekt bei ihrem Engagement hervor. Benutzer, die nicht an der Enzyklopädie mitwirkten, nannten vor allem Zeitknappheit als Motiv. Außerdem verwiesen sie darauf, keinen Grund für die Teilnahme zu sehen und wussten zudem nicht, was sie selbst zu Wikipedia beisteuern könnten.

5.3.3 Angenommene Effekte

Positive Erwartungen

Kollaborative Lernumgebungen sind mit diversen positiven Erwartungen verknüpft, die teilweise empirisch bestätigt werden konnten (siehe z.B. Kirschner, F. et al., 2009a; Krause et al., 2009). So sollen diese etwa zu aktiverem und engagierterem Lernen beitragen sowie die Aufmerksamkeit und Motivation der Lernenden fördern. Informationen würden längere Zeit behalten und metakognitive Kompetenzen gestärkt. Durch den Vergleich verschiedener Sichtweisen und Integration unterschiedlicher Perspektiven beim gemeinsamen Lernen würden Lernende zudem zu elaborierteren, reichhaltigeren Wissensstrukturen gelangen. Insgesamt solle kollaboratives Lernen zu einer tieferen Verarbeitung der Lerninhalte und einem besseren Wissenserwerb beitragen.

Potentielle Probleme

Neben verschiedenen Vorteilen können beim kollaborativen Lernen auch diverse Probleme auftreten (z.B. Kirschner, F. et al., 2009a; Krause et al., 2009). So werden bisweilen Ressourcen verschwendet und Informationen nicht effizient in der Gruppe ausgetauscht. Durch die Interaktion mit anderen Lernpartnern entstehe ein zusätzlicher Koordinationsaufwand, der zu einer zusätzlichen kognitiven Belastung für einzelne Lerner führen könne (Schnotz et al., 1998). Ebenso ist in einzelnen Gruppen eine Verantwortungsdiffusion und soziales Faullenzen (social loafing) beobachtbar (Latané, Williams & Harkins, 1979). Bei letzterem Aspekt sind schlechtere Leistungen auf den Motivationsverlust einzelner Gruppenmitglieder zurückzuführen. Des Weiteren besteht das Problem, dass einige Lerner das gemeinsame Arbeiten mit anderen Lernern vermeiden.

5.3.4 Empirische Befundlage und Kritik

Uneinheitliche Befundlage und Aufgabenkomplexität

Bezüglich der Gegenüberstellung individueller und kollaborativer Lernumgebungen ist die empirische Befundlage laut Kirschner, Paas und Kirschner (2009a; 2009b) gemischt. Zur Erklärung führen die Autoren die Aufgabenkomplexität als moderierenden Faktor für die Effizienz von Gruppen und Individuen an (vgl. Kapitel 2.3.4 und 3.4.4). Sie argumentieren auf Basis der CLT (Kapitel 2.3), dass Gruppenarbeit im Vergleich zur Einzelarbeit umso besser ausfalle, je höher die Aufgabenkomplexität sei (vgl. auch Jonassen et al., 2005). Komplexe Aufgaben würden die Arbeitsgedächtniskapazität einzelner Lernender übersteigen. Im Gegensatz dazu seien diese Aufgaben in der Gruppe noch lösbar, da dort mit Hilfe multipler Arbeitsgedächtnisse ein kollektiver Arbeitsraum mit mehr Verarbeitungskapazität aufgespannt werde. Bei Aufgaben geringer Komplexität sei dieser Vorteil hingegen nur schwach ausgeprägt und würde zudem durch kognitive und soziale "Transaktionskosten" aufgehoben oder sogar überstiegen. Transaktionskosten stellen Kommunikations- und Koordinationsprozesse zwischen den einzelnen Gruppenmitgliedern dar. Die Überlegung, dass die Aufgabenkomplexität eine wichtige Moderatorvariable bei der Gegenüberstellung individueller und kollaborativer Lernumgebungen spielt, wird durch mehrere empirische Befunde belegt (Kirschner, F. et al., 2009a, 2009b).

Diskrepanz zwischen Lernphase und Testphase

Ein wichtiger Kritikpunkt bezüglich des Vergleichs individueller und kollaborativer Lernumgebungen betrifft die Diskrepanz zwischen der Lernphase und der späteren Testphase. Während im Rahmen kollaborativer Lernumgebungen Lernende zum gemeinsamen Arbeiten ermuntert werden, erfolgt die anschließende Leistungsüberprüfung und -beurteilung nicht als Gruppe, sondern meist individuell. Diese fehlende Passung (vgl. auch die Diskrepanz zwischen Informationsdarbietung und -abfrage in Kapitel 1.3) könnte auch dazu beitragen, dass einige Lerner gemeinsames Arbeiten und Lernen meiden oder diesem zumindest skeptisch gegenüberstehen. Ein zusätzlicher Grund könnte darin bestehen, dass in Klausuren und Tests vornehmlich Behaltensleistungen überprüft werden, die man sich aufgrund der geringen Aufgabenkomplexität mutmaßlich weniger gut in kollaborativen Lernumgebungen aneignen kann (Kirschner, F. et al., 2009a, 2009b).

Pauschale Vergleiche

Hinsichtlich des (pauschalen) Vergleichs individueller und kollaborativer Lernumgebungen können zahlreiche Kritikpunkte aufgeführt werden. Ähnlich wie bei adaptiven Lernumgebungen erscheinen solche Gegenüberstellungen insgesamt wenig ergiebig. Die verschiedenen Probleme hierbei sind dem Kapitel 1.3 zu entnehmen. Anstelle dieser Vergleiche sollte vielmehr untersucht werden, wie kollaborative Lernumgebungen möglichst lernförderlich zu gestalten sind.

5.4 Digitale Lernspiele

Definition: Digitale Lernspiele

Digitale Lernspiele stellen Computer- und Videospiele dar, die in erster Linie Lernzwecken dienen. Häufig spricht man auch von serious games, Computerlernspielen, digitalen Bildungsspielen, E-Learning Spielen oder digitalen pädagogischen Spielen. Diese Begriffe werden nachfolgend synonym verwendet.

Beispiele

Eine kleine Auswahl an Beispielen für deutsch- und englischsprachige serious games können unter folgenden Hyperlinks abgerufen werden:

- http://lehrerfortbildung-bw.de/faecher/verbuende/ewg/lernort_internet/lernspiele/
- http://en.wikipedia.org/wiki/Serious_game#Examples
- www.bpb.de/methodik/H4LVD8,0,0,OnlineLernspiele.html

Aktuelles Forschungsthema

Computerlernspiele gelten als besonders innovativer und neuer Forschungstrend, der stark an Popularität und Akzeptanz gewonnen hat (z.B. Karakus, Inal & Cagiltay, 2008; Orvis et al., 2008; Spector & Ross, 2008). Sie werden gelegentlich ebenfalls als "hot topic" in der Forschung und Entwicklung bezeichnet (Kickmeier-Rust et al., 2006). Einzelne Forscher betrachten das 21te Jahrhundert sogar als "game era" (z.B. Leonard, 2003). Andere gehen davon aus, dass Computerspiele bald in breitem Ausmaß an Schulen eingeführt werden (Karakus et al., 2008). Allerdings diskutiert man bereits seit über 20 Jahren darüber, wie man die Vorteile von Computer- und Videospielen im pädagogischen Kontext nutzbar machen kann (Ke, 2008).

5.4.1 Computer- und Videospiele

Definition: Computer- und Videospiele

Zu Computer- und Videospielen (nachfolgend synonym verwendet) finden sich verschiedene Definitionen in der Literatur. Der Einfachheit halber sollen darunter sämtliche Spiele verstanden werden, die am PC, an einer Videokonsole (z.B. Nintendo Wii, PlayStation oder Xbox), auf einem Handheld (tragbares Videospielgerät wie der Game Boy von Nintendo) auf dem Handy oder PDA (Personal Digital Assistant) oder an anderen elektronischen Geräten genutzt werden können. Die zur Verfügung stehenden Spiele unterscheiden sich dabei erheblich voneinander. Klassifikationsversuche zu Computerspielen finden sich beispielsweise bei Ang, Avni und Zaphiris (2008), Kinzie und Joseph (2008) sowie Klimmt (2004).

Stellenwert und wirtschaftliche Bedeutung

Computerspiele haben in den vergangenen Jahren enorm an Stellenwert gewonnen (vgl. z.B. Gimmler, 2007; Weibel, Wissmath, Habegger, Steiner & Groner, 2008). Insbesondere sogenannte Massen-Mehrspieler-Online-Rollenspiele (Massively Multiplayer Online Role-Playing Game, MMORPG), bei dem zeitgleich mehrere tausend Spieler mittels Avataren (virtuellen Charakteren) gemeinsam eine beständige, virtuelle Umgebung bevölkern, sind hier zu nennen. Diese Spiele stellen mittlerweile auch einen sehr bedeutsamen Wirtschaftszweig dar (Schrader & McCreery, 2008). So besaß beispielweise das Rollenspiel World of Warcraft (WoW) als aktuell erfolgreichstes MMORPG im November 2008 weltweit mehr als 11.5 Millionen zahlender Abonnenten, wobei die monatlichen Gebühren zwischen 11 und 13 Euro betragen.

Positive Effekte

Eine Reihe von Studien kann positive Auswirkungen von bestimmten Videospielen empirisch nachweisen (Barlett, Vowels, Shanteau, Crow & Miller, 2009; Klimmt, 2004). So zeigen sich etwa bessere Visualisierungsfähigkeiten (die Fähigkeit zur mentalen Manipulation visueller Muster) durch Spiele wie Tetris (Sims & Mayer, 2002) sowie eine Verbesserung der selektiven Aufmerksamkeit (die Fähigkeit, sich auf relevante Informationen zu fokussieren und zugleich irrelevante auszublenden) durch einzelne Computerspiele. Ebenso lässt sich das Absuchen von visuellen Reizen und die Koordination von Hand und Auge durch das Spielen bestimmter Videospiele steigern. Weitere Effekte betreffen das räumliche Vorstellungsvermögen (Kapitel 3.8.2), die Konzentrationsfähigkeit sowie das logische und strategische Denken und Problemlösen.

Negative Effekte

In der Vergangenheit wurden in der (populär-)wissenschaftlichen Literatur die potentiellen, negativen Auswirkungen durch Computerspiele hervorgehoben. Dabei standen vor allem gewaltverherrlichende Spiele (z.B. Barlett et al., 2009; Gimmler, 2007; Klimmt, 2004; Spitzer, 2007) und die Abhängigkeit von Videospielen im Vordergrund.

5.4.2 Videospielabhängigkeit

Im Zusammenhang mit Computerspielen wird häufig auf das Suchtpotential der Spiele und die dadurch entstehenden persönlichen und gesellschaftlichen Folgen verwiesen. So wird das Online-Rollenspiel World of Warcraft beispielsweise sogar als das Kokain der Computerspielewelt bezeichnet und Einzelfälle aufgeführt, in denen Personen nach mehrtägigem Spiel aufgrund mangelnder Ernährung und Schlafentzug kollabieren (z.B. heise, 2009).

Überblick

Anstelle derartige aufsehenerregende Fälle näher zu betrachten wird im diesem Kapitel nach einer kurzen Erörterung der Begriffe Sucht und Abhängigkeit auf die Prävalenzen und Symptome pathologischen Videospielgebrauchs eingegangen.

Sucht und Abhängigkeit

Hinsichtlich des pathologischen Videospielgebrauchs – auch als Videospielabhängigkeit oder -sucht bezeichnet – greifen Forscher (z.B. Charlton & Danforth,

2007; Gentile, 2009) unter anderem sechs Kriterien auf, die von Brown (1991, 1993) aufgestellt wurden:

- **Salienz:** Computerspiele dominieren das Leben des Betroffenen (kognitiv oder auf Verhaltensebene).
- **Euphorie:** Das Spiel führt bei der Person zu einem Hochgefühl oder zur Befreiung von unangenehmen Gefühlen.
- **Toleranz:** Es muss mit der Zeit mehr gespielt werden, um das gleiche Hochgefühl zu erzielen.
- **Entzugserscheinungen:** Sofern nicht gespielt wird, führt dies bei der Person zu unangenehmen Emotionen oder körperlichen Entzugssymptomen.
- **Konflikte:** Das Spielen führt zu inneren Konflikten oder Konflikten mit Mitmenschen.
- **Rückfall und Wiederaufnahme:** Der Betroffene spielt das Spiel weiter, obwohl er versucht, dem Spiel abstinent zu bleiben.

Nach dem ursprünglichen Ansatz müssen alle Kriterien vorliegen, damit von Videospielabhängigkeit gesprochen werden kann.

Prävalenz

Bezüglich der Prävalenz (Anteil der betroffenen Personen in der Population) pathologischen Videospielgebrauchs gehen die berichteten Kennwerte in der Literatur weit auseinander. Beispielsweise schätzt Gentile (2009) die Prävalenzrate auf Basis einer nationalen Studie mit 1178 amerikanischen Bürgern zwischen 8 und 18 Jahren auf 8.5% für diese Teilpopulation. Je nach Auswertungsverfahren schwankt dieser Wert jedoch zwischen 7.9% und 19.8%. Auch in der Arbeit von Charlton und Danforth (2007) findet sich eine hohe Bandbreite an Prävalenzraten. Je nach angelegten Klassifikationskriterien liegt der Prozentwert zwischen 1.8% und 38.7%. Nach einer Studie von Cypra (2005) zu Online-Rollenspielen im deutschsprachigen Raum wurden hingegen 5% der Spieler als süchtig klassifiziert. Cypra (2005) verweist auf andere Arbeiten zum Thema Internetsucht (vgl. auch Douglas et al., 2008; Yellowlees & Marks, 2007), nach denen – je nach Studie – zwischen 2.3% und etwa 80% (!) der Befragten als internetsüchtig eingestuft wurden. Zusammenfassend kann man bezüglich der Prävalenzraten festhalten, dass diese in Abhängigkeit der untersuchten Stichprobe und dem angelegten Klassifikationssystem stark schwanken und bisher noch unklar ist, nach welchen Kriterien man pathologischen Videospielgebrauchs genau definieren soll (z.B. Charlton & Danforth, 2007).

Symptome

Ein wichtiger – jedoch nicht der einzige – Hinweis auf eine Abhängigkeit stellt die Zeit dar, die Benutzer mit dem Computerspiel bzw. dem Internet verbringen. Nach einer Studie von Griffiths, Davies und Chappell (2003) wendeten 24% der Spieler wöchentlich mehr als 41 Stunden für das Online-Rollenspiel Everquest auf. In der Untersuchung von Charlton und Danforth (2007) zum Online-Spiel Asheron's Call kamen die als abhängig klassifizierten Personen auf eine Spielzeit von 31.9 Stunden pro Woche, während die durchschnittliche Verweildauer aller Befragten 18.6 Stunden betrug (durchschnittlich 13.2 Stunden wöchentlich nach der Untersuchung von Gentile, 2009). Nach der deutschsprachigen Studie von Cypra (2005) investierte ein Online-Rollenspieler mehr als 3.5 Stunden pro Tag, wobei ca. 5% der Benutzer mehr als 8.5 Stunden täglich mit dem Rollenspiel verbrachten (Cypra, 2005).

Neben dem – teilweise immensen – Zeitaufwand werden weitere Symptome beim pathologischen Gebrauch von Videospielen aufgeführt, die zum Teil mit der investierten Zeit für das Spiel zusammenhängen. So unterschätzten beispielsweise als computerspielabhängig klassifizierte Probanden in einem Experiment zur Zeitwahrnehmung ein 24-minütiges Zeitintervall, welches sie mit einem Videospiel verbrachten, in stärkerem Maße als Spieler, die als nicht abhängig klassifiziert wurden. In anderen Zeiteinschätzungen, die nicht mit Videospielen assoziiert waren, zeigte sich hingegen kein signifikanter Unterschied zwischen den beiden Gruppen (Tobin & Grondin, 2009). Zudem vernachlässigen einige als abhängig eingestufte Online-Rollenspieler ihren Haushalt sowie ihre Hausaufgaben. Sie berichten über schlechtere Schulleistungen und geben an, durch das Spielen Problemen zu entfliehen (Gentile, 2009). Tatsächlich finden sich für diese Personengruppe niedrigere Schulleistungen sowie eine mehr als zweimal so hohe Wahrscheinlichkeit einer diagnostizierten Aufmerksamkeitsstörung (Gentile, 2009). Zu beachten ist dabei, dass es sich um korrelative und nicht um kausale Zusammenhänge (Videospielabhängigkeit ist Ursache der Aufmerksamkeitsstörung) handelt.

Fazit

Trotz der derzeitigen Unklarheit, wie viele Personen von Videospielen und/oder vom Gebrauch des Internets abhängig sind, weisen die aufgeführten Studien darauf hin, dass es sich um ein gesellschaftlich wichtiges Thema handelt (vgl. Gentile, 2009). Dieses wird in den kommenden Jahren vermutlich noch an Bedeutung gewinnen.

5.4.3 Angenommene Effekte

Während in der öffentlichen Diskussion zu Computerspielen besonders die negativen Auswirkungen durch diese Spiele hervorgehoben wurden, versuchen E-Learning Forscher und Praktiker, lernförderliche Elemente dieser Spiele für E-Learning Umgebungen nutzbar zu machen (z.B. Dickey, 2007; Kickmeier-Rust et al., 2006; Oblinger, 2004).

Positive Erwartungen

Durch den Einsatz von serious games erhofft man sich vornehmlich positive Effekte. So sollen digitale Lernspiele die Kreativität, das Engagement und die Motivation des Lernenden fördern (z.B. Kickmeier-Rust et al., 2006). Ein häufig beachteter Aspekt hierbei stellt das Flow-Erleben (Csikszentmihalyi, 1985) in Videospielen dar (z.B. Kinzie & Joseph, 2008; Weibel et al., 2008). Flow-Erleben bezeichnet einen Zustand des völligen Aufgehens in einer Tätigkeit (Kapitel 3.8.1). Dieser Zustand sollte idealerweise auch in E-Learning Spielen entstehen und zu einer freiwilligen und intensiven Beschäftigung mit den Lernmaterialien führen. Neben diesen motivationalen Aspekten werden auch in kognitiver Hinsicht Vorteile durch Videospiele vermutet. Einige Forscher nehmen etwa an, dass Spieler in Videospielen häufig mit herausfordernden Situationen und Hindernissen konfrontiert werden, die sie auf Basis ihres bisherigen Kenntnisstandes nicht bewältigen können (Blumberg, Rosenthal & Randall, 2008). Gerade solche Situationen würden zum Erwerb neuen Wissens und tieferer Einsichten beim Spieler führen (vgl. VanLehn, 1988) und sollten daher auch in serious games zum Einsatz kommen. Ebenso werden positive Effekte auf den Lernprozess durch das gemeinsame Erlernen (Kapitel 5.3) von Inhalten in Spielumgebungen für mehrere Spieler vermutet (vgl. hierzu Hämäläinen et al., 2008).

Potentielle Probleme

Neben den zahlreichen positiven Erwartungen werden vereinzelt auch potentielle Probleme diskutiert, die bei Computerlernspielen auftreten können (z.B. Kickmeier-Rust et al., 2006). Ein zentrales Problem besteht etwa darin, die richtige Balance zwischen Unterhaltungs- und Lernelementen zu finden (z.B. Ciavarro, Dobson & Goodman, 2008; Kickmeier-Rust et al., 2006). Ebenso gilt es, das kontinuierliche Gleichgewicht zwischen herausfordernden Spielelementen und Fähigkeiten des Lernenden zu ermitteln (vgl. Orvis et al., 2008). Diese Herausforderung ist ebenfalls bei adaptiven Lernumgebungen sowie im Rahmen des Expertise-Umkehr-Effektes (Kapitel 3.8.1) anzutreffen. Ein weiteres Problem besteht darin, dass insbesondere Jungen pädagogische Spiele allgemein als uninteressant und langweilig wahrnehmen (Kinzie & Joseph, 2008). Zudem werden unterschiedliche Spiele von Jungen und Mädchen präferiert (z.B. Kinzie & Joseph, 2008; Klimmt, 2004). Spielelemente können außerdem von den zu vermittelnden Lerninhalten ablenken (vgl. Mangold, 2004).

5.4.4 Empirische Befundlage und Kritik

Uneinheitliche Befundlage

Die empirische Befundlage zu digitalen Lernspielen wird von einigen Forschern als uneinheitlich beschrieben (z.B. Gunter, Kenny & Vick, 2008; Ke, 2008). Zudem mangelt es derzeit noch an empirischen Untersuchungen, die digitale pädagogische Spiele eingehender untersucht haben (z.B. Kickmeier-Rust et al., 2006).

Hoher Aufwand bei der Erstellung

Neben den gemischten empirischen Ergebnissen zu Computerlernspielen hat sich vor allem der große zeitliche und finanzielle Aufwand bei der Erstellung komplexer, virtueller E-Learning Spiele als schwierig erwiesen (z.B. Karakus et al., 2008). Diese müssen graphisch und vom Spieldesign mit heutigen Computerspielen konkurrieren (Kickmeier-Rust et al., 2006). Der immense Aufwand erscheint aktuell nur durch große, kommerzielle Softwarespielfirmen, jedoch nicht oder nur sehr bedingt im universitären Kontext realisierbar.

Pauschale Vergleiche

Abschließend sei darauf hingewiesen, dass auch bei digitalen Lernspielen ein (pauschaler) Vergleich zwischen Spielen und anderen Lernumgebungen ohne Spielelemente meines Erachtens wenig ergiebig ist. Aufgrund der zahlreichen Umsetzungsmöglichkeiten von E-Learning Spielen lassen sich die Befunde kaum verallgemeinern. Auch eine prototypische Kontrollbedingung wird man nicht vorfinden. Weitere Kritikpunkte zu derartigen pauschalen Vergleichen sind dem Kapitel 1.3 zu entnehmen. Anstelle dieser Vergleiche sollte vielmehr untersucht werden, wie Computerlernspiele möglichst lernförderlich zu gestalten sind. Erste Gestaltungsempfehlungen hierzu finden sich bei Ang, Avni und Zaphiris (2008).

5.5 Übungsaufgaben

1. Was sind adaptive Lernumgebungen?
2. Welche Phasen adaptiver Lernumgebungen kann man voneinander unterscheiden?
3. Welche Ansätze existieren, um Adaptivität in einer Lernumgebung umzusetzen?
4. Was versteht man unter einem yoked design?
5. Beschreiben Sie die empirische Befundlage zu adaptiven Lernumgebungen und üben Sie Kritik an dieser!
6. Was sind kollaborative Lernumgebungen?
7. Worin unterscheiden sich synchrone und asynchrone Kommunikationsformen?
8. Was versteht man unter Wikis?
9. Wie moderiert nach Kirschner, Paas und Kirschner (2009a, 2009b) die Aufgabenkomplexität die Effizienz von individuellen und kollaborativen Lernumgebungen?
10. Welche positiven Effekte von bestimmten Videospielen kann man empirisch nachweisen?
11. Diskutieren Sie Prävalenzen und Symptome pathologischen Videospielgebrauchs!
12. Welche positiven Effekte erhofft man sich durch den Einsatz digitaler Lernspiele?
13. Welche potentiellen Probleme werden im Rahmen von Computerlernspielen diskutiert?
14. Wo sehen Sie Gemeinsamkeiten zwischen adaptiven Lernumgebungen, kollaborativen Lernumgebungen und serious games?

Literaturverzeichnis

Ahmad, A.-R., Basir, O. & Hassanein, K. (2004). Adaptive user interfaces for intelligent E-Learning: Issues and trends. In J. Chen (Hrsg.), *The Fourth International Conference on Electronic Business (ICEB2004)* (S. 925-934). Beijing, China: Academic Publishers/World Publishing Corporation.

Ainsworth, S. (1999). The functions of multiple representations. *Computers and Education, 33*, 131-152.

Ainsworth, S. (2006). DeFT: A conceptual framework for considering learning with multiple representations. *Learning and Instruction, 16*, 183-198.

Ainsworth, S., Bibby, P. A. & Wood, D. (2002). Examining the effects of different multiple representational systems in learning primacy mathematics. *Journal of the Learning Sciences, 11*, 25-61.

Ainsworth, S. & van Labeke, N. (2004). Multiple forms of dynamic representation. *Learning and Instruction, 14*, 241-255.

Aldrich, F. K. & Parkin, A. J. (1988). Improving the retention of aurally presented information. In M. M. Gruneberg, P. E. Morris & R. N. Sykes (Hrsg.), *Practical aspects of memory* (S. 490-493). Chichester, England: Wiley.

Amadieu, F., Tricot, A. & Mariné, C. (2009). Prior knowledge in learning from a non-linear electronic document: Disorientation and coherence of the reading sequences. *Computers in Human Behavior, 25*, 381-388.

Anderson, J. R., Corbett, A. T., Koedinger, K. R. & Pelletier, R. (1995). Cognitive Tutors: Lesson learned. *The Journal of the Learning Science, 4*, 167-207.

Anderson, J. R. & Lebiere, C. (1998). *The atomic components of thought*. Hillsdale, NJ: Erlbaum.

Ang, C. S., Avni, E. & Zaphiris, P. (2008). Linking pedagogical theory of computer games to their usability. *International Journal on E-Learning, 7*, 533-558.

Antonietti, A. & Giorgetti, M. (2006). Teachers' beliefs about learning from multimedia. *Computers in Human Behavior, 22*, 267-282.

Anzai, Y. (1991). Learning and use of representations for physics expertise. In K. Anders-Ericsson & J. Smith (Hrsg.), *Towards a general theory of expertise: Prospects and limits*. Cambridge: Cambridge University Press.

APA. (2002). *Ethical Principles of Psychologists and Code of Conduct*. [Internet/WWW]. Verfügbar unter: www.apa.org/ethics/code2002.html [5. Juni 2009].

Arnold, P. (2004). Einsatz digitaler Medien in der Hochschullehre aus lerntheoretischer Sicht.

Asendorpf, J. B. (2007). *Psychologie der Persönlichkeit* (3. Auflage). Berlin: Springer.

Atkinson, C. & Shiffrin, R. M. (1971). The control of short-term memory. *Scientific American, 225*, 82-90.

Atkinson, R. K., Derry, S. J., Renkl, A. & Wortham, D. W. (2000). Learning from examples: Instructional principles from the worked examples research. *Review of Educational Research, 70*, 181-214.

Atkinson, R. K., Mayer, R. E. & Merrill, M. M. (2005). Fostering social agency in multimedia learning: Examining the impact of an animated agent's voice. *Contemporary Educational Psychology, 30*, 117-139.

Ausubel, D. P. (1968). *Educational psychology: A cognitive view*. New York: Holt, Rinehart & Winston.

Ayres, P. (1993). Why goal-free problems can facilitate learning. *Contemporary Educational Psychology, 18*, 376-381.

Ayres, P. (2006). Impact of Reducing Intrinsic Cognitive Load on Learning in a Mathematical Domain. *Applied Cognitive Psychology, 20*, 287-298.

Ayres, P. & Paas, F. (2009). Interdisciplinary perspectives inspiring a new generation of cognitive load research. *Educational Psychology Review, 21*, 1-9.

Ayres, P. & Sweller, J. (1990). Locus of difficulty in multi-stage mathematics problems. *American Journal of Psychology, 103*, 167-193.

Azevedo, R., Cromley, J. G., Winters, F. I., Moos, D. C. & Greene, J. A. (2005). Adaptive human scaffolding facilitates adolescents' self-regulated learning with hypermedia. *Instructional Science, 33*, 381-412.

Azevedo, R., Moos, D. C., Greene, J. A., Winters, F. I. & Cromley, J. G. (2008). Why is externally-facilitated regulated learning more effective than self-regulated learning with hypermedia? *Educational Technology Research and Development, 56*, 45-72.

Baddeley, A. D. (1992). Working memory. *Science, 255*, 556-559.

Baddeley, A. D. (2000). The episodic buffer: A new component of working memory. *Trends in Cognitive Science, 4*, 417-423.

Baddeley, A. D. (2002). Is working memory still working? *European Psychologist, 7*, 85-97.

Baddeley, A. D. & Hitch, G. (1974). Working memory. In G. H. Bower (Hrsg.), *The psychology of learning and motivation* (Bd. 8, S. 47-89). New York: Academic press.

Baecker, R. M., Grudin, J., Buxton, W. & Greenberg, S. (1995). Human-Computer Interaction: Toward the year 2000. In R. M. Baecker (Hrsg.), *Groupware and computer-supported cooperative work* (S. 741-753). San Francisco, CA, USA: Morgan Kaufmann Publishers Inc.

Baggett, P. (1989). Understanding visual and verbal messages. In H. Mandl & J. R. Levin (Hrsg.), *Knowledge acquisition from text and pictures* (S. 101-124). Amsterdam: Elsevier.

Baggett, P. & Ehrenfeucht, A. (1983). Encoding and retaining information in the visuals and verbals of an educational movie. *Educational Communication and Technology Journal, 31*, 23-32.

Bannert, M. (2006). Effects of reflection prompts when learning with hypermedia. *Journal of Educational Computing Research, 35*, 359-375.

Barlett, C. P., Vowels, C. L., Shanteau, J., Crow, J. & Miller, T. (2009). The effect of violent and non-violent computer games on cognitive performance. *Computers in Human Behavior, 25*, 96-102.

Baron, R. M. & Kenny, D. A. (1986). The moderator-mediator variable distinction in social psychological research: Conceptual, strategic, and statistical considerations. *Journal of Personality and Social Psychology, 52*, 1173-1182.

Bartlett, F. C. (1932). *Remembering: a study in experimental and social psychology*. New York: Cambridge University Press.

Batinic, B. (2004). Online-Research. In R. Mangold, P. Vorderer & G. Bente (Hrsg.), *Lehrbuch der Medienpsychologie* (S. 251-270). Göttingen: Hogrefe.

Beagles-Roos, J. & Gat, I. (1983). Specific impact of radio and television on children's story comprehension. *Journal of Educational Psychology, 75*, 128-137.

Beller, S. (2008). *Empirisch forschen lernen: Konzepte, Methoden, Fallbeispiele, Tipps* (2. Auflage). Bern: Huber.

Bem, D. J. (2003). Writing the empirical journal article. In J. M. Darley, M. P. Zannam & H. L. Roedinger III (Hrsg.), *The Compleat Academic: A Career Guide* (S. 185-219). Washington, DC: Cambridge University Press.

Bente, G. (2004). Erfassung und Analyse des Blickverhaltens. In R. Mangold, P. Vorderer & G. Bente (Hrsg.), *Lehrbuch der Medienpsychologie* (S. 297-324). Göttingen: Hogrefe.

Bereiter, C. & Scardamalia, M. (1985). Cognitive coping strategies and the problem of "inert knowlege". In S. F. Chipman, J. W. Segal & R. Glaser (Hrsg.), *Thinking and learning skills: Current research and open questions* (Bd. 2, S. 65-80). Hillsdale, NJ: Erlbaum.

Berekoven, L., Eckert, W. & Ellenrieder, P. (1999). *Marktforschung: Methodische Grundlagen und praktische Anwendung* (8. Auflage). Wiesbaden: Gabler.

Berry, D. C. & Broadbent, D. E. (1987). Explanation and verbalization in a computer-assisted search task. *The Quarterly Journal of Experimental Psychology, 39A*, 585-609.

Berthold, K. & Renkl, A. (2009). Instructional aids to support a conceptual understanding of multiple representations. *Journal of Educational Psychology, 101*, 70-87.

Bétrancourt, M. (2005). The animation and interactivity principles in multimedia learning. In R. E. Mayer (Hrsg.), *The Cambridge Handbook of Multimedia Learning* (S. 287-296). Cambridge, MA: Cambridge University Press.

Bhattachary, M. (1999). A study of asynchronous and synchronous discussion on cognitive maps in a distributed learning environment. In P. M. E. De Bra & J. J. Legget (Hrsg.), *WebNet Conference on the WWW and Internet* (S. 100-105). Charlottesville, VA: AACE.

Bibby, P. A. & Payne, S. J. (1993). Internalization and the use specificity of device knowledge. *Human-Computer Interaction, 8*, 25-56.

Birg, G. (1978). Subjective aspects of physical work. *Ergonomics, 21*, 215-220.

Blackmore, S. (2006). *Conversations on Consciousness*. New York: Oxford University Press.

Blake, T. (1977). Motion in instructional media: Some subject-display mode interactions. *Perceptual and Motor Skills, 44*, 975-985.

Bloom, B. S. & Krathwohl, D. R. (1956). *Taxonomy of educational objectives. The classification of educational goals, Handbook I: Cognitive domain*. New York: Longmans Green.

Bloom, B. S., Madaus, G. F. & Hastings, J. T. (1981). *Evaluation to improve learning*. New York, NY: McGraw-Hill.

Blumberg, F. C., Rosenthal, S. F. & Randall, J. D. (2008). Impasse-driven learning in the context of video games. *Computers in Human Behavior, 24*, 1530-1541.

Bobis, J., Sweller, J. & Cooper, M. (1993). The redundancy effect in an elementary school geometry task. *Learning and Instruction, 3*, 1-21.

Bodemer, D., Ploetzner, R., Feuerlein, I. & Spada, H. (2004). The active integration of information during learning with dynamic and interactive visualisations. *Learning and Instruction, 14*, 325-341.

Bonett, D. G. (1982). On post-hoc blocking. *Educational and Psychological Measurement, 42*, 35-39.

Borba, M. C. (1994, July/August). *A model for student's understanding in a multi-representational software environment.* Vortrag vorgestellt auf der 18th International Conference for the Psychology of Mathematics Education, Lissabon.

Bortz, J. (2005). *Statistik für Human- und Sozialwissenschaftler* (6. Auflage). Berlin: Springer.

Bortz, J. & Döring, N. (2006). *Forschungsmethoden und Evaluation: für Human- und Sozialwissenschaftler* (4th). Berlin: Springer.

Boucheix, J.-M. & Schneider, E. (2009). Static and animated presentations in learning dynamic mechanical systems. *Learning and Instruction, 19*, 112-127.

Boytcheva, S. & Kovatcheva, E. (2006). Development of adaptive E-Learning system based on learning objects. *Communication & Cognition, 39*, 41-50.

Bransford, J. D. (1978). *Human cognition*. Belmont, CA: Wadsworth.

Bransford, J. D., Franks, J. J., Vye, N. J. & Sherwood, R. D. (1989). New approaches to instruction: Because wisdom can't be told. In S. Vosniadou & A. Ortony (Hrsg.), *Similarity and analogical reasoning* (S. 470-497). Cambridge: Cambridge University Press.

Bratfisch, O., Borg, G. & Dornic, S. (1972). *Perceived item-difficulty in three tests of intellectual performance capacity (Rep. No. 29)*. Stockholm: Institute of Applied Psychology.

Brna, P. (1996, Januar). *Can't see the words for the tree: Interpretation and graphical representation.* Vortrag vorgestellt auf der I. E. E. Colloquium on thinking with diagrams, London.

Brody, P. J. (1981). Research on pictures in instructional texts: The need for a broadened perspective. *Educational Communication and Technology Journal, 29*, 93-100.

Brown, A. L. (1989). Analogical learning and transfer: What develops? In S. Vosniadou & A. Ortony (Hrsg.), *Similarity and analogical reasoning* (S. 470-497). Cambridge: Cambridge University Press.

Brown, R. I. F. (1991). Gaming, gambling and other addictive play. In J. H. Kerr & M. J. Apter (Hrsg.), *Adult play: A reversal theory approach* (S. 101-118). Amsterdam: Swets & Zeitlinger.

Brown, R. I. F. (1993). Some contributions of the study of gambling to the study of other addictions. In W. R. Eadington & J. A. Cornelius (Hrsg.), *Gambling behavior and problem gambling* (S. 241-272). Reno, NV: University of Nevada.

Bruner, J. S. (1961). The act of discovery. *Harvard Educational Review, 31*, 21-32.

Brünken, R. & Leutner, D. (2001). Aufmerksamkeitsverteilung oder Aufmerksamkeitsfokussierung? Empirische Ergebnisse zur "Split-Attention-Hypothese" beim Lernen mit Multimedia. [Split of attention or focusing of attention? Empirical results on the splitattention-hypothesis in multimedia learning]. *Unterrichtswissenschaft, 29*, 357–366.

Brünken, R., Plass, J. L. & Leutner, D. (2003). Direct measurement of cognitive load in multimedia learning. *Educational Psychologist, 38*, 53-61.

Brünken, R., Plass, J. L. & Leutner, D. (2004). Assessment of cognitive load in multimedia learning with dual-task methodology: Auditory load and modality effects. *Instructional Science, 32*, 115-132.

Brusilovsky, P. (2003). Adaptive navigation support in educational hypermedia: the role of student knowledge level and the case for meta-adaptation. *British Journal of Educational Technology, 34*(4), 487-497.

Brusilovsky, P., Chavan, G. & Farzan, R. (2004). Social adaptive navigation support for open corpus electronic textbooks. In P. M. E. De Bra & W. Nejdl (Hrsg.), *Proceedings of Third International Conference on Adaptive Hypermedia and Adaptive Web-Based Systems (AH'2004)* (S. 24-33). Eindhoven, The Netherlands: Springer.

Bühl, A. (2008). *SPSS Version 16: Einführung in die moderne Datenanalyse* (11. Auflage). München: Pearson Studium.

Burgos, D., Tattersall, C. & Koper, E. J. R. (2006). Representing adaptive eLearning strategies in IMS Learning Design. In R. Koper & K. Stefanov (Hrsg.), *Proceedings of the International Workshop in Learning Networks for Lifelong Competence Development* (S. 54-60). Sofia, Bulgaria: TENCompetence Conference.

Burns, B. & Vollmeyer, R. (2002). Goal specificity effects on hypothesis testing in problem solving. *Quarterly Journal of Experimental Psychology: Section A, 55*, 241-261.

Butcher, K. R. (2006). Learning from text with diagrams: Promoting mental model development and inference generation. *Journal of Educational Psychology, 98*, 182-197.

Byrne, M. D., Catrambone, R. & Stasko, J. T. (1999). Evaluating animations as student aids in learning computer algorithms. *Computers & Education, 33*, 253-278.

Calisir, F., Eryazici, M. & Lehto, M. R. (2008). The effects of text structure and prior knowledge of the learner on computer-based learning. *Computers in Human Behavior, 24*, 439-450.

Camacho, D., Ortigosa, Á., Pulido, E. & R-Moreno, M. D. (2008). AI techniques for monitoring student learning process. In F. J. García Penalvo (Hrsg.), *Advances in E-Learning: Experiences and Methodologies* (S. 149-172). Hershey, USA: Information Science Reference.

Camp, G., Paas, F., Rikers, R. & Van Merriënboer, J. J. G. (2001). Dynamic problem selection in air traffic control training: A comparison between performance, mental effort and mental efficacy. *Computers in Human Behavior, 17*, 575-595.

Carney, R. N. & Levin, J. R. (2002). Picturial illustrations still improve students' learning from text. *Educational Psychology Review, 14*, 5-26.

Carroll, W. (1994). Using worked examples as an instructional support in the algebra classroom. *Journal of Educational Psychology, 86*, 360-367.

Casali, J. G. & Wierwille, W. W. (1984). On the measurement of pilot perceptual workload: A comparison of assessment techniques addressing sensitivity and intrusion issues. *Ergonomics, 27*, 1033-1050.

Chambliss, M. J. (2002). The characteristics of well-designed science textbooks. In J. Otero, J. A. León & A. C. Graesser (Hrsg.), *The Psychology of Science Text Comprehension* (S. 51-72). Mahwah, N.J.: L. Erlbaum Associates.

Chandler, P. & Sweller, J. (1991). Cognitive load theory and the format of instruction. *Cognition and Instruction, 8*, 293-332.

Chandler, P. & Sweller, J. (1992). The split-attention effect as a factor in the design of instruction. *British Journal of Educational Psychology, 62*, 233-246.

Chandler, P. & Sweller, J. (1996). Cognitive load while learning to use a computer program. *Applied Cognitive Psychology, 10*, 151-170.

ChanLin, L.-J. (2000). Attributes of animation for learning scientific knowledge. *Journal of Instructional Psychology, 27*, 228-238.

Charlton, J. P. & Danforth, I. D. W. (2007). Distinguishing addiction and high engagement in the context of online game playing. *Computers in Human Behavior, 23*, 1531-1548.

Chase, W. G. & Simon, H. A. (1973). Perception in chess. *Cognitive Psychology, 4*, 55-81.

Chen, C.-M., Lee, H.-M. & Chen, Y.-H. (2005). Personalized e-Learning system using Item Response Theory. *Computers & Education, 44*, 237-255.

Chen, S. Y., Fan, J.-P. & Macredie, R. D. (2006). Navigation in hypermedia learning systems: Experts vs. novices. *Computers in Human Behavior, 22*, 251-266.

Chen, X. & Anderson, R. C. (2008). Reflections on becoming a successful researcher. *Educational Psychology Review, 20*, 65-70.

Chi, M. T. H., Feltovich, P. J. & Glaser, R. (1981). Categorization and representation physics problems by experts and novices. *Cognitive Science, 5*, 121-152.

Ciavarro, C., Dobson, M. & Goodman, D. (2008). Implicit learning as a design strategy for learning games: Alert Hockey. *Computers in Human Behavior, 24*, 2862-2872.

Cierniak, G., Scheiter, K. & Gerjets, P. (2009). Explaining the split-attention effect: Is the reduction of extraneous cognitive load accompanied by an increase in germane cognitive load? *Computers in Human Behavior, 25*, 315-324.

Clark, J. M. & Paivio, A. (1991). Dual coding theory and education. *Educational Psychology Review, 3*, 149-210.

Clark, R. E. (1983). Reconsidering research on learning from media. *Review of Educational Research, 53*, 445-459.

Clark, R. E. (1994). Media will never influence learning. *Educational Technology Research and Development, 42*, 21-29.

Coffield, F., Moseley, D., Hall, E. & Ecclestone, K. (2004). *Learning styles and pedagogy in post-16 learning: A systematic and critical review*. London: Learning and Skills Research Centre.

Cohen, A. C. (2005). The influence of spatial ability on the use of dynamic, interactive animation in a spatial problem-solving task. In T. Barkowsky, C. Freksa, M. Hegarty & R. K. Lowe (Hrsg.), *Reasoning with mental and external diagrams: Computational modelling and spatial assistance* (S. 1-5). Standford, CA: Standford University.

Cohen, J. (1983). The cost of dichotomization. *Applied Psychological Measurement, 7*, 249-253.

Cohen, J. (1988). *Statistical power analysis for the behavioral sciences* (2. Auflage). Hillsdale, NJ: Erlbaum.

Conlan, O., Dagger, D. & Wade, V. (2002). Towards a standards-based approach to e-Learning personalization using reusable learning objects. In G. Richards (Hrsg.), *Proceedings of World Conference on E-Learning in Corporate, Government, Healthcare, and Higher Education 2002* (S. 210-217). Chesapeake, VA: AACE.

Conlan, O., Hockemeyer, C., Wade, V. & Albert, D. (2002). Metadata driven approaches to facilitate adaptivity in personalized eLearning systems. *The Journal of Information and Systems in Education, 1*, 38–44.

Cooper, G. & Sweller, J. (1987). The effects of schema acquisition and rule automation on mathematical problem-solving transfer. *Journal of Educational Psychology, 79*, 347-362.

Cooper, G. E. & Harper, R. P. (1969). *The use of pilot rating in the evaluation of aircraft handling qualities (NASA Report TN-D-5153)*. Moffett Field, CA.: National Aeronautics and Space Administration, Ames Research Centre.

Corbalan, G., Kester, L. & Van Merriënboer, J. J. G. (2006). Towards a personalized task selection model with shared instructional control. *Instructional Science, 34*, 399-422.

Corbalan, G., Kester, L. & van Merriënboer, J. J. G. (2009). Combining shared control with variability over surface features: Effects on transfer test performance and task involvement. *Computers in Human Behavior, 25*, 290-298.

Cox, R. (1996). *Analytical reasoning with multiple external representations*. Edinburgh: University of Edinburgh.

Cox, R. & Brna, P. (1995). Supporting the use of external representations in problem solving: The need for flexible learning environments. *Journal of Artificial Intelligence in Education, 6*, 239-302.

Craig, S. D., Gholson, B. & Driscoll, D. M. (2002). Animated pedagogical agents in multimedia educational environments: Effects of agent properties, picture features, and redundancy. *Journal of Educational Psychology, 94*, 428-434.

Craik, F. I. M. & Tulving, E. (1975). Depth of processing and the retention of words in episodic memory. *Journal of Experimental Psychology: General, 104*, 208-294.

Cronbach, L. J. (1951). Coefficient alpha and the internal structure of tests. *Psychometrika, 16*, 297-334.

Cronbach, L. J. & Snow, R. E. (1977). *Aptitudes and instructional methods: A handbook for research on interaction*. New York: Irvington Publishers.

Csikszentmihalyi, M. (1985). *Das Flow-Erlebnis. Jenseits von Angst und Langeweile: im Tun aufgehen*. Stuttgart: Klett-Cotta.

Csikszentmihalyi, M. & Csikszentmihalyi, I. S. (1991). Einführung in Teil IV. In M. Csikszentmihalyi & I. S. Csikszentmihalyi (Hrsg.), *Die außergewöhnliche Erfahrung im Alltag. Die Psychologie des Flow-Erlebnisses* (S. 275-290). Stuttgart: Klett-Cotta.

Cuban, L. (1986). *Teachers and machines: The classroom use of technology since 1920*. New York: Teachers College Press.

Culbertson, H. M. & Powers, R. D. (1959). A study of graph comprehension difficulties. *Audio Visual Communication Review, 7*, 97-100.

Cypra, O. (2005). *Warum spielen Menschen in virtuellen Welten? Eine empirische Untersuchung zu Online-Rollenspielen und ihren Nutzern.* Verfügbar unter: http://www.staff.uni-mainz.de/cyprao/arbeit.html [5. Juni 2009].

Dagger, D., Wade, V. & Conlan, O. (2005). Personalisation for all: Making adaptive course composition easy. *Educational Technology & Society, 8*, 9-25.

Darabi, A. A., Nelson, D. W. & Palanki, S. (2007). Acquisition of troubleshooting skills in a computer simulation: Worked example vs. conventional problem solving instructional strategies. *Computers in Human Behavior, 23*, 1809-1819.

De Croock, M. B. M., Van Merriënboer, J. J. G. & Paas, F. (1998). High versus low contextual interference in simulation-based training of troubleshooting skills: Effects on transfer performance and invested mental effort. *Computers in Human Behavior, 14*, 249-267.

De Groot, A. (1965). *Thought and choice in chess*. The Hague, Netherlands: Mouton.

de Jong, T. (2006). Computer simulations - Technological advances in inquiry learning. *Science, 312*, 532-533.

de Jong, T., Ainsworth, S. E., Dobson, M., van der Hulst, A., Levonen, J., Reimann, P.et al. (1998). Acquiring knowledge in science and math: the use of multiple representations in technology based learning environments. In M. W. van Someren, P. Reimann, H. P. A. Boshuizen & T. De Jong (Hrsg.), *Learning with multiple representations* (S. 9-40). Amsterdam: Elsevier Science.

de Jong, T. & van Joolingen, W. R. (1998). Scientific discovery learning with computer simulations of conceptual domains. *Review of Educational Research, 68*, 179-201.

De Westelinck, K., Valcke, M., De Craene, B. & Kirschner, P. (2005). Multimedia learning in social sciences: Limitations of external graphical representations. *Computers in Human Behavior, 21*, 555–573.

Dean, R. S. & Enemoh, P. A. C. (1983). Pictorial organization in prose learning. *Contemporary Educational Psychology, 8*, 20-27.

Dekeyser, H. M. (2001). Student preference for verbal, graphic or symbolic information in an independent learning environment for an applied statistics course. In J.-F. Rouet, J. J. Levonen & A. Biardeau (Hrsg.), *Multimedia learning: Cognitive and instructional Issues* (S. 99-109). Amsterdam: Pergamon.

DeLeeuw, K. E. & Mayer, R. E. (2008). A comparison of three measures of cognitive load: Evidence for separable measures of intrinsic, extraneuous, and germane load. *Journal of Educational Psychology, 100*, 223-234.

DeStefano, D. & LeFevre, J.-A. (2007). Cognitive load in hypertext reading: A review. *Computers in Human Behavior, 23*, 1616-1641.

Dewey, J. (1938). *Experience and education*. New York: Collier Books.

DGP. (2007). *Richtlinien zur Manuskriptgestaltung* (3. Auflage). Göttingen: Hogrefe.

DGPs & BDP. (1999). *Ethische Richtlinien der Deutschen Gesellschaft für Psychologie e.V. und des Berufsverbands Deutscher Psychologinnen und Psychologen e.V.* [Internet/WWW]. Verfügbar unter: www.bdp-verband.org/bdp/verband/ethik [5. Juni 2009].

Di Pellegrino, G., Fadiga, L., Fogassi, L., Gallese, V. & Rizzolatti, G. (1992). Understanding motor events: a neurophysiological study. *Experimental Brain Research, 91*, 176-180.

Dickey, M. D. (2007). Game design and learning: A conjectural analysis of how massively multiple online role-playing games (MMORPGs) foster intrinsic motivation *Educational Technology Research and Development, 55*, 253-273.

Dienes, Z. (1973). *The six stages in the process of learning mathematics*. Slough, UK: NFER-Nelson.

Dillon, A. & Gabbard, R. (1998). Hypermedia as an educational technology: A review of the quantitative research literature on learner comprehension, control and style. *Review of Educational Research, 68*, 322-349.

Douglas, A. C., Mills, J. E., Niang, M., Stepchenkova, S., Byun, S., Ruffini, C.et al. (2008). Internet addiction: Meta-synthesis of qualitative research for the decade 1996-2006. *Computers in Human Behavior, 24*, 3027-3044.

Dowling, G., Tickle, A., Stark, K., Rowe, J. & Godat, M. (2005). Animation of complex data communications concepts may not always yield improved learning outcomes. In A. Young & D. Tolhurst (Hrsg.), *Seventh Australasian Computing Education Conference (ACE 2005)* (S. 151-154). Newcastle, Australia: Australian Computer Society.

Duchowski, A. T. (2002). A breadth-first survey of eye-tracking applications. *Behavior Research Methods, Instruments & Computers, 34*, 455-470.

Duchowski, A. T. (2007). *Eye Tracking Methodology: Theory and Practice* (2. Auflage). Berlin: Springer.

Dufour-Janvier, B., Bednarz, N. & Belanger, M. (1987). Pedagogical considerations concerning the problem of representation. In C. Janvier (Hrsg.), *Problems of representation in the teaching and learning of mathematics*. Hillsdale, NJ: NEA.

Dunbar, K. (1993). Concept discovery in a scientific domain. *Cognitive Science, 17*, 397-434.

Dwyer, F. M. (1967). Adapting visual illustrations for effective learning. *Harvard Educational Review, 37*, 250-263.

Dwyer, F. M. (1972). *A guide for improving visualized instruction*. State College, PA: Learning Services.

Dwyer, F. M. (1978). *Strategies for improving visual learning*. State College, Pennsylvania: Learning Sciences.

Dyadio, C. (2007). *Flash CS3: Einstieg für Anspruchsvolle*. München: Addison-Wesley.

Ebel, H. F., Bliefert, C. & Greulich, W. (2006). *Schreiben und Publizieren in den Naturwissenschaften* (5. Auflage). Weinheim: Wiley-VCH.

Engelkamp, J. (1998). *Memory for actions*. Hove, UK: Psychology Press.

Ericsson, K. A., Krampe, R. T. & Tesch-Römer, C. (1993). The role of deliberate practice in the acquisition of expert performance. *Psychological Review, 100*, 363-406.

Esposito, F., Licchelli, O. & Semeraro, G. (2004). Discovering student models in e-learning systems. *Journal of Universal Computer Science, 10*, 47-57.

Eysenbach, G. (1995). Computereinsatz und Computerkenntnisse unter Medizinstudenten [Computer use and computer literacy among medical students]. *Informatik, Biometrie und Epidemiologie in Medizin und Biologie, 26*, 56-66.

Eysink, T. H. S., Dijkstra, S. & Kuper, J. (2001). Cognitive processes in solving variants of computer-based problems used in logic teaching. *Computers in Human Behavior, 17*, 1-19.

Eysink, T. H. S., Dijkstra, S. & Kuper, J. (2002). The role of guidance in computer-based problem solving for the development of concepts of logic. *Instructional Science, 30*, 307-333.

Faul, F., Erdfelder, E., Lang, A.-G. & Buchner, A. (2007). G*Power 3: A flexible statistical power analysis program for the social, behavioral, and biomedical sciences. *Behavior Research Methods, Instruments & Computers, 39*, 175-191.

Felder, R. M. & Silverman, L. K. (1988). Learning and teaching styles in engineering education. *Engineering Education, 78*, 674-681.

Fetherston. (1998). A socio-cognitive framework for researching learning with IMM. *Australian Journal of Educational Technology, 14*, 98-106.

Fischer, S., Lowe, R. K. & Schwan, S. (2008). Effects of presentation speed of a dynamic visualization on the understanding of a mechanical system. *Applied Cognitive Psychology, 22*, 1126-1141.

Flavell, J. H. & Wellman, H. M. (1977). Metamemory. In R. V. Kail & J. W. Hagen (Hrsg.), *Perspectives on the development of memory and cognition* (S. 3-33). Hillsdale, N.J.: Erlbaum.

Friel, S. N., Curcio, F. R. & Bright, G. W. (2001). Making sense of graphs: Critical factors influencing comprehension and instructional implications. *Journal of Research in Mathematics Education, 32*, 124-158.

Fürstenberg, A. (2007). Lernen mit Multimedia: Zu den Ursachen des Modalitätseffektes [Abstract]. In K. F. Wender, S. Mecklenbräuker, G. D. Rey & T. Wehr (Hrsg.), *Beiträge zur 49. Tagung experimentell arbeitender Psychologen* (S. 231). Lengerich: Pabst.

Gaillard, A. W. K. (1992). Werkbelasting is nog geen stress. In P. G. J. Keuss, G. T. Hoopen & A. A. J. Mannaerts (Hrsg.), *Stress: werkbelasting, lichamelijke reacties, mentale belasting, slaapgebrek en meetmethoden*. Amsterdam/Lisse: Swets & Zeitlinger.

Galley, N. (2001). Physiologische Grundlagen, Meßmethoden und Indikatorfunktion der okulomotorischen Aktivität. In F. Rösler (Hrsg.), *Grundlagen und Methoden der Psychophysiologie* (S. 237-316). Göttingen: Hogrefe.

Garner, R. (1992). Learning from school texts. *Eductational Psychologist, 27*, 53-63.

Garner, R., Brown, R., Sanders, S. & Menke, D. J. (1992). "Seductive details" and learning from text. In K. A. Renninger, S. Hidi & A. Krapp (Hrsg.), *The role of interest in learning and development* (S. 239-254). Hillsdale, NJ: Erlbaum.

Garner, R. & Gillingham, M. G. (1991). Topic knowledge, cognitive interest, and text recall: A rnicroanalysis. *Journal of Experimental Education, 59*, 310-319.

Garner, R., Gillingham, M. G. & White, C. S. (1989). Effects of 'seductive details' on macroprocessing and microprocessing in adults and children. *Cognition and Instruction, 6*, 41-57.

Garrison, W. T. (1978). The context bound effects of picture-text amalgams: Two studies. *Dissertation Abstracts International, 39*, 4137A.

Geary, D. (2007). Educating the evolved mind: Conceptual foundations for an evolutionary educational psychology. In J. S. Carlson & J. R. Levin (Hrsg.), *Psychological perspectives on contemporary educational issues* (S. 1-99). Greenwich, CT: Information Age Publishing.

Geddes, B. & Stevenson, R. (1997). Explicit learning of a dynamic system with a non-salient pattern. *Quarterly Journal of Experimental Psychology: Section A, 50*, 742–765.

Gentile, D. (2009). Pathological Video-Game Use Among Youth Ages 8 to 18. *Psychological Science.*

Gerjets, P., Scheiter, K. & Catrambone, R. (2004). Designing instructional examples to reduce intrinsic cognitive load: molar versus modular presentation of solution procedures. *Instructional Science, 32*, 33-58.

Gerjets, P., Scheiter, K. & Cierniak, G. (2009). The scientific value of cognitive load theory: A research agenda based on the structuralist view of Theories. *Educational Psychology Review, 21*, 43-54.

Gerjets, P., Scheiter, K., Opfermann, M., Hesse, F. W. & Eysink, T. H. S. (2009). Learning with hypermedia: The influence of representational formats and different levels of learner control on performance and learning behavior. *Computers in Human Behavior, 25*, 360-370.

Ghinea, G. & Chen, S. Y. (2008). Measuring quality of perception in distributed multimedia: Verbalizers vs. imagers. *Computers in Human Behavior, 24*, 1317-1329.

Gimmler, R. (2007). Computer- und Videospiele. In U. Six, U. Gleich & R. Gimmler (Hrsg.), *Kommunikationspsychologie und Medienpsychologie* (S. 460-473). Weinheim: Beltz PVU.

Ginns, P. (2005). Meta-analysis of the modality effect. *Learning and Instruction, 15*, 313-331.

Ginns, P. (2006). Integrating information: A meta-analysis of the spatial contiguity and temporal contiguity effects. *Learning and Instruction, 16*, 511-525.

Glowalla, U. (2008). Vorlesung und E-Lecture – eine gelungene Symbiose. In G. D. Rey & T. Wehr (Hrsg.), *Kognitive Psychologie – Ausgewählte Grundlagen- und Anwendungsbeispiele* (S. 109-127). Lengerich: Pabst.

Goetz, E. T. & Sadoski, M. (1995a). The perils of seduction revisited: A reply to Wade, Alexander, Schraw, and Kulikowich. *Reading Research Quarterly, 30*, 518-519.

Goetz, E. T. & Sadoski, M. (1995b). The perils of seduction: Distracting details or incomprehensible abstractions? *Reading Research Quarterly, 30*, 500-511.

Gopher, D. & Braune, R. (1984). On the psychophysics of workload: Why bother with subjective measures? *Human Factors, 26*, 519-532.

Göritz, A. S. (2006). Incentives in Web studies: Methodological issues and a review. *International Journal of Internet Science, 1*, 58-70.

Göritz, A. S., Reinhold, N. & Batinic, B. (2000). Marktforschung mit Online-Panels: State of the Art. *Planung und Analyse, 3*, 362-367.

Graesser, A. C., McNamara, D. S. & VanLehn, K. (2005). Scaffolding deep comprehension strategies through Point&Query, AutoTutor, and iSTART. *Educational Psychologist, 40*, 225-234.

Graf, S., Lin, T. & Kinshuk. (2008). The relationship between learning styles and cognitive traits - Getting additional information for improving student modelling. *Computers in Human Behavior, 24*, 122-137.

Grice, H. P. (1975). Logic and conversation. In P. Cole & J. Morgan (Hrsg.), *Syntax and semantics* (Bd. 3, S. 41-58). New York: Academic Press.

Griffiths, M. D., Davies, M. N. O. & Chappell, D. (2003). Breaking the stereotype: the case of online gaming. *CyberPsychology and Behavior, 6*, 81-91.

Grissom, S., McNally, M. F. & Naps, T. (2003, June). *Algorithm visualization in CS education: Comparing levels of student engagement.* Vortrag vorgestellt auf dem ACM Symposium on Software Visualization, San Diego, CA.

Guan, Y.-H. (2002). Reexamining the modality effect from the perspective of Baddeley's working. In R. Ploetzner (Hrsg.), *Proceedings of the International Workshop on Dynamic Visualizations and Learning.* (S. 1-6). Tübingen: Knowledge Media Research Center.

Gunter, G. A., Kenny, R. F. & Vick, E. H. (2008). Taking educational games seriously: using the RETAIN model to design endogenous fantasy into standalone educational games. *Educational Technology Research and Development.*

Hadwin, A. F., Wozney, L. & Pontin, O. (2005). Scaffolding the appropriation of self-regulatory activity: A socio-cultural analysis of changes in teacher-student discourse about a graduate research portfolio. *Instructional Science, 33*, 413-450.

Hämäläinen, R., Oksanen, K. & Häkkinen, P. (2008). Designing and analyzing collaboration in a scripted game for vocational education. *Computers in Human Behavior, 24*, 2496-2506.

Harp, S. F. & Maslich, A. A. (2005). The consequences of including seductive details during lecture. *Teaching of Psychology, 32*, 100-103.

Harp, S. F. & Mayer, R. E. (1997). The role of interest in learning from scientific text and illustrations: On the distinction between emotional interest and cognitive interest. *Journal of Educational Psychology, 89*, 92-102.

Harp, S. F. & Mayer, R. E. (1998). How seductive details do their damage: A theory of cognitive interest in science learning. *Journal of Educational Psychology, 90*, 414-434.

Hart, S. & Staveland, L. (1988). Development of NASA-TLX (Task Load Index): Results of empirical and theoretical research. In P. Hancock & N. Meshkati (Hrsg.), *Human mental workload* (S. 139-183). Amsterdam: North Holland B. V.

Hartley, J. (1985). *Designing instructional text*. New York: Nicols.

Hawkins, J. (2006). *Die Zukunft der Intelligenz*. Reinbek bei Hamburg: Rowohlt.

Hays, T. A. (1996). Spatial abilities and the effects of computer animation on short-term and long-term memory in learning from multimedia systems. *Journal of Educational Computing Research, 14*, 139-155.

Hede, A. (2002). An integrated model of multimedia effects on learning. *Journal of Educational Multimedia and Hypermedia, 11*, 177-191.

Hegarty, M., Kriz, S. & Cate, C. (2003). The roles of mental animations and external animations in understanding mechanical systems. *Cognition and Instruction, 21*, 325-360.

Hegarty, M. & Sims, V. K. (1994). Individual differences in mental animation during mechanical reasoning. *Memory & Cognition, 22*, 411-430.

heise. (2009). *Schwedische Suchthelfer: World of Warcraft ist "Kokain der Computerspielewelt"*. [Internet/WWW]. Verfügbar unter: http://www.heise.de/newsticker/Schwedische-Suchthelfer-World-of-Warcraft-ist-Kokain-der-Computerspielewelt--/meldung/133722 [5. Juni 2009].

Hendy, C. H., Hamilton, K. M. & Landry, L. N. (1993). Measuring subjective workload: When is one scale better than many? *Human Factors, 35*, 579-601.

Herget, M. & Bögeholz, S. (2005). Empirische Erkenntnisse zu Geschlechterunterschieden beim computergestützten Lernen - Basiswissen für die Konzeption von Lehr-Lern-Arrangements und Unterrichtsforschung. *Zeitschrift für Didaktik der Naturwissenschaften, 11*, 207-220.

Hesse, F. W. (2006). *Autorenwerkzeuge*. [Internet/WWW]. Verfügbar unter: http://www.e-teaching.org/technik/aufbereitung/cbt_wbt/autorenwerkzeuge/ [5. Juni 2009].

Hicks, T. G. & Wierwille, W. W. (1979). Comparison of five mental workload assessment procedures in a moving-base driving simulator. *Human Factors, 21*, 129-143.

Hidi, S. & Harackiewicz, J. M. (2000). Motivating the academically unmotivated: A critical issue for the 21st century. *Review of Educational Research, 70*, 151-179.

Hidi, S. & Renninger, K. A. (2006). The four-phase model of interest development. *Educational Psychologist, 41*, 111-127.

Hilbert, T. S. & Renkl, A. (2009). Learning how to use a computer-based concept-mapping tool: Self-explaining examples helps. *Computers in Human Behavior, 25*, 267-274.

Hill, S. G., Iavecchia, H. P., Byers, J. C., Bittner, A. C., Zaklad, A. L. & Christ, R. E. (1992). Comparison of four subjective workload rating scales. *Human Factors, 34*, 429-439.

Hockey, G. R. J. (1979). Stress and the cognitive components of skilled performance. In V. Hamilton & D. M. Warburton (Hrsg.), *Human stress and cognition: an information processing approach* (S. 141-178). Chichester: Wiley.

Hockey, G. R. J. (1993). Cognitive energetical control mechanisms in the management of work demands and psychological health. In A. Baddeley & L. Weiskrantz (Hrsg.), *Attention: selection, awareness and control* (S. 329-345). Oxford: Clarendon Press.

Höffler, T. N. & Leutner, D. (2007). Instructional animation versus static pictures: A meta-analysis. *Learning and Instruction, 17*, 722-738.

Hofman, R. & van Oostendorp, H. (1999). Cognitive effects of a structural overview in a hypermedia British. *Journal of Educational Technology, 30*, 129-140.

Homer, B. D., Plass, J. L. & Blake, L. (2008). The effects of video on cognitive load and social presence in multimedia-learning. *Computers in Human Behavior, 24*, 786-797.

Huk, T. (2006). Who benefits from learning with 3D models? The case of spatial ability. *Journal of Computer Assisted Learning, 22*, 392-404.

Hutchinson, P. T. (2003). Dichotomization and manipulation of numbers. *Canadian Journal of Psychiatry, 48*, 429-430.

Huwendiek, S., Muntau, A. C., Maier, E. M., Tönshoff, B. & Sostmann, K. (2008). E-Learning in der medizinischen Ausbildung. *Monatsschrift Kinderheilkunde, 156*, 458-463.

Iacoboni, M., Woods, R., Brass, M., Bekkering, H., Mazziotta, J. & Rizzolatti, G. (1999). Cortical mechanisms of human imitation. *Science, 286*, 2526-2528.

Imhof, M., Vollmeyer, R. & Beierlein, C. (2007). Computer use and the gender gap: The issue of access, use, motivation, and performance. *Computers in Human Behavior, 23*, 2823-2837.

Irwin, J. R. & McClelland, G. H. (2002). Negative consequences of dichotomizing continuous predictor variables. *Journal of Marketing Research, 40*, 366-371.

Jacobson, M. J. & Spiro, R. J. (1995). Hypertext learning environments, cognitive flexibility, and the transfer of complex knowledge: An empirical investigation. *Journal of Educational Computing Research, 12*, 301-333.

James, W. (1890/1950). *Principles of psychology: Volume I*. New York: Dover Press.

Jamet, E., Gavota, M. & Quaireau, C. (2008). Attention guiding in multimedia learning. *Learning and Instruction, 18*, 135-145.

Jamet, E. & Le Bohec, O. (2007). The effect of redundant text in multimedia instruction. *Contemporary Educational Psychology, 32*, 588-598.

Jelsma, O. & Van Merriënboer, J. J. G. (1989). Contextual interference: Interactions with reflection-impulsivity. *Perceptual and Motor Skills, 68*, 1055-1064.

Jenkins, J. J. (1978). Four points to remember: A tetrahedral model of memory experiments. In L. S. Cermak & F. I. M. Craik (Hrsg.), *Levels of processing and human memory* (S. 429-446). Hillsdale, NJ: Lawrence Erlbaum Associates.

Johnson, P. & Nemetz, F. (1998). Towards principles for the design and evaluation of multimedia systems. In H. Johnson, L. Nigay & C. Roast (Hrsg.), *People and Computers XIII (Proceedings of the HCI'98)* (S. 255-271). Berlin: Springer Verlag.

Jonassen, D. H. (1992). Designing hypertext for learning. In E. Scanlon & T. O'Shea (Hrsg.), *New directions in educational technology* (S. 123-130). Berlin: Springer.

Jonassen, D. H., Lee, C. B., Yang, C.-C. & Laffey, J. (2005). The collaboration principle in multimedia learning. In R. E. Mayer (Hrsg.), *The Cambridge Handbook of Multimedia Learning* (S. 247-270). Cambridge, MA: Cambridge University Press.

Junker, R. & Scherer, S. (2006). *Evolution - ein kritisches Lehrbuch* (6. Auflage). Gießen: Weyel.

Kabassi, K. & Virvou, M. (2006). Multi-attribute utility theory and adaptive techniques for intelligent web-based educational software. *Instructional Science, 34*, 131-158.

Kalyuga, S. (2005). Prior knowledge principle in multimedia learning. In R. E. Mayer (Hrsg.), *The Cambridge Handbook of Multimedia Learning* (S. 325-337). Cambridge, MA: Cambridge University Press.

Kalyuga, S. (2006). Assessment of learners' organised knowledge structures in adaptive learning environments. *Applied Cognitive Psychology, 20*, 333-342.

Kalyuga, S. (2007a). Enhancing instructional efficiency of interactive E-learning environments: A cognitive load perspective. *Educational Psychology Review, 19*, 387-399.

Kalyuga, S. (2007b). Expertise reversal effect and its implications for learner-tailored instruction. *Educational Psychology Review, 19*, 509-539.

Kalyuga, S. (2008). Relative effectiveness of animated and static diagrams: An effect of learner prior knowledge. *Computers in Human Behavior, 24*, 852-861.

Kalyuga, S., Chandler, P. & Sweller, J. (1999). Managing split-attention and redundancy in multimedia instruction. *Applied Cognitive Psychology, 13*, 351-371.

Kalyuga, S., Chandler, P. & Sweller, J. (2000). Incorporating learner experience into the design of multimedia instruction. *Journal of Educational Psychology, 92*, 126-136.

Kalyuga, S., Chandler, P. & Sweller, J. (2001). Learner experience and efficiency of instructional guidance. *Educational Psychology, 21*, 5-23.

Kalyuga, S. & Sweller, J. (2005). Rapid dynamic assessment of expertise to improve the efficiency of adaptive E-learning. *Educational Technology Research and Development, 53*, 83-93.

Kandel, E. R., Schwartz, J. H. & Jessell, T. M. (Hrsg.). (1995). *Neurowissenschaften. Eine Einführung.* Heidelberg: Spektrum Akademischer Verlag.

Kanner, J. H., Runyon, R. P. & Desiderato, O. (1954). *Television in army training: Evaluation of television in army training*. Washington, DC: George Washington University, Human Resources Research Office.

Kanner, J. M. & Rosenstein, A. J. (1960). Television in army training: Color vs. black and white. *AV Communication Review, 8*, 243-252.

Kant, I. (1787/1986). *Kritik der reinen Vernunft*. Ditzingen: Reclam.

Kaput, J. J. (1989). Linking representations in the symbol systems of algebra. In S. Wagner & C. Kieran (Hrsg.), *Research issues in the learning and teaching of algebra* (S. 167-194). Hillsdale, NJ: LEA.

Karakaya, F., Ainscough, T. L. & Chopoorian, J. (2001). The effects of class size and learning style on student performance in a multimedia-based marketing course. *Journal of Marketing Education, 23*, 84-90.

Karakus, T., Inal, Y. & Cagiltay, K. (2008). A descriptive study of Turkish high school students' game-playing characteristics and their considerations concerning the effects of games. *Computers in Human Behavior, 24*, 2520-2529.

Kareal, F. & Klema, J. (2006). Adaptivity in e-learning. In A. Méndez-Vilas, A. Solano, J. Mesa & J. A. Mesa (Hrsg.), *Current Developments in Technology-Assisted Education* (Bd. 1, S. 260-264). Badajoz, Spain: Formatex.

Ke, F. (2008). Computer games application within alternative classroom goal structures: cognitive, metacognitive, and affective evaluation. *Educational Technology Research and Development, 56*, 539-556.

Kempter, G. & Bente, G. (2004). Psychophysiologische Wirkungsforschung: Grundlagen und Anwendungen. In R. Mangold, P. Vorderer & G. Bente (Hrsg.), *Lehrbuch der Medienpsychologie* (S. 271-295). Göttingen: Hogrefe.

Kennedy, G. E. (2004). Promoting cognition in multimedia interactivity research. *Journal of Interactive Learning Research, 15*, 43-61.

Kerres, M. (2006). Potenziale von Web 2.0 nutzen. In A. Hohenstein & K. Wilbers (Hrsg.), *Handbuch E-Learning*. München: DWD.

Keselman, A. (2003). Supporting inquiry learning by promoting normative understanding of multivariable causality. *Journal of Research in Science Teaching, 40*, 898-921.

Kettanurak, V., Ramamurthy, K. & Haseman, W. D. (2001). User attitude as amediator of learning performance improvement in an interactive multimedia environment: an empirical investigation of the degree of interactivity and learning styles. *International Journal of Human Computer Studies, 54*, 541-583.

Kickmeier-Rust, M. D., Dietrich, A. & Roth, R. (2007). A methodological approach to address individual factors and gender differences in adaptive eLearning. In K. Siebenhandl, M. Wagner & S. Zauchner (Hrsg.), *Gender in E-Learning and Educational Games: A Reader* (S. 71-84): Studienverlag Ges.m.b.H.

Kickmeier-Rust, M. D., Schwarz, D., Albert, D., Verpoorten, D., Castaigne, J.-L. & Bopp, M. (2006). The ELEKTRA project: Towards a new learning experience. In M. Pohl, A. Holzinger, R. Motschnig & C. Swertz (Hrsg.), *M3 – Interdisciplinary aspects on digital media & education* (S. 19-48). Wien: Österreichische Computer Gesellschaft.

Kiewra, K. A. & Creswell, J. W. (2000). Conversations with three highly productive educational psychologists: Richard Anderson, Richard Mayer, and Michael Pressley. *Educational Psychology Review, 12*, 135-161.

Kintsch, W. (1988). The role of knowledge in discourse comprehension: A construction integration model. *Psychological Review, 95*, 163-182.

Kintsch, W. & van Dijk, T. A. (1978). Toward a model of text comprehension and production. *Psychological Review, 85*, 363-394.

Kinzie, M. B. & Joseph, D. R. D. (2008). Gender differences in game activity preferences of middle school children: implications for educational game design. *Educational Technology Research and Development, 56*, 643-663.

Kirschner, F., Paas, F. & Kirschner, P. A. (2009a). A cognitive load approach to collaborative learning: United brains for complex tasks. *Educational Psychology Review, 21*, 31-42.

Kirschner, F., Paas, F. & Kirschner, P. A. (2009b). Individual and group-based learning from complex cognitive tasks: Effects on retention and transfer efficiency. *Computers in Human Behavior, 25*, 306-314.

Kirschner, P. A., Sweller, J. & Clark, R. E. (2006). Why minimal guidance during instruction does not work: An analysis of the failure of constructivist, discovery, problem-based, experiential, and inquiry-based teaching. *Educational Psychologist, 41*, 75-86.

Klahr, D. & Dunbar, K. (1988). Dual space search during scientific reasoning. *Cognitive Science, 12*, 1-48.

Klein, P. D. (2003). Rethinking the multiplicity of cognitive resources and curricular representations: alternatives to 'learning styles' and 'multiple intelligences'. *Journal of Curriculum Studies, 35*, 45-81.

Kleinbeck, U. (1996). *Arbeitsmotivation: Entstehung, Wirkung und Förderung*. Weinheim: Juventa.

Klimmt, C. (2004). Computer- und Videospiele. In R. Mangold, P. Vorderer & G. Bente (Hrsg.), *Lehrbuch der Medienpsychologie* (S. 695-716). Göttingen: Hogrefe.

Knauff, M. & Johnson-Laird, P. (2002). Visual imagery can impede reasoning. *Memory & Cognition, 30*, 363-371.

Knauff, M. & Strube, G. (2002). Anschauliches Denken und Arbeitsgedächtnis: Kognitive und kortikale Prozesse. *Psychologische Rundschau, 53*, 49-60.

Koedinger, K. R. & Aleven, V. (2007). Exploring the assistance dilemma in experiments with cognitive tutors. *Educational Psychology Review, 19*, 239-264.

Kosslyn, S. M. (1994). *Image and brain*. Cambridge, MA: MIT Press.

Kozma, R. B. (1994). Will media influence learning? Reframing the debate. *Educational Technology Research and Development, 42*, 7-19.

Kozma, R. B. (2003). The material features of multiple representations and their cognitive and social affordances for science understanding. *Learning and Instruction, 13*, 205-226.

Kozma, R. B. & Russell, J. (1997). Multimedia and understanding: Expert and novice responses to different representations of chemical phenomena. *Journal of Research in Science Teaching, 34*, 949-968.

Kozma, R. B., Russell, J., Jones, T., Marx, N. & Davis, J. (1996). The use of multiple, linked representations to facilitate science understanding. In S. Vosniadou, R. Glaser, E. DeCorte & H. Mandl (Hrsg.), *International perspectives on the psychological foundations of technology-based learning environments* (S. 41-60). Hillsdale, NJ: Erlbaum.

Kraft, M. E. (1961). *A study of information and vocabulary achievement from the teaching of natural science by television in the fifth grade.* Boston University.

Kraft, R. J. & Sakofs, M. (Hrsg.). (1989). *The theory of experiential education*. Boulder, CO: Association for Experiential Education.

Kraus, L. A., Reed, W. M. & Fitzgerald, G. E. (2001). The effects of learning style and hypermedia prior experience on behavioral disorders knowledge and time on task: A case-based hypermedia environment. *Computers in Human Behavior, 17*, 125-140.

Krause, U. M., Stark, R. & Mandl, H. (2009). The effects of cooperative learning and feedback on e-learning in statistics. *Learning and Instruction, 19*, 158-170.

Krombass, A., Urhahne, D. & Harms, U. (2007). Flow-Erleben von Schülerinnen und Schülern beim Lernen mit Computern und Ausstellungsobjekten in einem Naturkundemuseum. *Zeitschrift für Didaktik der Naturwissenschaften, 13*, 87-101.

Krüger, M. & Krist, H. (2007). Der Einfluss motorischer Prozesse bei der Entwicklung der mentalen Rotation [Abstract]. In K. F. Wender, S. Mecklenbräuker, G. D. Rey & T. Wehr (Hrsg.), *Beiträge zur 49. Tagung experimentell arbeitender Psychologen* (S. 296). Lengerich: Pabst.

Kuhn, D. (2000). Metacognitive development. *Current Directions in Psychological Science, 9*, 178-181.

Kulhavy, R. W., Stock, W. A. & Caterino, L. C. (1994). Reference maps as a framework for remembering text. In W. Schnotz & R. W. Kulhavy (Hrsg.), *Comprehension of graphics* (S. 153-162). Amsterdam: Elsevier Science B. V.

Kunnath, M. L. A., Cornell, R. A., Kysilka, M. K. & Witta, L. (2007). An experimental research study on the effect of pictorial icons on a user-learner's performance. *Computers in Human Behavior, 23*, 1454-1480.

Kunz, G. C., Drewniak, U. & Schott, F. (1989, March). *On-line and off-line assessment of self-regulation in learning from instructional text and picture.* Vortrag vorgestellt auf dem Annual meeting of the American Educational Research Association, San Francisco, CA.

Lajoie, S. P. (2005). Extending the scaffolding metaphor. *Instructional Science, 33*, 541-557.

Laner, S. (1955). Some factors influencing the effectiveness of an instructional film. *British Journal of Psychology, 46*, 280-292.

Langer, I., Schulz von Thun, F. & Tausch, R. (2006). *Sich verständlich ausdrücken* (8. Auflage). München: Reinhardt.

Latané, B., Williams, K. D. & Harkins, S. (1979). Many hands make light the work: The causes and consequences of social loafing. *Journal of Personality and Social Psychology, 37*, 822–832.

Lawless, K. A. & Brown, S. W. (1997). Multimedia learning environments: Issues of learner control and navigation. *Instructional Science, 25*, 117-131.

Lawson, A. E. (2002). Sound and faulty arguments generated by preservice biology teachers when testing hypotheses involving unobservable entities. *Journal of Research in Science Teaching, 39*, 237-252.

Leahy, W., Chandler, P. & Sweller, J. (2003). When auditory presentations should and should not be a component of multimedia instruction. *Applied Cognitive Psychology, 17*, 401-418.

Leahy, W. & Sweller, J. (2005). Interactions among the imagination, expertise reversal, and element interactivity effects. *Journal of Experimental Psychology: Applied, 11*, 266-276.

LeFevre, J.-A. & Dixon, P. (1986). Do written instructions need examples? *Cognition and Instruction, 3*, 1-30.

Lehman, S., Schraw, G., McCrudden, M. T. & Hartley, K. (2007). Processing and recall of seductive details in scientific text. *Contemporary Educational Psychology, 32*, 569-587.

Leinhardt, G., Zaslavsky, O. & Stein, M. M. (1990). Functions, graphs, and graphing: tasks, learning and teaching. *Review of Educational Research, 60*, 1-64.

Lenzner, A. (2009). *Visuelle Wissenskommunikation: Effekte von Bildern beim Lernen. Kognitive, affektive und motivationale Effekte*. Hamburg: Kovac.

Leonard, D. (2003). Live in your world, play in ours: Race, video games, and consuming the other. *Studies in Media and Information Literacy Education, 3*, 1-9.

Levie, H. W. & Lentz, R. (1982). Effects of text illustrations: A review of research. *Educational Communication and Technology Journal, 30*, 195-232.

Levin, J. R., Anglin, G. J. & Carney, R. N. (1987). On empirically validating functions of pictures in prose. In D. M. Willows & H. A. Houghton (Hrsg.), *The psychology of illustration* (Bd. 1, S. 51-86). New York: Springer.

Lewalter, D. (1997). Lernen mit Bildern und Animationen: Studie zum Einfluss von Lernmerkmalen auf die Effektivität von Illustrationen. In D. H. Rost (Hrsg.), *Pädagogische Psychologie und Entwicklungspsychologie* (Bd. 2). Münster: Waxmann.

Lewis, E. L., Stern, J. L. & Linn, M. C. (1993). The effect of computer simulations on introductory thermodynamics understanding. *Educational Technology, 33*, 45-58.

Lieberman, H. (1986). An example-based environment for beginning programmers. *Instructional Science, 14*, 277-292.

Liegle, J. O. & Janicki, T. N. (2006). The effect of learning styles on the navigation needs of Web-based learners. *Computers in Human Behavior, 22*, 885-898.

Lin, X. & Lehman, J. D. (1999). Supporting learning of variable control in a computer-based biology environment: Effects of prompting college students to reflect on their own thinking. *Journal of Research in Science Teaching, 36*, 837-858.

Linn, M. C. & Petersen, A. C. (1985). Emergence and characterization of sex differences in spatial ability: A meta-analysis. *Child Development, 56*, 1479-1498.

Locke, E. A. & Latham, G. P. (1990). *A theory of goal setting and task performance*. Englewood Cliffs: Prentice-Hall.

Lohmann, D. F. (1986). Predicting mathemathanic effects in the teaching of higher-order thinking skills. *Educational Psychologist, 21*, 191-208.

Lohninger, H. (2008). *Grundlagen der Statistik*. [Internet/WWW]. Verfügbar unter: http://www.statistics4u.info/fundstat_germ/ [5. Juni 2009].

Lohse, G. L., Biolsi, K., Walker, N. & Rueler, H. (1994). A classification of visual representations. *Communications of the A.C.M., 37*, 36-49.

Loman, N. L. & Mayer, R. E. (1983). Signaling techniques that increase the understandability of expository prose. *Journal of Educational Psychology, 75*, 402-412.

Lorch, R. F. J. & Lorch, E. P. (1996). Effects of headings on text recall and summarization. *Contemporary Educational Psychology, 21*, 261-278.

Low, R. & Sweller, J. (2005). The modality principle in multimedia learning. In R. E. Mayer (Hrsg.), *The Cambridge Handbook of Multimedia Learning* (S. 147-158). Cambridge, MA: Cambridge University Press.

Lowe, R. K. (1999). Extracting information from an animation during complex visual learning. *European Journal of Psychology of Education, 14*, 225-244.

Loyens, S. M. M. & Gijbels, D. (2008). Understanding the effects of constructivist learning environments: introducing a multi-directional approach. *Instructional Science, 36*, 351-357.

Madrid, R. I., Van Oostendorp, H. & Melguizo, M. C. P. (2009). The effects of the number of links and navigation support on cognitive load and learning with hypertext: The mediating role of reading order. *Computers in Human Behavior 25*, 66-75.

Maki, R. H. (1998). Test predictions over text material. In D. J. Hacker, J. Dunlosky & A. C. Graesser (Hrsg.), *Metacognition in educational theory and practice* (S. 117-144). Mahwah, NJ: Lawrence Erlbaum Associates, Inc.

Mangold, R. (2004). Infotainment und Edutainment. In R. Mangold, P. Vorderer & G. Bente (Hrsg.), *Lehrbuch der Medienpsychologie* (S. 527-542). Göttingen: Hogrefe.

Manlove, S., Lazonder, A. W. & de Jong, T. (2006). Regulative support for collaborative scientific inquiry learning. *Journal of Computer Assisted Learning, 22*, 87-98.

Marcus, N., Cooper, M. & Sweller, J. (1996). Understanding instructions. *Journal of Educational Psychology, 88*, 49-63.

Masters, M. S. & Sanders, B. (1993). Is the gender difference in mental rotation disappearing? *Behavior Genetics, 23*, 337-341.

Mautone, P. D. & Mayer, R. E. (2001). Signaling as a cognitive guide in multimedia learning. *Journal of Educational Psychology, 93*, 377-389.

Mautone, P. D. & Mayer, R. E. (2007). Cognitive aids for guiding graph comprehension. *Journal of Educational Psychology, 99*, 640-652.

Mayer, R. E. (1999). Multimedia aids to problem-solving transfer. *International Journal of Educational Research, 31*, 611-624.

Mayer, R. E. (2003). The promise of multimedia learning: Using the same instructional design methods across different media. *Learning and Instruction, 13*, 125–139.

Mayer, R. E. (2004). Should there be a three strike rule against pure discovery learning? The case for guided methods of instruction. *American Psychologist, 59*, 14-19.

Mayer, R. E. (2005a). Cognitive theory of multimedia learning. In R. E. Mayer (Hrsg.), *The Cambridge Handbook of Multimedia Learning* (S. 31-48). Cambridge, MA: Cambridge University Press.

Mayer, R. E. (2005b). Introduction to multimedia learning. In R. E. Mayer (Hrsg.), *The Cambridge Handbook of Multimedia Learning* (S. 1-16). Cambridge, MA: Cambridge University Press.

Mayer, R. E. (2005c). Principles for managing essential processing in multimedia learning: Segmenting, pretraining, and modality principles. In R. E. Mayer (Hrsg.), *The Cambridge Handbook of Multimedia Learning* (S. 169-182). Cambridge, MA: Cambridge University Press.

Mayer, R. E. (2005d). Principles for reducing extraneous processing in multimedia learning: Coherence, signaling, redundancy, spatial contiguity, and temporal contiguity principles. In R. E. Mayer (Hrsg.), *The Cambridge Handbook of Multimedia Learning* (S. 183-200). Cambridge, MA: Cambridge University Press.

Mayer, R. E. (2005e). Principles of multimedia learning based on social cues: Personalization, voice, and image principles. In R. E. Mayer (Hrsg.), *The Cambridge Handbook of Multimedia Learning* (S. 201-212). Cambridge, MA: Cambridge University Press.

Mayer, R. E. (2006). Ten research-based principles of multimedia learning. In H. F. O'Neil & R. S. Perez (Hrsg.), *Web-based learning* (S. 371-392). Mahwah, New Jersey: Lawrence Erlbaum Associates.

Mayer, R. E. (2008). Old advice for new researchers. *Educational Psychology Review, 20*, 19-28.

Mayer, R. E. & Anderson, R. B. (1991). Animations need narrations: An experimental test of a dual-coding hypothesis. *Journal of Educational Psychology, 83*, 484-490.

Mayer, R. E. & Anderson, R. B. (1992). The instructive animation: Helping students build connections between words and pictures in multimedia learning. *Journal of Educational Psychology, 84*, 444-452.

Mayer, R. E., Bove, W., Bryman, A., Mars, R. & Tapangco, L. (1996). When less is more: Meaningful learning from visual and verbal summaries of textbook lessons. *Journal of Educational Psychology, 88*, 64-73.

Mayer, R. E. & Chandler, P. (2001). When learning is just a click away: Does simple user interaction foster deeper understanding of multimedia messages? *Journal of Educational Psychology, 93*, 390–397.

Mayer, R. E., Dow, G. & Mayer, S. (2003). Multimedia learning in an interactive self-explaining environment: What works in the design of agent-based microworlds? *Journal of Educational Psychology, 95*, 806-813.

Mayer, R. E., Fennell, S., Farmer, L. & Campbell, J. (2004). A personalization effect in multimedia learning: Students learn better when words are in conversational style rather than formal style. *Journal of Educational Psychology, 96*, 389-395.

Mayer, R. E. & Gallini, J. K. (1990). When is an illustration worth ten thousand words? *Journal of Educational Psychology, 82*, 715-726.

Mayer, R. E., Griffith, E., Jurkowitz, I. T. N. & Rothman, D. (2008). Increased interestingness of extraneous details in a multimedia science presentation leads to decreased learning. *Journal of Experimental Psychology: Applied, 14*, 329-339.

Mayer, R. E., Hegarty, M., Mayer, S. & Campbell, J. (2005). When static media promote active learning: Annotated illustrations versus narrated animations in multimedia instruction. *Journal of Experimental Psychology: Applied, 11*, 256-265.

Mayer, R. E., Heiser, J. & Lonn, S. (2001). Cognitive constraints on multimedia learning: When presenting more material results in less understanding. *Journal of Educational Psychology, 93*, 187-198.

Mayer, R. E. & Jackson, J. (2005). The case for coherence in scientific explanations: Quantitative details can hurt qualitative understanding. *Journal of Experimental Psychology: Applied, 11*, 13-18.

Mayer, R. E. & Johnson, C. I. (2008). Revising the redundancy principle in multimedia learning. *Journal of Educational Psychology, 100*, 380-386.

Mayer, R. E., Mathias, A. & Wetzell, K. (2002). Fostering understanding of multimedia messages through pre-training: Evidence for a two-stage theory of mental model construction. *Journal of Experimental Psychology: Applied, 8*, 147-154.

Mayer, R. E., Mautone, P. D. & Prothero, W. (2002). Pictorial aids for learning by doing in a multimedia geology simulation game. *Journal of Educational Psychology, 94*, 171-185.

Mayer, R. E. & Moreno, R. (1998a, April). *A cognitive theory of multimedia learning: Implications for design principles.* Vortrag vorgestellt auf dem CHI-98 Workshop on Hyped-Media to Hyper-Media, Los Angeles, USA.

Mayer, R. E. & Moreno, R. (1998b). A split-attention effect in multimedia learning: Evidence for dual processing systems in working memory. *Journal of Educational Psychology, 90*, 312-320.

Mayer, R. E. & Moreno, R. (2002). Animation as an aid to Multimedia Learning. *Educational Psychology Review, 14*, 87-99.

Mayer, R. E. & Moreno, R. (2003). Nine ways to reduce cognitive load in multimedia learning. *Educational Psychologist, 38*, 43-52.

Mayer, R. E., Moreno, R., Boire, M. & Vagge, S. (1999). Maximizing constructivist learning from multimedia communications by minimizing cognitive load. *Journal of Educational Psychology, 91*, 638-643.

Mayer, R. E., Sims, V. & Tajika, H. (1995). A comparison of how textbooks teach mathematical problem solving in Japan and the United States. *American Educational Research Journal, 32*, 443-460.

Mayer, R. E. & Sims, V. K. (1994). For whom is a picture worth a thousand words? Extensions of a dual-coding theory of multimedia learning. *Journal of Educational Psychology, 86*, 389-401.

Mayer, R. E., Sobko, K. & Mautone, P. D. (2003). Social cues in multimedia learning: Role of speaker's voice. *Journal of Educational Psychology, 95*, 419-425.

Mayer, R. E., Stiehl, C. & Greeno, J. (1975). Acquisition of understanding and skill in relation to subjects' preparation and meaningfulness of instruction. *Journal of Educational Psychology, 67*, 331-350.

Mayrath, M. C. (2008). Attributions of productive authors in educational psychology journals. *Educational Psychology Review, 20*, 41-56.

McCormick, C. B. & Barnes, B. J. (2008). Getting started in academia: A guide for educational psychologists. *Educational Psychology Review, 20*, 5-18.

McGee, M. M. G. (1979). Human spatial abilities: psychometric studies and environmental, genetic, hormonal, and neurological influences. *Psychological Bulletin, 86*, 889-918.

McGuinness, C. (1990). Talking about thinking: The role of metacognition in teaching thinking. In K. Gilhooly, M. Deane & G. Erdos (Hrsg.), *Linkes of thinking* (Bd. 2, S. 310-312). San Diego: Academic.

McNeil, B. J. & Nelson, K. R. (1991). Meta-analysis of interactive video instruction: A 10-year review of achievement effects. *Journal of Computer-Based Instruction, 18*, 1-6.

McVee, M. B., Dunsmore, K. & Gavelek, J. R. (2005). Schema theory revisited. *Review of Educational Research, 75*, 531-566.

Meier, R. (2006). *Praxis E-Learning*. Offenbach: GABAL.

Miller, G. (1956). The magical number seven, plus or minus two: Some limits on our capacity for processing information. *Psychological Review, 63*, 81-97.

Miller, W. (1937). The picture crutch in reading. *Elementary English Review, 14*, 263-264.

Minsky, M. (1975). A framework for representing knowledge. In P. H. Winston (Hrsg.), *The psychology of computer vision* (S. 211-277). New York: McGraw-Hill.

Montali, J. & Lewandowski, L. (1996). Bimodal reading: Benefits of a talking computer for average and less skilled readers. *Journal of Learning Disabilities, 29*, 271-279.

Moore, P. J. & Scevak, J. J. (1997). Learning from texts and visual aids: a developmental perspective. *Journal of Research in Reading, 20*, 205-223.

Moosbrugger, H. (2002). *Lineare Modelle: Regressions- und Varianzanalysen* (3. Auflage). Bern: Huber.

Moreno, R. (2005). Instructional technology: Promise and pitfalls. In L. PytlikZillig, M. Bodvarsson & R. Bruning (Hrsg.), *Technology-based education: Bringing researchers and practitioners together* (S. 1-19). Greenwich, CT: Information Age Publishing.

Moreno, R. (2006). Learning in High-Tech and Multimedia Environments. *Current Directions in Psychological Science, 15*, 63-67.

Moreno, R. & Mayer, R. (2007). Interactive multimodal learning environments: Special issue on interactive learning environments: Contemporary issues and trends. *Educational Psychology Review, 19*, 309-326.

Moreno, R. & Mayer, R. E. (1999a). Cognitive principles of multimedia learning: The role of modality and contiguity. *Journal of Educational Psychology, 91*, 358-368.

Moreno, R. & Mayer, R. E. (1999b). Multimedia-supported metaphors for meaning making in mathematics. *Cognition and Instruction, 17*, 215-248.

Moreno, R. & Mayer, R. E. (2000a). Engaging students in active learning: The case for personalized multimedia messages. *Journal of Educational Psychology, 92*, 724-733.

Moreno, R. & Mayer, R. E. (2000b, 16. Juli 2007). *A learner-centered approach to multimedia explanations: Deriving instructional design principles from cognitive theory*. [Internet/WWW]. Verfügbar unter: http://www.imej.wfu.edu/articles/2000/2/05/printver.asp [5. Juni 2009].

Moreno, R. & Mayer, R. E. (2002a). Learning science in virtual reality multimedia environments: Role of methods and media. *Journal of Educational Psychology, 94*, 598-610.

Moreno, R. & Mayer, R. E. (2002b). Verbal redundancy in multimedia learning: When reading helps listening. *Journal of Educational Psychology, 94*, 156-163.

Moreno, R. & Mayer, R. E. (2004). Personalized messages that promote science learning in virtual environments. *Journal of Educational Psychology, 96*, 165-173.

Moreno, R. & Mayer, R. E. (2005). Role of guidance, reflection, and interactivity in an agent-based multimedia game. *Journal of Educational Psychology, 97*, 117-128.

Muntean, C. H. & Muntean, G.-M. (2007). Open corpus architecture for personalised ubiquitous e-learning,*Personal and Ubiquitous Computing*.

Muthukumar, S. L. (2005). Creating interactive multimedia-based educational courseware: cognition in learning. *Cognition, Technology & Work, 7*, 46-50.

Najjar, L. J. (1995). *Does multimedia information help people learn?* Atlanta, GA: Georgia Institute of Technology, Graphics, Visualization and Usability Center.

Najjar, L. J. (1997). A framework for learning from media : The effects of materials, tasks, and tests on performance. Dissertation Abstracts International: Section B:. *The Sciences & Engineering, 59*(6-B), 3084.

Najjar, L. J. (1998). Principles of educational multimedia interface design. *Human Factors, 40*, 311-323.

Najjar, L. J. (2005, July). *Accessible Java application user interface design guidelines.* HCI International 2005 Proceedings, Mahwah, NJ.

Narciss, S., Proske, A. & Koerndle, H. (2007). Promoting self-regulated learning in web-based learning environments. *Computers in Human Behavior, 23*, 1126-1144.

Naumann, J., Richter, T., Flender, J., Christmann, U. & Groeben, N. (2007). Signaling in expository hypertexts compensates for deficits in reading skill. *Journal of Educational Psychology, 99*, 791-807.

Neisser, U. (1967). *Cognitive Psychology*. New York: Appleton, Century, Crofts.

Nelson, T. O. & Narens, L. (1990). Metamemory: A theoretical framework and new findings. In G. Bower (Hrsg.), *The psychology of learning and motivation* (S. 125-173). New York: Academic Press.

Nerdinger, F. W. (1995). *Motivation und Handeln in Organisationen*. Stuttgart: Kohlhammer.

Nieding, G. & Ohler, P. (2004). Laborexperimentelle Methoden. In R. Mangold, P. Vorderer & G. Bente (Hrsg.), *Lehrbuch der Medienpsychologie* (S. 355-376). Göttingen: Hogrefe.

Niegemann, H. M., Hessel, S., Hochscheid-Mauel, D., Aslanski, K., Deimann, M. & Kreuzberger, G. (2004). *Kompendium E-Learning*. Berlin: Springer.

Njoo, M. & de Jong, T. (1993). Supporting exploratory learning by offering structured overviews of hypotheses. In D. Towne, T. de Jong & H. Spada (Hrsg.), *Simulation-based experiential learning* (S. 207-225). Berlin: Springer.

Novick, L. R., Hurley, S. M. & Francis, M. (1999). Evidence for abstract, schematic knowledge of three spatial diagram representations. *Memory & Cognition, 27*, 288-308.

Noyes, J. & Garland, K. (2006). Explaining students' attitudes toward books and computers. *Computers in Human Behavior, 22*, 351-363.

O'Donnell, C. R. & Eggemeier, F. T. (1986). Workload assessment methodology. In K. R. Boff, L. Kaufman & J. P. Thomas (Hrsg.), *Handbook of perception and human performance: Vol. II. Cognitive processes and performance* (S. 42.41-42.29). New York: Wiley-Interscience.

Oblinger, D. G. (2004). The next generation of educational engagement. *Journal of Interactive Media in Education, 8*, 1-18.

Orvis, K. A., Horn, D. B. & Belanich, J. (2008). The roles of task difficulty and prior videogame experience on performance and motivation in instructional videogames. *Computers in Human Behavior, 24*, 2415-2433.

Owen, E. & Sweller, J. (1985). What do students learn while solving mathematics problems? *Journal of Educational Psychology, 77*, 272-284.

Paas, F. (1992). Training strategies for attaining transfer of problem solving skill in statistics: A cognitive-load approach. *Journal of Educational Psychology, 84*, 429-434.

Paas, F., Camp, G. & Rikers, R. (2001). Instructional compensation for age-related cognitive declines: Effects of goal specificity in maze learning. *Journal of Educational Psychology, 93*, 181-186.

Paas, F., Tuovinen, J. E., Tabbers, H. & Van Gerven, P. W. M. (2003). Cognitive load measurement as a means to advance cognitive load theory. *Educational Psychologist, 38*, 63-71.

Paas, F., Tuovinen, J. E., Van Merriënboer, J. J. G. & Darabi, A. A. (2005). A motivational perspective on the relation between mental effort and performance: Optimizing learner involvement in instruction. *Educational Technology Research and Development, 53*, 25-34.

Paas, F. & Van Merriënboer, J. J. G. (1994). Variability of worked examples and transfer of geometrical problem-solving skills: A cognitive-load approach. *Journal of Educational Psychology, 86*, 122-133.

Paas, F., Van Merriënboer, J. J. G. & Adam, J. J. (1994). Measurement of cognitive load in instructional research. *Perceptual and Motor Skills, 79*, 419-430.

Paechter, M. (2007). Wissensvermittlung, Lernen und Bildung mit Medien. In U. Six, U. Gleich & R. Gimmler (Hrsg.), *Kommunikationspsychologie und Medienpsychologie* (S. 372-387). Weinheim: Beltz PVU.

Paivio, A. (1986). *Mental representations: A dual coding approach*. New York: Oxford University Press.

Palmiter, S. & Elkerton, J. (1992). An evaluation of animated demonstrations for learning computer-based tasks. In P. Bauersfeld, J. Bennett & G. Lynch (Hrsg.), *CHI'92 conference proceedings* (S. 257-263). Reading, MA: Addison-Wesley.

Parrish, P. E. (2004). The trouble with learning objects. *Educational Technology Research and Development, 52*, 49-67.

Penney, C. G. (1989). Modality effects and the structure of short-term verbal memory. *Memory & Cognition, 17*, 398-422.

Peterson, L. & Peterson, M. (1959). Short-term retention of individual verbal items. *Journal of Experimental Psychology, 58*, 193-198.

Petre, M. & Green, T. R. G. (1993). Learning to read graphics: Some evidence that 'seeing' an information display is an acquired skill. *Journal of Visual Languages and Computing, 4*, 55-70.

Peugh, J. L. & Enders, C. K. (2004). Missing data in educational research: A review of reporting practices and suggestions for improvement. *Review of Educational Research, 74*, 525-556.

Pezdek, K., Lehrer, A. & Simon, S. (1984). The relationship between reading and cognitive processing of television and radio. *Child Development, 55*, 2072-2082.

Piaget, J. (1928). *Judgement and reasoning in the child.* New York: Harcourt.

Pillay, H. (1994). Cognitive load and mental rotation: structuring orthographic projection for learning and problem solving. *Instructional Science, 22*, 91-113.

Pintrich, P. R. (2003). Motivation and classroom learning. In W. M. Reynolds & G. E. Miller (Hrsg.), *Handbook of psychology: Educational psychology* (S. 103-122). New York: Wiley.

Pirolli, P. L. (1991). Effects of examples and their explanations in a lesson on recursion: A production system analysis. *Cognition and Instruction, 8*, 207-259.

Pollock, E., Chandler, P. & Sweller, J. (2002). Assimilating complex information. *Learning and Instruction, 12*, 61-86.

Poon, R., Szabo, M. & Ally, M. (1977, June). *The role of visual testing when learning from instructional multimedia.* Vortrag vorgestellt auf dem ED-MEDIA/ED-TELECOM 97 meeting, Calgary, Alberta.

Popper, K. R. (1996). *Alles Leben ist Problemlösen: über Erkenntnis, Geschichte und Politik.* München: Piper.

Preece, J. (1993). Graphs are not straightforward. In T. R. G. Green, S. J. Payne & G. C. van der Veer (Hrsg.), *The psychology of computer use* (S. 41-56). London: Academic Press.

Preece, J., Rogers, Y., Sharp, H., Benyon, D., Holland, S. & Carey, T. (1994). *Human-Computer Interaction.* Wokingham, England: Addison-Wesley.

Price, S. (2004). Processing animation: Integrating information from animated diagrams. *Lecture Notes in Computer Science, 2980*, 360-364.

Puntambekar, S. & Stylianou, A. (2005). Designing navigation support in hypertext systems based on navigation patterns. *Instructional Science, 33*, 451-481.

Quaiser-Pohl, C., Lehmann, W. & Schirra, J. (2001). Sind Studentinnen der Computervisualistik besonders gut in der Raumvorstellung? Psychologische Aspekte bei der Wahl eines Studienfachs. *FIfF Kommunikation, 18*, 42-46.

Quilici, J. L. & Mayer, R. E. (1996). Role of examples in how students learn to categorize statistics word problems. *Journal of Educational Psychology 88*, 144-161.

Recker, M. & Pirolli, P. (1995). Modeling individual differences in students' learning strategies. *The Journal of the Learning Science, 4*, 1-38.

Reder, L. & Anderson, J. (1982). Effects of spacing and embellishment on memory for main points of a text. *Memory and Cognition, 10*, 97-102.

Reed, S. K. (2006). Cognitive architectures for multimedia learning. *Educational Psychologist, 41*, 87-98.

Reeves, B. & Nass, C. (1996). *The media equation.* New York: Cambridge University Press.

Reid, G. B. & Nygren, T. E. (1988). The subjective workload assessment technique: A scaling procedure for measuring mental workload. In P. A. Hancock & N. Meshkati (Hrsg.), *Human mental workload* (S. 185-218). Amsterdam: Norh Holland.

Reinhardt, K. (2008). *Vom Wissen zum Buch – Fach- und Sachbücher schreiben*. Bern: Huber.

Renkl, A. (1997). Learning from worked-out examples: A study on individual differences. *Cognitive Science, 21*, 1-29.

Renkl, A. (2004). *Pädagogische Psychologie des Lernen und Lehrens*. [Internet/WWW]. Verfügbar unter: www4.psychologie.uni-freiburg.de/einrichtungen/Paedagogische/lehre/paedpsy/vlpp2.ppt [8. September 2006].

Renkl, A. (2005). The worked-out examples principles in multimedia. In R. E. Mayer (Hrsg.), *The Cambridge Handbook of Multimedia Learning* (S. 229-245). Cambridge, MA: Cambridge University Press.

Renkl, A. & Atkinson, R. K. (2003). Structuring the transition from example study to problem solving in cognitive skill acquisition: A cognitive load perspective. *Educational Psychologist, 38*, 15-22.

Renkl, A., Atkinson, R. K. & Grosse, C. S. (2004). How fading worked solution steps works - A cognitive load perspective. *Instructional Science, 32*, 59-82.

Renkl, A., Gruber, H., Weber, S., Lerche, T. & Schweizer, K. (2003). Cognitive Load beim Lernen mit Lösungsbeispielen. *Zeitschrift für Pädagogische Psychologie, 17*, 93-101.

Resnick, L. B. & Omanson, S. (1987). Learning to understand arithmetic. In R. Glaser (Hrsg.), *Advances in instructional psychology* (S. 41-95). Hillsdale, NJ: LEA.

Rey, G. D. (2008a). *Gestaltungsempfehlungen für multimediale Lernumgebungen. Zur Gestaltung dynamischer, interaktiver Visualisierungen*. Saarbrücken: VDM.

Rey, G. D. (2008b). Zusammenhänge zwischen Evaluationen von und Lernleistungen in multimedialen Lernumgebungen. In G. D. Rey & T. Wehr (Hrsg.), *Kognitive Psychologie – Ausgewählte Grundlagen- und Anwendungsbeispiele* (S. 181-192). Lengerich: Pabst.

Rey, G. D. (eingereicht). Seductive details in multimedia messages. *Computers in Human Behavior*.

Rey, G. D. & Wender, K. F. (2008). *Neuronale Netze. Eine Einführung in die Grundlagen, Anwendungen und Datenauswertung*. Bern: Huber.

Rickards, J. P., Fajen, B. R., Sullivan, J. F. & Gillespie, G. (1997). Signaling, notetaking, and field independence-dependence in text comprehension and recall. *Journal of Educational Psychology, 89*, 508-517.

Rieber, L. P. (1989). The effects of computer animated elaboration strategies and practice on factual and application learning in an elementary science lesson. *Journal of Educational Computing Research, 5*, 431-444.

Rieber, L. P. (1990a). Animation in computer-based instruction. *Educational Technology Research and Development, 38*, 77-86.

Rieber, L. P. (1990b). Using computer animated graphics in science instruction with children. *Journal of Educational Psychology, 82*, 135-140.

Rieber, L. P. (2005). Multimedia learning in games, simulations, and microworlds. In R. E. Mayer (Hrsg.), *The Cambridge Handbook of Multimedia Learning* (S. 549-567). Cambridge, MA: Cambridge University Press.

Rikers, R. M. J. P., Van Gerven, P. W. M. & Schmidt, H. G. (2004). Cognitive Load Theory as a tool for expertise development. *Instructional Science, 32*, 173-182.

Rittschof, K. A. (im Druck). Field dependence-independence as visuospatial and executive functioning in working memory: implications for instructional systems design and research. *Educational Technology Research and Development.*

Rivers, R. H. & Vockell, E. (1987). Computer simulations to stimulate scientific problem solving. *Journal of Research in Science Teaching, 24*, 403-415.

Roberts, M. J., Gilmore, D. J. & Wood, D. J. (1997). Individual differences and strategy selection in reasoning. *British Journal of Psychology, 88*, 473-492.

Robinson, W. R. (2004). Cognitive theory and the design of multimedia instruction. *Journal of Chemical Education, 81*, 10-13.

Rogers, T. B., Kuiper, N. A. & Kirker, W. S. (1977). Self reference and the encoding of personal information. *Journal of Personality and Social Psychology, 35*, 677-688.

Rogers, Y. (1999). Commentary: What is different about interactive graphical representations? *Learning and Instruction, 9*, 419-425.

Rohrer, D. & Taylor, K. (2007). The shuffling of mathematics problems improves learning. *Instructional Science, 35*, 481-498.

Roskam, A. J., Brookhuis, K. A., de Waard, D., Carsten, O. M. J., Read, L., Jamson, S.et al. (2002). *HASTE deliverable 1 - development of experimental protocol.* [Internet/WWW]. Verfügbar unter:
http://www.its.leeds.ac.uk/projects/haste/HASTE%20Deliverable%201%20v1.1.pdf#search=%22HASTE%20deliverable%201%20-%20development%20of%20experimental%20protocol%22 [5. Juni 2009].

Rößling, G. (2004). *Integration von Algorithmenanimationen in die Lehre mittels ANIMAL.* [Internet/WWW]. Verfügbar unter: http://elara.tk.informatik.tu-darmstadt.de/Publications/2004/05_roessling.pdf [5. Juni 2009].

Rost, D. H. (2005). *Interpretation und Bewertung pädagogisch-psychologischer Studien.* Weinheim: Beltz UTB.

Rourke, A. & Sweller, J. (2009). The worked-example effect using ill-defined problems: Learning to recognise designers' styles. *Learning and Instruction, 19*, 185-199.

Royston, P., Altman, D. G. & Sauerbrei, W. (2006). Dichotomizing continuous predictors in multiple regression: A bad idea. *Statistics in Medicine, 25*, 127-141.

Ruiz, J. G., Mintzer, M. J. & Leipzig, R. M. (2006). The impact of E-Learning in medical education. *Academic Medicine, 81*, 207-212.

Rummer, R. (2007). Lernen mit Multimedia: Blickbewegungen beim Lesen stören das kurzfristige Behalten räumlicher Konstellationen [Abstract]. In K. F. Wender, S. Mecklenbräuker, G. D. Rey & T. Wehr (Hrsg.), *Beiträge zur 49. Tagung experimentell arbeitender Psychologen* (S. 230). Lengerich: Pabst.

Rustenbach, S. J. (2003). *Metaanalyse: eine anwendungsorientierte Einführung*. Bern: Huber.

Salden, R. J. C. M., Paas, F., Broers, N. J. & Van Merriënboer, J. J. G. (2004). Mental effort and performance as determinants for the dynamic selection of learning tasks in air traffic control training. *Instructional Science, 32*, 153-172.

Salden, R. J. C. M., Paas, F. & Van Merriënboer, J. J. G. (2006). Personalised adaptive task selection in air traffic control: Effects on training efficiency and transfer. *Learning and Instruction, 16*, 350-362.

Salomon, G. (1984). Television is "easy" and print is "tough": The differential investment of mental effort in learning as a function of perceptions and attributions. *Journal of Educational Psychology, 76*, 647-658.

Sanchez, C. A. & Wiley, J. (2006). An examination of the seductive details effect in terms of working memory capacity. *Memory & Cognition, 34*, 344-355.

Sarrafzadeh, A., Alexander, S., Dadgostar, F., Fan, C. & Bigdeli, A. (2008). "How do you know that I don't understand?" A look at the future of intelligent tutoring systems. *Computers in Human Behavior, 24*, 1342-1363.

Sarris, V. (1999). *Einführung in die experimentelle Psychologie*. Lengerich: Pabst Science Publishers.

Sarris, V. & Reiß, S. (2005). *Kurzer Leitfaden der Experimentalpsychologie*. München: Pearson Studium.

Sawicka, A. (2008). Dynamics of cognitive load theory: A model-based approach. *Computers in Human Behavior, 24*, 1041-1066.

Scaife, M. & Rogers, Y. (1996). External cognition: How do graphical representation work? *International Journal of Human Computer Studies, 45*, 185-213.

Scalise, K., Bernbaum, D. J., Timms, M., Harrell, S. V., Burmester, K., Kennedy, C. A.et al. (2007). Adaptive technology for E-Learning: Principles and case studies of an emerging field. *Journal of the American Society for Information Science and Technology, 58*, 2295-2309.

Scanlon, E. (1998). How beginning students use graphs of motion. In M. W. van Someren, P. Reimann, H. P. A. Boshuizen & T. de Jong (Hrsg.), *Learning with multiple representations* (S. 9-40). Amsterdam: Elsevier Science.

Schank, R. C. (1979). Interestingness: Controlling inferences. *Artificial Intelligence, 12*, 273-297.

Schank, R. C. & Abelson, R. (1977). *Scripts, plans, goals, and understanding*. Hillsdale, NJ: Erlbaum.

Schauble, L., Glaser, R., Duschl, R. A., Schulze, S. & John, J. (1995). Students' understanding of the objectives and procedures of experimentation in the science classroom. *Journal of the Learning Sciences, 4*, 131-166.

Schaumburg, H. & Issing, L. J. (2004). Interaktives Lernen mit Multimedia. In R. Mangold, P. Vorderer & G. Bente (Hrsg.), *Lehrbuch der Medienpsychologie* (S. 717-742). Göttingen: Hogrefe.

Scheiter, K., Gerjets, P. & Schuh, J. (2003). Are multiple examples necessary for schema induction? In F. Schmalhofer, R. Young & G. Katz (Hrsg.), *Proceedings of EuroCogSci 03. The European Cognitive Science Conference 2003* (S. 283-288). Mahwah, NJ: Erlbaum.

Schmitt, N. (1996). Uses and abuses of coefficient alpha. *Psychological Assessment, 8*, 350-353.

Schnotz, W. (1994). Wissenserwerb mit logischen Bildern. In B. Weidenmann (Hrsg.), *Wissenserwerb mit Bildern* (S. 95-147). Bern: Huber.

Schnotz, W. (2005). An integrated model of text and picture comprehension. In R. E. Mayer (Hrsg.), *The Cambridge Handbook of Multimedia Learning* (S. 49-69). Cambridge, MA: Cambridge University Press.

Schnotz, W. (2006). *Pädagogische Psychologie*. Weinheim: Beltz PVU.

Schnotz, W. (2009). *Kognition und E-Learning.* Gastvortrag gehalten am 22. Januar 2009 am Lehrstuhl für Psychologie IV, Pädagogische Psychologie und Entwicklungspsychologie der Universität Würzburg, Würzburg.

Schnotz, W. & Bannert, M. (2003). Construction and interference in learning from multiple representations. *Learning and Instruction, 13*, 141-156.

Schnotz, W., Böckheler, J., Grzondziel, H., Gärtner, I. & Wächter, M. (1998). Individuelles und kooperatives Lernen mit interaktiven animierten Bildern [Individual and co-operative learning with interactive animated pictures]. *Zeitschrift für Pädagogische Psychologie, 12*, 135-145.

Schnotz, W. & Kürschner, C. (2007). A reconsideration of cognitive load theory. *Educational Psychology Review, 19*, 469-508.

Schoenfeld, A. H., Smith, J. P. & Arcavi, A. (1993). Learning: The microgenetic analysis of one student's evolving understanding of a complex subject matter domain. In R. Glaser (Hrsg.), *Advances in instructional psychology* (Bd. 4, S. 55-175). Hillsdale, NJ: LEA.

Schrader, P. G. & McCreery, M. (2008). The acquisition of skill and expertise in massively multiplayer online games, *Education Technology Research and Development, 56*, 557–574.

Schraw, G. (1998). Processing and recall differences among seductive details. *Journal of Educational Psychology, 90*, 3-12.

Schraw, G. & Lehman, S. (2001). Situational interest: A review of the literature and directions for future research. *Educational Psychology Review, 13*, 23-52.

Schreier, M. (2004). Qualitative Methoden. In R. Mangold, P. Vorderer & G. Bente (Hrsg.), *Lehrbuch der Medienpsychologie* (S. 377-399). Göttingen: Hogrefe.

Schroer, J. & Hertel, G. (2009). Voluntary engagement in an open web-based encyclopedia: Wikipedians and why they do it. *Media Psychology, 12*, 96-120.

Schumann, H. & Müller, W. (2000). *Visualisierung: Grundlagen und allgemeine Methoden*. Berlin: Springer.

Schwan, S., Garsoffky, B. & Hesse, F. W. (2000). Do film cuts facilitate the perceptual and cognitive organization of activity sequences? *Memory & Cognition, 28*, 214-223.

Schwonke, R., Hauser, S., Nückles, M. & Renkl, A. (2006). Enhancing computer-supported writing of learning protocols by adaptive prompts. *Computers in Human Behavior, 22*, 77-92.

Segal, J. & Ahmad, K. (1993). The role of examples in the leaching of programming languages. *Journal of Educational Computing Research, 9*, 115-129.

Semmer, N. & Udris, I. (2004). Bedeutung und Wirkung von Arbeit. In H. Schuler (Hrsg.), *Lehrbuch Organisationspsychologie* (3. Auflage, S. 157-195). Bern: Huber.

Seufert, T. (1999, August). *Processes of coherence formation in learning with multiple graphical displays.* Vortrag vorgestellt auf dem 8th EARLI-conference, Göteborg, Schweden.

Seufert, T. & Brünken, R. (2004). Supporting coherence formation in multimedia learning. In P. Gerjets, P. A. Kirschner, J. Elen & R. Joiner (Hrsg.), *Instructional design for effective and enjoyable computer- supported learning. Proceedings of the first joint meeting of the EARLI SIGs Instructional Design and Learning and Instruction with Computers* (S. 138-147). Tübingen: Knowledge Media Research Center.

Seufert, T., Jänen, I. & Brünken, R. (2007). The impact of intrinsic cognitive load on the effectiveness of graphical help for coherence formation. *Computers in Human Behavior, 23*, 1055-1071.

Shapiro, A. M. (2008). Hypermedia design as learner scaffolding. *Educational Technology Research and Development, 56*, 29-44.

Shneiderman, B. (1997). *Designing the user interface: Strategies for effective Human-Computer Interaction* (3. Auflage). Boston, MA, USA: Addison-Wesley.

Shotsberger, P. G. (1999). Forms of synchronous dialogue resulting from web-based professional development. *Technology and Teacher Education Annual, 2*, 1777-1782.

Shute, V. & Towle, B. (2003). Adaptive E-Learning. *Educational Psychologist, 38*, 105-114.

Sims, V. K. & Hegarty, M. (1997). Mental animation in the visuospatial sketchpad: Evidence from dual-task studies. *Memory & Cognition, 25*, 321-333.

Sims, V. K. & Mayer, R. E. (2002). Domain specificity of spatial expertise: The case of computer game players. *Applied Cognitive Psychology, 16*, 97-115.

Skinner, B. F. (1958). Teaching Machines: From the experimental study of learning come devices which arrange optimal conditions for self-instruction. *Science, 128*, 969-977.

Smith, S. M. & Woody, P. C. (2000). Interactive effect of multimedia instruction and learning styles. *Teaching of Psychology, 27*, 220-224.

Snow, R. E. & Lohmann, D. F. (1984). Toward a theory of cognitive aptitude for learning from instruction. *Journal of Educational Psychology, 76*, 347-376.

Solso, R. L. (2004). *Kognitive Psychologie*. Berlin: Springer.

Spector, J. M. & Ross, S. M. (2008). Special thematic issue on game-based learning. *Education Technology Research and Development, 56*, 509-510.

Spiro, R. J., Coulson, R. L., Feltovich, P. J. & Anderson, D. K. (1988). Cognitive flexibility theory: Advanced knowledge acquisition in ill-structured domains. In V. Patel (Hrsg.), *Tenth annual conference of the Cognitive Science Society* (S. 375-383). Hillsdale, NJ: Erlbaum.

Spiro, R. J., Feltovich, P. J., Jacobson, M. J. & Coulson, R. L. (1992a). Cognitive flexibility, constructivism, and hypertext: Random access instruction for advanced knowledge acquisition in ill-structured domains. In T. M. Duffy & D. J. Jonassen (Hrsg.), *Constructivism and the technology of instruction: A conversation* (S. 121-128). Hillsdale, NJ: Erlbaum.

Spiro, R. J., Feltovich, P. J., Jacobson, M. J. & Coulson, R. L. (1992b). Knowledge representation, content specification, and the development of skill in situation-specific knowledge assembly: Some constructivist issues as they relate to Cognitive Flexibility Theory and hypertext. In T. M. Duffy & D. J. Jonassen (Hrsg.), *Constructivism and the technology of instruction: A conversation* (S. 57-75). Hillsdale, NJ: Erlbaum.

Spiro, R. J. & Jehng, J. C. (1990). Cognitive flexibility, random access instruction, and hypertext: Theory and technology for the nonlinear and multidimensional traversal of complex subject matter. In D. Nix & R. J. Spiro (Hrsg.), *Cognition, education, and multimedia* (S. 163-205). Hillsdale, NJ: Erlbaum.

Spiro, R. J., Vispoel, W. L., Schmitz, J. G., Samarapungavan, A. & Boerger, A. E. (1987). Knowledge acquisition for application: Cognitive flexibility and transfer in complex content domains. In B. K. Britton & S. M. Glynn (Hrsg.), *Executive control processes in reading* (S. 177-199). Hillsdale, NJ: Erlbaum.

Spitzer, M. (2007). *Lernen. Gehirnforschung und die Schule des Lebens*. Berlin: Spektrum Akademischer Verlag.

Stark, R., Mandl, H., Gruber, H. & Renkl, A. (2002). Conditions and effects of example elaboration. *Learning and Instruction, 12*, 39-60.

Steffens, M. C., Buchner, A. & Wender, K. F. (2003). Quite ordinary retrieval cues may determine free recall of actions. *Journal of Memory and Language, 48*, 399-415.

Stemler, L. K. (1997). Educational characteristics of multimedia: A literature review. *Journal of Educational Multimedia and Hypermedia, 7*, 339-359.

Stern, E., Aprea, C. & Ebner, H. G. (2003). Improving cross-content transfer in text processing by means of active graphical representation. *Learning and Instruction, 13*, 191-203.

Sternberg, R. J. (1990). *Metaphors of mind: Conceptions of the nature of intelligence*. New York: Cambridge University Press.

Sternberg, R. J. (1997). *Thinking styles*. Cambridge, U.K.: Cambridge University Press.

Sternberg, R. J. (Hrsg.). (2003). *The Psychologist's Companion: A Guide to Scientific Writing for Students and Researchers* (4. Auflage). Cambridge: Cambridge University Press.

Stevens, J. P. (2001). *Applied multivariate statistics for the social sciences* (4th). Mahwah, NJ: Erlbaum.

Stiller, K. D., Freitag, A., Zinnbauer, P. & Freitag, C. (2009). How pacing of multimedia instructions can influence modality effects: A case of superiority of visual texts. *Australasian Journal of Educational Technology, 25*, 184-203.

Stoyanov, S. & Kirschner, P. (2004). Expert concept mapping method for defining the characteristics of adaptive E-Learning: ALFANET project case. *Educational Technology Research and Development, 52*, 41-56.

Surber, J. R. & Schroeder, M. (2007). EVect of prior domain knowledge and headings on processing of informative text. *Contemporary Educational Psychology, 32*, 485-498.

Sweller, J. (1988). Cognitive load during problem solving: Effects on learning. *Cognitive Science, 12*, 257-285.

Sweller, J. (1994). Cognitive load theory, learning difficulty and instructional design. *Learning and Instruction, 4*, 295-312.

Sweller, J. (2002, July). *Visualisation and instructional design.* Proceedings of the International Workshop on Dynamic Visualizations and Learning, Tübingen, Deutschland.

Sweller, J. (2004). Instructional design consequences of an analogy between evolution by natural selection and human cognitive architecture. *Instructional Science, 32*, 9–31.

Sweller, J. (2005a). Implications of cognitive load theory for multimedia learning. In R. E. Mayer (Hrsg.), *The Cambridge Handbook of Multimedia Learning* (S. 19-30). Cambridge, MA: Cambridge University Press.

Sweller, J. (2005b). The redundancy principle in multimedia learning. In R. E. Mayer (Hrsg.), *The Cambridge Handbook of Multimedia Learning* (S. 159-167). Cambridge, MA: Cambridge University Press.

Sweller, J. (2009). Cognitive bases of human creativity. *Educational Psychology Review, 21*, 11-19.

Sweller, J. & Chandler, P. (1994). Why some material is difficult to learn. *Cognition and Instruction, 12*, 185-233.

Sweller, J. & Cooper, G. A. (1985). The use of worked examples as a substitute for problem solving in learning algebra. *Cognition and Instruction, 2*, 59-89.

Sweller, J. & Levine, M. (1982). Effects of goal specificity on means-ends analysis and learning. *Journal of Experimental Psychology: Learning, Memory and Cognition, 8*, 463-474.

Sweller, J., Van Merriënboer, J. J. G. & Paas, F. G. W. C. (1998). Cognitive architecture and instructional design. *Educational Psychology Review, 10*, 251-296.

Tabachneck-Schijf, H. J. M. & Simon, H. A. (1998). Alternative representations of instructional material. In D. Peterson (Hrsg.), *Forms of representation* (S. 28-46). Exeter: Intellect Books.

Tabachneck, H. J. M., Koedinger, K. R. & Nathan, M. J. (1994). Towards a theoretical account of strategy use and sense making in mathematical problem solving. In A. Ram & K. Eiselt (Hrsg.), *Proceedings of the Sixteenth Annual Conference of the Cognitive Science Society.* Georgia Institute of Technology, Atlanta, Georgia.

Tapiero, I. (2001). The construction and updating of a spatial mental model from text and map: Effect of imagery and anchor. In J.-F. Rouet, J. Levonen & A. Biardeau (Hrsg.), *Multimedia learning: Cognitive and instructional issues* (S. 45-57). Amsterdam: Pergamon.

Tarmizi, R. & Sweller, J. (1988). Guidance during mathematical problem solving. *Journal of Educational Psychology, 80*, 424-436.

Taylor, J., Sumner, T. & Law, A. (1997). Talking about multimedia: A layered design framework. *Journal of Educational Media, 23*, 215-241.

Thalheimer, W. (2004). *Bells, whistles, neon, and purple prose: When interesting words, sounds, and visuals hurt learning and performance - a review of the seductive-augmentation research.* [Internet/WWW]. Verfügbar unter:
http://www.coedu.hu/domain9/files/modules/module15/28283C732CAE682.pdf [5. Juni 2009].

Thompson, N. & McGill, T. J. (2008). Multimedia and cognition: Examining the effect of applying cognitive principles to the design of instructional materials. *Journal of Educational Computing Research, 39*, 143-159.

Thomson, C. P. & Barnett, C. (1981). Memory for product names: The generation effect. *Bulletin of the Psychonomic Society, 18*, 241-243.

Tindall-Ford, S., Chandler, P. & Sweller, J. (1997). When two sensory modes are better than one. *Journal of Experimental Psychology: Applied, 3*, 257-287.

Tobin, S. & Grondin, S. (2009). Video games and the perception of very long durations by adolescents. *Computers in Human Behavior, 25*, 554-559.

Towler, A. (2009). Effects of trainer expressiveness, seductive details, and trainee goal orientation on training outcomes. *Human Resource Development Quarterly, 20*, 65-84.

Treichler, D. G. (1967). Are you missing the boat in training aid? *Film and A-V Communication, 1*, 14-16.

Tufte, E. R. (2001). *The visual display of quantitative information*. Cheshire, Connecticut: Graphics Press.

Tulving, E. (1977). Episodic and semantic memory. In E. Tulving & W. Donaldson (Hrsg.), *Organization of memory* (S. 381-403). New York: Academic.

Tulving, E. & Thompson, D. M. (1973). Encoding, specificity and retrieval processes in episodic memory. *Psychological Review, 80*, 352-373.

Tuovinen, J. E. (2000). Optimising student cognitive load in computer education. In A. E. Ellis (Hrsg.), *Fourth Australasian Computing Education Conference* (Bd. 8, S. 235-241). Melbourne, Australia: Monash University.

Tuovinen, J. E. & Sweller, J. (1999). A comparison of cognitive load associated with discovery learning and worked examples. *Journal of Educational Psychology, 91*, 334-341.

Tversky, B., Morrison, J. B. & Bétrancourt, M. (2002). Animation: can it facilitate? *International Journal of Human Computer Studies, 57*, 247-262.

Vadillo, M. A. & Matute, H. (2009). Learning in virtual environments: Some discrepancies between laboratory- and Internet-based research on associative learning. *Computers in Human Behavior, 25*, 402-406.

Valcke, M. (2002). Cognitive load: Updating the theory? *Learning and Instruction, 12*, 147–154.

van Bruggen, J. M., Kirschner, P. A. & Jochems, W. (2002). External representations of argumentation in CSCL and the management of cognitive load. *Learning and Instruction, 12*, 121-138.

van der Meij, J. (2007). *Support for learning with multiple representations: Designing simulation-based learning environments*. University of Twente, Enschede, The Netherlands.

van der Meij, J. & de Jong, T. (2006). Supporting students' learning with multiple representations in a dynamic simulation-based learning environment. *Learning and Instruction, 16*, 199-212.

van Dijk, T. & Kintsch, W. (1983). *Strategies of discourse comprehension*. San Diego, CA: Academic Press.

Van Gerven, P. W. M., Paas, F. & Tabbers, H. K. (2006). Cognitive aging and computer-based instructional design: Where do we go from here? *Educational Psychology Review, 18*, 141-157.

Van Gerven, P. W. M., Paas, F. G. W. C., Van Merriënboer, J. J. G. & Schmidt, H. G. (2002). Cognitive load theory and aging: Effects of worked examples on training efficiency. *Learning and Instruction, 12*, 87-105.

Van Gog, T., Ericsson, K. A., Rikers, R. M. J. P. & Paas, F. (2005). Instructional design for advanced learners: Establishing connections between the theoretical frameworks of cognitive load and deliberate practice. *Educational Technology Research and Development, 53*, 73-81.

Van Gog, T., Kester, L., Nievelstein, F., Giesbers, B. & Paas, F. (2009). Uncovering cognitive processes: Different techniques that can contribute to cognitive load research and instruction. *Computers in Human Behavior, 25*, 325-331.

Van Gog, T. & Paas, F. (2008). Instructional efficiency: Revisiting the original construct in educational research. *Educational Psychologist, 43*, 16-26.

van Joolingen, W. R. & de Jong, M. T. (1991). Supporting hypothesis generation by learners exploring an interactive computer simulation. *Instructional Science, 20*, 389-404.

Van Merriënboer, J. J. G. (1990). Strategies for programming instruction in high school: Program completion vs. program generation. *Journal of Educational Computing Research, 6*, 265-287.

Van Merriënboer, J. J. G. & Ayres, P. (2005). Research on Cognitive Load Theory and its design implications for E-Learning. *Educational Technology Research and Development, 53*, 5-13.

Van Merriënboer, J. J. G. & De Croock, M. B. M. (1992). Strategies for computer-based programming instruction: Program completion vs. program generation. *Journal of Educational Computing Research, 8*(3), 365-394.

Van Merriënboer, J. J. G. & Kester, L. (2005). The four-component instructional design model: Multimedia principles in environments for complex learning. In R. E. Mayer (Hrsg.), *The Cambridge Handbook of Multimedia Learning* (S. 71-93). Cambridge, MA: Cambridge University Press.

Van Merriënboer, J. J. G. & Krammer, H. P. M. (1987). Instructional strategies and tactics for the design of introductory computer programming courses in high school. *Instructional Science, 16*, 251-285.

Van Merriënboer, J. J. G. & Krammer, H. P. M. (1990). The "completion strategy" in programming instruction: Theoretical and empirical support. In S. Dijkstra, B. H. M. van Hout-Wolters & P. C. van der Sijde (Hrsg.), *Research on Instruction* (S. 45-61). Englewood Cliffs, NJ: Educational Technology Publications.

van Merriënboer, J. J. G., Schuurman, J. G., De Croock, M. B. M. & Paas, F. (2002). Redirecting learners' attention during training: Effects on cognitive load, transfer test performance and training efficiency. *Learning and Instruction, 12*, 11-37.

Van Merriënboer, J. J. G., Schuurman, J. G., de Croock, M. B. M. & Paas, F. G. W. C. (2002). Redirecting learners' attention during training: Effects on cognitive load, transfer test performance and training efficiency. *Learning and Instruction, 12*, 11-37.

Van Merriënboer, J. J. G. & Sluijsmans, D. M. A. (2009). Toward a synthesis of cognitive load theory, four-component instructional design, and self-directed learning. *Educational Psychology Review, 21*, 55-66.

Van Merriënboer, J. J. G. & Sweller, J. (2005). Cognitive Load Theory and complex learning: Recent developments and future directions. *Educational Psychology Review, 17*, 147-177.

Van Rosmalen, P., Vogten, H., Van Es, R., Passier, H., Poelmans, P. & Koper, R. (2006). Authoring a full life cycle model in standards-based, adaptive e-learning. *Educational Technology & Society, 9*, 72-83.

VanLehn, K. (1988). Toward a theory of impasse-driven learning. In H. Mandl & A. Lesgold (Hrsg.), *Learning Issues for Intelligent Tutoring Systems* (S. 19-41). New York: Springer.

Vaubel, K. P. & Gettys, C. F. (1990). Inferring user expertise for adaptive interfaces. *Human-Computer Interaction, 5*, 95-117.

Veronikas, S. & Shaughnessy, M. F. (2005). An Interview with Richard Mayer. *Educational Psychology Review, 17*, 179-189.

Verwey, W. B. & Veltman, H. A. (1996). Detecting short periods of elevated workload: A comparison of nine workload assessment techniques. *Journal of Experimental Psychology: Applied, 2*, 270-285.

Vollmeyer, R., Burns, B. & Holyoak, K. (1996). The impact of goal specificity on strategy use and the acquisition of problem structure. *Cognitive Science, 20*, 75-100.

von der Lippe, P. & Kladroba, A. (2002). Repräsentativität. *Marketing, 24*, 227 -238.

Vygotski, L. S. (1963). Learning and mental development at school age. In B. Simon & J. Simon (Hrsg.), *Educational psychology in the U.S.S.R.* (S. 21-34). London: Routledge & Kegan Paul.

Wainer, H. & Thissen, D. (1981). Graphical data analysis. *Annual Review of Psychology, 32*, 191-241.

Wardle, K. F. (1977). *Textbook illustrations: Do they aid reading comprehension?* Vortrag vorgestellt auf dem Annual meeting of the American Psychological Association, San Francisco, CA.

Washburne, J. N. (1927). An experimental study of various graphs, tabular and textual methods of presenting quantitative material. *Journal of Educational Psychology, 18*, 361-376 & 465-476.

Weber, R. (2001). Datenanalyse mittels Neuronaler Netze am Beispiel des Publikumserfolgs von Spielfilmen. *Zeitschrift für Medienpsychologie, 13*, 164-176.

Weibel, D., Wissmath, B., Habegger, S., Steiner, Y. & Groner, R. (2008). Playing online games against computer- vs. human-controlled opponents: Effects on presence, flow, and enjoyment. *Computers in Human Behavior, 24*, 2274-2291.

Weidenmann, B. (1997). "Multimedia": Mehrere Medien, mehrere Codes, mehrere Sinneskanäle? *Unterrichtswissenschaft, 25*, 197-206.

Weidenmann, B. (2001). Lernen mit Medien. In A. Krapp & B. Weidenmann (Hrsg.), *Pädagogische Psychologie* (4. Auflage, S. 415-465). Weinheim: Beltz PVU.

Weidenmann, B. (2002). Multicodierung und Multimodalität im Lernprozeß. In L. J. Issing & P. Klimsa (Hrsg.), *Information und Lernen mit Multimedia* (3. Auflage, S. 45-62). Weinheim: Beltz PVU.

Weidenmann, B., Paechter, M. & Schweizer, K. (2004). Lehrbuch der Medienpsychologie. In R. Mangold, P. Vorderer & G. Bente (Hrsg.), *E-Learning und netzbasierte Wissenskommunikation* (S. 743-768). Göttingen: Hogrefe.

Weir, G. R. S. & Heeps, S. (2003). Getting the message across: Ten principles for web animation, *Seventh IASTED International Conference on Internet and Multimedia Systems and Applications* (S. 121-126). Honolulu, HI; USA: ACTA Press.

Wenger, E. (1987). *Artificial Intelligence and Tutoring Systems*. CA, USA: Morgan Kaufman.

Whitley, B. E. J. (1997). Gender differences in computer-related attitudes and behavior: a meta-analysis. *Computers in Human Behavior, 13*, 1-22.

Wierwille, W. W. & Eggemeier, F. L. (1993). Recommendations for mental workload measurement in a test and evaluation environment. *Human Factors, 35*, 263-281.

Wilder, J. (1931). Das "Ausgangswertgesetz", ein unbeachtetes biologisches Gesetz und seine Bedeutung für Forschung und Praxis. *Zeitschrift für Neurologie, 137*, 317-338.

Winberg, T. M. & Hedman, L. (2008). Student attitudes toward learning, level of pre-knowledge and instruction type in a computer-simulation: effects on flow experiences and perceived learning outcomes. *Instructional Science, 36*, 269-287.

Winn, W. (1982). The role of diagrammatic representation in learning sequences, identification and classification as a function of verbal and spatial ability. *Journal of Research in Science Teaching, 19*, 78-89.

Wirth, J., Künsting, J. & Leutner, D. (2009). The impact of goal specificity and goal type on learning outcome and cognitive load. *Computers in Human Behavior, 25*, 299-305.

Witkin, H. A., Oltman, P., Raskin, E. & Karp, S. (1971). *A manual for the embedded figures test*. Palo Alto, CA: Consulting Psychologists Press.

Wittmann, W. W., Süß, H. M. & Oberauer, K. (1996). *Determinanten komplexen Problemlösens*. [Internet/WWW]. Verfügbar unter: http://www.psychologie.uni-mannheim.de/psycho2/publi/ps/ber09.pdf [5. Juni 2009].

Wittrock, M. C. (1989). Generative processes of comprehension. *Educational Psychologist, 24*, 345-376.

Wittwer, J. & Renkl, A. (2008). Why instructional explanations often do not work: A framework for understanding the effectiveness of instructional explanations. *Educational Psychologist, 43*, 49-64.

Wong, A., Marcus, N., Ayres, P., Smith, L., Cooper, G. A., Paas, F.et al. (2009). Instructional animations can be superior to statics when learning human motor skills. *Computers in Human Behavior, 25*, 339-347.

Wouters, P., Tabbers, H. K. & Paas, F. (2007). Interactivity in video-based models. *Educational Psychology Review, 19*, 327-342.

Yellowlees, P. M. & Marks, S. (2007). Problematic Internet use or Internet addiction? *Computers in Human Behavior, 23*, 1447-1453.

Yildirim, Z., Ozden, M. Y. & Aksu, M. (2001). Comparison of hypermedia learning and traditional instruction on knowledge acquisition and retention. *The Journal of Educational Research, 94*, 207-214.

Zacks, J. & Tversky, B. (1999). Bars and lines: A study of graphic communication. *Memory & Cognition, 27*, 1073-1079.

Zhang, J. & Norman, D. A. (1994). Representations in distributed cognitive tasks. *Cognitive Science, 18*, 87-122.

Zhu, X. & Simon, H. (1987). Learning mathematics from examples and by doing. *Cognition and Instruction, 4*, 137-166.

Zijlstra, F. R. H. & van Doorn, L. (1985). *The construction of a scale to measure perceived effort.* Delft, Holland: Department of Philosophy and Social Sciences, Delft University of Technology.

Sachverzeichnis

A

B

C

T

U

V

W

X

Y

Z